FINNLAND

GESCHICHTE DER
LÄNDER SKANDINAVIENS

Herausgegeben von Jörg-Peter Findeisen

Ingrid Bohn

FINNLAND

Von den Anfängen bis zur Gegenwart

Verlag Friedrich Pustet Regensburg

Autor und Verlag danken der Deutsch-Finnischen Gesellschaft e.V.
für die finanzielle Förderung der Entstehung dieses Buches.

Bibliografische Information der Deutschen Bibliothek

Die Deutsche Bibliothek verzeichnet diese Publikation
in der Deutschen Nationalbibliografie; detaillierte bibliografische
Angaben sind im Internet über http://dnb.ddb.de abrufbar.

www.pustet.de

ISBN 3-7917-1910-6

Umschlaggestaltung: Richard Stölzl, München
Gesamtherstellung: Friedrich Pustet, Regensburg
Printed in Germany 2005

INHALT

Anhang

DAS LAND DER WÄLDER UND TAUSEND SEEN

Frühe Finnlandbilder

„In den Stürmen, die den Süden erschütterten, die Europa's schönste Gegenden in eine Einöde zu verwandeln drohten, bei den trüben Aussichten, die kein Hoffnungsstrahl durchdringt, blickte manches Auge freudig nach deiner Heimath hinüber, du edles und treues Volk. Endlich waren deine Todten begraben: fröhlich grünten auf ihren Gebeinen die Saaten glücklicher Söhne. In gesegneteren Zonen erwachte die Sehnsucht nach deinen Küsten und Wäldern, die der Friede umschwebte, wo der Altar der Häuslichkeit noch unentheiligt stand, nach deinen Hütten, in denen es im Schirm der Freiheit dem Bewohner vergönnt war, sich und den Seinen zu leben. Doch unbeständig ist des Menschen Glück, noch unbeständiger die Menschenbrust; das heitere Gestirn, das dir lächelte, ward plötzlich verdunkelt; deine Hoffnungen zerstörte auf's neue ein Krieg, der unerwartet auf deinen Fluren entbrannte."

So schrieb der Historiker Christian Friedrich Rühs 1809 im „Kriegs-Kalender für Gebildete Leser aller Stände" über Finnland, zu einer Zeit, als die Napoleonischen Kriege Europa verwüstet, ganze Länder und Staaten von der Landkarte gelöscht und neue hatten entstehen lassen. Rühs war bewusst, dass die weltpolitischen Umwälzungen auch das entlegene Finnland nicht unberührt lassen würden, es stand ja bereits am Scheideweg und war von Alexander I. und Napoleon 1807 in Tilsit der russischen Interessensphäre zugeschlagen und kaum zwei Jahre später zum autonomen Großfürstentum in Personalunion mit Russland erklärt worden. Doch hatte Rühs' Sichtweise auch etwas Euphorisches: Ihm und manchem anderen Mitteleuropäer erschien das weit im Nordosten gelegene Finnland gerade in diesen chaotischen Zeiten beinah wie ein Paradies, in dem Tugenden und Ideale vergangener Zeiten überlebt hatten, das finnische Volk „nicht zur Sklaverei erniedrigt" worden war und „seine Eigenthümlichkeit nicht eingebüßt" hatte. Rühs wusste, wovon er sprach, hatte er sich doch schon lange mit der Geschichte des Landes beschäftigt, und noch im selben Jahr, 1809, erschien sein zweibändiges Werk „Finnland und seine Bewohner" bei Göschen in Leipzig.

Finnland auf alten Karten

Der Name Skandinavien (*scadinavia*) findet sich erstmals bei Plinius d. Ä. (ca. 23–79 n. Chr.) in der *Historia naturalis* und bezeichnet eine der bedeutendsten Inseln von unbekannter Größe in der Meeresbucht Codanus bei der cimbrischen Halbinsel. Das Geheimnis der Bedeutung dieses Namens hat man auf verschiedene Weise zu erklären versucht. Er könnte aus einem Wortstamm abgeleitet sein, der noch in dem schwedischen Landschaftsnamen Skåne (Schonen) oder dem Ortsnamen Skanör erkennbar ist. Eine andere Version erblickt in dem Wort *scadinavia* die Bedeutung Schatteninsel, Insel der Dunkelheit. Welche Erklärung auch immer richtig ist: Deutliche Konturen besaß das Bild vom Norden ganz gewiss nicht, und die Beschreibungen seiner Bewohner und seiner Kulturen in der Literatur des Altertums geben immer noch manche Rätsel auf. Karten, die eine realistische Abbildung der Erdoberfläche vermittelten, hat es damals noch nicht gegeben, obwohl schon in hellenistischer Zeit von Claudius Ptolemäus (ca. 100–180 n. Chr.) eine bedeutsame Einführung in die Geographie verfasst wurde.

Im 13. Jh., der Zeit der großformatigen theologisch geprägten Weltkarten, der *mappae mundi*, entwickelten sich im Mittelmeerraum die auf Leder gezeichneten Portolane als Navigationsführer und nüchterne Nutzkarten der Seefahrer. Sie verzeichnen in sorgfältiger, aber karger und auf das Nötigste beschränkter Form den Verlauf von Küstenlinien mit detaillierten Beschreibungen von Häfen, Buchten, Klippen, Untiefen oder Riffs. Die Orientierung erfolgte anhand eines feinmaschigen Liniennetzes, das mit Hilfe des Kompasses erstellt wurde (daher auch Kompasskarte genannt). Eine solche Karte aus dem *Liber secretorum fidelium crucis* des Marino Sanundo Torsello von 1320 korrigiert erstmals die Vorstellung von Skandinavien als einer Insel und verbindet es durch eine Landbrücke mit Russland. Sie zeigt auch *Finlandia*, schlägt es allerdings zu Schweden. Um die Wende des 14. zum 15. Jh. gelangten dann griechische Codizes der Ptolemäischen Geographie nach Italien, eine italienische Übersetzung entstand und seitdem viele Abschriften. Auf der so überlieferten Weltkarte lagen die Ostseeländer allesamt in der linken oberen Ecke. Finnland erschien unter dieser Bezeichnung jedoch erstmals im Jahre 1493 auf einer gedruckten Landkarte. Der Historiker und Geograph Hartmann Schedel (1440–1514) hatte seinem Werk *Liber Chronicarum* eine Karte beigefügt, die den Namen *Finland* enthielt. Allerdings bezeichnete er damit die westliche Seite des Bottnischen Meerbusens und Grönland nahm die Position ein, die eigentlich Finnland zugekommen wäre.

1539 kam in Venedig eine andere, inzwischen berühmte Karte heraus, die als Wandkarte gestaltet war und neun Folioblätter enthielt: Die *Carta Marina* des letzten katholischen schwedischen Erzbischofs Olaus Magnus (1490–1558). Die Karte umfasst die nordischen Länder, zu denen hier aber auch Friesland, Nord-Holland, England und Schottland mit den Orkneys und Hebriden, das Baltikum und die westlichen Teile Russlands sowie Norddeutschland gerechnet werden. Siedlungen, Kirchen und Burgen, Tier- und Pflanzenwelt, Gewerbe und Bräuche, Mythen und Fabelwesen und noch viele andere Eigenheiten des Nordens werden darauf in generöser Übertreibung abgebildet. Die kartographische Präzision ist aber trotzdem recht fortgeschritten, denn Olaus

Magnus konnte auf neuere Seekarten als Vorlagen zurückgreifen. Seen und Flüsse, Berge und Wälder – so bietet sich Finnland auf der Carta Marina dar, mit zahlreichen Ortsnamen, Kriegern und Händlern, mit Zugtieren, Rentieren und Pferden, mit Elchen, Pelztieren und Vögeln, mit Geschützen, Schiffen und Booten, Beispiele einer vielfältigen, eigenartigen und durchaus hoch entwickelten Kultur des Nordens. 1555 erschien Olaus Magnus' *Historia de gentibus septentrionalibus*, eine breite ethnographische und geographische Schilderung der Verhältnisse des Nordens als ungemein ausführliche Erläuterung der Carta Marina, deren Figuren, Begrifflichkeiten und Bilder nun in einem großen Zusammenhang standen. Eine vereinfachte Version der Karte war den ersten Auflagen des Buches sogar beigefügt.

Die Kenntnisse, die man über diesen abseits gelegenen Winkel Europas in der übrigen Welt besaß, hatten noch keine lange Tradition und waren seit Olaus Magnus' großer Kulturgeschichte des Nordens, Historia de gentibus septentrionalibus, von 1555 nur sporadisch gewachsen. Olaus Magnus hatte Finnland als einen festen Bestandteil der skandinavischen Welt geschildert, ein Land mit ausgedehnten Sumpfgebieten, immer wieder auch von der Geißel des Krieges heimgesucht, in dem der Winter dem Sommer stets überlegen war. Das Buch wurde mit vielen Holzschnitten illustriert, die anschaulich und mit Liebe zum Detail und zur phantastischen Ausschmückung nordische Lebenswelten wiedergeben. In zahlreiche Sprachen übersetzt, ist es später zum Vorbild anderer wissenschaftlicher Werke über den Norden geworden.

Der 1621 in Straßburg geborene Johannes Gerhard Scheffer etwa brachte 1673 eine umfangreiche Beschreibung Lapplands heraus, die zwei Jahre später bereits in deutscher Sprache erschien unter dem zeittypischen Titel „Lappland. Das Ist: Neue und wahrhaftige Beschreibung von Lappland und dessen Einwohnern, worin viele bisshero unbekannte Sachen von der Lappen Ankunfft, Aberglauben, Zauberkünsten. Nahrung, Kleidern, Geschäfften, wie auch von den Thieren und Metallen erzählet, und mit unterschiedlichen Figuren fürgestellet worden". Scheffer war einer der von Königin Christina nach Schweden berufenen ausländischen Gelehrten und wollte vor allem zeigen, welchen Nutzen das schwedische Reich von den Bewohnern Lapplands habe, die seiner Ansicht nach einen großen Teil der schwedischen Armee stellen könnten, in der sie indessen noch so selten seien wie Indianer. Scheffers kurz Lapponia genanntes Werk basierte zu einem großen Teil auf Berichten von Pfarrern, die in Lappland missionarisch tätig gewesen waren.

Zu dieser Zeit waren aber auch immer mehr ausländische Reisende aus unterschiedlichsten Gründen im Norden unterwegs, Diplomaten, Gesandte, Geschäftsleute, Handwerker, Künstler, Seefahrer oder Abenteurer, Gelehrte und junge Adlige auf Bildungs- und Erziehungsreisen. Reiseschilderungen aus den fernen, hyperboreischen Gegenden muteten exotisch an und konnten auf großes Interesse rechnen. Mancher Fremder beeilte sich darum, seine Reiseerlebnisse niederzuschreiben und zu veröffentlichen, auch der französische Adlige Louis Henri Loménie, der als 16-Jähriger im Sommer 1652 eine Reise rund um die Ostsee unternommen hatte und acht Jahre später sein Itinerar in Druck gab. Von ganz anderen Eindrücken geprägt waren die Schilderungen seines Landsmannes Pierre Martin de La Martinière, der ungefähr zur selben Zeit als Schiffsarzt in dänischen Diensten stand und von Nordnorwegen aus immer weiter ostwärts in die abgelegendsten Gegenden des hohen Nordens und bis nach Russland gelangt war. Sein Bericht „Nouveau voyage du nort" erschien 1671, kurz darauf auch in deutscher Sprache. Die Faszination des Fremden, Andersartigen, die vor allem die Lebensgewohnheiten, die Sprache und Kultur der samischen Völker umgab, stand häufig im Mittelpunkt dieser Schilderungen. Sie war verknüpft mit Staunen und Respekt vor der Fähigkeit, mit der sie sich in den weiten Wildnissen des Nordens einen Lebensraum erschlossen hatten. Auch als gut 100 Jahre später, 1789, der Brite Matthew Consett seine Reise durch Schweden, Schwedisch-Lappland, Finnland und Dänemark in einer Serie von Briefen schildert, richtet sich das Interesse an Finnland vor allem auf die allernördlichsten Landesteile und die ungewöhnlichen Lebensbedingungen dort. Als der niederländische Gelehrte Johan Meerman sich schließlich 1797 auf eine dreijährige Reise durch die nördlichen und nordöstlichen Teile Europas begab, stand der Kontinent bereits an der Schwelle jener Kriege, die von 1803 an auf die Französischen Revolutionskriege folgten und Friedrich Rühs' Blick auf Finnland geprägt hatten. Rühs war es auch, der Meermans Reisebericht übersetzt und mit Anmerkungen versehen 1810 herausgab und damit das Bild vom Norden erneut konkretisieren half.

Die Napoleonischen Kriege rückten Finnland mehr als zuvor ins europäische Blickfeld. Anders als irgendeine frühere englische Quelle vermittelten die Reiseberichte Joseph Acerbis und Edward Clarkes um das Jahr 1800 eine Fülle konkreter und wahrer Fakteninformationen über Schwedens östlichen Reichsteil. Beide benutzten zumeist den Landweg und vermieden das Innere Finnlands, aber die späteren

Finnische Sauna. Illustration in J. Acerbis: Reise durch Schweden und Finnland bis an die äußersten Grenzen Lapplands, 1803.

Kriegsereignisse verstärkten das Interesse an den von ihnen bereisten Gegenden, und 1803 erschien Acerbis' Darstellung in deutscher Übersetzung.

Alle diese Publikationen, selbst wenn sie nur einen kleinen Leserkreis erreichten, besonders auch die die Kriegsverläufe im Norden beschreibenden Korrespondenzen in den Spalten großer Zeitungen wie der „Times" und nicht zuletzt die rasanten Fortschritte in der Kartographie trugen doch wesentlich dazu bei, dass das Bild von Finnland am Beginn des 19. Jahrhunderts in anderen Teilen Europas relativ klare Konturen gewonnen hatte. Natürlich war auch dies dem historischen Wandel unterworfen und nicht immer gleichermaßen präsent, aber es besaß einige charakteristische Züge, die nicht nur epochenübergreifend, sondern auch mythenbildend waren. Finnlands Lage an der nordöstlichen Peripherie Europas und die in vieler Hinsicht schwierigen physischen Bedingungen des Raumes waren so bestimmend, dass manch einer die historische Entwicklung des Landes geographisch determiniert sah. Selbst wenn man so weit nicht gehen will: Zeit *und* Raum sind nun einmal die grundlegenden Dimensionen von Geschichte.

Die Lage Finnlands, seine spezifischen naturräumlichen Eigenschaften, besaßen im Wandel der Zeiten immer auch Einfluss auf die Menschen und ihr Handeln. Die Veränderungen des Klimas beispielsweise und die immer noch zu beobachtende Landhebung seit der letzten Eiszeit prägten über Jahrhunderte hinweg die Gestalt des Landes ebenso wie die zahlreichen Flüsse und Seen, und Generationen von Menschen haben sich in ihrem Lebensalltag diesen Bedingungen immer wieder angepasst. Und umgekehrt hat das Eingreifen der Menschen im Lauf der Geschichte auch die geographischen Bedingungen selbst verändert: Wälder wurden gerodet, Wildnisse besiedelt, Rohstoffe ausgebeutet, Städte gegründet und manchmal auch wieder zerstört ... Und neue Grenzen wurden gezogen. Diese Zusammenhänge spiegeln sich auf vielfältige Art auch in der Fremdwahrnehmung Finnlands, in der das Grenzthema und die periphere Lage immer eine besondere Rolle spielten. Finnlands politische Grenzlage beherrschte diese Vorstellungen dabei oft mehr als seine Grenzlage an der äußersten physischen Siedlungszone Europas. Missernten, Hungersnöte und das karge Leben der Menschen, die in den nördlichsten Breiten Landwirtschaft betrieben, bewegten die Gemüter nicht so sehr wie Finnland als „Schlachtfeld des Nordens", das infolgedessen zu Kriegszeiten mehr Aufmerksamkeit gewann als im Frieden.

Die Vorstellung von Finnland als äußerster Grenzzone im Norden und als östlichster und damit fremdester Teil Westeuropas wurde eng verknüpft mit einer anderen charakteristischen Metapher des Finnlandbildes: dem Meer als einer Brücke zur Außenwelt, als wichtigster Lebensader und Kulturvermittler. Die Ostsee war für Finnland im Grunde Westsee, während sie für Westeuropa den Weg nach Osten eröffnete, ihre Freiheit war Finnlands Lebensbedingung. Da es in der historischen Wirklichkeit aber starken Küstenstaaten immer wieder gelang, die Ostsee zu beherrschen, war Finnlands Verhältnis zum Meer eben auch Quelle für Konflikte und Bedrückungen. Im Bewusst-

sein Außenstehender war Finnland immer dann besonders präsent, wenn die Verbindungen über die Ostsee physischen oder politischen Begrenzungen unterworfen waren.
Noch 1855 hatte eines der zu dieser Zeit immer populärer werdenden pädagogischen Kinderspiele namens *A journey round Europe* den ganzen Süden Finnlands mit Bären und den Norden mit Rentier reißenden Wölfen bevölkert. Heute kommt es natürlich nicht mehr vor, dass ein Finnlandreisender damit rechnet, in der Nähe Helsinkis auf Raubtiere dieser Art zu treffen. Doch können zur besseren räumlichen Orientierung in der finnischen Geschichte einige Bemerkungen zur Geographie und naturräumlichen Beschaffenheit des Landes nützlich sein.

Zur heutigen geographischen und naturräumlichen Beschaffenheit des Landes

Finnland wird üblicherweise zu den skandinavischen Staaten gerechnet, obwohl es genau genommen nur in seinem äußersten Norden Anteil an der skandinavischen Halbinsel hat. Der überwiegende Teil des Landes liegt auf dem so genannten fennoskandischen oder baltischen Schild, zu dem auch die Halbinsel Kola und das russische Karelien gehören. Finnland stellt in dieser Region, die sich durch ihre geologische Struktur und Landesnatur von den angrenzenden Gebieten unterscheidet, den Übergang von der Skandinavischen Halbinsel zum Nordrussischen Tiefland dar. Der fennoskandische Schild ist ein Teil des Urkontinentes von Europa, der im Laufe von Millionen Jahren zu einer welligen Rumpffläche abgetragen wurde. Finnland hat nur eine durchschnittliche Landeshöhe von 150 m. Die höchsten Erhebungen liegen im Nordwesten im skandinavischen Gebirgszug (Haltiatunturi 1324 m).
Es waren die Eiszeiten, die in der jüngeren Erdgeschichte die finnischen Landschaften geprägt haben. Erst vor wenigen Jahrtausenden schmolz der bis zu 3000 m starke Eispanzer endgültig ab, der einst ganz Nordeuropa bedeckte. Er hinterließ die typischen eiszeitlichen Landschaftselemente mit rund geschliffenen Gesteinsflächen, Moränen und Mulden, die teils mit Seen, teils mit Mooren ausgefüllt sind.
Unter den nordischen Ländern nimmt Finnland in geographischer Hinsicht eine besondere Stellung ein. Weit im Nordosten liegend, besitzt es die längste Landgrenze zu einem nicht nordischen Staat,

und überdies erstreckt es sich in seiner Gesamtheit am weitesten polwärts. Ein Viertel seiner Fläche liegt nördlich des Polarkreises. Kein anderes Land der Erde hat eine so ausgesprochen nördliche Lage und ist zudem in diesen geographischen Breiten so bevölkerungsreich wie Finnland, das ansonsten zu den am dünnsten besiedelten Ländern Europas zählt. Man hat die Fähigkeit, sich einen Lebensraum so weit im Norden am Rande der Arktis zu erschließen, einem besonderen finnischen Pioniergeist zugeschrieben und das Vordringen in die Wälder als ein typisches finnisches Merkmal betrachtetet, so wie die Inbesitznahme des Meeres als ein typisch norwegisches gesehen wird.
Wenngleich Finnland nach Klima und Bodenverhältnissen nicht so begünstigte Landesteile besitzt wie etwa Dänemark und Schweden, so hat es im Vergleich zu Nordschweden und Nordnorwegen doch einige physiographische Vorzüge, die auf seinem Tieflandcharakter beruhen. Der Getreideanbau etwa stößt nirgends an eine Höhengrenze, und auch auf die Verbreitung des Waldes wirkt sich diese Tieflage positiv aus. Über 70% der Landfläche sind von Wald bedeckt. Doch Finnland ist nicht nur das Land der Wälder, es ist buchstäblich das „Land der Tausend Seen", mehr als 188 000 wurden bislang gezählt, oftmals mit äußerst bizarren Uferlinien. Die größten unter ihnen sind der Saimaasee im Südosten, der Inarisee hoch oben in Lappland und Päijänne im mittleren Süden zwischen Tampere und Lahti. Allerdings liegen die Gewässer nicht sehr hoch, so dass ihr Wasserkraftpotenzial – anders als in Norwegen oder Schweden – gering ist. Auch die stark gegliederte Küste Finnlands mit flachen, breiten Küstenebenen und etwa 30 000 vorgelagerten Inseln (Schären) ist charakteristisch. Das Klima hat kontinentalen Charakter mit subpolaren Ausprägungen, die natürlich abhängig sind von der jeweiligen Entfernung zum Nordpol. Das bedeutet kurze, aber warme und relativ feuchte Sommer mit sehr langen Tagen und Temperaturen bis über 30 °C und lange, kalte Winter mit einer Dauerschneedecke und Temperaturen bis unter –30 °C. Die Niederschläge nehmen vom Süden nach Norden ab, ca. ein Drittel fällt als Schnee. Polare Kaltlufteinbrüche verlängern den Winter oft erheblich, und in Lappland dauert die Polarnacht bis zu 2 Monate.
Finnland lässt sich in mehrere geographische Regionen mit je charakteristischen Merkmalen gliedern, es ist trotz seiner Ebenheit, der Gleichförmigkeit des Klimas und der Unendlichkeit seiner Wälder keineswegs eintönig. Eine alte, imaginäre Grenzlinie teilte Finnland in zwei Teile: Das östliche Grenzland mit Nordkarelien, Kainuu und

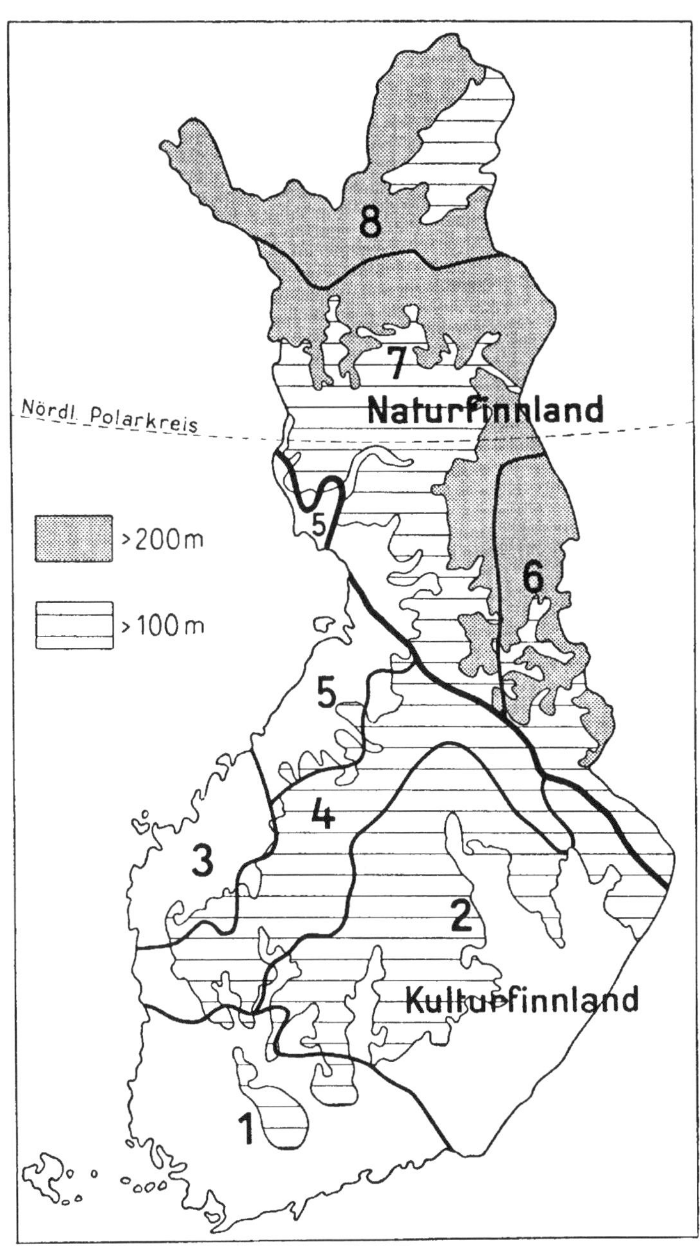

Finnlands geographische Regionen

Kuusamo (s. Karte, Region 6), das südliche und mittlere Lappland (Region 7) sowie Fjäll-Lappland (Region 8) bilden danach das so genannte *Naturfinnland*, sehr dünn besiedelt und fast völlig von Sümpfen und Wäldern bedeckt bis zur Birkentundra nördlich der Nadelwaldgrenze. Die übrigen Regionen (1–5) südwestlich dieser Scheidelinie sind dagegen verhältnismäßig dicht besiedelt und besitzen eine gleichmäßige Infrastruktur mit Städten, Industriezentren und Verkehrswegen. Sie wurden deshalb unter dem Begriff *Kulturfinnland* zusammengefasst. Neuere geographische Beschreibungen heben diese Unterscheidung nicht mehr hervor, bleiben aber – abgesehen von einigen Modifikationen – im Wesentlichen bei der auf der Karte gezeigten Regionengliederung.

Dabei bilden die Ålandinseln zusammen mit der finnischen Süd-Südwestküste (Region 1) die historische Kernregion Finnlands. Die Inselgruppe – ein Archipel von mehr als 6500 Inseln und Schären – liegt am Eingang zum Bottnischen Meerbusen. Auf den Ålandinseln leben rein schwedischsprachige Einwohner, und der Hauptteil der Inselgruppe heißt Fasta Åland (åländisches Festland) mit der Hauptstadt Mariehamn. Die süd-südwestliche Küstenregion Finnlands im Gebiet zwischen Lappeenranta im Südosten sowie Helsinki (Helsingfors), Turku (Åbo) und Pori an der Süd- bzw. Südwestküste gehört zu den höchst entwickelten Industriegebieten Nordeuropas. In seinem Einzugsbereich leben – wenn man die weiter landeinwärts gelegenen Städte Tampere und Lahti hinzurechnet – rund ein Drittel aller Finnen. Hier gibt es die meisten Städte und neben den größten Industriezentren die intensivste Landwirtschaft.

Dort, wo die Provinz Häme (Tavastland) mit dem Industriestandort Tampere beginnt, wird das Land hügeliger. Südwestlich der zweitgrößten Stadt Finnlands geht die Landschaft bereits in die finnische Seenplatte (Region 2) über, die sich im Osten bis an die russische Grenze erstreckt und im Norden die gesamte Provinz Savo (Savolax) einnimmt. Im Südosten wird sie von dem 500 Kilometer langen Doppelhöhenzug Salpausselkä geprägt, dessen höchste Erhebung von 233 Metern vor allem für Ski-Touristen sehr reizvoll ist.

Pohjanmaa oder schwedisch Österbotten umfasst den mittleren und nördlichen Küstenabschnitt des Bottnischen Meerbusens (Regionen 3–5). Das südliche Österbotten (Region 3) ist ein reiches Agrargebiet, wobei vor allem die vielen durch Entwässerungsgräben parzellierten Grasflächen den Eindruck unendlicher Weite entstehen lassen. Zwischen diesem Gebiet und der finnischen Seenplatte liegt der Suomenselkä (Region 4), ein Höhenrücken und Wasserscheidengebiet mit ausgedehnten Wäldern und Sümpfen zwischen der Küste nördlich von Pori und dem Oulu-See. Noch weiter nach Norden (Region 5) nehmen die Wälder immer mehr zu, und doch sind auch hier – vor allem in der Gegend von Oulu – Ackerland und die typischen Pohjanmaa-Wiesen zu finden. Flüsse mit zahlreichen Stromschnellen prägen daneben das Landschaftsbild.

Nordkarelien, ein Teil des östlichen Grenzlandes (Region 6) ist immer noch sehr seenreich und hügelig, der 347 Meter hohe Koli ist das Wahrzeichen dieses Gebietes, das sich in mancher Hinsicht von anderen finnischen Gegenden unterscheidet. Vielerorts findet man hier eine stark ausgeprägte orthodoxe Tradition, die auf einem tief verwurzelten Glauben beruht, und ein großer Teil der finnischen Kultur hat hier seinen Ursprung, hier, wo Elias Lönnrot (1802–1884) Anregungen und Material für das große finnische Nationalepos, *Kalevala,* gefunden hat. Kainuu und Kuusamo lassen bereits die Nähe zum rauen Lappland erkennen, die Landschaft wird schroffer, herber, wilder. Die Bäume sind nicht mehr so hoch, und die Artenvielfalt unter der blühenden Pflanzenwelt wird immer geringer. Dieses Land ist nur noch dünn besiedelt, manchmal wild zerklüftet durch reißende Flüsse und Schluchten.

Den Abschluss bildet der „ferne Norden“ – Peräpohjola oder Finnisch Lappland. Diese Region ist noch einmal zweigeteilt. Im südlichen Teil (Region 7) findet man noch etwas Landwirtschaft; er ist dicht bewaldet und von ausgedehnten Mooren geprägt. Städtische Siedlungen konzentrieren sich hier auf die Flussregionen. Die Hauptstadt der Provinz, Rovaniemi, hat etwa 33 000 Einwohner. Kemi, Tornio und Kemijärvi sind weitere wichtige Industriestädte. Im nördlichen Teil – Fjäll-Lappland (schwedisch fjäll = Berg, Gebirge) – (Region 8) gibt es keine Städte mehr. Hier erheben sich die höchsten Berge Finnlands aus waldlosen Höhen, nur noch die für Lappland typischen Krüppelbirken, einige Beerenarten, Moose und Flechten finden in diesen Breiten Lebensraum. Es ist das Gebiet, in dem heute die Samen ihre Rentiere züchten und ihre Sprache und Kultur vor dem Aussterben bewahren. Einst haben sie verstreut auf einem großen Teil des finnischen Territoriums gelebt.

BESIEDLUNG, SPRACHE, GESELLSCHAFT – STREIFLICHTER AUS DER UR- UND FRÜHGESCHICHTE FINNLANDS

Finnland liegt wie eine natürliche Brücke zwischen dem skandinavischen Gebirgsland und dem osteuropäischen Flachland. Seine Grenzen zu diesen sehr unterschiedlichen Sphären sind nicht sehr scharf. Sie waren schon früh überwindbar. Dies gilt auch für die Ostseearme, die es im Westen und Süden umgreifen. Sicher liegt hier eine wichtige Voraussetzung dafür, dass die kulturelle Polarität zwischen Ost und West eine der markantesten Besonderheiten in der Geschichte Finnlands werden konnte. Die Gleichzeitigkeit, Konkurrenz und Befruchtung gegensätzlicher Kulturen, die an dieser Schnittstelle aufeinander trafen und wirksam wurden, ist bereits in vorgeschichtlicher Zeit zu verzeichnen. So haben das Klima und die davon abhängige Vegetation, die Landnutzung, der Charakter der Besiedlung und die historische Entwicklung schon vor mehr als 4000 Jahren eine imaginäre Grenzlinie durch Finnland gezogen: eine Grenze zwischen dem vom Westen geprägten Süden und Südwesten des Landes und dem vom Osten beeinflussten mittleren, nördlichen und nordöstlichen Finnland.

Aus jenen fernen Jahrtausenden gibt es keinerlei schriftliche Überlieferung. Erst der endgültige Durchbruch des Christentums und die von da an erkennbare Dominanz schriftlicher Quellen trennen die Ur- und Frühgeschichte von der historischen Zeit. Bis dahin liegen in erster Linie Sachquellen in Form archäologischen Materials vor, und am Ende der Frühzeit begegnen uns in Skandinavien die Runeninschriften als nordische Quellengruppe mit Schriftcharakter. Oft ist man aber nichtsdestoweniger darauf angewiesen, aus den Verhältnissen späterer Zeiten – wie Sprache, Ortsnamen, Recht, Sitten oder Institutionen – Schlüsse für die Frühgeschichte zu ziehen.

Die ältesten erzählenden Quellen, die über die nordische Frühzeit Auskunft geben, stammen von griechischen und römischen Autoren, die jedoch niemals selbst im Norden waren. Ihre Kenntnisse schöpften sie oft aus noch älterer Literatur, die inzwischen verloren ist, oder aus anderen Quellen, die sie meist nicht preisgaben. Pytheas von Massilia, der im 4. Jahrhundert v. Chr. gelebt hat, verfasste die oft zitierte Schilderung einer Reise ins Land der Mitternachtssonne, die jedoch nur als Fragment im Werk späterer Autoren überliefert ist. Von griechischen Seefahrern ist da die Rede, die weit im Norden das Phänomen der untergehenden und gleich wieder aufgehenden Sonne bestaunt hatten. In seinem flüchtigen Bericht erwähnt Pytheas auch das Volk der „phinoi", vermutlich waren die Seefahrer während ihrer Reise auf samische Siedlungen gestoßen, deren Bewohner Pytheas mit diesem Namen versah. Die vagen und schwer deutbaren Angaben sagen uns nur, dass bestimmte Kenntnisse über den Norden schon in hellenistischer Zeit in die Mittelmeerländer gelangten. Umfangreichere und klarere Angaben finden sich dagegen in der *Historia naturalis* Plinius' des Älteren, der darin offensichtlich den südlichen Teil der skandinavischen Halbinsel beschreibt und erstmals von Sca(n)dinavia spricht. Tacitus beschreibt in seiner Schrift *Germania* 98 n. Chr. bereits sehr ausführlich die gesellschaftlichen Verhältnisse der nordischen Völker und erwähnt zum ersten Mal eine Volksgruppe, die als östlicher Nachbar der germanischen Stämme auf Bewohner Finnlands hindeuten könnte. Der Wahrheitsgehalt seiner Aussagen bleibt allerdings in vielen Fällen umstritten, denn auch Tacitus schrieb nicht aus eigener Anschauung, sondern berief sich zumeist auf Gewährsleute, deren Identität oft unklar bleibt.

Von den Volksstämmen des Nordens erzählt auch der ostgotische Geschichtsschreiber Jordanes, dessen Schrift *Über den Ursprung der Goten* die Zusammenfassung einer größeren Arbeit Cassiodorus Senators ist. Hier kommen in knapper Beschreibung die „scerefennae", die „finnaithae" und die „finni" vor, die neben den „suehans" und vielen anderen Völkern auf der Insel „scandza" wohnten. Zur gleichen Zeit, etwa um die Mitte des 6. Jahrhunderts, schrieb der oströmische Historiker Prokopius über den Krieg Kaiser Justinians gegen die Ostgoten. Auch diese Schrift erwähnt unter anderem die „skritiphinoi", die vermutlich mit den „scerefennae" identisch sind und wahrscheinlich für die samische Kultur in den nördlichsten Gegenden Skandinaviens stehen. Beiden Autoren verdanken wir trotz vieler wissenschaftlicher Probleme bei der Zuordnung einzelner Volksnamen zu konkreten Volksstämmen wichtige Hinweise auf die Lebensformen der Völkerwanderungszeit. Sie zeichnen die Konturen einer dezentralisierten Dorf- und Stammesgesellschaft, noch weit entfernt von staatlicher Einheit, und bestätigen so die Schlusssätze gegenwärtiger Forschung. Wenn im Folgenden in der Darstellung der frühgeschichtlichen Epochen dennoch von Finnland, Schweden oder Norwegen die Rede ist, dann sind diese Namen lediglich zur geographischen Orientierung ohne politischen Inhalt angewendet.

Anfänge der Besiedlung Finnlands

Der Norden Europas bot erst relativ spät Bedingungen für menschliche Siedlung. Das Eis, das ihn während der letzten Eiszeit bedeckte, begann vor etwa 15 000 Jahren allmählich zu schmelzen, bis dann etwa 7000 Jahre später nur noch unbedeutende Reste übrig waren. Die Landhebung und das Schmelzwasser haben in diesen Jahrtausenden Meere und Küsten immer wieder neu geformt, und das veränderte Klima schuf Schritt für Schritt Lebensbedingungen für Pflanzen und Tiere und damit auch für die Jägerkulturen der Steinzeit.

Archäologen hielten es bislang für ausgeschlossen, dass sie je Spuren einer menschlichen Ansiedlung finden würden, die aus einer Zeit vor dem 8. Jahrtausend stammen könnten. Das hat sich geändert. Eine Serie von glücklichen Umständen brachte 1996 eine archäologische Sensation ans Licht. An der Küste des Bottnischen Meerbusen, unweit der Stadt Kristiinankaupunki, wurde 1996 die Höhle *Susiluola* (Wolfshöhle) ausgebaggert, die als Touristenattraktion hergerichtet werden sollte. Im Moränenschutt entdeckte man Gestein, das von menschlicher Hand bearbeitet worden war.

Statt mit dem Bagger wurde nunmehr vorsichtig mit archäologischem Gerät weitergegraben und eine 120 000 Jahre alte Ansiedlung zu Tage gefördert. Sechs verschiedene Sedimentschichten konnte man registrieren, von denen die jüngste 8000 Jahre alt war. Die vierte, über 120 000 Jahre alte Schicht stammte aus einer wärmeren zwischeneiszeitlichen Periode und enthielt deutliche Spuren von Menschen. Selbst Spuren von Feuer ließen sich mit Hilfe magnetischer Messungen feststellen. Inzwischen gibt es zur Untersuchung dieser überraschenden Entdeckung ein umfassendes interdisziplinäres Forschungsprojekt, das sicher noch einige Jahre fortdauern wird, bevor das Rätsel der Neandertaler hoch im Norden gelöst ist.

Die frühesten Siedlungen in Südfinnland sind für das Ende der letzten Eiszeit, also das 8. Jahrtausend v. Chr., bezeugt. Ihre Bewohner kamen vermutlich von Süden aus dem heutigen Estland und von Südosten aus Zentralrussland. Diese frühmesolithische Besiedlungsphase markiert die Ausläufer einer Wanderungsbewegung in das riesige Gebiet zwischen dem Bottnischen Meerbusen und dem Ural: Jäger und Sammler aus dem heutigen östlichen Polen und Litauen zogen nach Norden, Nordosten und Osten. Sie folgten der sich in diese Richtung verlagernden Kiefernwaldgrenze und dem Weg der Elche. Zur gleichen Zeit ging ein östlicher Strom von Einwanderern vom südlichen und mittleren Ural aus. Er erreichte das Baltikum und vermischte sich mit den nach Norden und Nordosten strebenden Volksgruppen.

Diese früheste Siedlungskultur wird nach Fundplätzen im südlichen Finnland Suomusjärvi-Kultur genannt (7200/6500–4200 v. Chr.). Sie weist Ähnlichkeiten mit der so genannten Komsa-Kultur der arktischen Urbevölkerung an der Eismeerküste auf, und man glaubt, dass diese Kulturformen gleichzeitig existierten. Die Träger der Suomusjärvi-Kultur, diese ältesten Bewohner Südfinnlands, von denen man weiß, siedelten nah am Wasser. Doch mit dem jahreszeitlich bedingten Wechsel der Fangplätze wurden auch die Wohnplätze verlegt, so dass die Menschen umherzogen. Sie verstanden es, Gerätschaften aus Stein und Knochen herzustellen. Offenbar war die Steinbearbeitung hoch entwickelt. Davon zeugen zum Beispiel die geschickt gearbeiteten Speerspitzen aus Schiefer oder auch Skulpturen in Form von Tierköpfen, die zur Symbolik steinzeitlicher Jagdmagie gehören.

Das berühmte Fangnetz von Antrea, einem Ort am karelischen Isthmus (der damals noch den Finnischen Meerbusen mit dem Ladogasee verband), gilt als einer der ältesten archäologischen Funde in Finnland, den man mit Hilfe der Pollenanalyse auf den Beginn der Suomusjärvi-Kultur datieren konnte. Nicht weit davon entfernt entdeckten Archäologen die mindestens ebenso alte Siedlung Ristola am Salpausselkäbergrücken, südlich des Ortes Lahti. Einiges spricht dafür, dass es sich hier um die älteste steinzeitliche Siedlung in Finnland handelt. Ihre Bewohner ernährten sich von Fisch und jagten zudem Elche, Seehunde und Biber.

Über die Sprache der mesolithischen Bevölkerung hat man heute keine gesicherten Kenntnisse. Aber es gibt die Vermutung, dass die östlichen, aus dem südlichen und mittleren Ural kommenden Einwanderer eine uralische Sprache sprachen, während die von Westen in das Baltikum und von dort weiter nach Norden vorstoßenden Einwanderer eine später völlig verschwundene Sprache verwendeten. Als sich dann diese beiden Gruppen auf ihrem Wanderungsweg vereint haben, ist eben diese später verloren gegangene Sprache vorherrschend und in das Gebiet der späteren ostseefinnischen Sprache weitervermittelt worden, wo sie dann zwar allmählich aufgeben wurde, aber eine Reihe von Lauten und Wörtern des Ostseefinnischen beeinflusst hat.

Um 5000 v. Chr. begann sich das Klima wiederum zu verändern. Es wurde feuchter und wärmer. Jetzt bildeten Laubbäume wie Nussbaum, Ulme, Eiche und Linde weite Wälder, und in den finnischen Seen fand man nun die essbare Wassernuss. Die Menschen der Steinzeit konnten unter diesen günstigen Umständen ihre Siedlungen weiter nach Norden verlegen.

Die Kammkeramik-Kultur (4200–1600 v. Chr.)

Einige Jahrhunderte später lassen sich Merkmale einer neuen Kultur erkennen. Damit beginnt um etwa 4200 v. Chr. die neolithische oder jüngere Steinzeit auch in Finnland. Die Ur- und Frühgeschichte betrachtet das Neolithikum als eine revolutionäre Epoche, denn die Kulturentwicklung erfährt in diesen Jahrtausenden radikale Veränderungen. In großen Teilen Europas begannen die Menschen eine produktive Vorrats-Ökonomie aufzubauen, die auf Ackerbau und Viehzucht basierte. Dies war die Grundlage eines Bevölkerungswachstums, das schließlich auch die Bedingungen des sozialen Lebens nachhaltig veränderte.

Tongefäße im Stil der Kammkeramik. Finnisches Nationalmuseum, Helsinki.

In Finnland wird der Übergang von der mesolithischen zur neolithischen Zeit zunächst dadurch gekennzeichnet, dass jetzt Keramik hergestellt werden konnte, Tongefäße, die einen runden oder eckigen Boden und ein immer wiederkehrendes Muster besaßen. Es wurde offensichtlich mit einem kammartigen Stempel aufgebracht und gab dieser neuen Kultur ihren Namen: Kammkeramik-Kultur.

Sie gilt jedoch als subneolithische Kultur, denn die Einführung dieser neuen Kunstfertigkeit hat die Lebensformen der jüngeren Steinzeit in Finnland noch nicht grundlegend verän-

dert. Die Menschen blieben Jäger und Sammler, sie wurden noch nicht Ackerbauern oder Viehzüchter. Jagdmotive bilden auch den größten Teil des Repertoires finnischer Felsmalerei, deren Figuren und Bilder seit etwa 3000 v. Chr. auf schroffen Felswänden oder Klippen, meist unter freiem Himmel an den Ufern der Flüsse und Seen in vielfältigen Rottönen leuchten.
Die offenbar lückenlose Verbindung zur vorkeramischen älteren Bevölkerung war einer der Gründe für dieses Beharren auf überlieferten Lebensformen. Aber die Archäologie fand auch Hinweise dafür, dass um die Mitte der Kammkeramik-Epoche neue Bevölkerungsgruppen aus den osteuropäischen Ebenen und dem Baltikum nach Finnland kamen. So hat man für die Zeit um 3500 v. Chr. eine Expansion der kammkeramischen Kultur im mittleren und oberen Wolgagebiet in Russland ausgemacht, die sich hauptsächlich nach Westen, Nordwesten und Norden richtete. Archäologische Funde belegen die Ausbreitung der „typischen" kammkeramischen Kultur, die in eben diesen russischen Gebieten beheimatet war, seit etwa 3200 v. Chr. in der südlichen Hälfte Finnlands und der nördlichen Hälfte des Baltikums. Sprachforscher gehen heute davon aus, dass mit ihr Wolgafinnisch als erste finno-ugrische Sprachform nach Finnland gekommen sei. Sie wurde von einer sozial überlegenen Bevölkerungsgruppe gesprochen, konnte sich infolgedessen durchsetzen und zu einer Vorform des Urfinnischen entwickeln. Bis etwa 2500 v. Chr. war diese Vorform vermutlich voll ausgebildet.

Die Bootaxt- oder Schnurkeramik-Kultur (2300–2000 v. Chr.)

Wieder einige Jahrhunderte später drang eine Kultur nach Südwestfinnland vor, die bis dahin ihr Zentrum in Mitteleuropa besessen hatte und mit indogermanischen Wanderungen in Beziehung gesetzt wird. Die Menschen, die die Bootaxt- oder Schnurkeramikkultur nach Finnland brachten, repräsentieren anthropologisch gesehen einen „europäischen" Typus. Vermutlich kamen sie über das östliche Baltikum. Ihren Namen hat diese Kulturform von den bootförmigen Hammeräxten, deren Überreste auch in Finnland gefunden wurden. Nach dem Stil der vorherrschenden Keramik wird sie auch Schnurkeramik-Kultur genannt. Es handelte sich dabei um eine Kulturform, die in den nordwestlichen und zentralen Teilen Europas weit verbreitet war, von den Archäologen jedoch unterschiedlich benannt wird, je nachdem, welches regionale Charakteristikum sie mit dem jeweiligen Namen ausdrücken möchten (so spricht man in Schweden von der Streitaxtkultur, in Dänemark von der Einzelgrabkultur).

Die Bootaxt- oder Schnurkeramik-Kultur wich von der beinahe gleichzeitigen spätkammkeramischen Kultur (2200–1800 v. Chr.) ganz wesentlich ab, weil sie bereits auf Ackerbau und Viehzucht basierte, wobei die Viehzucht wohl Vorrang hatte. Die Bootaxt-Menschen waren überdies geübte Seefahrer und unterhielten lebhafte Beziehungen zum heutigen Schweden. In Südwestfinnland und an den finnischen Küstenlinien breitete sich die Bootaxt-Kultur allmählich aus, wobei die primitive Agrikultur zunächst noch keine nennenswerten Erfolge aufweisen konnte. Aber die Menschen in Südwestfinnland wandten sich jetzt dem Westen und dem Meer zu. Die Mehrheit der kammkeramischen Bevölkerung scheint sich der Bootaxt-Kultur mit ihren abweichenden Lebens- und Wirtschaftsformen relativ schnell angepasst zu haben, und so bildete sich eine unsichtbare Grenze zwischen einem westlichen und einem östlichen Kulturkreis entlang der Linie Vaasa-Tampere-Lahti-Viipuri. Während die Bewohner des westlichen Kulturkreises sich in die agrarisch „europäische“ Gemeinschaft integrierten, blieben die Menschen des östlichen ein „nicht-europäisches“ Jägervolk, in dem sich die kammkeramische Kultur kontinuierlich weiterentwickelte.

Diese Entwicklung hatte auch sprachliche Konsequenzen. Nach Ansicht der Forschung teilte sich jetzt analog dazu das Vor-Urfinnische in einen urfinnischen (westlichen) und einen ursamischen (östlichen) Zweig. Durch die engen Kontakte eines Teils der kammkeramischen Bevölkerung mit urbaltischen und urgermanischen Gruppen ist eine große Zahl sozialer und materieller Neuerungen vermittelt worden. Denn die andersartige Lebensform einer Kultur, die Ackerbau und Viehzucht kannte, besaß natürlich auch eine Vielzahl andersartiger Dinge und Begriffe. Sie haben durch entsprechende Lehnworte Eingang in die Sprache der ursprünglichen kammkeramischen Bevölkerung gefunden, und es kam zu einer Reihe von syntaktischen, morphologischen und lautlichen Veränderungen, die das Urfinnische kennzeichnen. Jener Teil der kammkeramischen Bevölkerung, der von diesen Kontakten nicht oder kaum berührt wurde, hat sich demgegenüber kulturell und sprachlich zu Ursamen entwickelt. Jenseits der Grenze, die die Bootaxt- oder Schnurkeramik-Kultur definierte, reichte der ursamische östliche, die Lebensformen der kammkeramischen Kultur bewahrende Kulturkreis bis hinauf an den Fluss Kemi. Hier verlief eine andere imaginäre Grenze, hinter der Menschen lebten, die noch keine Keramik kannten oder nicht akzeptierten. Viel-

Stammbaum der finno-ugrischen Sprachen

Die finnisch-ugrische Sprachenfamilie zweigt zusammen mit den samojedischen Sprachen von einer größeren uralischen Sprachgruppe ab. Diese hat heute insgesamt etwa 25 Mio. Sprecher, vor allem in Russland, Ungarn, Estland und Finnland. Es lässt sich ein gemeinsamer Erbwortschatz erkennen, der von einer steinzeitlichen Jagdkultur zeugt, in der die Familie eine zentrale Stellung besaß. Das Finno-Ugrische ist zweigeteilt. Bis etwa 3000 v. Chr. hat es als eine Einheit bestanden, seine Urheimat vermutet man in dem großen Gebiet zwischen dem Baltikum und dem Ural. Später zweigt sich eine östliche Gruppe mit dem Ostjakischen und dem Wogulischen ab, deren Sprecher östlich des Urals an den Ufern des Ob beheimatet sind. Weit entfernt von diesen östlichen Sprachverwandten leben die Ungarn. Obwohl zur selben finno-ugrischen Sprachgruppe gehörig, stehen sich Ungarisch und Finnisch nicht näher, als etwa Deutsch und Russisch. Das Bild des Baumes veranschaulicht, wie weit Ungarisch und Finnisch voneinander entfernt in den äußersten Winkeln der Baumkrone „wachsen". Das Finnische hat sich nach vielerlei Transformationen aus der finnisch-permischen Sprachgruppe entwickelt. Zu dieser Gruppe gehört das Wolgafinnisch, das sich mit der Expansion der Kammkeramik-Kultur weiter ausbreitete. Es hat sich im Kontakt mit vorgefundenen Sprachformen an den Küsten des finnischen Meerbusens zu einer vor-urfinnischen Sprachform verändert, aus der später Ostseefinnisch und Samisch (in der Grafik „Lappisch") hervorgingen.
Heute gehören zur ostseefinnischen Gruppe u. a. das Karelische, das Estnische und natürlich das moderne Finnisch.

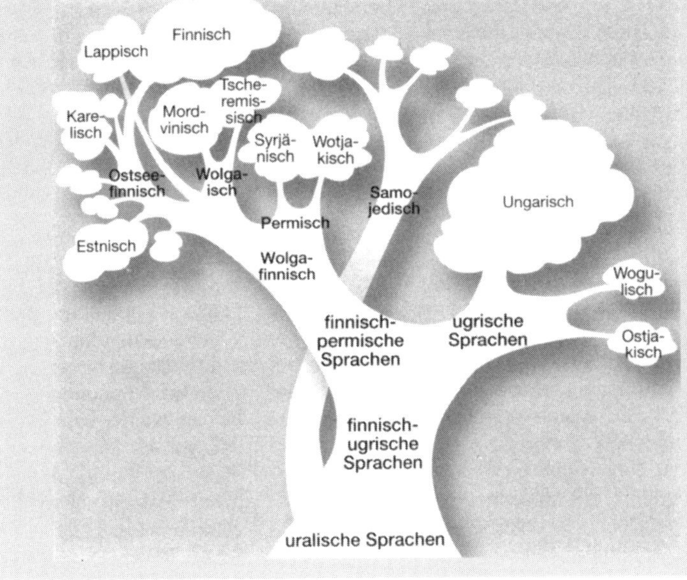

leicht waren sie Nachkommen jener arktischen Urbevölkerung, deren Siedlungsgebiete an der Eismeerküste lagen (Komsa-Kultur). Diese nördliche Grenze des Keramikgebrauchs wich nun in der ersten Hälfte des zweiten Jahrtausends v. Chr. weiter zurück. Überall in dem früher keramiklosen Gebiet, von Nordjämtland (Schweden) bis zur Kola-Halbinsel, tauchten nun bestimmte Keramiktypen, hochklassige Pfeilspitzen und wohl auch einfache Gegenstände aus Kupfer auf. Es war vermutlich diese Expansion, die außer materiellen Kulturelementen auch die ursamischen Sprachformen sowie die von allen Samengruppen selbst gebrauchte Bezeichnung *sabme* verbreitete.
Etwa um 1900 v. Chr. ging die Bootaxt- oder Schnurkeramik-Kultur des westlichen Kulturkreises in eine spätneolithische Kulturform über, die in Finnland Kiukais (Kiukainen)-Kultur genannt wird. Sie erhielt charakteristische Impulse aus dem Baltikum und Skandinavien. Die Verbindungen zum Westen wurden weiterhin gepflegt, aber offenbar wandte man sich auch wieder dem Osten zu.

Wer waren die Fenni?

Ganz am Schluss seiner Beschreibung Germaniens wendet sich der römische Historiker Publius Cornelius Tacitus (ca. 55–120 n. Chr.) im 46. Kapitel seiner Schrift „Über Ursprung und Ortsverhältnisse der Germanen“, kurz „Germania“ genannt, den Grenzvölkern im Osten zu. Er zweifelt, ob er die *Fenni*, die er hier erwähnt, überhaupt zu den Germanen zählen soll und beschreibt ihre Lebensweise als ungemein roh: „Sie kennen keine Waffen, keine Pferde, kein Heim; Kräuter dienen zur Nahrung, Felle zur Kleidung und der Erdboden als Lagerstätte. Ihre einzige Hoffnung sind Pfeile, die sie aus Mangel an Eisen mit Knochenspitzen versehen.“ Wenn man einmal davon absieht, dass Pytheas, der griechische Seefahrer, Geograf und Astronom, schon um 300 v. Chr. die *phinoi* erwähnt, dann ist Tacitus' Darstellung aus dem Jahre 98 n. Chr. die erste schriftliche Quelle, in der *Fenni* als Bewohner Finnlands beschrieben werden. Heute weiß man, dass sie nicht identisch sind mit der bäuerlichen Bevölkerung Südwestfinnlands. Vielmehr scheint die Beschreibung auf die Jägerkultur des Nordens, die Samen, zu passen, auch wenn deren Lebensweise wohl nicht so primitiv war, wie Tacitus es schildert. Er schreibt im Übrigen nicht aus eigener Kenntnis. Manche Nachricht beruht auf mündlicher Mitteilung, die dem Autor auf irgendeine Weise zugetragen wurde. Die Aussagen über die *Fenni* wurden wahrscheinlich über ostseegermanische Händler aus dem heutigen Schweden vermittelt, die „die Finnen“, das heißt die Samen Västerbottens in Nordschweden meinten. Der Prozess, der die Samen immer weiter nach Norden drängte, bis es schließlich außer in Nordfinnland auch in Nordschweden, Nordnorwegen und der Kola-Halbinsel nur noch einen kursierenden Kern samischer Besiedlung gab, hatte schon begonnen.

Die Schnurkeramik- oder Bootaxtkultur hatte lange zuvor die vor-urfinnische Bevölkerung in zwei „Lager" geteilt: ein agrarisch-„europäisches" und ein nicht agrarisch-„nicht europäisches". Die Angehörigen des Ersteren, die sich allmählich zu Ostseefinnen entwickelten, bedurften irgendwann einer distinktiven Bezeichnung für jene, die jenseits der Kulturgrenze wohnten. Es ist möglich, dass man begann, das Jägervolk mit einem urfinnischen Wort zu bezeichnen, das so viel wie „die abseits Lebenden" bedeutete. Daraus könnte später das finnische *lape* mit der Bedeutung *Seite, abseits* entstanden sein. Dieses von den ostseefinnischen Völkern für die Samen verwendete Wort (Lappi, lappalainen) wurde auch von den Russen (Lop, lopari) und Schweden (Lappland, Lapparna) entliehen. Die Norweger jedoch nannten die Samen weiterhin *finnar*. Auf Olaus Magnus' Carta Marina aus dem 16. Jh. tragen die nördlichsten im heutigen Norwegen gelegenen samischen Siedlungsgebiete die Bezeichnungen *Finmarchia* und *Sricfinnia*, während die schwedischen und finnischen *Lappia* heißen. Trotz der deutlichen Kontur dieser Grenze zwischen Finnen und Samen lebten sie keineswegs isoliert voneinander. Sie schufen mit der Zeit ein einzigartiges Modell der Kommunikation zwischen Bauern und Jägern, das auf dem Austausch von materiellen Gütern beruhte. Archäologische Funde belegen eine intensive Wechselwirkung für die Bronzezeit, da beide Gruppen sich als gleichwertig betrachteten. Während der jüngeren römischen Eisenzeit (3. Jh. n. Chr.) kam es jedoch zu einem Bruch in der ursamischen Kulturentwicklung, denn der Gebrauch von Keramik und Eisen hörte auf. Offenbar hatte die wachsende Nachfrage nach Pelzwerk und anderen Produkten der Wildmark das Verhältnis zwischen Jägern und Bauern verändert, dessen Bedingungen jetzt von der agrarischen Gesellschaft bestimmt wurde.

Die Bronzezeit (1500–500 v. Chr.)

Archäologische Funde, die aus der Bronzezeit stammen, gibt es nur wenige. Sie sind vor allem skandinavischen und ostrussischen Ursprungs, wobei der ostrussische Einfluss vor allem bei Funden in Nord- und Mittelfinnland erkennbar ist. Als erstes bekanntes Metall kam nun die Bronze nach Finnland, und zwar ausschließlich als Importware, denn die eigenen Kupfervorkommen hatte man noch nicht entdeckt. Träger von Bronzewaffen und Bronzeschmuck aus Schweden wurden inmitten der alten Einwohnerschaft in den Küstengebieten jetzt immer zahlreicher. Sie brachten auch einen neuen Kultus und andere Bestattungsformen mit. Einige der charakteristischen Steinhügel, mit denen man die Gebeine der Toten nach ihrer Verbrennung bedeckte, sind noch heute erhalten. Wie ein schmaler Gürtelstreifen ziehen sich die Fundstätten der Bronzezeit entlang der finni-

schen Küste. Die Kultur dieser Epoche beruhte auf dem Handel und war in erster Linie Skandinavien zugewandt. In Südwestfinnland, aber auch in Teilen jenes östlichen Kulturkreises im Inneren des Landes, waren Ackerbau und Viehzucht jetzt etablierte Lebensformen. Südwestfinnland – besonders Åland – nahm die skandinavisch-westliche Kultur immer mehr in sich auf.
Im Kontrast dazu verstärkte sich der Kontakt zwischen der ursamischen Bevölkerung im Inneren Finnlands und dem finno-ugrischen Osteuropa, von wo der größte Teil ihrer Metalle herstammte (aber es finden sich ebenso Beispiele einheimischer Metallurgie). Auch der Charakter der im zentralen Finnland gefundenen Keramiküberreste repräsentiert eine östliche Kulturströmung. Es handelt sich nämlich um die so genannte Textilkeramik, die auch aus dem weit gestreckten zentralrussischen Gebiet zwischen den oberen Flussläufen der Wolga und Oka bekannt ist. Die Oberfläche eines großen Teils dieser Gefäße weist Textilabdrücke auf, daher der Name. Sie sind in Formen mit weiter Öffnung gefertigt worden, die inwendig mit einer Art Tuch ausgekleidet waren, um das Gefäß später leicht aus der Form lösen zu können.

Besiedlungskontinuität oder Einwanderungswellen?

Etwa um 500 v. Chr. hören die Bronzefunde in Südwestfinnland auf, ein Jahrhundert später auch in Ostfinnland. Man weiß, dass sich das Klima um diese Zeit verschlechterte und die Bevölkerungszahl zurückging. Die Laubwälder nahmen ab und die Fichte eroberte das Terrain. Das Verschwinden der Bronze erklären sich die Forscher mit einem möglichen Stagnieren des Handels, denn mit dem Aufschwung der keltischen Völker brachen alte Handelsverbindungen ab und der Metallimport versiegte. Vielleicht hat man auch einfach nur damit aufgehört, so kostbare Beigaben in die Gräber zu legen, anders, als es die „aristokratisch" geprägte Kultur der Bronzezeit kannte. Keinesfalls lag das Land in der vorrömischen Eisenzeit gänzlich verödet da, wie es lange Zeit aufgrund der überaus dürftigen Grabfunde angenommen wurde. Auch die daraus abgeleitete Theorie, dass erst eine neue Einwanderungswelle aus dem nordwestlichen Estland in der römischen Eisenzeit, die Ankunft der „eigentlichen Finnen", den erneuten Aufschwung der Kultur und die endgültige Besiedlung Finnlands einleiteten, wird heute relativiert. Tatsächlich geht man von der *Kontinuität* der Besiedlung Südwestfinnlands und der inneren

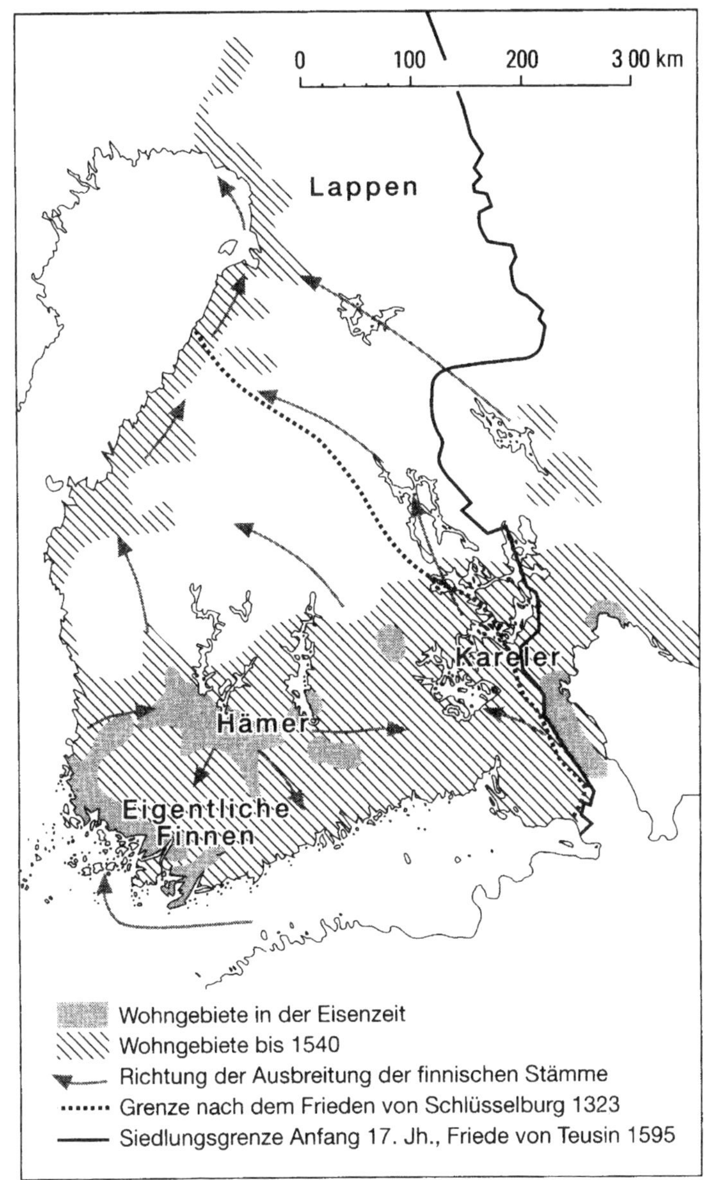

Ausbreitung der finnischen Stämme

Teile des Landes aus, eine Kontinuität, deren Anfang erwiesenermaßen in der Steinzeit lag.
Richtig ist aber auch, dass Konsolidierung und Ausbreitung der Siedlungen entlang der finnischen Westküste in den ersten Jahrhunderten nach Christi Geburt erneut durch Einwanderung beeinflusst wurden. In den Flusstälern und Mündungsgebieten fand man guten Ackerboden und günstige Verbindungswege zum finnischen Binnenseeplateau. Bis in das südliche Österbotten und nach Tavastland erstreckten sich die Wohnplätze jener Stämme, die in der Literatur zumeist die Eigentlichen Finnen und Tavastländer (Hämer) genannt werden. In einem schmalen Landstrich Ostfinnlands siedelten zu dieser Zeit die Karelier.
So bleibt festzuhalten, dass die Besiedlung Finnlands nach dem Rückgang des Eises über Jahrtausende ein friedlicher Prozess der Durchdringung von Völkern östlicher und westlicher Herkunft war. In einer weiträumigen Kontaktzone zwischen Ostsee und Ural kam es also zu vielfältigen kulturellen, sprachlichen und genetischen Interaktionen. Die verschiedenen Siedlungsgebiete in Finnland nahmen zu unterschiedlichen Zeitpunkten neue Einwanderer aus unterschiedlichen Richtungen auf und entwickelten je eigene Kulturkontakte. Einige der neuen Bevölkerungsgruppen brachten schon mehr als 3000 Jahre vor Christi Geburt mit dem Wolga-Finnisch die erste finno-ugrische Sprachform nach Finnland, die die vorgefundenen Sprachformen kreativ überlagerte und so eine Vorform des Ur-Finnischen schuf. Als sich dann unter dem Einfluss der Bootaxt-Kultur ein westlicher von einem östlichen Kulturkreis in Finnland abzugrenzen begann, entstand im Umkreis der ursprünglichen, im östlichen Kulturkreis sich kontinuierlich weiter entwickelnden Kammkeramik-Kultur das Ur-Samische. Spätestens von diesem Zeitpunkt an lässt sich von der Existenz der Samen als einer sprachlich eigenständigen ethnischen Gruppe in Finnland sprechen. Unterdessen bildete der westliche Kulturkreis zugleich mit der Intensivierung seiner Kontakte im Ostseeraum und nach Skandinavien das Urfinnische aus, aus dem schließlich die ostseefinnischen Sprachformen hervorgingen.

Die letzten Jahrhunderte vor Beginn der historischen Zeit

Pelztierjäger und Händler von der Südküste des Finnischen Meerbusens hatten sich also für dauernd an der Küste Südwest- und Westfinnlands angesiedelt und waren entlang des Kokemäenjoki (Kokemäkifluss) weiter nach Satakunda, das südliche Österbotten und nach Tavastland vorgedrungen. Die Küstengebiete des Finnischen Meerbusens gegenüber den Siedlungszentren Estlands dienten den Esten weiterhin als Jagd- und Fischgründe. Ihre Einwanderungsbewegung nach Finnland dauerte über Jahrhunderte an, die eisenzeitliche Kultur Finnlands aber war auf dem Weg, ihren baltischen Charakter zu verlieren.

Die bedeutungsvollen Veränderungen der Völkerwanderungszeit (400–600 n. Chr.), die das Ende des antiken Römischen Reiches besiegelten, setzten auch im Norden Europas deutliche Akzente. Der Einbruch der Hunnen hatte die Handelswege Westeuropas über die Ostsee nach Norden unsicher gemacht, also suchte der Handel sich andere Wege: Neues Zentrum wurde das Nordseegebiet mit England und Norwegen als wichtigsten Vermittlern. Vor allem in Vestfold (einer norwegischen Provinz am Oslofjord) und im südwestlichen Norwegen entdeckte man westeuropäische Importe. Diese Regionen besaßen zugleich sehr enge Kontakte nordwärts in das südliche und nördliche Tröndelag (das Gebiet um das heutige Trondheim) und von da aus weiter nach den schwedischen Landschaften Medelpad und Ångermanland am Bottnischen Meerbusen (mittleres Norrland). Sie alle erlebten nun einen nie da gewesenen ökonomischen Aufschwung und wurden zu wohlhabenden Wirtschaftsräumen, für die auch die Erzeugnisse des Meeres große Bedeutung hatten. An der Spitze der sozialen Hierarchie standen mächtige und einflussreiche Bauerngeschlechter, und die Bestattung ihrer Angehörigen in großzügig ausgestatteten Kammergräbern zeugt von ihrem herausgehobenen Status. Die schwedischen Siedlungen sowie die des norwegischen Tröndelags wurden in der Forschung sogar mit Kleinkönigtümern verglichen. Ausgrabungen belegen, dass die mittelnorrländischen Herrschaftsgebilde dieser Art über mehrere Generationen bestanden haben, sie jedoch am Ende der Völkerwanderungszeit zerbrachen und dem Herrschaftsbereich der legendären Svear untergeordnet wurden. Das Ursprungsland der Svear war das mittelschwedische Uppland, doch inzwischen bildeten sie ein wichtiges Machtzentrum im gesamten Mälartal. Von ihnen wird später noch die Rede sein.

Diese Deutungen sind nun von großem Interesse für die Erklärung der ökonomischen Expansion, die während der Völkerwanderungszeit vor allem in Österbotten zu verzeichnen ist und Wohlstand und Eigenart dieser Region begründete. Sie befand sich am Beginn einer Entwicklung, die dann in der Merowingerzeit (550/600–800 n. Chr.) schließlich einen kulturellen Höhepunkt der Eisenzeit in Finnland markiert. Die einheimische Waffenherstellung, aber auch das künstlerische Handwerk erlebten eine Blütezeit. Dabei sind Unterschiede zwischen Südwestfinnland und Österbotten zu erkennen, denn der nördlichere Landesteil zeigte eine deutlichere Eigenständigkeit und Ablösung von baltischen Einflüssen. Zutreffend ist wohl nach wie vor, dass der Pelzhandel zusammen mit Landwirtschaft und Viehzucht in einer Zeit blühenden Handels die Grundlage des wirtschaftlichen Aufschwungs war. Für die Existenz einer führenden Schicht skandinavischer Einwanderer, die den österbottnischen Handel organisierten, gibt es jedoch keine archäologischen Beweise. Die große Zahl der mit germanischer Tierornamentik versehenen Luxusgegenstände wie Nadeln, Zierknöpfe und Spangen, die man in Österbotten fand und die vermutlich aus Werkstätten im schwedischen Helgö im Mälartal oder Gene in Ångermanland stammen, deutet vielmehr auf einen anderen sozio-politischen Hintergrund hin. Einerseits Handelsware, konnten sie andererseits als Geschenke Ausdruck einer politischen Bindung entweder an die mittelnorrländischen Kleinkönigtümer Medelpads und Ångermanlands oder der mächtigen Svear sein.

Auch Südwestfinnland geriet, wenngleich später, so doch immer stärker in die Dynamik dieser skandinavisch-finnischen Beziehungen, und der baltische Einfluss verminderte sich hier ebenfalls deutlich. Es etablierte sich eine eigenständige Schmuckfertigung, und die Kontakte nach (Süd)Westen wurden intensiver. Hier spielte übrigens Gotland eine wichtige Rolle, das sich dann später zu einem bedeutenden Zentrum für den Osthandel entwickelte und eine Mittlerfunktion im Handelsaustausch zwischen östlichem und westlichem Ostseeraum einnahm.

Ohne Zweifel stehen die ungemein reichen Funde der Merowingerzeit in einem engen Zusammenhang mit der gesellschaftlichen Entwicklung in Europa. Die Verbindungen mit den germanischen Gesellschaften Skandinaviens vermittelten natürlich nicht nur Impulse in Bezug auf die materielle Kultur, sondern beeinflussten als Ausdruck eines veränderten Lebensgefühls und Selbstbewusstseins auch religiöse Vorstellungen, Bestattungsriten und künstlerisches Stilempfinden. Und deutlicher als früher wies das finnische Gemeinwesen nun soziale Differenzierungen mit einer herausgehobenen Führungsschicht auf. Das zeigen die mit kostbaren Prachtschwertern ausgestatteten Waffengräber ihrer Angehörigen. Auch die ältesten Teile der altfinnischen Dichtung gehen offenbar auf diese Zeit zurück, beeinflusst von der germanischen Heldendichtung, die den beseelten Menschen kannte und in der die ältere Edda und das angelsächsische Beowulf-Epos bedeutende Glanzpunkte setzten. So gibt es in einem der altfinnischen Runengesänge die Beschreibung einer Speerspitze aus Eisen mit zwei plastischen Tierfiguren, die exakt mit merowingerzeitlichen Grabfunden übereinstimmt. Das ungewöhnlich umfangreiche Material der alten finnischen Volkspoesie wurde über viele Generationen mündlich überliefert. Die metrisch gebundenen Formen, die auch als Runen bezeichnet werden, wurden von besonderen Runensängern weitergetragen. Balladen von religiösem oder historischem Inhalt, epische oder halbepische Heldensagen, Klagen, Hochzeitslieder – in schriftlicher und gebündelter Form begegnen sie uns erst, seit Elias Lönnrot sie am Anfang des 19. Jahrhunderts auf seinen Wanderungen – unmittelbar von den Lippen der Sänger – aufgezeichnet und in Finnlands Nationalepos *Kalevala* zusammengeführt hat.

Finnen und Waräger

„A furore Normannorum libera nos, Domine." – „Vom Wüten der Normannen befreie uns, Herr." Mit diesem Stoßgebet englischer Mönche in der Altenglischen Chronik zieht sich seit dem Überfall auf das Kloster Lindisfarne in Nordengland im Jahre 793 n. Chr. eine rund 250 Jahre währende Klagespur durch das abendländische Schrifttum.

Sie weist auf eine gewaltige Expansionsbewegung skandinavischer Völker; eine Expansion, die über ihre angestammten Siedlungsgebiete weit hinausreichte – bis zu den damals unbekannten Küsten der nordatlantischen Inseln und Nordamerikas im Westen – und über die Flüsse des Ostens bis an die Grenzen der mächtigen islamischen Reiche des Kalifats. Es waren die schwedischen Wikinger, die sich nach Osten gewandt hatten, um in die reichen arabischen Länder zu gelangen, vor allem um Handel zu treiben. Von kriegerischen Zusammenstößen, von Raub und Plünderungen auf den Wikingerfahrten nach Osten berichten die Quellen nur gelegentlich. Tatsächlich waren diese schwedischen Händler ein wichtiges Bindeglied für den Warenaustausch mit Westeuropa, denn aufgrund der arabischen Expansion seit der Mitte des 7. Jahrhunderts waren der östliche Mittelmeerraum und Kleinasien für den Handelsverkehr immer unsicherer geworden. Die neuen Handelswege verliefen zu einem Großteil vom Schwarzen Meer über die weit verzweigten osteuropäischen Flusssysteme zur Ostsee (oder umgekehrt, wie man will). Die Schweden (um sie hier einmal pauschal so zu nennen, ein einheitliches schwedisches Reich gab es ja noch nicht) – die Schweden also zogen aus diesem Handel den größten Nutzen. In arabischen, slawischen und byzantinischen Quellen heißen sie zumeist *Rus, Ruotsi, Væringr* oder *Varjagi* bzw. *Varangoi* – Waräger. Sie fuhren über die Ostsee bis zur Rigaer Bucht und erreichten über die Düna die Flusssysteme des Ostens, oder aber entlang der von Schären geschützten Küste des Finnischen Meerbusens bis zur Neva. Auf ihr gelangten sie bis in den Ladogasee und von da aus weiter zum Oberlauf des Djnepr. Ihm folgten sie nach Süden bis ins Schwarze Meer, nach Konstantinopel (Byzanz) und zu den arabischen Ländern. Den südlichen Teil dieses Weges beschrieb der byzantinische Kaiser Konstantin Porphyrogenetos in der Mitte des 10. Jahrhunderts sehr anschaulich. Vor allem interessierte es ihn, wie es den Warägern gelang, die Stromschnellen des Djnepr zu überwinden. Eine andere, weiter östlich gelegene Route führte über die Wolga ins Kaspische Meer. Am Rande dieses Osthandelsweges gründeten die Waräger Handelsniederlassungen und siedelten sich als herrschende Schicht unter den slawischen und ostseefinnischen Völkern an. Staraja-Ladoga (altnordisch *Aldeigjuborg*), Novgorod (*Holmgardr*) und Kiew (*Kqnugardr*) waren die wichtigsten Zentren in jenem riesigen Gebiet, das die Skandinavier *Gardariki* nannten. Reiche Handelswaren, unzählige Silbermünzen und kostbarer Silberschmuck gelangten auf dem Rückweg nach Gotland und bis nach Birka ins Mälartal. Vieles davon ist heutzutage bei Ausgrabungen wiederentdeckt worden und zeugt von der Blütezeit Birkas und Gotlands als wichtige Knotenpunkte dieses Handelsaustauschs.

Aber auch Dänen und schließlich Norweger, die mit Kaupang am Oslofjord einen wichtigen Handelsort besaßen, waren in dieses Handelsnetz bald integriert. Ein Handelsnetz, in dem die Friesen zunächst eine zentrale Rolle spielten. Sie vermittelten diesen Handel nämlich zwischen dem Westfränkischen Reich und den englischen Kleinkönigtümern auf der einen und dem Ostseeraum auf der anderen Seite. Wichtige Märkte waren das friesische Dorestad und das dänische Haithabu.

Die Südwestküste Finnlands kam jetzt in direkte Berührung mit diesem großen „internationalen“ Handelsweg nach Osten. Ihre Bewohner haben sich jedoch nicht in großem Stil an den Fahrten der Waräger beteiligt. Anders die Åländer, die eigene Schiffe für die Expedition nach Osten ausgerüstet haben. Sie sprachen die Sprache der Waräger, und das scheint ihnen die Beteiligung an diesen Unternehmungen erleichtert zu haben. Auf Åland fand man eine nicht geringe Zahl arabischer Münzen, die die Abenteurer von ihren Reisen zurückbrachten. Nur sehr wenige derartige Münzen wurden dagegen auf dem finnischen Festland gefunden. Wohl aber kann man davon ausgehen, dass einzelne abenteuerlustige Finnen auf eigene Faust nach Osten aufbrachen auf der Suche nach Ruhm und Reichtum. Und dennoch: Die eigentlichen Auswirkungen des lebhaften Handelsverkehrs an der finnischen Küste waren eher mittelbar.

Natürlich stimulierte die Ausdehnung des Handels und die herrschende Hochkonjunktur die gesellschaftliche Entwicklung. Die Bevölkerung wuchs, die Siedlungen wurden größer und zahlreicher. Merkwürdigerweise aber verödete in dieser Epoche das zuvor so blühende Österbotten. Es wurde von einer Krise heimgesucht, für die es noch keine endgültige Erklärung gibt. Sie kann ausgelöst worden sein durch natürliche Umweltveränderungen, die für Siedlung und Wirtschaft ungünstig waren. Man spricht aber auch von einer tief greifenden Veränderung der ökonomischen Strukturen, die mit der wachsenden Nachfrage nach Pelzen zu tun hatte, welche nun in großen Mengen nach Osten wie nach Westen vermarktet wurden: Über den Bottnischen Meerbusen waren wichtige Jagdgebiete leicht zu erreichen. Jetzt entstanden neuartige Handelsorganisationen, die um die begehrte Ware konkurrierten und die Ausbeutung Lapplands über dieses Gewässer intensivierten. Hier kommt nun das rätselhafte Kainuu oder Cvenland ins Spiel, von dem uns der norwegische Kaufmann Ottar in seinem Bericht erzählt, der in die berühmte angelsächsische Übersetzung der Weltgeschichte des Orosius vom Ende des 9. Jahrhunderts eingefügt ist. Kein Geringerer als König Alfred der Große selbst hat dafür gesorgt. Auch die skandinavischen Sagas kennen die Leute von Kainuu, die neben den Kareliern bedeutende Rivalen der Norweger in Lappland waren. Vermutlich handelte es sich um einen westfinnischen bewaffneten Verband von Lapplandfahrern. Diese bewaffneten Händler und Jäger begnügten sich zumeist nicht mit den Erträgen ihrer Jagd, sondern erzwangen darüber hinaus Abgaben von den Samen. Den wirtschaftlichen Nutzen davon hatten – zum Nachteil der Wirtschaft in Österbotten – die südwestfinnischen Gebiete, in die sich im Laufe der Zeit der kulturelle und wirtschaftliche Schwerpunkt verlagerte.

Auch Karelien, das nahe der östlichen Ansiedlungen der Waräger lag und zudem selbst reich an Pelztieren war, erlebte einen Aufschwung. Die finnischen Binnenlandsiedlungen hinter dem Salpausselkä drangen jetzt parallel zum Osthandelsweg entlang der Schärenküste bis dahin und an das Ufer des Ladogasees vor.

Doch diese Zusammenhänge allein können das wirtschaftliche Wachstum während der Wikingerzeit in Finnland noch nicht erklären. Dieses Wachstum gründet vor allem auch in der innerfinnischen ökonomischen Entwicklung, die bereits am Ende der Merowingerzeit eingeleitet worden war. Sie fand ihren Ausdruck im endgültigen Übergang zu permanenter Landwirtschaft und in der allmählichen Entstehung von Dorfgemeinschaften. Offenbar kam der neue Wohlstand größeren Bevölkerungsgruppen zugute, denn die wikingerzeitlichen Grabfunde deuten jetzt auf eine Gesellschaft ohne krasse soziale Unterschiede hin, anders, als es noch die Funde der Merowingerzeit nahe legten. Es scheint eine Gesellschaft wohlhabender Bauern und Jäger gewesen zu sein, zu der auch ebenso wohlhabende Kaufleute zählten, aber genauso auch Besitzlose und „Trälar", diese eigentümliche Gruppe von Knechten, die ehemals Sklaven gewesen und dann von einem freien Bauern abhängig waren, ohne ihm aber auf Gedeih und Verderb ausgeliefert gewesen zu sein.
Kein wikingerzeitlicher Grabfund in Finnland weist jedoch auf die Existenz von Herrscherfiguren hin, die in ihren Händen bereits politische Macht konzentrierten. Es gab noch kein zusammenhängendes vorstaatliches Gebilde, nur innerhalb kleinerer Regionen bestimmte Organisationsformen für den Kultus, die Landesverteidigung und die Rechtsprechung. Ganz offensichtlich war in Finnland noch nicht entstanden, was die sozialen Strukturen der skandinavischen Nachbarn in dieser Zeit kennzeichnete. Hier hatten sich nämlich am Ende der Wikingerzeit bereits drei Königreiche mit einem hohen Grad gesellschaftlicher Differenzierung herausgebildet. Von allergrößter Bedeutung war dabei die Ausformung einer professionellen Kriegerschicht, ein Vorgang, der schon im 9. Jahrhundert eingesetzt haben dürfte. Die Wikingerhäuptlinge stützten sich bei ihren Raub- und Handelszügen nicht mehr allein auf freie Bauern, sondern unterhielten regelrechte Privatarmeen, deren Loyalität sie sich erkauften. Die Zahl der Raubzüge und der daran beteiligten Krieger nahm in der Folge zu. Sie entwickelten sich schließlich zu beinahe „staatlichen" militärischen Unternehmungen, die von Königen oder Angehörigen des Königsgeschlechts geführt wurden. In Dänemark beispielsweise entdeckten Archäologen strategisch verteilte Heerlager (Fyrkat und Trelleborg sind bekannte Beispiele), die mit hohen Ringwällen versehen waren und die Burgen glichen. Sie waren offenbar Stützpunkte der inneren Herrschaft und festigten das dänische Einheitskönigtum. Unter Knud dem Großen (1018–1035) erfuhr es bekanntlich seine größte Machtentfaltung. Zu dieser Zeit war die Christianisierung Skandinaviens

weit fortgeschritten. Das Christentum hatte großen Einfluss auf den Reichsbildungsprozess, indem es den archaischen Vorstellungen vom Königtum die damals im kontinentalen Europa vorherrschende Auffassung von Monarchie entgegenstellte.

Das skandinavische Entwicklungsmuster ähnelt in seinen Konturen jenem Umwälzungsprozess der römisch-antiken Gesellschaft im merowingisch-fränkischen Westeuropa, wie Georges Duby ihn eindringlich beschrieben hat. Er bezeichnete die Entstehungszeit des fränkischen Feudalismus als ein Zeitalter der Plünderungen. Die Kriegszüge ermöglichten dem Herrscher, durch das dabei erlangte Beutegut seine Gefolgschaft an sich zu binden. Damit, aber insbesondere auch durch Landvergabe, verschaffte er den Kriegern, den Rittern oder dem Ur-Adel, wenn man so will, die Mittel, eigene Machtpositionen auf- und auszubauen. Ab einem bestimmten Zeitpunkt wurden diese Kriegszüge jedoch unregelmäßiger und seltener, und die Kriegerschicht begann, sich in dieser Phase auf die Unterwerfung der umliegenden Bevölkerung und die Aneignung von deren Arbeitskraft zu konzentrieren.

Auch im Skandinavien der Wikingerzeit ist dies zu beobachten. Wenngleich in Schweden gesellschaftliche Umwälzungen dieser Art später einsetzten als in Dänemark und Norwegen, sind die Entwicklungen dort für die weitere Geschichte Finnlands von größter Bedeutung. Man weiß heute recht genau, wie sich in Schweden das Verhältnis der Bauernschaft zu dieser sich Schritt für Schritt formierenden und abgrenzenden Oberschicht entwickelte und zu welchen Ergebnissen die dynamische Landaneignungspolitik der – noch jungen – Krone, des ebenso jungen Adels und – nicht zu vergessen – der sich allmählich etablierenden Kirche geführt hat. Bis dahin nicht gekannte Formen des Privateigentums an Grund und Boden begannen sich zu verfestigen, während der Bauer zwar persönlich frei blieb, das Eigentumsrecht auf Land jedoch teilweise oder ganz verlor. Er hatte nun einen Preis für den Zugang zu den Ressourcen in Form von persönlichen Dienstleistungen, militärischer Unterstützung, Arbeitskraft und Abgaben an die neue Herrschaftsschicht zu entrichten. Es leuchtet ein, dass sich in diesem empfindlichen System von Abhängigkeiten, Ungleichheiten und Machtinteressen leichter als in früheren Epochen Konflikte und Widersprüche entwickelten. Um sich zu erhalten, bedurfte die im Werden begriffene Feudalgesellschaft autoritärer Formen der Herrschaft und, wenn nötig, zur Unterwerfung neuer Herrschaftsgebiete weiterer Kriegszüge, auch gegen die Nachbarn östlich des Bottnischen Meerbusens. Adam von Bremen, der uns mit seiner

Geschichte der Hamburgischen Kirche eine der Hauptquellen zur Geschichte der nordischen Länder im 11. Jahrhundert hinterlassen hat, berichtet von einem missglückten Eroberungszug des schwedischen Königs Anund gegen das Kainuu-Land. Vom 11. Jahrhundert als einer unruhigen Zeit zeugen in Finnland ferner die vielen wieder aufgefundenen vergrabenen Schätze, die man in kriegerischen Zeiten sicher zu verstecken suchte. Auch schwedische Runensteine in Tavastland und Viborg/Viipuri berichten von kriegerischen Zusammenstößen und ihren Opfern. Noch handelte es sich um gelegentliche Überfälle der Schweden, um zu plündern und Tribute einzutreiben. Zu einer dauernden Eroberung führten sie noch nicht. Mit den schwedischen Kreuzzügen nach Finnland in der Mitte des 12. Jahrhunderts sollte sich dies ändern. Finnland stand jetzt an der Schwelle zum Mittelalter.

DAS MITTELALTERLICHE FINNLAND

Die Zeit des Übergangs: Von ca. 1050 bis zur Mitte des 12. Jahrhunderts

In der Mitte des 11. Jahrhunderts hörten die Skandinavier auf, ihre Siedlungsgebiete zu verlassen, um auf Wikingfahrt zu gehen. Die gewaltsame Expansionsbewegung dreier Jahrhunderte kam zum Stillstand, und dies bedeutete zugleich das Ende der Wikingerzeit. Wie so oft in der Geschichte haben Ereignisse Folgen heraufbeschworen, die die Fortsetzung eben dieser Ereignisse unmöglich oder überflüssig machten. So führten auch die Wikingerzüge als Auslöser, als Katalysator zu Entwicklungen, die schließlich – im Zusammenwirken mit anderen Faktoren – ihr eigenes Ende besiegelten. Grundlegendes hatte sich verändert, neue gesellschaftliche Strukturen waren geschaffen, politische wie wirtschaftliche Macht konzentriert und zugleich neu verteilt worden.

Zum einen: Durch die Wikingerexpansion war das Abendland nicht nur vordergründig in den Gesichtskreis des Nordens gelangt, denn allmählich – nicht selten unter blutigen inneren Auseinandersetzungen – formierten sich die skandinavischen Königreiche nach dem Vorbild feudaler Ständegesellschaften des kontinentalen Europas. Dies geschah in untrennbarer Verknüpfung mit dem Aufbau der christlichen Kirche, die neben ihrem missionarischen auch einen politisch-rechtlichen und ökonomischen Anspruch vertrat und ebenso wie das sich festigende Königtum nach Ausweitung ihrer Autorität strebte. Die Kirche hatte in gewissem Maße zudem einen befriedenden Effekt, indem die Skandinavier nicht wie bisher ihre räuberischen Unternehmungen durchführen konnten, weil und sofern diese nun Glaubensgenossen trafen. Langfristig wirkte sie in diesem Sinne auch nach innen, indem sie nicht nur der Sklaverei ein Ende setzte, sondern zunehmend auch im weltlichen Bereich ihren Einfluss geltend machte. Hier konnte sie ihre Auffassungen über Königtum, Reich, Gesellschaftsaufbau und Rechtsprechung Schritt für Schritt durchsetzen.

Zum anderen: Die Wikinger hatten auf ihren Handelsrouten Stützpunkte und Umschlagplätze gegründet, von denen sich manche zu Städten entwickelten und die zu Zentren neuer, stabiler und expansionsfähiger Herrschaftsgebilde wurden. Auf der Ostroute zum Beispiel war Kiew solch ein wirtschaftlicher und politischer Mittelpunkt, um den herum sich das bedeutende Fürstentum, später Großfürstentum der *Kiewer Rus* entwickelte. Eine andere, bis in die Siedlungsgebiete Finnlands ausgreifende Herrschaftsbildung konzentrierte sich um Novgorod. Von hier aus führte ein verzweigtes Netz von Wasserstraßen in alle Himmelsrichtungen, denn Novgorod lag mitten im Fluss- und Seengebiet von Volchov und Ilmensee. Über den Ladogasee und die Neva gab es eine direkte Verbindung zum Finnischen Meerbusen und damit zu allen Ostseeanliegern. Das Novgoroder Herrschaftsgebiet erstreckte sich im Norden bis nach Ladoga, und nicht nur slawische Stämme siedelten im Novgoroder Land, sondern neben estnischen Volksgruppen auch ostseefinnische Karelier. Seit der zweiten Hälfte des 9. Jahrhunderts war Novgorod vom Kiewer Großfürsten abhängig, der meist seinen ältesten Sohn als Fürsten dort einsetzte. Die byzantinische Kultur und der orthodoxe Glaube waren in der Folge bis hierher vorgedrungen und mit ihnen die byzantinischen Vorstellungen von Herrschaft und Staatlichkeit. 1136/37 gelang es, eine neue politische Ordnung in Novgorod zu etablieren, die die Handelsmetropole am Volchov aus der Abhängigkeit vom Kiewer Großfürstentum löste. Aber auch das neue Wahlfürstentum Novgorod geriet in Konflikte mit schwedischen Herrschern, was einen langwierigen Kampf um russische und schwedische Interessen in Finnland zur Folge hatte. Doch dazu später mehr. Im 11. Jahrhundert jedenfalls hatten die Waräger ihre Fahrten über die russischen Flüsse nach Süden immer seltener unternommen und schließlich ganz eingestellt. Die alten Handelswege führten jetzt durch Reiche, an deren Entstehung sie zwar maßgeblich beteiligt waren, die aber nun erfolgreich verteidigt wurden.

Noch ein anderer Grund ist anzumerken, dessen Bedeutung für die Veränderungen im Ostseeraum nicht hoch genug veranschlagt werden kann: Im Gefüge des „internationalen" Handels hatten sich fundamentale Wandlungen vollzogen, die mehrere schwer wiegende Folgen hatten. Für die wirtschaftlichen Aktivitäten Schwedens, auf das hier zunächst besonderes Augenmerk zu legen ist, bedeuteten sie den Verlust ihrer während der Wikingerzeit geschaffenen Grundlagen.

Der transkontinentale Handel Skandinaviens und Osteuropas mit den Reichen der Samaniden, das heißt mit Buchara und Samarkand in Turkestan, sowie der Abbasiden um Bagdad hörte zu Beginn des 11. Jahrhunderts plötzlich auf. Es versiegte der Zustrom arabischer und orientalischer Münzen, weil diese Reiche sich offenbar in einer

Krise befanden. Einige Historiker, wie beispielsweise Sture Bolin, verwiesen vor allem auf diesen Zusammenhang, während andere die ebenfalls bedeutsamen Veränderungen in den Ländern am Kaspischen Meer betonten. Hier hatte der russische Fürst Svjatoslav 966 das Reich der Chazaren vernichtet, die die traditionellen Vermittler des Handels mit den in Asien lebenden Muslimen gewesen waren und gleichzeitig die russische Welt vor den Polovzern und Petschenegen geschützt hatten. Diese Stämme drangen nun vor und unterbrachen die traditionellen Handelsverbindungen mit den islamischen Reichen Asiens.

Im 11. Jahrhundert wurden zudem die Ost-West-Verbindungen über das Mittelmeer wieder nutzbar, die durch die arabisch-islamische Expansion lange Zeit für die westliche Christenheit gesperrt waren. Italienische Städte wie Genua und Pisa haben in langwierigen Kämpfen die Herrschaft der Sarazenen über das Tyrrhenische Meer zurückgedrängt, bis dann der Erste Kreuzzug 1096 die endgültige Wende zugunsten der Christen brachte. Das Aufblühen des maritimen Handels im Mittelmeer, jene „wirtschaftliche Renaissance", wie Henri Pirenne dieses Phänomen vor vielen Jahren genannt hat, beflügelte auch den Handel nördlich der Alpen auf Rhein, Maas und Schelde und an den Küsten der Nordsee. Hier im Nordwesten Europas wuchs die Nachfrage nach großen Mengen Erzen, Waldprodukten und landwirtschaftlichen Erzeugnissen. Dies begriffen als Erstes die Friesen, die immer schon Meister des europäischen Handels waren. Auf ihren Koggen – großen, schweren Schiffen mit geringem Tiefgang – konnten sie beträchtliche Mengen schwerer Güter befördern, und sie machten damit die leichten skandinavischen Schiffe überflüssig. Gleichzeitig legten sie die Grundlagen jener Kaufmannsvereinigungen, deren Organisationsformen im ausgehenden 12. Jahrhundert unter dem Namen Hanse bekannt werden sollten.

Finnland geriet in die Dynamik dieser komplexen Ereignis- und Handlungszusammenhänge spätestens seit es im Kalkül ihrer Protagonisten eine bedeutende Rolle spielte: in erster Linie der schwedischen Könige, denen an Herrschaftsausbau und Machtkonsolidierung gelegen war, was ohne die Kompensation der im Fernen Osten verlorenen Einnahmequellen unmöglich schien. Hier fielen ihre Interessen mit denen der römisch-katholischen Kirche zusammen, die ihren Einflussbereich auf ganz Nordosteuropa auszuweiten suchte.

Aber auch den Fürsten von Novgorod, die im Siedlungsgebiet der Karelier und im östlichen Tavastland ein System loser tributärer Abhängigkeit installiert hatten, war an einer Machtausweitung und dem

Einfluss der orthodoxen Kirche in Finnland gelegen. Einen eigenen Part spielten ferner die Kaufleute, insbesondere die deutschen, die den friesischen Händlern und gotländischen Bauernkaufleuten in die Ostsee gefolgt waren, nachdem die Kolonisationsbewegung in den ostelbischen Slawengebieten und die Gründung Lübecks 1158/59 die Voraussetzungen dafür geschaffen hatten.

Am Ende der Wikingerzeit war nach wie vor nur ein Teil des heutigen Finnland besiedelt. Einige der alten Kernlandschaften, die mit ihren historischen Namen noch heute auf den Landkarten zu finden sind, hatten sich zu wichtigen Siedlungszentren entwickelt. Andere – wie offenbar Österbotten (*Pohjanmaa*) – waren entvölkert und erst später wieder kolonisiert worden. Auch Ålands (*Ahvenanmaa*) vor allem schwedische Bewohner hatten an Zahl abgenommen, zugleich war die finnische Besiedlung der Inseln nur sehr dünn. In der Mitte des 11. Jahrhunderts war das Eigentliche Finnland (*Varsinais-Suomi*) demgegenüber ein Siedlungsmittelpunkt, ebenso wie Tavastland (*Häme*) und Satakunda. Anders in Savolax (*Savo*) – hier gab es nur verstreute Siedlungen und einen etwas dichteren Siedlungskern um St. Michel (*Mikkeli*). Und das Gebiet von Nyland (*Uusimaa*) war vor der Ankunft schwedischer Siedler Mitte des 13. Jahrhunderts offenbar ganz unbewohnt, besaß aber reiche Jagdgründe, die vor allem die Tavastländer nutzten. Karelien wies eine relativ dichte Besiedlung auf, die sich vor allem auf das westliche Ufer des Ladogasees konzentrierte.

Die Menschen betrieben Ackerbau und Viehzucht, Jagd, Fischfang sowie Handel und verharrten länger als ihre skandinavischen Nachbarn in stammesgesellschaftlichen Herrschaftsstrukturen. Sie glichen denen der nomadisierenden Samen, die weder Könige noch sozial herausgehobene militärische Führer besaßen. Die Autorität lag bei den Oberhäuptern der weit verzweigten Familien. Eine Gruppe solcher Familien verstand sich als Clan mit gemeinsamer Identität, mehrere von ihnen bildeten einen Stamm, der sich zum Beispiel eine Schutz- und Verteidigungsanlage teilte, sich gegebenenfalls mit anderen Stämmen zusammenschloss, um Angriffe von außen abzuwehren. Die Ähnlichkeit der Lebensformen mit denen des Nomadentums war vor allem bei den Kareliern auffällig. Sie passten sich in geschickter Weise den Besonderheiten der naturräumlichen Bedingungen an, die in ihren Siedlungsgebieten nicht eben leicht zu nennen waren und die es unmöglich machten, einen regelmäßigen Überschuss an Getreide zu erwirtschaften. Das aber wäre notwendig gewesen, wenn man eine besondere Abteilung militärischer Spezialisten, eine Gefolgschaft

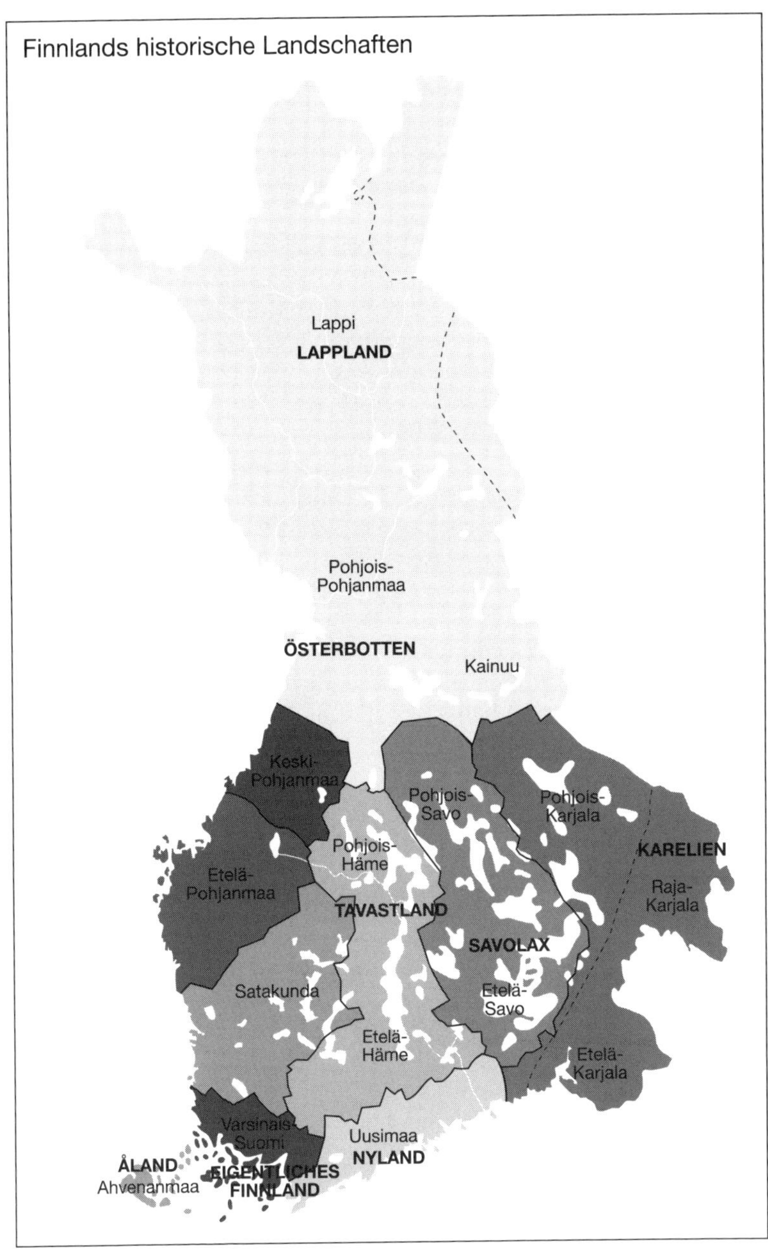

Finnlands historische Landschaften

professioneller Krieger hätte unterhalten wollen. Trotz einer blühenden materiellen Kultur, die Südwestfinnland und ebenso Karelien in dieser Zeit auszeichnete, fehlte es also an den nötigen Voraussetzungen für eine zentrale Herrschaftsbildung. Den schwedischen und russischen Herrschern fiel es daher nicht schwer, in Finnland ein Machtvakuum zu erblicken, als es darauf ankam, durch Expansion die eigenen Positionen auszubauen.

Die Einflüsse des Christentums jedoch haben ihre Spuren hinterlassen noch bevor der Eroberungszug Erik Jedvardssons etwa 1155 den Grund für die Anfänge der katholischen Kirchenorganisation und die schwedische Herrschaft in Finnland legte. Dank archäologischer Funde weiß man, dass Brauchtümer und Symbole des christlichen Glaubens schon um die Wende vom 11. zum 12. Jahrhundert in jenen Siedlungen anzutreffen waren, die an den Flussmündungen des südwestlichen Finnland am lebhaften Handelsverkehr zwischen West und Ost teilhatten. Sprachhistorische Untersuchungen deuten darauf hin, dass zunächst die östlichen, griechisch-orthodoxen Einflüsse dem Christentum in Finnland den Weg bereiteten. Wichtige Ausdrücke der christlichen Begriffswelt im Finnischen sind nämlich Lehnwörter aus dem Slawischen. Ganz offensichtlich dominierten aber bald die westlichen christlichen Vorstellungen. Vor allem die Handelskontakte mit Gotland werden heutzutage als wesentliche Vermittler der christlichen Lehre in Finnland betrachtet. Die gotländischen Kaufleute, die zu jener Zeit an die finnischen Küsten kamen, waren reich und mächtig und sie waren Christen. Bei den Handelsgeschäften mit ihnen konnte es sicher von Vorteil gewesen sein, wenn man selbst als Anhänger der neuen Lehre galt. Das Taufritual stellte hier keine unüberwindliche Hürde dar.

Ein bemerkenswertes christliches Gräberfeld, das man auf die Zeit um 1100 datiert, fand man in Sauvala unweit von Turku. Die meisten der 149 Gräber besaßen keinerlei Grabbeigaben, die ja ein Kennzeichen heidnischer Bestattungsweisen waren. Einige der Toten lagen mit gekreuzten Armen über der Brust in hölzernen Särgen, die sich am Fußende verjüngten. Auffällig war zudem die Ost-West-Ausrichtung der Gräber, wobei die Köpfe der Toten nach christlichem Brauch am westlichen Ende mit Blick auf den Sonnenaufgang im Osten abgelegt waren. In der Mitte des Gräberfeldes von Sauvala legten die Archäologen ferner die Überreste eines frei stehenden Glockenturms frei, noch keine Kirche, aber doch ein eindeutiges christliches Symbol. Eine ähnliche Konstruktion fand man auf einem Gräberfeld in Nousis/Nousiainen, und auch aus den Kernsiedlungen Tavastlands

sind christliche Gräber bekannt, wenngleich hier deutlich länger heidnische Bestattungsformen in Gebrauch waren.
Die christliche Lehre hatte also bereits Einzug gehalten, erfasste aber längst noch nicht alle Bewohner der damaligen Siedlungsgebiete, und ohne kirchliche Organisation galt Finnland weiter als Heimat heidnischer Völker. Ehe das Christentum in Finnland wirklich verankert war, bedurfte es eines mühevollen und langwierigen, nicht zuletzt gewaltsamen Missionierungsprozesses, der erst mit den schwedischen Eroberungszügen des 12. und 13. Jahrhunderts intensiv vorangetrieben wurde. Die Anfänge des 11. Jahrhunderts sind aber doch Vorboten einer neuen Zeit, die Finnland schließlich in die Kirche des Westens integrieren sollte.

Neue Seelen und neues Land: Der „Kreuzzug" Erik des Heiligen 1155

Mit den Handelsreisen der bäuerlichen Seefahrer des Nordens, der Friesen und später der Gotländer und natürlich mit den Wikingerfahrten auf der Ostroute hatte sie begonnen: die wirtschaftliche Durchdringung der finnischen Siedlungsgebiete von Westen aus. Die schwedische Ostexpansion des 12. und 13. Jahrhunderts aber sicherte mit massivem militärischen Einsatz nun auch den dauerhaften Zugriff auf die wirtschaftlichen Quellen des rohstoffreichen Landes und darüber hinaus die herrschaftspolitische Unterordnung seiner Bewohner. Die Taufe und Eingliederung in die christliche Kirche sollten zugleich Instrument und sichtbares Zeichen dieser Unterordnung sein.
Die kriegerischen Expeditionen des 11. Jahrhunderts hatten dagegen noch zu keinen dauerhaften Eroberungen geführt. Vielleicht, weil es in Schweden zu dieser Zeit immer noch zwei rivalisierende Machtzentren gab, von denen das eine das schon erwähnte Reich der Svear um seinen Mittelpunkt Uppsala war. Das zweite Zentrum der Götar konzentrierte sich um die beiden großen Seen Vännern und Vättern. Wie und wann genau diese Herrschaftsbereiche sich zu einem schwedischen Königreich vereinigten, ist nach wie vor ungewiss. Der erste, von dem man mit Sicherheit weiß, dass er König über das gesamte schwedische Reich war, ist Olof Skötkonung schon um das Jahr 1000. Getauft in Skara, nahe des südlichen Ufers des Vännern in Götaland, belegen Münzen in Sigtuna im Mälartal, dass er auch Herrscher in Svealand war. Ob er tatsächlich die Macht im ganzen Land ausübte,

wagen Historiker nicht zu entscheiden. In jedem Fall aber zerfiel das Reich unter seinen Nachfolgern wieder, und nicht selten werden für den gleichen Zeitraum in unterschiedlichen Teilen des Landes mehrere Könige erwähnt. Erst nach 1130 trat Schweden endgültig als ein Reich unter dem König Sverker d. Ä. hervor. Und auch die Organisation der Kirche nahm erst jetzt eine deutlichere Gestalt an. Gut zwei Jahrzehnte später errang mit Erik Jedvardsson, der als Erik der Heilige in die Geschichte eingehen sollte, eine andere Dynastie die Macht.

Zwischen den Geschlechtern dieser beiden Könige tobte 100 Jahre lang ein verbissener Kampf um den schwedischen Thron. Die Einheit des schwedischen Reiches blieb aber erhalten. 1164, als eine päpstliche Bulle die Stiftung des Erzbistums von Uppsala dokumentiert, kam dies deutlich zum Ausdruck. Auch wenn dieses Reich die historischen Provinzen nur lose zusammenfügte und die politischen und ökonomischen Möglichkeiten des gemeinsamen Königs noch nicht voll entwickelt waren: Der Papst in Rom hatte sehr wohl erkannt, wie wichtig die Einheit dieses Königtums und der wachsenden christlichen Kirche in Schweden für den päpstlichen Machtanspruch in ganz Nordeuropa war. Und dies umso mehr, je offener die Fürsten Novgorods nach dem heidnischen Finnland griffen: 1123 hatte Fürst Vsevolod einen Kriegszug gegen Tavastland geführt und damit seine Ambitionen in Finnland unterstrichen. Auf der anderen Seite berichtet die Erste Novgoroder Chronik für das Jahr 1142 von einem schwedischen Überfall auf russische Kaufleute, „die in drei Booten von Übersee gekommen waren" (Dietze, S. 60). Es heißt, dass „der Fürst von Schweden zusammen mit dem Bischof und 60 Schiffen" den Angriff ausgeführt habe. Sehr viel mehr aber ist der Nachricht nicht zu entnehmen, wo auch immer dieses Ereignis in der Ostsee stattgefunden haben mag. Es zeigt aber bereits deutlich den Interessenkonflikt zwischen Schweden und Novgorod, der sich in der Auseinandersetzung um Finnland verschärfen sollte.

In den Kampf um politische Dominanz an den Küsten der Ostsee waren zu dieser Zeit neben den Schweden und Russen aber auch Deutsche und Dänen verwickelt. Nur wenige Jahre nach dem Zusammenstoß russischer Kaufleute mit jener überlegenen schwedischen Kriegsflotte folgten die Dänen dem Appell Papst Eugens III. (1145–1153), an der südwestlichen Ostseeküste gegen heidnische Slawen zu kämpfen. Eigentlich hatte er sie für einen Kreuzzug zum Schutz des Heiligen Landes bewegen wollen, nachdem die Nachricht vom Verlust des Kreuzfahrerstaates Edessa (im heutigen Syrien) nach Westeuropa gelangt war. Doch die Appelle eines Bernhard von Clairvaux, der im Namen des Papstes für diesen zweiten Kreuzzug warb, fanden nur wenig Resonanz. Und so autorisierte die päpstliche Bulle *Divinia dispensatione* vom April 1147 die Christen des Nordens – die Dänen, gemeinsam mit Sachsen unter Heinrich dem Löwen sowie Polen – einen eigenen Krieg gegen „ihre“ Heiden zu führen.

Wieder einige Jahre später, 1153, hört man von dem päpstlichen Kardinallegaten Nicolaus Brekespear/Breakspear, der nach Schweden geschickt wurde, um dort die noch junge Kirche zu organisieren. Feste administrative Formen besaß sie ja erst seit 1120 mit Bischofssitzen in Skara, Linköping, Eskilstuna, Strängnäs, Västerås und Sigtuna. Vielleicht ging es Brekespear/Breakspear auch darum, neue Missionsgebiete jenseits des Bottnischen Meerbusens und an der Südwestküste Finnlands abzustecken und die Schweden zu einem Kreuzzug zu bewegen, doch gibt es darüber keine gesicherten Nachrichten. Vermutlich aber brachte er den ebenfalls in England geborenen Henrik mit, der nur kurze Zeit später als Apostel Finnlands und Heiliger den Märtyrertod gefunden haben soll. Bevor Henrik mit Erik Jedvardsson 1155 oder 1156 zu dem so genannten Ersten schwedischen Kreuzzug aufbrach, war er zwei Jahre lang Bischof in Uppsala.

Erik, dessen Historizität nicht immer zweifelsfrei war, hatte gerade erst den Thron bestiegen, nachdem sein Vorgänger Sverker ermordet worden war, ein Schicksal, dem er wenige Jahre später, 1160, selbst erliegen sollte. Noch bevor jenes Jahrhundert zu Ende ging, ist er heilig gesprochen worden. Aber es war ihm Zeit geblieben, den Kriegszug nach Finnland anzuführen – davon erzählt die *Erikslegende*. Sie ist gut 100 Jahre später entstanden, ihm zu Ehren. Und so ist die Darstellung erwartungsgemäß ganz auf die Persönlichkeitsverklärung und die Erzählung von Glaubenswahrheiten zugeschnitten, so wie es dem Wesen dieser Literaturgattung entsprach. Im Mittelpunkt stehen die als Märtyrertod begriffene Ermordung Eriks und die wundersamen Mirakel an seinem Grab. Auch der zeitliche Abstand zum Geschehen lässt die Vorgänge um den Kriegszug vage und unscharf werden. Der Legende nach habe Erik ein Heer zusammengerufen und sei mit Bischof Henrik gegen die Finnen gezogen (in jenen Teil, der später das Eigentliche Finnland genannt wurde). Nachdem er den Heiden vergeblich den christlichen Glauben angetragen hatte, seien diese von Erik und seinem geistlichen Gefolgsmann in einer großen Schlacht besiegt worden. Dann habe Erik die kirchlichen Verhältnisse in Finnland geordnet, Henrik dort zurückgelassen und sei selbst nach Schweden zurückgekehrt.

Erik der Heilige und Bischof Henrik landen in Finnland. Stilisierung einer Darstellung auf Bischof Henriks Kenotaph in der Kirche von Nousis. Das Monument entstand vermutlich 1429, es ist mit Messingplatten bedeckt, in die Szenen aus dem Leben des Bischofs eingraviert sind.

Offenbar hat der Kriegszug nicht lange gedauert. Dafür spricht auch, dass der König kein stehendes Heer besaß und militärische Kampagnen dieser Art sozusagen saisonabhängig waren. Es war unmöglich, eine Armee längere Zeit zusammenzuhalten. Erik segelte wahrscheinlich an der Spitze einer Ledungsflotte nach Finnland. Ledung bezeichnet eine spezifisch nordische Seekriegsorganisation. In Schweden verpflichtete sie die Bauern an der schwedischen Ostseeküste und entlang der Mälarstrände, dem König bemannte Schiffe und Proviant zur Verfügung zu stellen. Zu Pfingsten wurde die Flotte zusammengestellt und im Herbst wieder aufgelöst. Nur während des Sommers war sie einsatzbereit. Dies begrenzte natürlich Schwedens Möglichkeiten, mit der Ledungsflotte auf Kriegszüge zu gehen und erschwerte die Sicherung von Eroberungen allein mit militärischen Machtmitteln erheblich. Im Grunde oblag es nun der Kirche, das Gewonnene zu halten und zu konsolidieren.

Bischof Henriks erste Aufgabe war es, die überlebenden Finnen zu taufen, und allmählich entwickelte sich ein Zentrum der christlichen Mission in Nousis, ein kleines Stück nördlich Åbos/Turkus. Doch schon wenige Jahrzehnte später scheint die junge finnische Missionskirche in Schwierigkeiten geraten zu sein. Wie ernst die Lage vom Heiligen Stuhl eingeschätzt wurde, geht aus der ältesten, die Missionsarbeit in Finnland betreffenden Quelle hervor. Papst Alexander III. hat die Bulle *Gravis admodum* vermutlich in den ersten Jahren nach 1170 ausgefertigt und an den Erzbischof von Uppsala gesandt. Darin klagt er die Finnen an, unzuverlässig und ungehorsam zu sein, obwohl sie versprochen hätten, den Glauben zu schützen. Wenn ein Feind sich nähere, würden sie um Priester bitten, doch würden sie die christliche Lehre verachten und die Prediger verfolgen, sobald diese Feinde sich wieder zurückgezogen hätten. Aufgrund anderer Quellen, insbesondere aufgrund der Berichte russischer Chroniken, geht man davon aus, dass diese nicht namentlich genannten Feinde Novgoroder und die mit ihnen offenbar verbündeten Karelier waren. 1187 sollen diese sogar gemeinsam bis nach dem schwedischen Uppland vorgedrungen sein, dort Sigtuna niedergebrannt und den Erzbischof Johannes getötet haben.

Der Papst warnte davor, den Versprechungen der Finnen Glauben zu schenken und ihnen gar Beistand zu gewähren, wenn sie nicht die Einhaltung des Bekenntnisses zum Christentum garantierten. Zugleich übte er Kritik an der schwedischen Mission in Finnland, die ihn nicht zufrieden stellte und offenbar zu persönlichem Eingreifen nötigte. Er empfahl, ständige Besatzungen in finnische Befestigungen zu verlegen und die Botmäßigkeit der Finnen zu erzwingen.

Die Interpretation dieser Quelle hat Historiker dazu bewogen, das bis dahin herrschende Verhältnis Schwedens zu Finnland als das eines Verteidigungsbündnisses zu deuten, das an „einige ideologische Bedingungen geknüpft“ war (Jutikkala, S. 32). In den Augen der Kirche war es aber jetzt an der Zeit, klare Herrschaftsverhältnisse zu schaffen. Und so wurden weitere von den schwedischen Königen nach Finnland unternommene Kriegszüge Ende des 12. und Anfang des 13. Jahrhunderts noch 1216 in einer Papstbulle sanktioniert. Innozenz III. garantierte darin die Rechte der Nachfolger Eriks des Heiligen an den von ihnen eroberten heidnischen Gebieten. Ausdrücklich erkennt dieses Dokument das finnische Missionsgebiet als dem schwedischen König untergeordnet an. Nicht zuletzt war dies auch eine klare Antwort auf die von den dänischen Königen und dem dänischen Erzbistum Lund erhobenen Ansprüche, die ebenfalls ein Auge auf Finnland geworfen hatten. 1191 soll es einen ersten dänischen

Kreuzzug gegen Finnland gegeben haben, obwohl das eigentliche Ziel der Dänen Estland war, gegen das der Dänenkönig Knud Valdemarsøn sechs Jahre später ebenfalls einen Kreuzzug führte. 1219–20 brachte Dänemark tatsächlich das nördliche Estland in seinen Besitz. Es ist sehr wahrscheinlich, dass die Dänen verschiedene Male ihren Fuß auch auf finnische Küsten setzten, insbesondere im späteren Nyland, doch die schwedische Mission in Finnland blieb die dominierende.

Die Bekehrung Tavastlands und die schwedische Kolonisation

Von den frühesten Verhältnissen der finnischen Missionskirche weiß man nur sehr wenig. Es gibt keine Nachrichten darüber, wie die Missionsarbeit im Einzelnen aussah und wie die Gründung neuer Gemeinden vor sich ging. Auch die Bischofschronik der Bischöfe von Åbo, deren Überlieferung erst mit dem Ende des 15. Jahrhunderts beginnt, ist keine wirklich zuverlässige Quelle zur Frühzeit der finnischen Kirche. Da es aber an anderen komplettierenden Quellen fehlt, enthält sie die einzigen Angaben über die Nachfolger Bischof Henriks. Da war zunächst ein Bischof Rudolf aus Västergötland und schließlich, als dritter Bischof der finnischen Missionskirche, Folkquinus, ein Kanoniker aus Uppsala, bevor zu Beginn des 13. Jahrhunderts dann erstmals Bischof Thomas erwähnt wird.
Ihr Machtbereich umfasste nur den südwestlichen Teil des heutigen Finnlands: das Eigentliche Finnland und den westlichsten Teil Nylands (die damals zusammen Finnland hießen), Satakunda am Kokemäkifluss und einen schmalen Streifen Österbottens am Bottnischen Meerbusen. Von den Tavastländern waren nur die am weitesten westlich, in Obersatakunda wohnenden organisatorisch mit dem Bistum Finnland verbunden. Die Tavastländer hatten sich noch eine gewisse Unabhängigkeit bewahren können, und obwohl sie sich zeitweilig auch gegen Übergriffe der Karelier und Novgoroder zur Wehr setzen mussten, waren sie zu einem engeren Anschluss an Schweden nicht bereit. Es wurde darum eine der Hauptaufgaben der schwedischen Missionsarbeit, Tavastland in die kirchliche Organisation zu zwingen. Vor allem war die Frage zu entscheiden, wer künftig die Herrschaft an der nördlichen Küste des Finnischen Meerbusens, die noch die Tavastländer innehatten, ausüben würde. Die Quellen, die von diesen Versuchen der Christianisierung Finnlands seit den ersten Jahrzehnten des 13. Jahrhunderts zeugen, sind schon etwas zahlreicher und

inhaltsschwerer. Sie lassen erkennen, dass eine neue, aktive Phase der schwedischen Mission in Finnland begonnen hatte, die wie zuvor aufs Engste mit den weiteren machtpolitischen Entwicklungen im Ostseeraum zusammenhing.

Während der dänische König in Nordestland Fuß gefasst hatte, erzielten die Deutschen große Erfolge im Missionsgebiet von Livland. Der 1202 im Zusammenwirken des Rigaer Bischofs Albert mit Papst Innozenz III. gegründete Schwertbrüderorden griff 1227 bis nach Estland aus. 1237 trat der Deutsche Orden dieses Erbe an und versuchte darüber hinaus, weiter nach Osten gegen Novgoroder Territorium vorzustoßen. Den Schweden gelang es dagegen nicht, sich an der Südküste des Finnischen Meerbusens festzusetzen, aber die Interessengebiete sollten sich jetzt festigen und Schwedens Einflussbereich sollte die nördliche Küste bleiben.

Die östlichen Nachbarn Finnlands waren jedoch angesichts des harten Kampfes um Estland und Livland, bei dem auch Massentaufen mit Gewalt durchgeführt wurden, nicht untätig geblieben. In Rom jedenfalls sah man die Christenheit in Finnland durch Novgorod bedroht. Weitreichende Befugnisse des finnischen Bischofs sollten hier Abhilfe schaffen. 1221 verlieh ihm Papst Honorius unter anderem die Vollmacht, den Handel mit heidnischen Völkern – gemeint waren hier insbesondere die Karelier – zu untersagen. Zwei Dinge sollten mit einem solchen Verbot erreicht werden: Die Heiden sollten erstens wichtige Handelswaren entbehren müssen, bis sie bereit zur Bekehrung wären. Zweitens sollten die christlichen Kaufleute begreifen, dass sie die Missionsarbeit unterstützen mussten, wenn sie nicht den Verlust erheblicher Profite hinnehmen wollten. Es ist leicht einzusehen, dass eine Handelsblockade, die sich gegen Karelien und damit offenkundig auch gegen Novgorod richtete, die politische Lage verschärft haben dürfte. Dies könnte der Hintergrund für den Kriegszug des Fürsten Jaroslav 1226/27 gegen Tavastland gewesen sein, bei dem er wohl zum ersten Mal auch seinerseits das Mittel der Zwangstaufe einsetzte. Die Tavastländer antworteten mit einem Angriff gegen Karelien im folgenden Jahr. In dieser Zeit der Krise verlieh Papst Gregorius IX. dem Bischof noch weitergehende Befugnisse. Die Handelsblockade gegenüber Novgorod sollte effektiver werden. Man wollte überdies den Bischofssitz von Nousis an einen geeigneteren Ort verlegen. Alles spricht dafür, dass man sich dafür Korois/Koroinen nahe des heutigen Åbo an der Auramündung ausgesucht hat. Von hier aus war man noch besser an bestehende Verkehrswege angebunden und konnte viel leichter in die Regionen Tavastlands und an die Küste des Finnischen Meerbusens gelangen, sicher ein Hauptgrund für die Verlagerung. Allerdings war die neue Lage nahe der Flussmündung relativ ungeschützt, und es bedurfte stärkerer militärischer Kräfte, um die Verteidigung zu gewährleisten.

Das Schloss zu Åbo wurde wahrscheinlich erst 1280 gegründet, zu jener Zeit, als Åbo an der Mündung des Auraflusses das etwas weiter flussaufwärts gelegene Korois überflügelt hatte und zu einer Stadt herangewachsen war, der ältesten und für lange Zeit auch größten Finnlands. Der finnische Name Turku geht auf ein slawisches Wort zurück und bedeutet Marktplatz. Die Burg wurde auf einer Insel in der Flussmündung errichtet, in der Form eines rechteckigen befestigten Lagers mit vier Pforten.

Der Wechsel des Bischofssitzes nach Korois stärkte in jedem Fall die Position des Bischofs Thomas. Von ihm weiß man, dass er mit harter Hand die Christianisierung Tavastlands vorangetrieben hat. Allzu hart und schonungslos vielleicht, denn in den Jahren 1236–37 erhoben sich die Tavastländer gegen ihn in einem wütenden Aufstand. Es ist wahrscheinlich, dass sie in ihrem Aufbegehren gegen die christliche Lehre und die schwedische Expansion von Novgorod und Karelien unterstützt wurden. Die Lage war jedenfalls so ernst, dass der Papst in ganz Schweden den Kreuzzug predigen ließ. In der von ihm ausgefertigten Kreuzzugsbulle werden den Tavastländern grausame Vergehen vorgeworfen: Sie seien unter dem Einfluss der Nachbarvölker, den Feinden des Kreuzes, vom christlichen Glauben abgefallen und würden stattdessen die Christen verfolgen. Getaufte Kinder erschlügen sie, Priestern würden sie die Augen ausstechen, Arme oder Beine abhacken und erwachsene Christen nach bestialischen Ritualen bösen Geistern opfern.

Bevor jedoch Tavastland selbst Ziel eines schwedischen Kreuzzuges wurde, richteten sich die Bestrebungen der schwedischen Herrscher auf die Schwächung Novgorods. Die Dänen hatten 1238 nach vorübergehendem Verlust Estland zurückgewonnen und waren Schwedens gefährlichster Konkurrent in ihren expansiven Bemühungen auf Kosten des russischen Fürstentums. Außerdem schien der Zeitpunkt für einen Angriff gegen Novgoroder Land günstig, denn in diesen Jahren wurden die russischen Fürstentümer von verheerenden Angriffen der Tataren heimgesucht. Und so zog ein großes, von schwedischen Kriegsherren angeführtes Heer 1240 bis an die Mündung der Neva. In dieser Streitmacht gab es „Murmanen, Sumen und Jemen in sehr vielen Schiffen“, heißt es in der Novgoroder Chronik (Dietze, S. 109). Die Schweden brachten außerdem ihre „Fürsten und ihre

Bischöfe" mit und machten nun an der Mündung der Neva halt, „denn sie wollten Ladoga und, kurz gesagt auch Novgorod und das gesamte Novgoroder Gebiet einnehmen."
Die Schweden kamen also mit Norwegern (Murmanen), mit Finnen (Sumen) und sogar mit einigen der eben noch aufständischen Tavastländern (Jemen). Sie alle aber wurden von den Russen unter Führung des Novgoroder Fürsten Alexander, der seither den Beinamen Nevskij trug, vernichtend geschlagen. Er vollendete seinen Sieg, als zwei Jahre später auch ein Vorstoß des Deutschen Ordens gegen Novgorod in einer blutigen Schlacht auf dem Eis des Peipussees scheiterte. Der verlustreiche Ausgang der Schlacht an der Neva hatte keine territorialen Konsequenzen, doch er besiegelte im Grunde die Kluft zwischen Westfinnen, die an Schwedens Seite gekämpft hatten, und den ostfinnischen Kareliern an der Seite Novgorods. Jetzt schien es umso wichtiger, Tavastland endgültig in die römisch-katholische Kirche zu holen. Die Ankunft dominikanischer Mönche in Finnland sollte dazu beitragen, dass der Kreuzzugsaufruf Gregors IX. gegen die Tavastländer nicht in Vergessenheit geriet. 1249 gründeten die Mönche ein Kloster in Åbo, jener Stadt, die nach der Verlegung des Bischofssitzes von Nousis um Korois unter Bischof Thomas Zentrum des Bistums geworden war. Vermutlich noch im selben Jahr rief König Erik XI. Eriksson (der „Lispelnde und Hinkende") eine neue Ledungsflotte zur Fahrt gegen die finnische Küste zusammen, die von Birger Jarl, seinem Schwager, angeführt wurde.
Man hat darüber spekuliert, ob das Ereignis nicht einige Jahre früher in unmittelbarem Zusammenhang mit dem tavastländischen Aufstand zu datieren sei (Jarl Gallén). Allerdings fehlen eindeutige Quellenhinweise. So bleibt vorerst nur die Auskunft der Erikschronik. Man weiß nicht genau, wann sie entstanden ist, vermutlich zu Beginn des 14. Jahrhunderts. Überliefert sind jedoch nur Abschriften, die ein weiteres Jahrhundert jünger sind. Die Erikschronik erzählt die Geschichte dieses „zweiten" schwedischen Kreuzzuges nach Finnland in der damals populären Form der Reimchronik. Doch geht es darin weniger um die Details des Feldzuges: das mühsame, aber eintönige Vorrücken durch unwegsames Gelände, vereinzelte Handgemenge, wenn man auf einheimische Bevölkerung stieß, die Jagd auf Flüchtende und die Taufe von Überlebenden – vielleicht war dies nicht genug Stoff für dramatische Ausschmückungen. Der unbekannte Verfasser – allem Anschein nach ein Gefolgsmann eines der Nachkommen Birger Jarls – versuchte vielmehr dem Selbstverständnis des jungen schwedischen Adels und vor allem dem Kreuzzugsideal seiner Zeit Ausdruck

zu verleihen. Er hegte größten Respekt vor dem mystisch-religiösen Rittertum des Deutschen Ordens, dem die schwedischen Kreuzfahrer nacheiferten. Auch sie wollten zur „Ehre Gottes“ in den Krieg ziehen mit „glänzenden Waffen und schimmernden Rüstungen“, heißt es in der Chronik. Da wurde so manches „alte Ahnenschwert“ von der Wand genommen, die künftigen Helden wurden an den Strand geleitet, wo man sie freundlich verabschiedete, doch „Frauen rangen die Hände und weinten, manch roter Mund wurde geküsst, der nachher niemals mehr geküsst“ werden sollte.

Die Tavastländer sollen beim Anblick des schwedischen Kreuzfahrerheeres geflohen sein, sie verloren den Kampf, die Christen siegten, behauptet die Quelle weiter. Dass Birger Jarl zu dieser Zeit allerdings schon die Burg Tavastehus/*Hämeenlinna* erbauen ließ, kann man der Reimchronik nicht so recht glauben, möglicherweise handelte es sich hier um die ältere Burg Haga in Janakkala, nördlich des heutigen Helsinki, etwa auf der Höhe Lahtis. Die Häme-Burg nämlich, die auf schwedisch Tavastehus heißt, wurde als zweite große Reichsburg erst in den 1290er Jahren inmitten der Wildnis von Tavastland errichtet. Mit Ausnahme des Erdgeschosses ist sie vollständig aus Backstein gebaut. Der quadratische Grundriss und die nahezu kubischen Formen erinnern an die deutschen Ordensburgen, die im Mittelalter in den baltischen Ländern und Ostpreußen errichtet wurden. So ist der deutsche Einfluss, auf den wohl auch die Wahl des Baumaterials zurückgeht, unverkennbar. Die Backsteine wurden direkt vor Ort von deutschen Handwerkern gebrannt.

Die Erikschronik preist den großen Erfolg des Kreuzzuges Birger Jarls, der die Stellung Schwedens und der katholischen Kirche in Tavastland grundlegend befestigte. Er bereitete auch den Weg für die Ansiedlung von Schweden an der Küste des Finnischen Meerbusens, in jener Region, die bald den Namen Nyland, das heißt Neuland, erhalten sollte. Schon seit dem 11. Jahrhundert rechnet man mit einer schwedischen Bevölkerung in den nördlichen Regionen des Eigentlichen Finnland. Diese Siedler waren vermutlich von Åland aus gekommen, und gegen Ende des 12. Jahrhunderts scheinen schwedische Kolonisten außerdem am Westende des Finnischen Meerbusens, das heißt an der Grenze zwischen dem Eigentlichen Finnland und Nyland gesiedelt zu haben. Man weiß dies aufgrund umfassender Dialekt- und Namensforschung wie auch aus der mittelalterlichen Rechtsgeschichte, die unter anderem nach dem Ursprung verschiedener Steuersysteme in den einzelnen Landschaften fragt.

Nach dem zweiten Kreuzzug aber, in den Jahrzehnten nach 1250, nahm die schwedische Kolonisation die Dimension einer „organisierten Massenbewegung“ an (Jutikkala). Außer nach Nyland wanderte schwedische Bevölkerung zunehmend auch nach der östlichen Küste des Bottnischen Meerbusens, in die küstennahen Landstriche Satakundas und Österbottens ein. Ob es sich dabei wirklich um eine zentral gelenkte Einwanderung handelte, ist schwer zu entscheiden. Die Erikschronik jedenfalls spricht nur davon, dass Birger Jarl nach seinem siegreichen Kreuzzug christliche Männer in Tavastland einsetzte. Daraus eine organisierte Immigration abzuleiten scheint gewagt, können doch hier auch einzelne Vögte oder Statthalter gemeint sein. Manche Forscher zweifeln daran, ob die schwedische Krone zu dieser Zeit überhaupt bereits die Voraussetzungen für eine bewusste und langfristige Kolonisationspolitik besaß (Törnblom). Das schließt jedoch nicht aus, dass einzelne Befehlshaber nach Kriegszügen oder Strafexpeditionen Land verteilten und Aufseher zur Befriedung solcher Gebiete einsetzten.

Die Kirche aber dürfte die erforderliche administrative Ausstattung besessen haben, eine Art Kolonisationsunternehmen zu organisieren. Während die weltliche Macht die Verteidigung sicherstellte, könnte die Kirche für das geistliche Leben, einen Teil der Besteuerung und die Verwaltung in den neu gewonnenen Gebieten verantwortlich gewesen sein. Sie war es vor allem, die in den Gemeinden des schwedischen Mutterlandes für die Kolonisation werben und Kenntnisse über Siedlungs- und Einkommensmöglichkeiten im Osten an zukünftige Neusiedler weiter vermitteln konnte.

Die Eroberung Westkareliens: „Der Dritte Kreuzzug“ 1293–1295

Während des 13. Jahrhunderts gelang es Schweden, seine Stellung im südwestlichen Finnland und Tavastland endgültig zu sichern. Die im Stift Åbo zusammengeführten finnischen Gebiete galten als formelle Besitzung Schwedens, und Åbo mit seinem Bischofssitz und dem imposanten Schloss entwickelte sich immer deutlicher zu einem integralen Bestandteil des schwedischen Reiches. Hier konzentrierten sich Herrschaft, wirtschaftliche und politische, geistige und weltliche Macht. Auch die zweite große Burg, Tavastehus, war ein Zeichen zunehmender Zentralisierung, die wenig Möglichkeiten regionaler Selbstverwaltung zuließ, und sie war zugleich ein Monument der Stärke.

1284 ernannte der schwedische König Magnus Ladulås seinen Bruder Bengt zum Herzog von Finnland. Dieser Akt besaß einen hohen Symbolwert: Herzogtümer hatte es vor der Regentschaft Birger Jarls (1250–1266) noch niemals in der schwedischen Geschichte gegeben, doch Finnland war ein wichtiger Teil des Reiches geworden, der in die Waagschale zu werfen war, wenn es um die Verteilung von Macht ging. Die schwedische Königsmacht bewies damit auch, dass sie sich weiter konsolidiert hatte. In Finnland sollte sie präsent und spürbar sein, vielleicht deutlicher noch als in anderen Teilen des Reiches, nicht nur durch große militärische Aufgebote. Es galt, die Voraussetzungen für eine dauerhafte schwedische Expansion noch weiter nach Osten zu schaffen, ein Bestreben, das die Schweden selbst nach der verlustreichen Niederlage, die Novgorod ihnen 1240 bereitet hatte, nicht aufgegeben hatten.

Das russische Fürstentum war nach wie vor der stärkste Konkurrent um die Herrschaft an der nördlichen Küste des Finnischen Meerbusens. Nachdem Tavastland nun ganz von den Schweden beherrscht wurde, hatte sich die Grenze zwischen den Interessengebieten Schwedens und Novgorods bis an den Kymifluss, also bis nach Karelien verschoben. Karelien sollte für Jahrzehnte Objekt der Begierde und Gegenstand kriegerischer Auseinandersetzungen zwischen Schweden und Novgorod sein. Auf Kriegszüge der einen Seite folgten Vergeltungsschläge der anderen, und militärische Aktionen der Schweden wurden durch Handelsblockaden ergänzt, die wieder päpstlich sanktioniert waren. Die gegen Novgorod gerichteten Angriffe und der Kampf um Karelien erfolgten vor allem aus handelspolitischen Motiven, die sich nicht zuletzt auch gegen die erfolgreichen und geschäftstüchtigen deutschen Hansekaufleute richteten, die in Novgorod bereits ein Handelskontor besaßen. Am Ende des 13. Jahrhunderts dominierten sie den gesamten Ostseehandel. In Visby auf Gotland zum Beispiel nahmen sie bereits eine alles beherrschende Stellung ein, während die vormals so mächtigen und umtriebigen gotländischen Bauernkaufleute mehr und mehr an Bedeutung verloren. Der daraus entstandene Gegensatz zwischen Bürgern und Bauern hat 1288 sogar zu einem blutigen Bürgerkrieg geführt.

1283 griffen Skandinavier auf der Neva Novgoroder Kaufleute an und töteten sie, heißt es in der Ersten Novgoroder Chronik. Im folgenden Jahr verheerten sie Karelien und forderten Tribut, erlitten aber eine Niederlage an der Mündung der Neva in den Ladogasee. Spätere Forschung hat diesen karelischen Kriegszug als schwedisch-gotländische Aggression gedeutet, der es darum gegangen sei, die deutsche, das heißt die Vormachtstellung der Lübecker Hansekaufleute im karelischen Handel zurückzudrängen. Allein an diesem Beispiel wird deutlich, wie vielschichtig die Interessenlage auch in diesem Teil der Ostsee war und dass den deutschen Händlern die Unruhe- und Kriegszustände nicht gefallen konnten. Sie waren es denn auch, die 40 Jahre später den „ewigen Frieden" von Schlüsselburg zwischen Schweden und Novgorod vermittelten.

Doch bis dahin mussten noch weitere Schlachten geschlagen, musste noch mehr Blut vergossen werden. 1292 verzeichnen die Quellen einen Angriff der Novgoroder gegen Tavastland, noch im selben Jahr vermutlich eine Vergeltungsexpedition der Schweden gegen Karelien und Ingermanland, bevor dann eine Reihe sorgfältig geplanter schwedischer Kriegszüge zwischen 1293 und 1295 den so genannten Dritten Kreuzzug markierte, der von Reichsmarschall Torgils Knutsson angeführt wurde.

Sein Ziel war zunächst der karelische Hafen und Handelsplatz Soumenvedenpohja, der schon bald darauf unter dem schwedischen Namen Viborg bekannt werden sollte. Hatte man diesen Ort an der westlichen Mündung des Vuoksi in der Hand, besaß man den Schlüssel zum westkarelischen Handel. Knutsson krönte schließlich seinen militärischen Erfolg mit der Errichtung der namengebenden Festung Viborg an eben diesem Ort. Die massive, von Beginn an steinerne Burg zeugt von großen wirtschaftlichen Ressourcen und weit reichenden Herrschaftsplänen Schwedens. Mit dem Sieg hier, an strategisch wichtiger Stelle, sicherte es sich selbst und zugleich der römisch-katholischen Kirche die Macht über Westkarelien. Novgorods Versuch, Viborg ein Jahr später, also 1294, einzunehmen, gelang nicht. Die Schweden dagegen drangen bis zur wichtigsten, aus Holz erbauten karelischen Befestigungsanlage im östlichen Teil Kareliens vor, die sie in ihren Besitz brachten und später Kexholm nannten. Ganz Karelien hätten sie beherrschen können, wenn nicht 1295 ein Novgoroder Heer Kexholm in einem für Schweden verlustreichen Kampf befreit hätte.

Für kurze Zeit herrschte danach Frieden, zumindest berichtet bis zum Jahre 1300 keine Quelle von Kriegshandlungen an der Ostgrenze des von Schweden beherrschten Finnland. Doch jetzt ließ Knutsson erneut eine Ledungsflotte rüsten, „die schönste, die es je gab", wie die Erikschronik stolz behauptet, und es begann ein weiterer Nevakriegszug. Ziel war die Mündung des Flusses in den Finnischen Meerbusen, und auch hier, auf einer Landzunge zwischen der Neva und ihrem Nebenfluss Ochta, ließ Knutsson gleich nach der Ankunft mit dem

Bau einer Festung beginnen, diesmal aus Holz. Sie erhielt den Namen Landskrona. Von hier aus hätte Schweden die Handelsplätze rund um den Ladogasee kontrollieren können, für die ja die Neva die wichtigste Verbindung zur Welt des Westens war. Es ist kaum verwunderlich, dass die Schweden auf erbitterten Widerstand stießen. Für das Jahr 1301 berichtet die Erste Novgoroder Chronik: „Großfürst Andrej kam mit Truppen aus dem Rostov-Suzdaler Land und zog mit den Novgorodern zu jener Stadt [Landskrona] (…) Die Stadt wurde eingenommen, die einen töteten und erschlugen sie, und die anderen brachten sie gefesselt aus der Stadt, und sie steckten die Stadt in Brand und plünderten sie." (Dietze, S. 131/132)

Das war natürlich ein schwerer Rückschlag für die schwedischen Expansionspläne, der zunächst nicht zu kompensieren war, denn nur kurze Zeit später hatte König Birger Magnusson, der 1302 den schwedischen Thron bestiegen hatte, seine Aufmerksamkeit ganz nach innen zu wenden: Ein langjähriger Machtkampf gegen seine Brüder, die Herzöge Erik und Valdemar, hatte begonnen, aus dem ein Bruderkrieg wurde, der erst 1310 beendet werden konnte. In den Wirren dieses Konflikts sank der Stern des einst so mächtigen Torgils Knutsson, der während der Minderjährigkeit Birger Magnussons der eigentliche Regent Schwedens war. Sein Versuch, den Einfluss der Kirche zu beschränken und zugleich die Macht der Aristokratie auszuweiten, musste Widersacher finden. Und in seltener Einmütigkeit entledigten sich die Brüder Erik, Valdemar und Birger ihres Marschalls, indem sie ihn des Verrats bezichtigten. Knutsson wurde im Jahre 1306 hingerichtet.

Unterdessen fielen die Novgoroder wiederholt in finnisches Territorium ein, wobei sie 1318 sogar die Stadt Åbo niederbrannten. Erst seit 1311 hatte sich Birger Magnusson wieder einer aktiven schwedischen Ostpolitik zugewandt, allerdings blieben die Kämpfe gegen die Novgoroder in Tavastland (1311) und am Ladogasee (1313) weitgehend ergebnislos. Bezeichnend aber ist, dass der schwedische König seinen Machtanspruch auf Karelien weiterhin demonstrierte und es als Teil seines Reiches begriff, in dem er selbst die ausschlaggebende Macht zu sein gedachte. Dies wird auch deutlich an dem von ihm verordneten Landfrieden, hier in persönlicher Begrenzung auf die Frauen in Viborg und Karelien, aus dem Jahre 1316: Wer sich am Eigentum einer hier wohnenden Frau, egal ob Ehefrau, Witwe oder Jungfrau, oder gar an ihr selbst vergreife, müsse mit strengster Verfolgung und Strafe durch den König rechnen. An diesem Friedebrief kann man sehen, dass der König sich nicht nur als Gesetzgeber und Richter verstand, sondern darüber hinaus als Beschützer von Recht, Frieden und Freiheit überall in seinem Reich, und das abgelegene Karelien zählte er dazu. Längst hatten christliche Rechtsvorstellungen die schwedische Rechtstradition beeinflusst, und mit der organisatorischen Entwicklung der Kirche in Schweden hatte das kanonische, christlich-römische Herrscherideal immer mehr die Oberhand gewonnen. Der älteste schwedische Fürstenspiegel, *Um styrilse konunga ok höfdingar*, kurz *Konungastyrelsen* (Königsherrschaft) genannt, entstand bezeichnenderweise in der ersten Hälfte des 14. Jahrhunderts, vielleicht sogar im Auftrag Birger Magnussons.

Die Konflikte zwischen Schweden und Novgorod um Karelien fanden erst 1323, am Ende des so genannten Kexholmkrieges (1321–1323), mit dem Frieden von Schlüsselburg einen Abschluss. Zu Füßen der Festung Viborg war im Laufe der Jahre eine Kaufmannssiedlung herangewachsen, in der wiederum die deutschen Russlandfahrer tonangebend waren. Doch die Burg war während des Kexholmkrieges von den Novgorodern belagert worden, zwar ohne Erfolg, doch sicher mit schädlichen Folgen für den Handel. So setzten sich vor allem die Hansekaufleute für Friedensverhandlungen ein, die dann auch tatsächlich in der neu gegründeten Novgoroder Festung Orochovets/Orosek – von den Schweden Nöteborg, von den Finnen Pähkinäsaari und von den Deutschen später Schlüsselburg genannt – auf einer kleinen Insel in der Neva eingeleitet wurden. Novgorods Verhandlungsbereitschaft hatte sicher auch damit zu tun, dass es zur selben Zeit von Litauen und den Tartaren/Mongolen bedroht wurde.

In Schlüsselburg kam tatsächlich ein Friedensvertrag zustande, der erste schriftliche Vertrag zwischen Schweden und Novgorod überhaupt. Erstmals sollte es jetzt eine Grenzregelung zwischen den beiden Parteien geben, und den Kaufleuten aus Schweden und Russland, Gotland und Lübeck wurde ausdrücklich die freie Fahrt von und nach Novgorod zugesichert. Die Grenzbestimmungen des Vertrages sind bis in die jüngste Zeit immer wieder diskutiert worden. Die Originaldokumente – mehrere Exemplare in lateinischer und russischer Sprache – existieren nicht mehr, und die Angaben zum Grenzverlauf in den verschiedenen Abschriften und einer schwedischen Übersetzung aus dem 16. Jahrhundert weichen an manchen Stellen voneinander ab. Wo die Grenze im Norden, also zwischen Novgorods Territorium am Bottnischen Meerbusen und Schweden verlaufen sollte, hatte man offenbar nur ungenügend und vage bestimmt. Nicht eindeutig waren auch die Festlegungen für Savolax. Das eigentliche

Interesse galt ja dem Handel im Finnischen Meerbusen. Trotz aller Unklarheiten bleibt aber die Teilung Kareliens das wesentliche Ergebnis dieses Friedens, der Westkarelien den Schweden überließ, während das östliche, das so genannte Ladogakarelien mit seinen überkommenen Ansprüchen auf die lachsreichen Flüsse und den Reichtum der Wälder des nördlichen Österbotten dem Novgoroder Machtbereich zugesprochen wurde.

Im Norden konnten die Novgoroder die Oberhoheit über die ihnen im Friedensvertrag zuerkannten Gebiete auf Dauer nicht wahren, bald hatte man die Grenze oder besser die Grenzzone, vor allem auch wegen der unklaren Festlegung, vergessen. Sie wurde von Neusiedlern aus den schwedisch beherrschten Teilen Finnlands nicht beachtet, die diesseits wie jenseits als schwedische Untertanen galten. Allmählich wurden die Küsten des Bottnischen Meerbusens immer mehr bevölkert, schließlich wurde es sogar notwendig, eine Grenzlinie zwischen dem Gebiet des Uppsalaer Erzbistums und Åbo Stift zu ziehen. Mitte des 14. Jahrhunderts hat man den kleinen Kaakama Fluss etwas nördlich von Kemi zu dieser Grenze erklärt. Durch die tatsächliche Besiedlung standen also weite Landstriche unter schwedischem Einfluss, die im Frieden von Schlüsselburg eigentlich der östlichen Seite der Grenze zugeschlagen worden waren. Natürlich kam es unter diesen Umständen immer wieder zu Grenzkriegen.

Mit dem Frieden von Schlüsselburg endete jene Epoche, die als die Kreuzzugszeit in die Geschichte Finnlands eingegangen ist. Allmählich trat Finnland als Ganzheit in Erscheinung. Auch die später eroberten Gebiete rechnete man der früher in Besitz genommenen südwestfinnischen Stammlandschaft um Åbo nun hinzu, anfänglich unter der Bezeichnung „Finnland und die östlichen Landschaften“ (*Finlandia et partes orientalis*). Im Zentrum des damaligen schwedischen Reiches nannte man die finnischen Gebiete jenseits des Meeres etwas später Ostland (*Österlanden*), doch wurde diese Benennung schließlich durch den Namen Finnland abgelöst. Da diese Bezeichnung ursprünglich aber den südwestlichen Zipfel des Landes meinte, hat man diese Gegend zur Unterscheidung das Eigentliche Finnland genannt.

Die mittelalterliche Gesellschaft nimmt Gestalt an

In den beinah 100 Jahren zwischen Birger Jarls Kreuzzug und dem Frieden von Schlüsselburg nahm das altfinnische Gemeinwesen allmählich die Züge der mittelalterlichen Ständegesellschaft an. Drei markante Charakteristika bezeichnen die grundlegenden Konturen dieses Veränderungsprozesses: Zum einen die soziale Differenzierung der finnischen Gesellschaft, zum anderen der Aufbau mehr oder weniger effektiver Herrschaftsstrukturen durch Kirche, König und Adel und schließlich die damit einhergehende Rodung großer Flächen des Landes und seine fortschreitende Besiedlung.

Die neuen Schlossherren und Burgvögte, die Ritter, die die Besatzungen der Festungen anführten und zumeist schwedischer Herkunft waren, bildeten den ältesten Kern des neuen Adels in Finnland. Ein Teil dieses Adels konnte aus der einheimischen Bevölkerung aufsteigen und erhielt später auch von Deutschen und Dänen Zuwachs.

Ähnlich verhielt es sich mit der Geistlichkeit, die sich mit der Organisation der Kirche auch in Finnland als eigener Stand etablierte, wenngleich das einheimische Element hier von Anfang an etwas stärker vertreten war. Die wachsende Zahl christlicher Gemeinden forderte immer mehr schreib- und lesekundige Priester und Kleriker, die die Volkssprache beherrschen mussten, um die Beichte abzunehmen und das Volk christlich zu unterweisen. Aber sie mussten natürlich auch im Lateinischen bewandert sein. Diese Priester und Kleriker wurden zunehmend in Finnland selbst ausgebildet, wo die Kirche jetzt die Grundlagen eines eigenen Bildungswesens legte. Die Kathedralschule in Åbo zum Beispiel hat vermutlich schon im 13. Jahrhundert bestanden. Hier wurden die angehenden Kleriker vor allem im Lateinischen unterrichtet, doch dürften außerdem Rhetorik, Grammatik, Dialektik und Logik zum Stundenplan gehört haben. Die Kathedralschüler erwarben damit auch die Grundlagen für ein weiteres Studium an einer ausländischen Universität. Finnland wurde auf diese Weise noch näher an die europäische Bildungstradition herangeführt. Ebenso leisteten die Klosterschule der Dominikaner, der erste Orden, der sich in Åbo niedergelassen hatte, später dann die Franziskaner und das Birgittinenkloster in Nådendal, nordwestlich von Åbo gelegen, diese Vermittlungsarbeit in der Ausbildung ihrer Novizen.

Die Pfarreien oder Kirchspiele waren inzwischen die Basis der örtlichen Verwaltung und Rechtspflege in Finnland geworden, die anfänglich noch auf ungeschriebenen einheimischen Traditionen beruhte, später aber, im 14. Jahrhundert, durch das Landrecht des schwedischen Königs Magnus Eriksson (1331–1363) abgelöst wurde. Ihnen waren die Landschaften als größere verwaltungsmäßige Einheiten übergeordnet, deren Umrisse zum einen durch die vorchristlichen Stammesgebiete, zum anderen durch die neue Einteilung nach Burg- und Festungsgebieten bestimmt wurden. So kamen das Eigentliche Finnland, Satakunda, Åland, Nyland und Tavastland schon zu Beginn des 14. Jahrhunderts als Verwaltungseinheiten mit eigenem, christliche Symbole enthaltenem Siegel vor, Karelien und Österbotten als solche etwas später. Savolax hat sich erst gegen Ende des Mittelalters administrativ von Karelien getrennt. Wie das Verhältnis der Kirche zu den Landschaften gestaltet war und wie sie deren Entwicklung zu Verwaltungseinheiten im Einzelnen beeinflusst hat, ist heute noch unerforscht. Man weiß nicht genau, ob nicht schon die heidnischen finnischen Stämme eine Landschaftsorganisation besessen haben, die den schwedischen Formen glich, oder ob ihre Entwicklung erst nach dem Vorbild der schwedischen Institutionen durch Vermittlung der Kirche einsetzte. Man geht aber davon aus, dass zum Zweck der Steuererhebung zwischen den alten Landschaften und dem Bischof in Åbo Verträge geschlossen wurden, die der Kirche den Zehnten sicherten.

Das Zentrum der kirchlichen Macht war nach wie vor Åbo, von wo aus der finnische Bischof sein Bistum, das sich von Viborg im Osten bis nach Lappland erstreckte, beaufsichtigte. 1317 hatte man im Nordosten Åbos in seinem Auftrag mit dem Bau der Festung Kustö begonnen, einer bischöflichen Burg also, in der der höchste Repräsentant der Kirche in Finnland eine eigene Streitmacht unterhielt. Auf diese Weise verlieh er sich selbst ein nicht unerhebliches politisch-militärisches Gewicht. Wenige Jahrzehnte zuvor war in Åbo neben dem Bischofsstuhl ein Domkapitel eingerichtet worden, das in Zukunft den Bischof zu wählen hatte, was 1286 zum ersten Mal geschah. Bis dahin war der Inhaber dieses Amtes vom schwedischen König ernannt worden, jetzt aber, mit der Existenz des Domkapitels, war der König formell nicht mehr an der Bischofswahl beteiligt. Bischof und Kirche hatten sich damit Voraussetzungen für eine größere Unabhängigkeit von der Krone geschaffen, die den eigenständigen politischen Anspruch der kirchlichen Macht deutlich unterstrich. Kirchliche und weltliche Administration waren aber im Übrigen aufs Engste miteinander verflochten, und erst die Zusammenarbeit von Kirche und König begründete den festen Zugriff auf die neu gewonnenen finnischen Gebiete.

Es waren die großen Burgen Åbo, Tavastehus und Viborg, die zunächst die Herrschaft der schwedischen Krone und den Schutz ihres im Aufbau begriffenen weltlichen Verwaltungsgefüges in Finnland garantieren sollten. Hier hatten die Schlosshauptmänner (*slottshövits-*

Schloss Åbo. Von Anders Fredrik Skjöldebrand, 1801.

männen) eine sehr selbständige Stellung inne, wobei der Hauptmann von Åbo, wo sich die wachsende Verwaltung konzentrierte, eine dominierende Position einnahm. Mats Kettilmundsson zum Beispiel, Hauptmann in Åbo von 1324–26, besaß als Statthalter des Königs den Titel *capitaneus Finlandiae*. Als mit dem Namen Finnland aber sehr viel mehr als nur der südwestliche Zipfel Finnlands verknüpft und 1340 ein neuer „Statthalter von Finnland" ernannt wurde, übertrug man ihm die Verantwortung für alle drei großen Burgen und nannte ihn *parcium orientalicum prefectus*. Im Laufe der Zeit wurde das Netz von Burgen und Festungen dann immer mehr verdichtet. Noch im 14. Jahrhundert baute man Raseborg, von wo die westliche Hälfte der Südküste Finnlands verwaltetet und der Handel mit Reval kontrolliert wurde, sowie die Burg Kastelholm auf den Ålandinseln, die ebenfalls Verwaltungs- und Verteidigungszwecken diente.

Allein die Arbeiten zum Bau der Burgen, die Abgaben für ihre Unterhaltung und die Verpflegung der berittenen Besatzung und des Kriegsvolkes waren ganz sicher eine ungewohnte und völlig neue Belastung für die bäuerliche Bevölkerung in Finnland. Und natürlich waren die schwedischen Herrscher an Überschüssen aus diesen Steuereinnahmen interessiert, die in Form von Pelzen, Holz, Fisch und Butter, später auch als Getreide und Geld nach Schweden flossen. Aber vor allem die zum Teil recht vehemente Entwicklung der Siedlungsstruktur, die Entstehung neuer Dörfer und die Kultivierung von Ödland boten die Voraussetzungen für den Ausbau von Steuergebieten, woran Kirche und Krone gleichermaßen gelegen war. Bis zur Mitte des 13. Jahrhunderts kann man die finnischen Bischöfe wohl mit Recht Missionsbischöfe nennen, denn noch war die junge finnische Kirche vor allem mit der Verbreitung der christlichen Lehre und der Bekehrung der Nichtchristen beschäftigt. Doch am Ende des 13. und vor allem in der ersten Hälfte des 14. Jahrhunderts konzentrierte sich die kirchliche Arbeit zusehends auf die Entwicklung der Bistumsorganisation und die Gründung neuer Gemeinden und damit neuer Einnahmequellen. Am schnellsten wuchs ihre Zahl im Eigentlichen Finnland und in Nyland.

Neben der Einwanderung schwedischer Kolonisten, von der bereits die Rede war, gab es eine finnische Siedlungsexpansion und Kolonisationsbewegung. Die finnische Bevölkerung breitete sich in ihren angestammten Siedlungsgebieten aus, oft in unmittelbarer Nachbarschaft schwedischer Einwanderer. Diese siedelten übrigens nicht nur entlang der Küsten, sondern zunehmend auch landeinwärts. Der Expansionsprozess, der mit der Rodung einherging, war nicht in allen Landschaften gleichermaßen kontinuierlich, doch die Quellenlage erlaubt es nicht, ein genaues Bild der Migration innerhalb Finnlands zu rekonstruieren. Dies gilt in besonderem Maße für Savolax und Karelien. Das Gesamtbild ist aber in jedem Fall von einer Siedlungsverdichtung geprägt, in der die schwedische Kolonisation ein zusätzliches, sehr dynamisches Element bildete. Ausschlaggebend für die Möglichkeiten der Rodung, das heißt der Urbarmachung früher öde liegender Landstriche und abgelegener Wälder, waren nicht zuletzt landwirtschaftliche Innovationen. Der Gabelpflug war nun in Gebrauch, und es war möglich geworden, Wiesen zu bewirtschaften und Heuvorräte anzulegen.

Allerdings gab es eine finnische Besonderheit, die die Kolonisation erschweren und zu Konflikten zwischen widerstreitenden ökonomischen Interessen führen konnte: Die Kultivierung von Ödland stieß nämlich auf Probleme, die mit dem so genannten *erämark*-System zusammenhingen. Hinter diesem Begriff verbirgt sich ein traditionelles Nutzungsrecht an Wäldern und Gewässern weit außerhalb der besiedelten Gebiete des Landes, das von alters her ein zentrales Element des wirtschaftlichen Gefüges in Finnland darstellte. Die schwedische Bezeichnung ist abgeleitet von dem finnischen Wort *erä* mit der Bedeutung „abgegrenzter Anteil". Gemeint war damit ursprünglich ein einzelnes, relativ klar umrissenes Jagd- oder Fanggebiet abseits der heimatlichen Siedlung, auch Fischereigewässer waren hier eingeschlossen. Bald aber setzte sich eine neuere allgemeine Bedeutung des Wortes als weit gestreckte, abgelegene und unbewohnte Wildmark, finn. *erämaa*, durch. Die Nutzung solcher Gebiete hatte in Finnland große Bedeutung neben dem Ackerbau und der Viehzucht in den Siedlungszentren. Die weiten Seengebiete mit ihren schier unendlichen befahrbaren Wasserwegen erlaubten Jagd und Fischfang selbst in Gegenden, die mehrere hundert Kilometer von der heimischen Siedlung entfernt lagen. Diese Wildmarkwirtschaft war besonders ausgeprägt in Tavastland und Satakunda, aber auch von den Kareliern weiß man, dass sie *erämaa* – Gebiete weit im Norden des Landes nutzten.

Die schwedische Krone hat bereits im 14. Jahrhundert Ansprüche auf solche Landstriche erhoben und insbesondere die Neusiedlung innerhalb dieser Gebiete gefördert mit dem Ziel, die Steuerbezirke auszuweiten. Die Ankunft schwedischer und finnischer Neusiedler in diesen Wildnissen dürfte jedoch zu Streitigkeiten mit den Inhabern der alten Nutzungsrechte geführt haben. Im nördlichen Österbotten zum Beispiel lagen die Lachsflüsse der Ladogakarelier und die Interessengebiete westfinnischer Lapplandfahrer, der so genannten Pirkkalaleute (finn. *Pirkalaiset*, lat. bircarli), die ein uraltes Recht besaßen, hier auf Jagd und Fischfang zu gehen und von den Samen Tribut zu fordern. Am Reichtum dieser Flüsse waren jetzt aber auch die an der Westküste des Bottnischen Meerbusens siedelnden Schweden und die finnischen und schwedischen Neusiedler der Ostküste interessiert. So war es nach dem Frieden von Schlüsselburg, der ja für diesen Bereich keine klare Grenzregelung bot, zu einem regelrechten Ansturm auf die ertragreichen Lachsströme gekommen, bei dem die Ladogakarelier offenbar Teile ihrer überkommenen Fang- und Jagdgründe an das Bistum Åbo verloren. Streit gab es deswegen aber auch mit Novgorod, das ebenso wenig wie die Karelier seine wirtschaftlichen Interessen aufgeben wollte. Die Auseinandersetzungen um die Ausbeutung der Wildmarkgebiete haben in jedem Fall die Beziehungen Schwedens zum Osten weiterhin belastet.

Im Zusammenwirken von weltlicher und kirchlicher Macht entwickelte sich in Finnland Schritt für Schritt ein kompliziertes System von Abgaben und Steuern, das immer weiter ausgedehnt wurde. Der finnische Bauer hatte an drei verschiedene Instanzen zu zahlen: an den König in Schweden, an lokale Institutionen oder Beamte und an die Kirche. Diese verfügte über die meiste Erfahrung zur Erfassung ihrer Glieder und zur Verwaltung ihrer ökonomischen Ressourcen. Sie war es, die in Finnland die Entwicklung administrativer Strukturen vorantrieb, und die weltliche Macht konnte auf diesen Grundlagen aufbauen und sie nach eigenen Bedürfnissen umformen. So wurden kirchliche Traditionen zum Modell einer weltlichen Verwaltung, die im 13./14. Jahrhundert selbst in Schweden noch ein neues Phänomen war und in Finnland die alten Verhältnisse grundlegend veränderte.

Finnland im politischen Kalkül Magnus Erikssons – Entwicklungen bis 1362

Für Jahrhunderte war die historische Entwicklung Finnlands nunmehr ein Teil der schwedischen Geschichte, eingebettet in einen großen politisch-administrativen, sozialen, wirtschaftlichen und kulturellen Zusammenhang. Welche Kräfte waren darin bestimmend? Finnland hing nun ab von den Entscheidungen des schwedischen Königs, der Ratsaristokratie und der Kirche, die das Reichs- und Machtzentrum in Schweden bildeten. Die finnische Geschichte des Mittelalters ist deshalb in wesentlichen Zügen Reflex, Wirkung und Ergebnis schwedischer Politik. Man kommt also nicht umhin, schwedische Geschichte zu erzählen, wenn es um Finnland geht. Doch sollte sie aus einer Perspektive erzählt werden, die die Auswirkungen der reichspolitisch bedeutungsvollen Ereignis- und Handlungszusammenhänge auf den finnischen Landesteil erkennbar und verstehbar werden lässt.

Als der Frieden von Schlüsselburg 1323 geschlossen wurde, war der schwedische König Magnus Eriksson, der auch über Norwegen und Island, die Färøer, die Orkney- und Shetlandinseln herrschen sollte, noch unmündig. Vertreter des Hochadels und Führer der Kirche, die in einer Vormundschaftsregierung die Politik Schwedens leiteten, hatten jetzt die Chance, die eigene Position auf Kosten der Königsmacht zu stärken. Erst als König Magnus 1332 im Alter von 16 Jahren mündig erklärt worden war, begann er, gezielte Maßnahmen gegen den wachsenden Einfluss dieser Führungsgruppe zu treffen. Eine seiner Strategien bestand darin, durch eine aktive Außenpolitik die eigene Stellung zu festigen. Konkrete Absichten richteten sich zunächst auf

Dänemark. Es befand sich zu dieser Zeit nämlich in einem sehr kritischen und desolaten Zustand, große Teile des Landes waren an holsteinische Grafen verpfändet. König Kristoffer II., den man für all dies verantwortlich machte, war abgesetzt worden und sein gerade erst 10-jähriger Sohn Valdemar befand sich außer Landes bei Wittelsbacher Verwandten. Nur wenige Jahre später sollte er als Anwärter auf den dänischen Thron die politische Bühne des Nordens betreten.
In Schonen und Blekinge jedenfalls, jenseits des Öresunds im heutigen Schweden gelegen, war man mit der Holsteiner Herrschaft, die man als Tyrannei empfand, äußerst unzufrieden, und beide Landschaften strebten nach einer Loslösung von Dänemark. Hochadel und Kirche – in einem späteren Bericht des Bischofs von Lund ist von Prälaten, Rittern und Edelleuten, Stadtbürgern und Bauern die Rede – wandten sich an Magnus Eriksson um Hilfe, boten ihm ihre Untertanenschaft an. König Magnus kam ihr Ansinnen gerade recht, noch 1332 löste er die beiden dänischen Territorien für 34 000 Mark Silber aus, zu zahlen an den Grafen Johan von Holstein. Das war eine unglaublich große Summe für damalige Verhältnisse, zumal sie nach Kölnischem Gewicht berechnet wurde und beinahe acht Tonnen Silber entsprach. Der schwedischen Krone bescherte dieser Handel bedeutende ökonomische Schwierigkeiten.
Neue, vor allem lukrative Finanzquellen mussten erschlossen werden, wenn nicht der politische Handlungsspielraum des jungen Königs und seine Machtstellung untergraben werden sollten, noch bevor sie überhaupt gewonnen werden konnten. Auch Finnland blieb daher nicht verschont von Maßnahmen, die der Krone neue Einnahmen bringen sollten. 1334 erklärte Magnus Eriksson die Wildmark zum Eigentum der Krone und forderte, die Neusiedlung voranzutreiben, weil dadurch die Zahl der Steuerzahler anwachsen würde. Jeder sollte das Recht erhalten, besonders fruchtbares Neuland, das durch Brandrodung gewonnen worden war, zu bestellen, selbst, wenn es besitzrechtlich schon vergeben war. Denn wenn der eigentliche Besitzer es nicht nutzen konnte oder wollte, stand es anderen frei. Voraussetzung war lediglich, dies dem *capitaneus Finlandiae* in Åbo anzumelden, erst dann erhielt man ein erbliches Besitzrecht an den betreffenden Ländereien. Der König bestimmte auch, dass für Steuerland, welches von Adligen erworben worden war, weiterhin Steuern gezahlt werden sollten, denn die Ausweitung steuerfreien Adelslandes konnte sich die Krone nicht mehr leisten. Ein anderer Schritt in dieser Richtung bestand darin, möglichst keine finnischen Lehen mehr zu verleihen, sondern sie direkt von der Krone verwalten

zu lassen, um so den unmittelbaren Zugriff auf ihre Einnahmen zu erhalten. Der Steuerdruck auf die finnischen Bauern wuchs und auch vom finnischen Adel wurden offensichtlich Zugeständnisse erwartet. In dieses Bild passt die Nachricht aus dem Jahre 1341, nach der der Papst Bauern aus Sääsmäki, nordöstlich von Tavastehus, mit dem Bann belegte, nachdem sie die Zahlung ihrer Steuern verweigert hatten. Hier hatte der wachsende Steuerdruck offenbar den Unmut der Bauernschaft heraufbeschworen.

Inzwischen hatte Estland mit seinem wichtigen Hafen Reval eine immer größere Bedeutung in der schwedischen Politik gewonnen, denn seine Vermittlerrolle im Russland- und Ostseehandel versprach gute Einkünfte. Formell befand sich das nördliche Estland mit Reval unter dänischer Herrschaft, die aber in den dänischen Wirren der 1330er Jahre praktisch kaum wirksam war. Magnus Eriksson hegte die Hoffnung, Estland ließe sich wie Schonen und Blekinge jetzt seinem Reich einverleiben, und Finnland sollte in diesem Bestreben eine Schlüsselrolle spielen. Schon in den Jahrzehnten zuvor hatten die Schlosshauptmänner von Åbo, Mats Kettilmundsson und Karl Näskonungsson, erkannt, dass gute Beziehungen zu Reval von großem ökonomischen Interesse waren. Näskonungsson und auch sein Nachfolger Gereke (Gerhard) Skytte haben dem Zisterzienserkloster Padis in Estland 1335 bedeutende Ländereien im finnischen Nyland überlassen, teils verkauft, teils verschenkt. Auch dies war sicher ein Versuch, in Estland Einfluss und Popularität zu gewinnen. Als 1336 dann der Vogt von Viborg den Revaler Kaufleuten Handelsfreiheit in Viborg und einigen anderen karelischen Orten gewährte, scheint Estland zum Gegenstand schwedischer Politik auf höchster Ebene geworden zu sein, denn ein solches Privileg war ohne königliche Zustimmung nicht denkbar. Noch im selben Jahr rief Magnus Eriksson Gesandte aus Reval und dem übrigen Estland zu Verhandlungen nach Schweden, über deren Inhalt jedoch nichts überliefert ist.

Es ist wohl kein Zufall gewesen, dass nur vier Jahre später der neue „Statthalter von Finnland“, Dan Niklisson, als *parcium orientalicum prefectus* und Inhaber der Schlosslehen von Åbo, Tavastehus und Viborg mit einer bis dahin nicht gekannten Machtfülle ausgetattet wurde. Er intensivierte die Reval-Estland-Politik von Finnland aus, hatte sogar 1343, als die Esten einen Aufstand gegen die Dänen wagten, die Aufständischen unterstützt und versucht, Reval von den Dänen zu erobern. Er scheiterte damit jedoch am Deutschen Orden, der Dänemark zu Hilfe geeilt war. Magnus Erikssons Rechnung, den Handel in Reval unter seine Kontrolle zu bringen, war nicht aufgegangen. Als Valdemar Atterdag 1346 Estland an den Deutschen Orden verkaufte, war dieses Ziel in noch weitere Ferne gerückt.

Überall im schwedischen Reich wurde die wirtschaftliche Lage unterdessen immer kritischer. Die Einnahmen der Krone wurden geringer, je mehr der weltliche und geistliche Adel zunahm, und der ertragreiche Russlandhandel führte im Wesentlichen an Schweden vorbei. In diesen Jahren erreichte auch die Pest den Norden und brachte bittere Not, große Teile der Bevölkerung wurden dahingerafft. Im schwedischen Uppland sollen ihr gar sechs Siebtel der Bevölkerung zum Opfer gefallen sein. Auch norddeutsche Hansestädte wurden heimgesucht. Finnland jedoch blieb von dieser in den Jahren um 1350 grassierenden Epidemie merkwürdigerweise verschont, nicht zuletzt deshalb bot es für Magnus Erikssons weitere politische Absichten wichtigen Rückhalt.

Der schwedische König nämlich forcierte nun seine Politik, indem er einen neuerlichen Expansionsversuch nach Osten unternahm, Estland wollte er gewinnen und Novgorod besiegen. Im Jahre 1347 war Magnus Eriksson höchstselbst in Finnland zu Besuch, womöglich um Vorbereitungen für den Kriegszug zu treffen, Kirche und Bauernschaft noch einmal auf sich einzuschwören durch Schenkungen und Steuererleichterungen, auch wenn die Dokumente, die von seiner Reise zeugen, von kriegerischen Plänen nichts erwähnen. Doch schon 1348 segelte eine königliche Flotte ostwärts, wieder unter dem Kreuz, legitimiert als heiliger Krieg durch eine päpstliche Kreuzzugsbulle, gebilligt und unterstützt von der am schwedischen Hof so einflussreichen Frau Birgitta Birgersdotter, die später den Birgittinenorden begründete und heilig gesprochen wurde. Schlüsselburg wurde erobert, Novgorod jedoch erfolglos angegriffen, und 1351 stand Viborg in Flammen. Der Kriegszug misslang und verschärfte die ökonomischen Schwierigkeiten, anstatt sie zu lösen. Die kriegsmüden und an den Folgen der Pest leidenden Untertanen nun mit noch mehr Steuern zu beschweren und dem Hochadel Privilegien zu beschneiden, waren in dieser Lage kein Ausweg, im Gegenteil: Diese Maßnahmen untergruben Magnus Erikssons Position und führten zu schweren Konflikten. Die Ernennung des schwedischen Edelmannes Bengt Algotsson zum Herzog von Finnland 1353 mussten die Ratsaristokratie und der schwedische Thronfolger Erik als Affront empfinden, waren doch bis dahin immer nur Mitglieder der Königsfamilie mit dieser Würde ausgezeichnet worden. Bengt Algotsson galt als enger Vertrauter des Königs und als wichtiger Helfer bei dessen Versuch, die Königsmacht gegenüber der Aristokratie zu stärken. Auch soll er der Liebhaber der

Königin gewesen sein, und die vermeintliche Homosexualität Magnus Erikssons war ein weiterer Stein des Anstoßes. Diese Zustände hat Birgitta Birgersdotter scharf kritisiert. Sie machte den König für die politischen Schwierigkeiten verantwortlich, brandmarkte seine Herrschaft als Tyrannei und stellte sich jetzt auf die Seite seiner Gegner, die zunehmend Magnus Erikssons Schwager, Herzog Albrecht von Mecklenburg, und dessen Söhne, in ihre politische Strategie einbezogen. 1356 kam es zum Aufstand gegen Magnus, der danach die Herrschaft mit seinem ältesten Sohn Erik teilen musste. Håkon, der jüngere Sohn, war bereits 1355 norwegischer König geworden. Hinter dem erst 19-jährigen Erik, der sich gegen den eigenen Vater erhoben hatte, standen als eigentliche Anstifter die schwedische Ratsaristokratie und die Mecklenburger. Erik herrschte fortan über das südliche Schweden einschließlich Schonen und über Finnland.

König Magnus und sein Sohn Håkan von Norwegen haben sich bald darauf mit Valdemar Atterdag gegen Erik und seine Anhänger zusammengetan. Der dänische König wollte die 1332 verlorenen dänischen Territorien, Magnus die volle Königsgewalt zurückgewinnen. Doch der Krieg, der daraufhin entbrannte, brachte kein Ergebnis. Unterdessen starb Erik. Magnus kündigte jetzt das Bündnis mit Valdemar auf und näherte sich offenbar voller Hoffnung seinen früheren Gegnern an. Der dänische König aber gab sein Ziel nicht auf, er eroberte nicht nur Schonen und Blekinge, sondern bemächtigte sich 1361 auch der Insel Gotland. Magnus wurde erneut angeklagt, für diese Verluste verantwortlich zu sein, und abgesetzt.

1362 wählte man seinen Sohn Håkan zum neuen schwedischen König. Erstmals haben Vertreter der finnischen Landschaften an der Königswahl in Mora im schwedischen Dalarna teilgenommen. Finnland war jetzt auch formell den anderen schwedischen Landesteilen gleichgestellt. Eine Urkunde bekräftigte ausdrücklich das Recht der Abgesandten der verschiedenen Gerichtsbezirke in Finnland, der *lagmannen*, zusammen mit Vertretern der Geistlichkeit und zwölf Bauern an der Königswahl teilzunehmen. Aber noch war die politische Krise, die aus dem Konflikt zwischen Königsmacht und Adel resultierte, nicht beendet. Håkan, schon seit 1353 mit Valdemar Atterdags Tochter Margarethe verlobt, näherte sich wieder seinem Vater an und suchte gemeinsam mit ihm noch einmal Unterstützung beim dänischen König. 1363 heiratete Håkan Margarethe und forderte damit die schwedische Ratsaristokratie heraus, die eine solche Verbindung, welche die Koalition Magnus – Håkan – Valdemar ganz sicher festigen würde, nicht akzeptieren wollte. Sie suchte nun ihrerseits Hilfe bei

Valdemars und Magnus' Widersachern, den Mecklenburgern. 1363 leitete Herzog Albrecht II. von Mecklenburg einen Eroberungsfeldzug gegen Schweden ein, und im schwedischen Reichsrat beschloss man, seinen gleichnamigen Sohn zum schwedischen König zu erheben, was 1364 auch geschah. Magnus und Håkan wurden gezwungen, große Teile ihrer Herrschaftsgebiete abzutreten, doch blieben sie ein Unruhefaktor für das Mecklenburger Regime.

Albrecht von Mecklenburg 1363–1389

Albrecht von Mecklenburgs Regierungszeit leitete eine Entwicklung ein, die sich seine politischen Protegés im schwedischen Hochadel wohl kaum gewünscht hatten. Sie bedeutete einen Höhepunkt des deutschen Einflusses nicht nur in den Städten, wo das deutsche Bürgertum eine dominante Position einnahm, sondern auch in der gesamten Verwaltung, in der zunehmend Deutsche Dienst taten, auf Schlössern und Burgen mit deutschen Vögten, im Lehnswesen, das immer mehr deutsche Adlige bevorzugte, im Kriegswesen, das sich immer häufiger deutscher Landsknechte bediente. Die Mecklenburger selbst, insbesondere Albrechts Vater, eigneten sich einträgliche Ländereien an, oft als Pfandlehen für finanzielle Hilfe, die man dem aufständischen Erik gewährt hatte, oder aber, indem sie Grundbesitz der Anhänger Magnus Erikssons konfiszierten. Der Schreiber des Klosters in Vadstena hatte 1365 dafür ein sehr einprägsames Bild gefunden: „Da kamen die Raubvögel und ließen sich auf den Gipfeln der Berge nieder, denn die Deutschen tyrannisierten das Land viele Jahre lang."

Finnland sollte dies auch zu spüren bekommen. Hier strebte Albrecht unmittelbar nach seiner Wahl zum König die Kontrolle über alle königlichen Schlosslehen an. Einer seiner Vertrauten und wichtigsten Anhänger war Nils Turesson Bielke. Als Ritter und Ratsherr hatte er einst Magnus Eriksson nahe gestanden, sich dann im Streit zwischen Vater und Sohn auf die Seite Eriks gestellt, war schließlich eine der führenden Persönlichkeiten der hochadligen Opposition gegen Magnus geworden und hatte dann an der mecklenburgischen Intervention mitgewirkt. Jetzt besaß er die Schlosslehen von Tavastehus und Viborg, die er für seine dem Mecklenburger geleisteten Dienste als Lohn empfangen hatte.

Die Eroberung des Machtzentrums Åbo, das von einem Getreuen Magnus Erikssons befehligt wurde, stand für Albrecht als ein wichtiges strategisches und ökonomisches Ziel jedoch noch aus. Er ließ Nils Turesson Bielke das Schloss belagern, doch dieser fiel während der Kampfhandlungen 1364. Albrecht kam daraufhin nach Finnland, um Åbo selbst zu erobern, doch erst 1365 gab man sich im Schloss geschlagen.

Immer wieder hat es kriegerische Auseinandersetzungen zwischen den Mecklenburgern und ihren Anhängern auf der einen und Magnus Eriksson und seinem Sohn Håkan auf der anderen Seite gegeben, an unterschiedlichen Schauplätzen und mit wechselndem Kriegsglück für beide Parteien. Auch gab es wechselnde Bündnispartner, meist nur auf den eigenen Vorteil bedachte Dritte – wie die Hanse, die die Mecklenburger unterstützte, und den Dänenkönig Valdemar Atterdag an der Seite seines Schwiegersohns Håkan.

Mit Åbos Eroberung gelangte Albrecht in den Besitz eines Herrschaftsgebietes, das neben dem Eigentlichen Finnland auch Satakunda und Österbotten einschloss, und die Einkünfte daraus flossen unmittelbar ihm selbst als dem König zu. Beinah noch ein ganzes Jahr blieb Albrecht in Finnland, um die Verwaltung in seinem Sinne umzugestalten, mit dem Ziel, die Steuereinnahmen zu erhöhen. Er ließ das Schloss von Åbo erweitern und verstärken, weitere kleinere Burgen als Stützpunkte seiner Vögte im Land errichten. In diesen Jahren nach 1365 war König Albrecht eigentlich stets in Geldnot, ja, einmal spielte er sogar mit dem Gedanken, die Ålandinseln, Nyland und Karelien an den Deutschen Orden zu verkaufen oder zu verpfänden. Diesen Plan verfolgte er in aller Heimlichkeit, und nur eine Vollmacht, die der Hochmeister Winrich von Kniprode zwei Ordensmitgliedern zur Ausführung dieses Geschäftes ausstellte, zeugt von ihm. Doch umgesetzt wurde der Plan nicht. Niemals hätte dieses Vorhaben die Zustimmung des Reichsrates gefunden, wäre gescheitert allein an einem Mann, dessen eigene Interessen auf Finnland gerichtet waren: Bo Jonsson (Grip) (1330–1386). Das Fabeltier in seinem Wappen – ein wachsamer Löwe mit Kopf und Flügeln eines Adlers – hatte ihm den Beinamen *Grip* (Greif) eingetragen, doch für manchen seiner Zeitgenossen war er vielmehr ein schlauer Fuchs, denn er war ein berechnender Machtpolitiker und ökonomischer Stratege.

Bo Jonsson war schon unter Magnus Eriksson Mitglied des Reichsrats, befreundet mit dem Ratsherren Karl Ulfsson, des Sohnes der Frau Birgitta Birgersdotter, deren scharfe Kritik an Magnus nicht folgenlos geblieben war. Bo Jonsson hatte während des Vater-Sohn-Konfliktes die Partei des aufständischen Erik ergriffen und sich zum einflussreichsten Vertreter des Adels entwickelt. Er war maßgeblich daran beteiligt gewesen, Magnus zu stürzen und Albrecht von Mecklenburg zum schwedischen König zu machen. Jetzt aber lief Albrechts Politik offensichtlich aus dem Ruder und die Konflikte zwischen ihm und dem Reichsrat spitzten sich zu. Dies war Anlass dafür, dass es 1371 zu einem entscheidenden Wendepunkt in Albrecht von Mecklenburgs Regierungszeit als schwedischer König kam: Der Reichsrat diktierte ihm erstmals ein Königsversprechen, eine Handfeste. Sie sollte der Konzentration zentraler Herrschaftsstrukturen in deutscher Hand ein Ende machen und Albrechts Eigenmächtigkeiten zügeln, der jetzt seinen persönlichen Besitz in Schweden dem Reichsrat zu unterstellen hatte. Die Schlösser der Krone sollten nur noch von einheimischen Vögten befehligt werden. Außerdem durfte der König keine neuen Ratsherren ernennen, denn man wollte die Gefahr einer ihm hörigen Fraktion im Reichsrat zukünftig ausschließen. Auch Håkan von Norwegen hatte hier die Hand im Spiel. Er war nämlich kurz zuvor mit der Hanse einen Handel eingegangen. Der Städtebund sah seine Interessen in den nordischen Ländern und der Ostsee durch Håkans Bündnis mit dem Dänenkönig Valdemar bedroht und hatte 1367 ihrerseits die Hansestädte gegen Dänemark mobilisiert. Håkan schloss darauf Frieden mit der Hanse und erhielt im Gegenzug freie Hand gegen Albrecht von Mecklenburg. 1371 rückte er dann in Stockholm ein und erzwang die Freilassung Magnus Erikssons, der 1365 in Albrechts Gefangenschaft geraten war.

Valdemar Atterdag hatte unterdessen nach verlorenem Krieg im Frieden von Stralsund 1370 deutliche Zugeständnisse an die Hanseaten machen müssen und die den Hansestädten in Dänemark gewährten Privilegien bekräftigt. Fünf Jahre später starb er, und der einzige Sohn Margarethes und Håkans, Olof Håkansson, wurde zu seinem Nachfolger bestimmt.

Die Versicherungen Albrechts von 1371 bedeuteten eine augenfällige Verschiebung der Machtverhältnisse zugunsten der schwedischen Ratsaristokratie, die nunmehr ein exklusives Recht an den schwedischen Kron- und Schlosslehen besaß. Bo Jonsson Grip gelang es in besonderem Maße, Vorteil daraus zu ziehen. Er wurde jetzt zum mächtigsten Mann des Reichsrates, schon zuvor war er einer der wichtigsten Geldgeber der Krone, besaß genügend Mittel, um auch die mecklenburgischen Pfandlehen einzulösen und Albrecht ganz von sich abhängig zu machen. 1369 hatte der ihn bereits zum *officalis generalis* ernannt, mit königlicher Vollmacht über alle Vögte des Reiches und der Oberaufsicht über die Finanzen der Krone. Durch Erbschaft, aber vor allem durch mehr oder weniger skrupelloses Vorgehen, indem er zum Beispiel Landbesitzer zum Verkauf ihrer Güter zwang, hatte Bo Jonsson ein gewaltiges Vermögen angehäuft. Auch der Schwarze Tod, die Pest, hatte ihm dabei geholfen, denn viele der verlassenen Höfe konnte Bo Jonsson billig erwerben. Aber er war nicht nur Landbesitzer und Bankier, er war auch Exporteur. Lübeck, Rostock, Danzig, Brügge – dorthin verschiffte er Holz, Häute und Pelze aus seinen Wäldern, Lachs aus seinen Seen und Flüssen, Butter und Käse von seinen Höfen, Kupfer und Eisen aus seinen Bergwerken.

Albrecht von Mecklenburg war gezwungen, Bo Jonsson große Teile des Reiches zu verpfänden. Als er ihm 1374 schließlich auch Åbo überließ, befanden sich bereits alle übrigen finnischen Schlosslehen und Vogteien in Bo Jonssons Besitz. Zu dieser Zeit waren die drei großen Burgbezirke Åbo, Tavastehus und Viborg nicht zuletzt durch das Anwachsen der Bevölkerung zu solch großen Verwaltungseinheiten geworden, dass ihre Verwaltung, vor allem die Steuererhebung, offenbar nicht mehr so recht funktionierte. Bo Jonsson ging nun daran, weitere Vogteien zu gründen, in deren Zentrum wiederum Burgen errichtet wurden. So erhielten die Verwaltungseinheiten in Finnland einen völlig neuen Zuschnitt. Vor diesem Hintergrund entstand zum Beispiel Raseborg im westlichen Nyland an der Küste des Finnischen Meerbusens und bald eine der wichtigsten spätmittelalterlichen Festungen Finnlands. Im östlichen Nyland wurde mit Borgå eine weitere Verwaltungseinheit geschaffen, die aber später mit Viborg vereinigt wurde.

Bo Jonsson war es auch, der auf Åland die neue starke Festung Kastelholm bauen ließ. Der Vogt, der hier amtierte, war jedoch dem Hauptmann von Åbo unterstellt, die Inseln also administrativ nicht von Åbo getrennt. Bo Jonssons Einfluss sollte auch nach Norden ausgedehnt werden. Wenngleich unsicher ist, ob er jemals Maßnahmen zur Errichtung oder Verstärkung einer Vogtei in Satakunda getroffen hat, so gilt er doch als Initiator und Begründer von Schloss Korsholm mit der dazugehörigen Burgvogtei in Österbotten. Eine kleinere Holzfestung ließ er 1375 an der Mündung des Ule Flusses/*Oulujoki* am Nordende des Bottnischen Meerbusens errichten, was prompt zu einem kriegerischen Konflikt mit Novgorod führte.

Bo Jonsson starb 1386. Er hinterließ ein Testament, das seiner Witwe keine Einflussmöglichkeiten auf die Verwaltung der Güter und Schlosslehen gab. Sechs Testamentsexekutoren, die er aus dem schwedischen Hochadel ausgewählt hatte, erhielten stattdessen die Verfügungsgewalt über seinen Besitz. Albrecht von Mecklenburg versuchte nun auf verschiedenen Wegen – er machte sich zum Beispiel zum Vormund der Witwe und ihrer Kinder – sich das Erbe anzueignen, stieß aber bei den Exekutoren auf Widerstand. Beide Parteien suchten ausländische Unterstützung: Albrecht bei seinen deutschen Bundesgenossen, die Schweden bei Margarethe, der Mutter des jüngst zum Nachfolger Valdemar Atterdags ausersehenen Olof. Ihr Gemahl Håkan war schon 1380 gestorben, und Margarethe war die eigentliche Regentin Norwegens und Dänemarks. Kurz nachdem die Testamentsexekutoren Verhandlungen mit Margarethe eingeleitet hatten, starb Olof überraschend, worauf Margarethe in Dänemark zur „vollmächtigen Frau und Hausherrin", sozusagen zur Reichsverweserin erklärt und 1388 schließlich zur Königin von Norwegen gewählt wurde. Schon ein Jahr später huldigten ihr auch die Schweden, und Margarethe übernahm den gesamten Lehnskomplex Bo Jonssons. Albrecht aber gab nicht auf und zog mit seiner Streitmacht gegen seine Konkurrentin bis nach Falköping in Västergötland, wo die verfeindeten Heere aufeinander stießen. Albrecht unterlag und wurde gefangen genommen. Margarethe herrschte nun über Dänemark, Schweden und Norwegen.

Land und Stadt

Die Vogteien, Festungen und Burgen in Finnland erforderten umfangreiche materielle Ressourcen, nicht nur zu ihrer Errichtung, sondern auch zu ihrer Unterhaltung. Neue Steuern wurden erlassen und Frondienste für den Schlossbau auferlegt. Dies traf vor allem die Bevölkerung rund um die neuen Verwaltungs- und Herrschaftszentren. Die Lasten, die den finnischen Bauern aufgebürdet wurden, die Verwaltungsmethoden der lokalen Beamten der Krone und adligen Lehnsherren, aber auch Veränderungen der Besitzverhältnisse auf dem Lande und die wirtschaftliche Entwicklung mit guten und schlechten Ernten haben zuweilen den Widerstand der Bauern herausgefordert. Die erste, sicher bezeugte Bauernerhebung in Finnland ereignete sich 1368/69. Es war ein Aufruhr, der sich offenbar gegen Vögte und Burgen richtete und in Viborgs Schlosslehen ausbrach. Allzu viel weiß man nicht über das Ereignis, doch muss es sich um einen größeren Aufstand gehandelt haben, der die Aufmerksamkeit Albrecht von Mecklenburgs eine Zeit lang fesselte, und in dessen Verlauf der Schlosshauptmann von Viborg, Sune Håkonson, zu Tode kam.

Eine andere Bauernerhebung ist für die Jahre 1438/39 bezeugt und als so genannter *Davidsaufruhr* in die Geschichte eingegangen. Der Aufstand breitete sich über Satakunda bis nach Tavastland und Karelien aus. Die Bauern verweigerten die Steuerzahlungen. 1435 noch hatte man ihnen versprochen, die Steuerlast zu lindern, das sollte jetzt nicht mehr gelten, und so richtete sich ihr militanter Protest gegen die örtlichen Rechtsbeamten. Die Quellen, die diese Auseinandersetzung dokumentieren, sind überaus spärlich, man weiß aber, dass Kämpfe in Vik, dem heutigen Nokia, ausgefochten wurden. Der Streit endete mit einem Vergleich 1439 nach Vermittlung des Åboer Bischofs Magnus. Zu dieser Zeit hat es eine ganze Reihe von Bauernaufständen und sozialen Konflikten im Norden gegeben: 1434 und um 1440 in Dänemark, in Schweden und Norwegen zwischen 1434 und 1437 sowie auf Island 1433. Ihre Ursachen waren vielfältig, eng verknüpft mit der spätmittelalterlichen europäischen Agrarkrise und heute nicht immer leicht zu klären. Allzu oft fehlen Angaben über die genaue Höhe von Abgaben und Steuern, über das Ausmaß der landwirtschaftlichen Produktion, über die konkreten Lebensverhältnisse der Bauern und die demographischen Entwicklungen auf dem Lande. Auch weiß man für das Mittelalter selten genug, welche genauen Auswirkungen die Ödelegung einzelner Höfe und der Mangel an bäuerlicher Arbeitskraft auf die wirtschaftliche Situation und die Bereitschaft zum sozialen Protest besessen haben. All dies war natürlich eng verflochten mit politischen Entwicklungen, in deren Verlauf es oft auch zu kriegerischen Verwicklungen kam, die sich besonders auf die Steuerlast auswirken mussten. Die Zeit der Kalmarer Union (1397–1523) war nicht arm an Konflikten.

Die wenigen Zeugnisse bäuerlichen Protestes und sozialer Unruhe in Finnland täuschen am Ende nicht darüber hinweg, dass die Entwicklung der finnischen Gesellschaft vom Beginn der schwedischen Herrschaft an bis zur Mitte des 16. Jahrhunderts vielmehr von mancherlei Fortschritt, ja Wohlstand geprägt war. So sehen es Forscher wie Heikki Ylikangas, der für das Mittelalter in Finnland eine Art „primitiver Wohlstandsgesellschaft" konstatiert. Was aber berechtigt zu einem solchen Diktum?

Finnlands Bevölkerung hat sich in den „dunklen Jahrhunderten" des Mittelalters vervielfacht, nach Ylikangas Angaben von einigen 10 000 auf etwa eine halbe Million. All diese Menschen lebten verstreut über weit gestreckte Gebiete vor allem in den südlichen und westlichen Teilen des Landes. Während des ganzen Mittelalters scheint es eine kontinuierliche Bevölkerungsentwicklung gegeben zu haben. Wie in

Schweden waren die Bauern persönlich frei, und obwohl Kirche und Adel nicht selten über große Ländereien verfügten, waren etwa 90% der Höfe in bäuerlichem Besitz. Das war Steuerland, aus dem die Krone unmittelbar fiskalischen Nutzen zog.

Der Wohlstand der finnischen Bauern gründete auf ihrer Fähigkeit, der eigentlich kargen Natur ihrer Heimat gleich in zweifacher Hinsicht die wertvollsten Ressourcen abzuringen: Zuerst waren es kostbare Pelze und Häute, die nicht nur eine wichtige Handelsware waren. Auch eine Reihe von Steuern wurden in Form von Pelzwerk oder Häuten gezahlt. Das Zentrum für die Jagd auf Pelztiere lag naturgemäß in den weniger besiedelten Regionen um den Bottnischen Meerbusen, die besonders für die Wildmarkwirtschaft Tavastlands und Satakundas von Bedeutung waren. Ähnliches gilt für den Fischfang, vor allem die Lachsfischerei, die einen gut funktionierenden Handel und insbesondere die Einfuhr von Salz voraussetzte.

Ein anderes Fundament des Wohlstands aber war natürlich die Landwirtschaft. Sie gründete nicht allein auf stationärem Ackerbau, sondern in besonderer Weise auf der Feldbebauung nach Brandrodung, der Schwendwirtschaft. Vor allem in den östlichen Landesteilen hat man in den ausgedehnten Waldgebieten durch Fällen und Abbrennen der Bäume Anbauflächen gewonnen, wobei die Asche als Dünger diente. Solche Böden waren anfangs sehr ertragreich. In der Regel bedeutete dieses Verfahren aber auch, dass die Pflanzung schon bald wieder vom Wald zurückerobert wurde und sich der Boden mangels weiterer Düngung erschöpfte. So mussten die Bauern ihre Felder in regelmäßig kurzen Abständen verlegen. Auch in den westlichen Teilen Finnlands, wo spätestens seit Beginn des 16. Jahrhunderts der stationäre Ackerbau wirtschaftlich dominierte, war die Schwendwirtschaft im Mittelalter eine ganz wichtige Voraussetzung für die Siedlungsexpansion. Mit ihr ließen sich schneller bessere Ernten erzielen. Doch steinfreier, urwüchsiger Wald wurde in diesen Landesteilen bald zur Mangelware, die Menschen waren gezwungen, permanente Äcker anzulegen und schließlich auch Grenzen zwischen ihren Dörfern zu ziehen.

Das Anlegen fester Äcker und die damit entstehenden Besitzstrukturen haben in Südwestfinnland daher grundlegende Bedeutung für die Dorfentwicklung besessen, während die Schwendwirtschaft zum Beispiel in Savolax und Karelien die gesellschaftliche Entwicklung auf andere Weise beeinflusst hat. Hier gelang es schon früh, die Brandrodung zu revolutionieren, indem sie auch in Nadelwäldern angewendet wurde *(huhtan)*. Die ältesten Schwendtechniken nutzten nur

Laub- und Mischwälder, doch nach dem Vorbild der Novgoroder ließen bereits die Ladoga-Karelier auch Tannen und Kiefern in Rauch aufgehen. Nach vier Jahren konnte ein so gewonnener Boden erstmals bestellt werden, aber nur ein einziges Mal warf er eine Ernte, allerdings eine sehr gute, ab. Ein karelischer Schwendbauer musste also möglichst mehrere solcher Felder in unterschiedlichen Bearbeitungsstadien gleichzeitig besitzen und weiterziehen, wenn er den gesamten Wald seiner Umgebung ausgenutzt hatte. Noch zu Beginn der Neuzeit hat man im östlichen Finnland Schwendwirtschaft betrieben, so dass die Siedlungen hier lange Zeit einen ambulanten Charakter besaßen. Aus diesem Grund entwickelte sich kein Besitzrecht an Grund und Boden, sondern lediglich ein Nutzungsrecht. Auch benutzten die Familien für sich keine aus der lokalen Herkunft abgeleitete Namen, sondern den ihrer Sippe, sonst wäre die Identifizierung von Menschen in dieser recht mobilen Bevölkerung kaum möglich gewesen. Eine andere Folge der sehr arbeitsintensiven Schwendwirtschaft in Ostfinnland war die stärkere Tendenz zur Großfamilie und eine größere Gleichstellung der Frauen als in den westlichen Landesteilen.
Das Mittelalter bescherte auch dem festen Ackerbau Neuerungen, die es unter anderem ermöglichten, mit besseren Werkzeugen – mit effektiveren Pflügen wie dem Radpflug zum Beispiel – schwerere Böden zu bearbeiten. Im Eigentlichen Finnland und Satakunda entdeckte man die Ochsen als Zugtiere, die allerdings das Wenden des Pfluges erschwerten, doch als man schließlich die Arbeitskraft von Pferden einsetzte, konnte hier ein wichtiger Fortschritt erreicht werden. Die Zweifelderwirtschaft dominierte, das heißt jedes zweite Jahr lagen die Äcker brach. Die Besitzverteilung der Äcker ergab eine komplizierte Gemengelage. 1332 ist im Eigentlichen Finnland zum ersten Mal von *tegskifte* die Rede, wobei das schwedische *teg* ähnlich wie das süddeutsche *Gewann* wohl das Ackerstück zwischen zwei Pflugwenden meinte. Jeder Hof eines Dorfes besaß von jedem Acker ein *teg*, dessen Breite nach der *öretal*, das heißt nach der steuerlichen Leistungsfähigkeit des entsprechenden Hofes bemessen wurde. Die Reihenfolge, in der die Ackerstücke vergeben wurden, entsprach der Ordnung der Grundstücke an der Dorfstraße. Auf diese Weise sollten gute wie schlechte Ackerböden und Wiesen gerecht verteilt werden.
Das Besitzrecht an Grund und Boden war ein entscheidendes Kriterium im Leben des Bauern. Seine rechtliche Sicherheit hing davon ab, jedoch ebenso von den Leistungen und Abgaben, die er erbrachte. Bauern ohne eigenen Landbesitz bewirtschafteten Höfe, die der Krone, der Kirche oder adligen Lehnsherren gehörten. Auch sie aber

waren frei und nicht an den Grundbesitzer gebunden. Anstelle von Steuern hatten sie Abgaben, eine Art Pacht, in unterschiedlichen Naturalien an den Grundherrn zu zahlen. Ihre Stimme wurde auf den Thingversammlungen gehört, sie konnten Vieh, Häuser und Gerätschaften besitzen. Die meisten finnischen Bauern jedoch verfügten über eigenes Land und zahlten Steuern an die Krone.
Der Familien- und Geschlechterverband bildete ein anderes wichtiges Fundament des gesellschaftlichen Lebens. Das ist zum Beispiel ablesbar am Erbrecht und den Regelungen, die zum Kauf und Erwerb von Grundeigentum galten. Angehörige und Verwandte besaßen entsprechende Vorrechte. Noch bis in das 16. Jahrhundert hinein bedeutete in manchen Teilen Finnlands die Machtfülle der Familie – insbesondere, wenn sie groß und einflussreich war – mehr als ein abstraktes, vom König und seinen Beamten sanktioniertes Gesetz. Manche Gewalttat wurde auf den finnischen Thingversammlungen verhandelt, nicht, um nach dem gültigen Landrecht beurteilt zu werden, sondern um nach überkommenen Regeln einen Vergleich mit den Angehörigen der Opfer zu suchen. Der Täter und seine Familie hatten dann ein „Blut- oder Wehrgeld" an die des Opfers zu zahlen, und erst, wenn dies nicht im Sinne der Übereinkunft geschah, berief man sich auf übergeordnete Rechtsinstitutionen. Nicht selten wurden auch Fälle verhandelt, die davon zeugen, dass die Pflichten gegenüber der Krone längst nicht im gewünschten Maße erfüllt wurden – für Heikki Ylikangas ein Indiz dafür, dass die finnischen Bauern die Freiheiten, die ihnen die mittelalterliche Gesellschaft bot, zu nutzen wussten und noch nicht wirklich zu Untertanen geworden waren. Noch 1556 beklagte sich König Gustav Vasa gegenüber seinem Sohn Johan, der inzwischen als Herzog von Finnland dort selbst residierte, über den Eigensinn und die Unberechenbarkeit des finnischen Landvolks.
Die Bauern prägten die finnische Gesellschaft des Mittelalters, während der Adel in ihr nur eine relativ kleine Gruppe ausmachte. Inwieweit tatsächlich die alten, urfinnischen Geschlechter der Anführer und Häuptlinge in dem sich allmählich herausbildenden Stand des Adels aufgingen, ist heute immer noch eine offene Frage. Eric Anthoni hat schon 1970 gezeigt, wie schwer es ist, die Herkunft der Adligen zu bestimmen. Sicher aber ist, dass viele von ihnen aus Schweden kamen oder deutschen Ursprungs waren. Von den bekannten adligen Geschlechtern in Finnland war erstaunlicherweise nur ein einziges, nämlich das des Herren Melevalus aus Tavastland, ganz sicher finnischen Ursprungs. Zu Beginn des 14. Jahrhunderts waren

Adlige nur in einigen finnischen Landesteilen vertreten, so auf Åland, im Eigentlichen Finnland, Westnyland, im südlichen Satakunda und in Tavastland. Als Mitglieder einer sozialen Gruppe mit besonderen Privilegien und Pflichten genossen auch die finnischen Adligen Steuerfreiheit, für die sie militärische Dienstleistungen zu erbringen hatten. Und doch bildete dieser Stand keine unveränderliche Kategorie, denn seine Mitglieder konnten ihren Adelsstatus auch wieder verlieren. Kurz nach der feierlichen Begründung der Kalmarer Union (s. S. 90), sind die Adelsbriefe aller derjenigen überprüft worden, die unter König Albrecht diesen Status erlangt hatten. Erik von Pommern, der junge Unionskönig, besuchte 1407 Finnland und fertigte in Åbo neue Adelsbriefe aus. Sie waren ursprünglich persönlich und befreiten die Güter des Adligen von der Steuerpflicht. Später waren es nicht mehr nur die Besitzer der Güter, sondern der Grundbesitz selbst, der den privilegierten Status erhielt. Kaufte ein Adliger Steuerland, so wurde es nicht mehr automatisch steuerfreies Adelsland.
Die finnischen Adelshöfe waren eher klein und ihre Besitzer deshalb oft von einem öffentlichen Amt abhängig, um ihre soziale Position aufrechterhalten zu können. Allerdings waren solche öffentlichen Ämter in Finnland nicht immer zugänglich. Der Befehl über die großen Burgen zum Beispiel lag nahezu ausnahmslos in den Händen des schwedischen Hochadels, der wiederum seine eigenen loyalen Schlossvögte, oftmals deutscher Herkunft, hier einsetzte.
In diesem Milieu selbstbewussten Bauerntums und dünn gesäten Landadels wuchsen während des Mittelalters auch einige Städte heran. Sie entwickelten sich spät, ganz allmählich um einige der alten Markt- und Hafenplätze, die wichtige Zentralortsfunktionen für das Umland besaßen. Besondere rechtliche und administrative Privilegien, verliehen von der Reichsgewalt, also dem schwedischen König, machten sie schließlich zu Städten. Das Stadtrecht unterschied sich von den auf dem Lande gültigen Gesetzen, und in der Stadt lebten Bürger, die einem Gewerbe oder Handwerk nachgingen und sich selbst verwalteten. Die Städte waren Handelszentren und produzierten zugleich für den Bedarf der Menschen, die vor ihren Toren lebten. Die Geschäfte der deutschen Hansekaufleute an der finnischen Südwestküste haben die Entstehung finnischer Städte beflügelt. Die umtriebigen Kaufmänner fanden hier ihre Stützpunkte, brachten ihre Traditionen, Gepflogenheiten und Gebräuche mit und hinterließen noch heute sichtbare Spuren in der städtischen Architektur und Topographie.
Am Ende des Mittelalters gab es zwei relativ große Städte, Åbo und

Viborg, sowie einige kleinere, Borgå, Ulvsby, Raumo und Nådendal. Wenngleich der Anteil der Stadtbevölkerung an der mittelalterlichen Gesellschaft in Finnland gering war, so besaßen die Städte doch eine kulturelle Bedeutung von einigem Gewicht: In ihren Klöstern und Kirchen, Bürgerhäusern und Schlössern, in ihren Häfen und auf ihren Märkten trafen sich „welterfahrene" Menschen, in deren Umkreis sich Kultur und Politik entfalteten. Zwar besaß nur Åbo das Recht, direkten Handel mit dem Ausland, also außerhalb Finnlands und Schwedens, zu treiben, doch wurde diese Bestimmung nie eingehalten. Der Stapelzwang, wie er in Magnus Erikssons Landrecht festgeschrieben war, verpflichtete die finnischen Städte, ihren Handel über Stockholm abzuwickeln, doch das war in der Praxis kaum zu kontrollieren. Revaler Kaufleute, die 1428 an Åbo vorbei in den Bottnischen Meerbusen gesegelt waren, um die hier gelegenen Häfen anzulaufen, wurden zwar vom Åboer Vogt zur Verantwortung gezogen. Doch dürfte diese Ahndung eher ein seltenes Ereignis geblieben sein. Stockholmer Bürgern entging durch die Umgehung des Stapelzwanges beträchtlicher Gewinn, und 1478 versuchten sie mit einer Blockade gegen Raumo ihre Interessen durchzusetzen. Dreizehn Jahre später hob dann der schwedische Reichsverweser Sten Sture d. Ä. den Stapelzwang auf, sicher ein Zugeständnis an die Hanse, an deren Wohlwollen ihm zu dieser Zeit sehr gelegen war. Viborg war ein wichtiges Zentrum für den Handel mit Russland, und von der finnischen Südküste aus segelten Handel treibende Bauern emsig nach Reval, der nächstgelegenen Hansestadt. Sie dominierte den Handel an der nyländischen Küste uneingeschränkt. Aus finnischer Sicht waren neben Reval Lübeck und Danzig die wichtigsten Handelsstädte.

Alle mittelalterlichen Privilegien Åbos sind verloren gegangen, so dass man heute nicht sagen kann, wann genau Åbo Stadt geworden ist, wahrscheinlich zwischen 1290 und 1319. Im Jahr 1319 jedenfalls werden erstmals ein Stadtbürger namens Hartmannus, fünf Jahre später auch Bürgermeister und Rat erwähnt. Im Spätmittelalter war die Stadt zum wichtigsten Handelshafen in Finnland herangewachsen. Bischof und Domkapitel und die zahlreichen Kleriker waren kaufkräftige Kunden, und ein großer Teil der importierten Waren bestand aus Wertgegenständen wie Büchern, Heiligenbildern und Wein vom europäischen Kontinent. Åbo war am Ende des 15. Jahrhunderts die einzige finnische Stadt, die direkte Handelsbeziehungen zu Lübeck pflegte, von dort kamen außer Wein auch Salz und Honig. Finnland hatte zu dieser Zeit vorwiegend Fisch und tierische Produkte zu bieten, Häute vor allem, denn die Nachfrage nach Leder war groß. Ein

Hauch von Luxus lag auf den kostbaren Pelzen, die jetzt aber nur einen kleinen Teil des Exports ausmachten.
Wie Åbo sind auch Borgå (Stadtrecht 1347), Ulvsby (1347 oder 1348) und Viborg (spätestens 1403) uralten Handelsplätzen erwachsen. Die Verleihung der Stadtprivilegien erfolgte nach langjähriger schwedischer Herrschaft in diesen Gebieten, als sich die wirtschaftlichen und verwaltungsmäßigen Verhältnisse bereits gefestigt hatten. Unter König Erik Magnusson sollte sich der gesamte Handel im schwedischen Reich nach kontinentalem Muster in den Städten konzentrieren, der uralte Land- und Strandhandel ein Ende haben. Nådendal und vermutlich Raumo waren spätere Stadtgründungen, die auf keine Vorläufer zurückblicken konnten.
Namen von Einwohnern tauchen in den Quellen nur sporadisch auf, doch ein bedeutender Teil der Bürgerschaft war deutscher Herkunft, das ist sicher. Von den fünf im 14. Jahrhundert namentlich bekannten Bürgermeistern Åbos waren vier Deutsche und einer Schwede, und zwischen 1400 und 1471 waren von 14 Amtsinhabern neun Deutsche, vier Schweden und einer Finne. Doch trotz der deutschen Dominanz wuchs allmählich auch eine finnische Bürgerschaft heran. Und natürlich wohnten auch Menschen in den Städten, die keine Bürger waren, Gesinde, Dienstmädchen und Knechte, aber ebenso fahrende Leute, die sich von Bettelei und Gelegenheitsarbeiten ernährten. Die Stadt zog die Menschen an. Obwohl die mittelalterlichen Städte Finnlands nach heutigen Maßstäben klein waren, übertrafen Åbo und Viborg immerhin doch manche andere Stadt im schwedischen Reich. Viborg besaß als einzige Stadt neben Stockholm und Visby, das seit 1361 dänisch war, sogar eine Ringmauer.

Finnische Kirchen und Klöster

Das alltägliche Leben und die Vorstellungswelt der Menschen im mittelalterlichen Finnland wurden seit ihrer Christianisierung immer deutlicher von den Traditionen, den Regeln und Gesetzen der katholischen Kirche bestimmt. Sie waren universal und uniform, und so entwickelten sich Frömmigkeit und Glaubensleben auch im äußersten europäischen Nordosten nach ihrem Vorbild. Das Gleiche galt für die Organisation der katholischen Kirche, die in Finnland ebenso streng hierarchisch war wie andernorts. Ihr Oberhaupt war der Bischof von Åbo, nach kanonischem Recht ehelicher Herkunft, mindestens dreißig Jahre alt und gelehrt. Sein Bistum, Åbo Stift, hat sich während des

Kolorierter Holzschnitt aus dem Missale Aboense.
Eines der bekanntesten und wohl schönsten Messbücher ist das Missale Aboense. Der damalige Bischof von Åbo, Konrad Bitz, hatte es 1448 in Lübeck bestellt, 40 Jahre später erst ist es erschienen. Die Abbildung zeigt eine allegorischen Darstellung der Kirche Finnlands. In der Mitte ist Finnlands Nationalheiliger Sankt Henrik zu erkennen, unter seinen Füßen Lalli, der Henriks Märtyrertod der Legende nach verursachte; rechts Bischof Konrad Bitz, links Bischof Magnus Stjernkors, hinter ihnen zwei anonyme Priester; das kleine Wappen links oben mit den Initialen b und g stammt von dem Buchdrucker Bartholomäus Ghotan. Das Missale Aboense vereinigt Lesestücke, Lieder und Gebete, es enthält auch einen Heiligenkalender, der für den Gebrauch in Finnlands Kirchen zusammengestellt war.

13. Jahrhunderts rasch entwickelt und wurde neben dem Erzbistum Uppsala eines der vermögendsten im schwedischen Reich. Åbo Stifts herausragende Bedeutung spiegelt sich in einer starken politischen Position des Bischofs, der Mitglied des Reichsrates war und erheblichen Einfluss auf die Reichspolitik ausüben konnte. Es ist nicht nur der Vorliebe für eine sprechende Symbolik geschuldet, sondern bedeutete die tatsächliche Anerkennung dieses Ranges, wenn man dem Bistum Åbo eine so wertvolle Reliquie wie den Unterkiefer Eriks des Heiligen anvertraute. Von Nouisis war der Bischofssitz Anfang des 13. Jahrhunderts nach Korois, schließlich nach Åbo verlegt worden –

mit der Bedeutung des Amtes und des Bistums waren auch die Größe und Präsenz des Bischofssitzes gewachsen. Bischof Ragvald II. (1309–1321) ließ die Burg Kustö errichten, die aber – die Bauarbeiten hatten gerade erst begonnen – 1318 von den Novgorodern verwüstet wurde. Auch die Domkirche war schwer beschädigt und vieler ihrer Schätze beraubt worden.

Zu diesem Zeitpunkt hatte das Bistum bereits ein eigenes Domkapitel, das sich zu einer selbständigen Organisation entwickelte. Und je mehr die ökonomischen Ressourcen des Domkapitels wuchsen, desto begehrlicher wurden seine Ämter auch für ausländische Kandidaten. Der Handel mit kirchlichen Ämtern, die berüchtigte *simoni*, stellte ein zunehmendes Problem dar, in jedem Fall aber hatte der Papst ein Interesse daran, bei der Ämterbesetzung mitzureden. Seit 1350 war er es, der formell den Bischof von Åbo einsetzte. Gewählt wurde der Bischof zunächst vom Domkapitel, er begab sich aber sodann als *electus* nach Rom, wo der Papst die Wahl konfirmierte. Der schwedische König hatte schon seit längerem keinen formellen Anteil mehr an der Bischofswahl, dies war die wichtigste Aufgabe des Domkapitels, das damit die Freiheit und Unabhängigkeit der Kirche von den weltlichen Machthabern, die *libertas ecclessiae*, manifestierte.

Andere Aufgaben versah das Domkapitel in der Verwaltung des Bistums, wozu es dann auch eines eigenen Siegels bedurfte, das 1291 zum ersten Mal erwähnt wird. Reformen des kirchlichen Steuersystems und der gesamten Administration wurden von hier aus in Zusammenarbeit mit dem Bischof eingeleitet. Die inneren Strukturen des Domkapitels, das heißt die Zahl seiner Mitglieder, die interne Ämterhierarchie wie auch die Qualität der Ämter und die Verwaltung des Haushaltes haben sich bis zum Ende des Mittelalters immer wieder veränderten Bedingungen angepasst. Anders als in manchen anderen schwedischen Bistümern hat es aber in Åbo niemals ernste Konflikte zwischen Domkapitel und Bischof gegeben.

Neben den Schulen der Kirche gab es bald profane Lehranstalten, Stadtschulen zumeist, wie in Viborg, Raumo und Borgå. Wer hier begann, konnte seine Ausbildung an der Kathedralschule in Åbo fortsetzen, um dann sogar an eine Universität zu gehen, wenn nicht ins Ausland, dann nach Uppsala, wo es seit 1477 eine Universität gab. Etwa 150 Studenten aus Åbo, die irgendwo in Europa studierten, sind namentlich für das Mittelalter bekannt. Tatsächlich dürfte ihre Zahl aber viel höher gewesen sein. Die meisten der finnischen Studenten richteten sich auf eine Zukunft als Kleriker ein. Nicht nur die Mitglieder des Domkapitels hatten akademische Studien betrieben, auch viele Priester in den größeren finnischen Gemeinden. Seit Ende des 15. Jahrhunderts kam es zudem vor, dass Laien eine Universitätsausbildung absolvierten, so der schwedische Reichsverweser und Inhaber der Schlosslehen von Åbo, Tavastehus und Viborg, Erik Axelsson Tott (1415–1481), der eine Zeit lang in Padua studiert hatte.

Die Kirche ebnete den Weg an die europäischen Bildungsstätten des Mittelalters, während auch in Finnland selbst sich kulturelle Zentren entwickelten, die nicht nur für die Seelsorge von großer Bedeutung waren, sondern die geistigen Strömungen ihrer Zeit vermittelten: Dies waren die Klöster verschiedener Orden. Die Dominikaner waren schon während der Zeit des so genannten Zweiten Kreuzzuges Mitte des 13. Jahrhunderts gekommen und hatten damals einen Konvent in Åbo errichtet. Hier besaßen sie auch eine Kirche, ausgestattet mit verschiedenen Privilegien wie dem Asylrecht. Ihr Armutsgelöbnis war nicht so rigoros wie das der Franziskaner, wichtiger war ihnen die wissenschaftliche Schulung, wohl ein Grund dafür, dass ihnen vom Papst die Inquisition anvertraut wurde. Die nordischen Länder bildeten eine eigene Ordensprovinz der Dominikaner, die sie *Dacia* nannten. Am Beginn des 15. Jahrhunderts wurde ein weiterer Dominikanerkonvent in Viborg gegründet. Hier gab es auch ein Franziskanerkloster, obwohl beide Orden sonst nirgends in Finnland gemeinsam am selben Ort zu finden waren. Das mag wiederum an Viborgs Grenzlage und seiner Nähe zur „ketzerischen" orthodoxen Kirche gelegen haben. Wann genau die Franziskaner nach Finnland kamen, weiß man nicht. Ihr Konvent in Viborg wird erstmals 1403 schriftlich erwähnt. Ein weiterer Franziskanerkonvent entstand 1449 in Raumo. Zur selben Zeit dürfte bereits ein Franziskanerkonvent auf Kökar in den åländischen Schären existiert haben.

Das bedeutendste Kloster in Finnland aber war das Birgittinenkloster *Vallis Gratiae*, Gnadental, das 1438 auf dem Gut Stenberga in der Gemeinde Masku nahe Åbos auf Beschluss des schwedischen Reichsrats gegründet wurde, dann einige Jahre später aber aus dem wohl zu sumpfigen Tal auf einen nahen Hügel umgesiedelt wurde. Es behielt seinen Namen trotzdem, auf schwedisch Nådendal, finnisch *Naantali*. Noch heute steht die geräumige Klosterkirche an ihrem Platz. Zentrum des Birgittinenordens war das von der heiligen Birgitta 1370 gegründete Kloster von Vadstena am Vättersee, dessen Äbtissin allen Birgittinenklöstern vorstand. Von Vadstena aus hat man die Verbindungen zu allen Gliedern des Ordens gehegt und gepflegt. Wie in allen Birgittinenklöstern lebten in Nådendal 60 Nonnen, 13 Priester, 4 Diakone und 8 Laienbrüder, eine symbolische Zahl, die an 13 Apostel und 72 Schüler erinnern sollte. Das Kloster ist seit seiner Gründung mit großzügigen Donationen bedacht worden, viel Landbesitz hat sich da angesammelt, verstreut über ein großes Gebiet. Mit der Zeit wurde es auch üblich, dass verheiratete Paare im Alter ihren Besitz dem Kloster vermachten und dorthin übersiedelten. Sie aßen am „Bürgertisch“ und lebten getrennt von den Brüdern und Schwestern. So war das Kloster auch eine Art Altersheim für wohlhabende Bürger, das mit Hilfe seiner Heilkräuter aus den Klostergärten notwendige Krankenpflege leisten konnte. Trotz ihrer für das Klosterleben typischen Isolation brachten die Birgittinen mit ihrem fest gefügten klösterlichem Lebensstil die religiösen Ideale ihrer Zeit in das periphere Finnland.

Mit dem Kloster entstand die Stadt Nådendal. Sie war ein Teil des großen Klosterplans und von Anfang an diesem untergeordnet. Es gehörte zu den Aufgaben der Bürger, Pilger und andere Besucher des Klosters aufzunehmen und zu bewirten. Auf der anderen Seite war das Kloster nicht verpflichtet, seine Produkte über die Stadt zu verhandeln oder bei den Stadtbürgern zu kaufen, was es nicht selbst produzierte. So konnte sich die Stadt Nådendal eigentlich nicht recht entwickeln. Auch die Nähe Åbos dürfte hier eine hemmende Wirkung gehabt haben.

Finnland in der Kalmarer Union 1397–1523

Im Jahre 1389 wurde die Königsmacht in Dänemark, Norwegen und Schweden in einer Hand unter der Regentschaft einer Frau vereinigt. Margarethe war es gelungen, in der gegebenen politischen Situation die eigenen Herrschaftsinteressen durchzusetzen. Unter ihrer Führung vereinigten sich die drei Länder schließlich 1397 zur so genannten Kalmarer Union, deren drei Kronen von einem gemeinsamen König getragen werden sollten. Dass es dazu kam, wird auch als das Resultat einer langen Entwicklung gedeutet, an der die Hanse entscheidenden Anteil trug. Sie nämlich hatte im Zuge der Christianisierung Nord- und Osteuropas und der merkantilen Expansion völlig neue Dimensionen des wirtschaftlichen und kulturellen Austausches eröffnet und so nicht nur sich selbst, sondern auch die Monarchien rund um die Ostsee gestärkt. Doch jetzt ging es darum, sich gegen die Vorherrschaft der Hanse zur Wehr zu setzen und das durch Privilegien gesicherte System ungleicher Chancen, mit dem die Hanse den gesamten Ostseehandel beherrschte, aufzubrechen. Auch die Konkurrenten der Hansekaufleute, die Engländer und Holländer, aber ebenso die Ordensländer an der südlichen Ostseeküste hatten daran ein vitales Interesse. Es ist kein Zufall, dass in diesen Jahren noch eine andere berühmte Union zustande gekommen war, nämlich die polnisch-litauische von 1386.

In der Kalmarer Union aber hat gerade die antihansische Politik der meist dänischen Unionskönige das schon vorhandene Konfliktpotenzial noch vergrößert. So waren Schwedens wirtschaftliche Interessen auf ganz vielfältige Weise an die Hanse gekoppelt, und das gleichzeitige Bestreben einflussreicher schwedischer Adelsgeschlechter, die Eigenständigkeit Schwedens gegenüber dem Machtanspruch Dänemarks zu sichern, hat zwischen 1397 und 1523 immer wieder zu Kämpfen zwischen Unionskönig und schwedischem Hochadel geführt, an denen zeitweilig auch aufständische Bauern und Bürger beteiligt waren. Doch auch innerhalb des Adels und nicht zu vergessen innerhalb der Kirche gab es starke Polarisierungen für und gegen die Union, so dass sich ein ganzes Labyrinth von Konfliktlinien zeichnen ließe. Sie mündeten 1520 in das berüchtigte Stockholmer Blutbad, bei dem der dänische Unionskönig Christian II. mehr als 80 der führenden schwedischen Männer aus Adel und Klerus hinrichten ließ. Erst in einem drei Jahre währenden Kampf gelang es dann dem schwedischen Adligen Gustav Eriksson Vasa, Christian II. zu besiegen. Gustav Vasa wurde 1523 zum König von Schweden gewählt und das Ende der Union damit besiegelt.

Für Finnland bedeutete die starke Stellung Dänemarks in der Union, dass die Bindung an Schweden zunächst schwächer wurde. In den immer wieder aufbrechenden Unionstreitigkeiten spielte es offenbar keinen aktiven Part, aber es war von erheblicher strategischer und ökonomischer Bedeutung für die jeweiligen Kontrahenten. Erik von Pommern, von Margarethe selbst ausersehen und 1397 in Kalmar von den skandinavischen Reichsräten zum ersten Unionskönig gewählt, herrschte in Finnland von Beginn an selbständig. Das ist der Erwähnung wert, weil Margarethe, solange sie lebte – sie starb 1412 –, die eigentliche Unionsregentin war, Finnland aber nun in ein sehr unmittelbares Verhältnis zum König trat, unmittelbarer als es je ein früherer Herrscher Schwedens erreicht hatte. Erik also versicherte sich zu allererst der finnischen Burgen und Schlösser. Er unternahm 1403 eine Huldigungsreise nach Finnland, eine *eriksgata*, besuchte das Land 1407 noch einmal mit dem Ziel, die finnischen Schlosslehen möglichst eng an sich zu binden. Nur Viborgs Schlosshauptmann behielt seine traditionell selbständige Stellung.

Erik ernannte eigene Vertrauensleute zu Schlosshauptmännern; sie stammten hauptsächlich aus schwedischen oder deutschen Familien, die sich schon früher in Finnland niedergelassen hatten. In Schweden dagegen wurden sehr viel mehr dänische oder pommersche Vögte eingesetzt, sehr zum Leidwesen der Bauern wie des einheimischen Adels und eine von vielen Ursachen der Unzufriedenheit mit Eriks Regierung, eine Unzufriedenheit, die es in Finnland so nicht gab.

Erik veränderte die Verwaltungsstrukturen in Finnland sehr grundlegend. In Åbo wurde als oberste gerichtliche Instanz ein Landgericht etabliert, während in der Provinz neue Verwaltungs- und Gerichtsbezirke entstanden. Am Ende der Regierungszeit Eriks, 1439, war Finnland in zwei große Verwaltungsbezirke gegliedert, Nord- und Südfinnland, die durch den Fluss Aura voneinander getrennt waren. Das Landgericht repräsentierte die königliche Richtergewalt und trug sehr dazu bei, Finnland in wachsendem Maße als eine besondere Einheit zu begreifen. Die Reformen, die auf lokaler Ebene umgesetzt wurden, schufen die Grundlagen für ein effektiveres Besteuerungssystem. 1404 erließ Erik Instruktionen für eine Adelsreduktion, worauf im folgenden Jahr mit der Einziehung von privilegiertem Grundbesitz begonnen wurde. Grund und Boden waren nunmehr grundsätzlich zu besteuern und erlangten nicht automatisch, wenn sie von Adligen erworben wurden, Steuerfreiheit. Indem Erik 1407 eine Reihe neuer Adelsbriefe ausfertigte, hat er die Lasten der Reduktion etwas gemildert. Insgesamt jedoch wurden die Steuerbürden verschärft, offenbar aber gerechter verteilt. Neu war, dass der König danach strebte, die Naturalsteuern durch Geldsteuern zu ersetzen. Sie waren leichter zu handhaben als Naturalsteuern, denn die Organisierung des Handels mit den als Steuern gezahlten Waren erforderte einen nicht unerheblichen Aufwand. Natürlich setzte dies voraus, dass eine sehr viel größere Menge an Münzen in Umlauf gebracht werden musste. Um 1409 begann man daher in Åbo und auch in Viborg Münzen zu schlagen. Die einheimischen Münzen sollten allmählich die ausländischen – insbesondere die hansischen –, die vor allem in Südfinnland in Gebrauch waren, überflüssig machen.

Noch einmal wurde ein offensiver Landesausbau betrieben und ein weiteres Vordringen in die Wildmark durch Neusiedler forciert. Auch dies verbesserte die Steuergrundlage, beförderte zugleich die demographische und wirtschaftliche Entwicklung in Finnland. So geht Erik von Pommerns Regierungszeit in Finnland als eine Zeit innerer Ruhe und Reformen in die Geschichte ein. Im Rahmen der Union erhielt Finnland eine deutliche Sonderstellung, wurde aber unbestreitbar als ein Teil Schwedens betrachtet. Auch an der Ostgrenze Finnlands, die von Viborg aus geschützt wurde, war es in dieser Zeit verhältnismäßig friedlich.

Die Aufstandsbewegung gegen Erik von Pommern, die sich in Schweden um den kriegserfahrenen Bergwerksbesitzer Engelbrekt Engelbrektsson geschart hatte und 1434 von aufgebrachten Bauern in Borganäs ausgelöst worden war, hat Finnland nicht im selben Ausmaß erreicht. Der schwedische Adel war erbost über die Missachtung seiner in Kalmar verbrieften Rechte, und die Klagen schwedischer Bauern, Kaufleute, Bergarbeiter und Hüttenbesitzer richteten sich gegen Eriks Hansepolitik. Durch seine Zollpolitik hatte er einen Krieg ausgerechnet gegen die Hanse heraufbeschworen, von der die wirtschaftliche Lage der Bauernschaft und insbesondere der Bevölkerung in den schwedischen Bergwerksregionen abhängig war. Im Verlauf dieses Krieges hatte die Hanse die lebensnotwendige Salzzufuhr eingestellt und die bäuerliche Vorratswirtschaft so aufs Schwerste gefährdet. Auch blockierte sie die Ausfuhr von schwedischem Eisen und Kupfer mit der Folge eines rapiden Preisverfalls. In Finnland aber wirkte sich der Handelsboykott der Hanse nicht auf die gleiche Weise aus, die Beziehungen zu Reval beispielsweise blieben trotzdem bestehen, und auch die aus der Kriegführung Eriks resultierenden Belastungen durch Kriegssteuern waren in Finnland weniger gravierend. Allerdings kam es 1438 zu dem bereits erwähnten Davidsaufruhr (vgl. S. 78), der aber weitgehend lokal begrenzt blieb und 1439 beigelegt wurde, doch da war Erik schon nicht mehr Unionskönig.

Während die führenden Männer Finnlands, wie Bischof Magnus Tavast von Åbo oder der dortige Schlosshauptmann Klaus Lydekesson Djäkn, der Gerichtsverwalter Finnlands, Klaus Fleming, oder Krister Nilsson Vasa von Schloss Viborg, in den 1434 in Schweden ausgebrochenen Unruhen Erik gegenüber zunächst loyal blieben, gab es andernorts in Finnland vereinzelt Widerstände. Der schwedische Schlosshauptmann von Korsholm, Erik Puke, hatte sich auf Engelbrechts Seite geschlagen und mit seinen Truppen die Burg Kastelholm auf Åland erobert. 1436 verlor Erik von Pommern alle finnischen Lehen, Schloss Åbo ging an Hans Kröpelin, der erfolgreich die Seiten gewechselt hatte. Als Schlosshauptmann von Stockholm hatte er noch zwei Jahre zuvor mit Engelbrekt verhandelt, der mit einem Heer der Aufständischen vor den Stadttoren stand. Erik von Pommern hatte Kröpelin bald darauf das Vertrauen und zugleich das wichtige Schlosslehen von Stockholm entzogen, zu schwedenfreundlich war er ihm. Der schwedische Reichsrat aber, der Kröpelin jetzt Åbo überließ, hatte sich gegen Erik durchgesetzt. Den Schweden ging es darum, sich prinzipieller Garantien für eine Mitsprache innerhalb der Unionsregierung zu sichern. Solcherart politische Ambition beeinflusste auch den dänischen Hochadel, der Eriks Machtanspruch zunehmend misstrauisch beäugte, spätestens seit er seinen pommerschen Cousin Bogislav zum Erben des nordischen Unionsreiches ausersehen hatte. Auch in Dänemark glitt Erik nun die Macht aus den Händen, und im Juli 1439 wurde er als König abgesetzt. Ein entsprechender Beschluss des schwedischen Reichsrates folgte wenige Monate später. Da hatte Erik sich bereits auf Schloss Visborg bei Visby auf Gotland festgesetzt. Von dieser Basis aus verbreitete der entthronte Unionskönig noch ein gutes Jahrzehnt als veritabler Freibeuter Angst und Schrecken in der Ostsee.

Die führende Position im schwedischen Reichsrat besaß inzwischen der ehrgeizige Karl Knutsson Bonde (1408–1470), der sich offenbar schnell seiner Konkurrenten entledigt hatte. Engelbrekt Engelbrektsson war nicht mehr am Leben, ermordet 1436 vermutlich im Auftrag einer von Karl Knutsson angeführten Interessengruppe. Schwer durchschaubare Machtspiele innerhalb des schwedischen Hochadels waren im Gange, während derer sich Karl Knutsson eine erhebliche Machtfülle aneignete. 1436 war er schwedischer Reichshauptmann geworden, 1438 Reichsverweser. Um seine Stellung auch gegen den neuen Unionskönig Kristoffer von Bayern (1440/1442–1448) zu festigen, forderte er Öland und ganz Finnland als Lehen. Dort, in Finnland, versicherte er sich 1440 der Unterstützung einflussreicher Männer wie des Bischofs von Åbo. Im September 1441 wurden Karls Forderungen weitgehend erfüllt, Kristoffer ernannte ihn überdies zum schwedischen Drost, und während des Winters hielt der nun zum Stellvertreter Kristoffers Erhobene Hof in Åbo und herrschte über Finnland wie ein König. Auf Åbo musste er 1442 aber auf Drängen Kristoffers verzichten, doch erhielt er Viborg. Von hier aus kontrollierte Karl Knutsson nicht nur Karelien, sondern auch Tavastland, Savolax und Nyland, hier regierte er, ohne Rechenschaft abzulegen, weder dem König noch dem Reichsrat. Kristoffer dagegen konnte sich auf den Adel in den westlichen Landesteilen Finnlands und auf Bischof Magnus stützen, doch Finnland war auf diese Weise zweigeteilt. Dann starb der Unionskönig 1448 plötzlich, und im September wählte der dänische Reichsrat Christian von Oldenburg (1448–1481) zu seinem Nachfolger. Karl Knutsson sah seine Stunde gekommen. In Viborg hatte er eine nicht unbedeutende Streitmacht versammelt, mit der er schon im Juni nach Stockholm gezogen war. Hier versammelte sich der schwedische Reichsrat, darunter auch der Bischof von Åbo, gewissermaßen umringt von 800 Karl treu ergebenen Soldaten. Und anstelle dem designierten Unionskönig Christian zu huldigen, wählte man Karl Knutsson zum schwedischen König. Anlass genug für einen Krieg Dänemarks gegen Schweden, der seit 1451, nachdem Karl erfolglos versucht hatte, Gotland zurückzuerobern, offen geführt wurde.

Der finnländische Adel stand hinter Karl Knutsson, die wichtigsten Ämter blieben in seiner Hand. Gleichzeitig vermied es der neue Bischof von Åbo, Olof Magnussen, in das politische Geschehen einzugreifen, anders, als es sein Vorgänger für nötig gehalten hatte. Der Seekrieg, vor allem Christians Kaperfahrer, konnte wohl Schweden isolieren, traf aber Finnland nicht ernstlich, denn die Handelswege nach Reval und Danzig blieben offen. Die Einkünfte, die nach wie vor aus Finnland nach Schweden flossen, waren unentbehrlich zur Finanzierung dieses Krieges, und Finnlands strategische Bedeutung wurde auch Christian immer klarer. Maßgebende Adelsfamilien innerhalb des schwedischen Reichsrates betrieben unterdessen die Entmachtung Karl Knutssons, der 1457 das Land verlassen und Jahre im preußischen Exil verharren musste. Christian, der sich nun auch die schwedische Krone sichern wollte, nutzte geschickt die Position des Bistums Åbo bei der bevorstehenden Königswahl. In Finnland selbst wurde parallel zur Wahl in Schweden eine Königswahl abgehalten, Christian hatte zur Anordnung dieses Ereignisses eigens Truppen entsandt unter Führung des schwedischen Reichsrats Erik Axelsson Tott. Von da an bis 1464 war Christian I. tatsächlich Unionskönig.

Bis 1483 blieb Finnland ein Spielball in der Hand der Mächtigen und derer, die es werden wollten. Christian war es nicht möglich, die finnischen Schlosslehen direkt von der Krone verwalten zu lassen. Sie gingen zu einem großen Teil, vor allem Viborg und die Provinzen Ostfinnlands, an den erwähnten Erik Axelsson und seine Brüder. Sie bestimmten fortan Finnlands Stellung in den Auseinandersetzungen zwischen Unions- und Einzelkönigtum, betrieben hochadlige, familiäre Interessenpolitik zuerst auf dieser, dann auf der anderen Seite. Zunächst unterstützten sie Christian gegen Karl Knutsson, der in den Jahren von 1464 bis 1465 noch einmal schwedischer König war, bald aber knüpften sie verwandtschaftliche Beziehungen zu dessen Familie. Mit Hilfe der Axelssons wurde Karl Knutsson 1467 ein drittes Mal schwedischer König. Ihre eigenen wirtschaftlichen Vorteile in Finnland wussten die mächtigen Brüder jedoch zu wahren, und fügt man dann noch hinzu, dass die tonangebenden Männer Westfinnlands –

wie Bischof Konrad Bitz – Karl Knutsson sehr reserviert gegenüberstanden, wird erklärbar, warum Finnland nicht im selben Maße wie früher zum Hinterland des Königs wurde.
Nach dem Tod Karl Knutssons 1470 waren die Axelssons und ihre Kriegstruppen wichtiger Rückhalt Sten Stures d. Ä., der im Begriff war, seine Machtposition gegen den dänischen Unionskönig auszubauen. Er war zum Reichsverweser gewählt worden und hatte 1471 Christian in der Schlacht am Brunkeberg bei Stockholm besiegt. Hier noch einmütig, wurden die Axelssons und Sten Sture schon bald Konkurrenten um die Macht in Finnland. Sten Sture hatte Åbo als persönliches Lehen erhalten, während die Axelssons weiterhin Ostfinnland beherrschten und im Besitz Gotlands waren. Eine Weile herrschte ein Gleichgewicht der Mächtigen. Doch nach dem Tod Erik Axelssons verlangte Sten Sture mehr, auch die ostfinnischen Lehen wollte er in seine Hand bekommen. Das gelang aber erst 1483, nachdem auch Lorentz Axelsson gestorben war. Bis auf Raseborg und Korsholm besaß der schwedische Reichsverweser nun alle finnischen Lehen.
Von da an bis zum Beginn der Ära Gustav Vasas war der finnische Anteil an der realen Macht des schwedischen Reichsverwesers wieder bedeutend. Finnlands Stellenwert lag vor allem auf wirtschaftlichem Gebiet. Mit Hilfe der Einkünfte aus Finnland konnte Sten Sture ein großes Heer unterhalten und einen starken Verwaltungsapparat aufbauen. Finnland leistete ökonomischen Rückhalt und bot Sicherheit, die Sten Sture ein hartes Vorgehen gegen König Hans von Dänemark (1481–1513) erlaubte und die Wiederherstellung der Union weiter verzögerte. Seine Grenze nach Osten hatte es selbst zu schützen, und vor allem in den 90er Jahren des 15. Jahrhunderts war hier die finnische Verteidigungsbereitschaft gefragt, denn König Hans hatte sich mit dem Moskauer Großfürsten verbündet. Tatsächlich kam es zum Krieg gegen die Russen, dessen Verlauf und Begleitumstände schließlich zum Sturz Sten Stures d. Ä. und zur Wiederherstellung der Union führten.
Das Hin und Her sollte noch kein Ende haben. 1501 wurde König Hans als Unionskönig gestürzt, nachdem den Schweden, aber auch den Finnen die Tragweite seiner den Russen gemachten Zugeständnisse, die die finnische Ostgrenze betrafen, klar geworden war. Erneut bestimmte nun Sten Sture d. Ä. die Politik in Schweden und Finnland, ihm folgte 1504 Svante Nilsson als Reichsverweser und schließlich 1512 Sten Sture d. J. Erst dem Letzten von diesen dreien gelang es, sich die vorbehaltlose Unterstützung Finnlands auf Dauer zu sichern,

nicht zuletzt durch eine aktive, auf Frieden zielende Ostpolitik. Und als 1517 wieder Krieg gegen Dänemark und seinen König Christian II. geführt wurde, gab Finnland erneut Rückendeckung. Diesmal aber konnte der dänische Sieg nicht verhindert werden. Christian II. richtete 1520 zur Vergeltung das Blutbad von Stockholm an, von dem die finnischen Unionsgegner zunächst nur verschont blieben, weil sie nicht an den Krönungsfeierlichkeiten teilnahmen. Doch auch in Finnland wurden später wichtige Schlosshauptmänner, die Anhänger Sten Stures d. J. waren, hingerichtet.

Als unter Gustav Eriksson Vasa von Dalarna aus der Aufstand gegen Christian II. ausbrach, war dem einen wie dem anderen klar, dass ohne Finnland der Krieg kaum zu gewinnen wäre. Waren zunächst die Aufständischen erfolgreich – an ihrer Seite auch der Bischof von Åbo, Arvid Kurki –, so folgte bald ein mächtiger Gegenangriff der Dänen. 1522 fiel ganz Finnland an Dänemark, das jetzt aber seine Seestreitkräfte hier konzentrieren musste, um das Gewonnene zu verteidigen. Lübeck und andere Hansestädte konnten nun beinahe ungehindert Gustav Vasa zu Hilfe kommen. Als schwedischer König hat dieser 1523 dann einen Angriff auf das von den Dänen noch gehaltene Finnland unternommen und erfolgreich beendet. Am 10. Oktober des Jahres ergab sich Schloss Viborg als letzter dänischer Stützpunkt. Die Zeit der Union war damit auch für Finnland beendet.

VON DER REFORMATION BIS ZUM ANBRUCH DER (SPÄTEN) NEUZEIT

Das 16., 17. und 18. Jahrhundert umfassen eine Zeit engster Bindung Finnlands an Schweden, zugleich aber auch die letzten Jahrhunderte dieser Gemeinschaft, die 1809 mit Finnlands Eingliederung in das russische Zarenreich endgültig zerbrach. Das Haus Vasa hat während der ersten 150 Jahre dieser Epoche die Politik Schwedens bestimmt. Es hat die Intensivierung des Machtkampfes vorangetrieben, der schließlich zum endgültigen Auseinanderbrechen der Union führte und zur Konstitution zweier „protestantischer Fürstenstaaten" (Harald Gustafsson): Schweden-Finnland und Dänemark-Norwegen. Ihr Gegensatz im Kampf um die Ostseeherrschaft sollte über drei Jahrhunderte die Geschichte Nordeuropas dominieren.
Am Anfang des 17. Jahrhunderts stieg Schweden zur Großmacht auf mit Gustav II. Adolf als „Lichtgestalt". Die Achse zwischen dem Mälargebiet um Stockholm und dem südwestlichen Finnland bildete darin das Machtzentrum, doch der Große Nordische Krieg von 1700 bis 1721 besiegelte den Fall der schwedischen Großmacht und damit auch das Ende des karolinischen Absolutismus, dessen Symbolgestalt – Karl XII. – in den Gräben der norwegischen Festung Fredriksten den Tod fand. Danach begann die so genannte Freiheitszeit. Finnland brachte der Nordische Krieg das Trauma russischer Besetzung, von dem es sich nur schwer erholte. Aus dem Spannungsfeld russischer Expansion nach Westen konnte es sich danach nicht mehr befreien. Die politische Kultur der Freiheitszeit hatte indessen 1771 mit der Thronbesteigung Gustavs III. ihr Ende gefunden und das letzte Kapitel schwedisch-finnischer Geschichte war aufgeschlagen.

Die Politik Gustav Vasas und Finnlands Rolle im schwedischen Reich bis ca. 1560

Gustav I. Vasa hatte 1523 die Herrschaft in Schweden übernommen. Dies bedeutete jedoch nicht die formelle oder gar feierliche Auflösung der Kalmarer Union. Die politische Lage war äußerst kompliziert. In eben diesem Jahr 1523 hatte die dänische Ratsaristokratie in Jütland gemeinsam mit Herzog Friedrich von Schleswig-Holstein – dem

Onkel Christians II. – und Lübeck einen dänischen Aufruhr gegen Christian initiiert. Der einst mächtige dänische König floh in die Niederlande, und Dänemark huldigte Friedrich als Frederik I. Vermutlich war es sogar Frederiks Absicht, das Unionskönigtum zu übernehmen. In Schweden aber war ihm Gustav Vasa zuvorgekommen. Schon vier Jahre später, 1527, beschloss der schwedische Reichstag von Västerås Maßnahmen, die die ökonomische und politische Macht der katholischen Kirche brechen und die Machtstellung der Krone auf ihre Kosten ausweiten sollten. Gustav I. Vasa versuchte darüber hinaus, so viel wie möglich von Christians Erbe zu übernehmen: Schonen, nördliches Bohuslän, Blekinge. Seine Versuche, Gotland zurückzuerobern blieben jedoch erfolglos.
Bei all dem gelangen dem selbstbewussten Herrscher große Schritte in Richtung politischer Zentralisierung. Unermüdlich und zielstrebig arbeitete er an der Festigung der Königsmacht und der dauerhaften Etablierung seiner eigenen Dynastie als Herrschaftsträger im schwedischen Reich. Dies hatte natürlich auch Folgen für die Verhältnisse in Finnland. Seine Herrschaft bedeutete hier – das mag vielleicht erstaunen – über Jahrzehnte friedliche Entwicklung, trotz angespannter Beziehungen zum russischen Nachbarn, die kurzfristig auch in kriegerische Handlungen ausarteten, nicht zuletzt wegen der andauernden Siedlungsexpansion von Finnland aus ostwärts. Es waren dennoch insgesamt friedliche Jahre, obwohl Finnland in die so genannte Grafenfehde 1534–36 involviert war. Auch der Machtentzug und die materielle Schwächung der Kirche während der Reformationszeit sowie die Kette von Aufständen, derer sich Gustav Vasa in Schweden zu erwehren hatte, sollten daran nichts ändern.

Festigung der Königsmacht

Mit den Reichstagsbeschlüssen von 1527 hatten die Bischöfe im schwedischen Reich ihr Recht auf eigene militärische Gefolge, ihren Sitz im Reichsrat und ihre Gerichtsbarkeit verloren. Ländereien und Güter, die der Kirche seit 1454 geschenkt worden waren, konnten vom Adel zurückgefordert werden. Schweden sagte sich vom Papst los und der König nahm für sich das Recht in Anspruch, künftig die Bischöfe einzusetzen. Der Geldbedarf der Krone war immens, vor allem weil Gustav Vasa astronomische Schulden an Lübeck zurückzuzahlen hatte, Gelder für die Hilfeleistungen im Kampf gegen Christian II. Der Steuerdruck auf die Bauern wuchs, aber vor allem die

Kirchen verloren große Teile ihrer Silberschätze und Einkünfte an die Krone, die Klöster wurden fast vollständig aufgelöst. 1540 ließ Gustav Vasa das Königtum innerhalb seiner Dynastie für erblich erklären, was 1544 vom Reichstag bekräftigt wurde, als man Gustav Vasas ältesten Sohn Erik zum Thronfolger bestimmte. Zwölf Jahre später wurde das dynastische Prinzip dadurch gestärkt, dass Gustav Vasa für seine Söhne Herzogtümer einrichtete, ungeachtet der Gefahren, die dies für die erstrebte Reichseinheit mit sich brachte.

Die Regierungszeit Gustav Vasas führte zu einschneidenden Veränderungen innerhalb der Verwaltung, die insbesondere auf Straffung und Zentralisierung zielten und auch in Finnland neue Strukturen schufen. Die Ausgangslage im Reich war günstig. 1522 hatte es nur noch neun Mitglieder des Reichsrates gegeben, die Ansprüche auf Schlosslehen erheben konnten. Zwei Jahre zuvor waren es noch neununddreißig gewesen. Während seiner ersten Regierungsjahre konnte Gustav Vasa über so gut wie alle Schlosslehen selbst disponieren. Über diese Burgherrschaften war bis dahin die Besteuerung und die Kapitalverwaltung hauptsächlich abgewickelt worden. Jetzt konnte der König darangehen, eine zentrale staatliche Steuer- und Finanzverwaltung aufzubauen. Die Schlosslehen sollten möglichst nach dem mittelalterlichen Modell der Dienstlehen vergeben werden, das auf der Abhängigkeit und Rechenschaftspflicht seiner Inhaber basierte. Gustav Vasa setzte also in erster Linie eigene Vögte ein, über die die Einnahmen an die königliche Rentkammer in Stockholm gelenkt wurden, die sie zentral verwaltete. Überhaupt war es das Ziel, die Geldwirtschaft zu intensivieren, wo immer es möglich war.

Während der so genannten deutschen Periode seiner Regierungszeit zwischen 1538 und 1543, als Gustav Vasa sich überwiegend mit deutschen Ratgebern wie Conrad von Pyhy umgab, wurde auch die Kanzlei des Königs umorganisiert und die Kirche unter Georg Norman – ebenfalls deutscher Herkunft – mehr und mehr in die staatliche Verwaltung integriert. Unter dem Einfluss dieser deutschen Ratgeber entwickelte Gustav Vasa auch die Auffassung, dass das Land nicht den Bauern, sondern der Krone gehöre, die dafür Sorge zu tragen hatte, dass es so effektiv wie möglich bewirtschaftet wird. Vor diesem Hintergrund sollte das gesamte System der Steuern und Abgaben vereinheitlicht und vereinfacht werden mit dem Ziel, die Einnahmen zu steigern.

In Finnland begann man 1539 mit der Aufzeichnung der genauen Besitzverhältnisse in so genannten Erdbüchern, zuerst für Kumogårds Lehen in Satakunda und dann für das Schlosslehen von Åbo.

Das letzte Schlosslehen, Erik Flemings Raseborg, wurde noch im selben Jahr aufgelöst. Finnland gliederte sich jetzt in acht Vogteien, die im Wesentlichen den alten Landschaften entsprachen, sich aber schnell als zu groß erwiesen. Schließlich gab es über vierzig Vögte, die die lokale Verwaltung anhand von Instruktionen aus der königlichen Kanzlei und Briefen vom König selbst steuerten. Auch der Handel und die Städte wurden immer mehr den königlichen Reglements und Kontrollen unterworfen, denn auch hier galt, dass sie möglichst große Gewinne zugunsten der königlichen Kassen abwerfen sollten. Der Außenhandel sollte auf Åbo und Stockholm konzentriert werden, und so wurde den Bürgern aus Ulvsby und Raumo 1527 verboten, weiter als bis zu diesen Städten zu segeln. Auch mussten Bürger finnischer Städte auf Verordnung des Königs in andere Orte umsiedeln: Gustav Vasa verlangte zum Beispiel von Bürgern aus Raumo und Nådendal, nach Åbo zu ziehen, während Bürger aus Ulvsby, Borgå und Ekenäs Viborg verstärken sollten. Åbo und Viborg – sie sollten den Russlandhandel an sich ziehen und Reval und Narva auf die Plätze verweisen, das war das Ziel des Königs. Dies war auch das Motiv für die Neugründung einer finnischen Hafenstadt gegenüber Reval an der Nordküste des Finnischen Meerbusens: 1550 entstand hier Helsingfors (Helsinki), auch auf Betreiben des Königs, aber vielmehr noch auf Drängen des finnländischen Adels, dessen politische Führungsgestalt damals Erik Fleming war. Auch Helsingfors wurde durch Zwangssiedlung gefördert, aber es gelang in den folgenden 250 Jahren nicht, die neue Stadt zu einem bedeutenden Handelshafen zu entwickeln. Diese Rolle hätte vielmehr Viborg einnehmen können, wenn nicht Gustav Vasa den Handel dort mit erdrückend schweren Zöllen belegt hätte.

Schon am Beginn seiner Regierungszeit war Gustav Vasa klar geworden, dass das gesamte Verteidigungssystem des Reiches zu verändern sei, und er benötigte allein zu diesem Zweck viel Geld. Der Befreiungskrieg hatte sich noch auf die schwedischen Bauern, die vom Adel ausgerüsteten Ritter und zuweilen teure deutsche Söldner gestützt. Doch schon 1523 erklärte Gustav Vasa, er sei der erste schwedische König, der auch in Friedenszeiten bezahltes Kriegsvolk unterhalten wolle. Vor allem die Jahre zwischen 1530 und 1540 zeigten, dass ein stehendes Heer vonnöten war. Innere und äußere Bedrohungen ließen die schwedischen Truppen im Laufe der Jahrzehnte immer größer werden, eine eigene einheimische Kriegsmacht entstand, die Flotte wurde ausgebaut und auch die Burgen, Schlösser und Befestigungsanlagen des Reichs wurden verstärkt.

Helsingfors/Helsinki 1550–1809

Als neuer Handelsplatz sollte die von Gustav Vasa gegründete Stadt der auf der anderen Seite des Finnischen Meerbusens gelegenen Hansestadt Reval Konkurrenz machen. Doch obwohl das Handelsbürgertum der umliegenden Städte wie Porvoo und Raumo gemäß einer königlichen Verfügung von 1550 hierher ziehen musste, blieb Helsingfors/*Helsinki* ein unbedeutendes Städtchen, das es nicht vermochte, die traditionellen Handelsstrukturen in dieser Region zu verändern. Mit dem Tod Gustav Vasas 1560 verlor es seinen Gönner und geriet in eine 200 Jahre andauernde schwierige Entwicklungsphase, wurde 1570/71 sogar von den Russen verwüstet. Als Helsinki 1617 das Stapelrecht verliehen wurde, konnte es sich dennoch nicht aus seiner Stagnation befreien, dagegen erhielt die Stadt zunehmend militär-strategische Bedeutung als Einschiffungsort für Soldaten und als Winterhafen der schwedischen Kriegsflotte. Der Dreißigjährige Krieg bedeutete zwar das Ende des alten Helsinki, dessen Handel nun völlig erlahmte, doch war es der wichtigste Kriegshafen, solange Schweden die Vormachtstellung in der Ostsee behaupten konnte. 1640 wurde mit der Umsiedlung von Hafen und Stadt an einen besseren Standort begonnen, damit sie den wachsenden Anforderungen gerecht werden konnten. Das langsame Wachstum aber erlitt mit Beginn des Großen Nordischen Krieges und der russischen Besetzung einen schweren Rückschlag, die Stadt wurde zerstört, die Menschen flohen. Erst nach dem Frieden von Nystad 1721 kamen viele wieder zurück und bauten die Stadt wieder auf. Mit zunehmender Bedeutung der neuen russischen Hauptstadt St. Petersburg, die 1703 gegründet worden war, und den schwedischen Landverlusten in Ostkarelien am Ende des Nordischen Krieges nahm Helsinki in der schwedischen Verteidigungspolitik wieder eine zentrale Rolle ein. Dies kam in dem 1748 begonnen Bau der vorgelagerten Seefestung Sveaborg sichtbar zum Ausdruck. Der Bau dieser Anlage war ein Wendepunkt in der Entwicklung Helsinkis, die nun durch Handel und Schifffahrt zu prosperieren begann. Ebenfalls 1748 lief der erste in Helsinki gebaute so genannte ‚Spanienfahrer' vom Stapel und markierte den Beginn einer neuen Ära, die unter anderem zur Errichtung der bedeutenden Werft Ulrikasborg führte und Helsinkis Schiffbautradition begründete. Zu Beginn des Krieges 1808 wurde die Stadt von russischen Truppen eingenommen und dabei durch eine Feuersbrunst zu großen Teilen zerstört. Nach dem Ende des Krieges und der Errichtung des russischen Großfürstentums Finnland begann für Helsinki wieder einmal eine neue Epoche – nun als Hauptstadt des Landes. Es wurde Verwaltungs-, Universitäts- und Garnisonsstadt und seit dem Ende des 19. Jh.s auch industrielles Zentrum.

In all diesen Maßnahmen wird eines deutlich: das Bestreben, die politische, wirtschaftliche und militärische Macht in den Händen des Königs und seiner Familie zu konzentrieren. Dies musste von Anfang an oppositionelle Kräfte herausfordern. Viele bekundeten ihren Unwillen aus ökonomischen Motiven, die sich mit politischen Zielsetzungen verbinden konnten. Anhänger der alten Sture-Partei hatten

schon 1524 mit der Agitation gegen Gustav Vasas Politik begonnen und unter den Bauern Dalarnas einen Aufstand initiiert. Trotz der Niederschlagung dieses Aufruhrs blieb Dalarna ein Unruheherd. 1527 kam es dort erneut zum Aufstand. 1529 gab es vor allem wegen der inzwischen begonnenen Plünderung der Klöster Unruhen auch in Småland, Östergötland und in Västergötland, wobei sich in der zuletzt genannten Region der Adel an die Spitze der Aufständischen stellte. Sie blieben ebenso erfolglos, wie der so genannte „Glockenaufruhr“ *(klockupproret),* der sich kurz darauf, 1530, erhob. Hintergrund war die Einziehung einer Glockensteuer in den Städten und bald darauf auch auf dem Lande: Die zweitgrößte Glocke jeder Gemeinde war abzugeben oder aber ihr Gegenwert in barer Münze. Gustav Vasas Antwort war diesmal eine Reichsversammlung in Uppsala, wo er die übrigen Landschaften von der Notwendigkeit der Glockensteuer überzeugen konnte und die Aufständischen isolierte. Ihr Protest lief ins Leere. Von außenpolitischen Verwicklungen in Anspruch genommen, begann der König erst 1533 mit der Bestrafung der Aufstandsführer, von denen einige auf der Stelle hingerichtet wurden. Die Bauern Dalarnas, deren Freiheitsliebe Gustav Vasa gut zehn Jahre zuvor noch beschworen hatte, mussten nun ein für allemal auf die in ihrem Landschaftsrecht verbrieften Freiheiten verzichten.
Für das Jahr 1536 ist überliefert, dass einige schwedische und deutsche Bürger Stockholms ein Attentat auf den König geplant hätten, ein Plan, der aber noch vor seiner Ausführung aufgedeckt wurde und dessen Urheber vor Gericht kamen. Zur selben Zeit wird von sporadischen Unruhen in Småland berichtet. Wirklich gefährlich aber wurde für Gustav Vasa die so genannte Dackefehde, ein Aufruhr, der sich 1542 vom südöstlichen Småland aus schnell verbreitete. Einige norddeutsche Fürsten waren hier militärisch beteiligt, und so gelang es Gustav Vasa nicht gleich, den Aufruhr unter Kontrolle zu bringen. Erst 1543 schlug er die Bauern mit seinen Truppen von Öster- und Västergötland aus vernichtend, ihr Anführer, ein Kronbauer namens Nils Dacke, wurde auf der Flucht erschossen.
Alle diese Aufstandsbewegungen haben Finnland niemals erreicht, obwohl man auch hier die Politik Gustav Vasas spürte, Bauern, Kirche und Adel ökonomisch und politisch unter hohem Druck standen. Trotz allem zeigten sich die finnischen Untertanen loyal. Während der Dackefehde wurden so gut wie alle finnischen Landsknechte in Schweden eingesetzt, während führende finnländische Adlige mit Befehlshaberpositionen betraut wurden. Und so hatten auch die Klagen und Proteste von Bauern im finnischen Lappvesi zu Beginn

der 1550er Jahre einen anderen Hintergrund. Sie richteten sich nicht grundsätzlich gegen Gustav Vasas Politik, sondern gezielt gegen die Lasten, die die viermal im Jahr stattfindenden Thingversammlungen bedeuteten, deren Teilnehmer von den Bauern zu beköstigen waren. Diese Bauern wählten für ihre Klagen den Weg formeller Eingaben, auf die der König offensichtlich barsch antwortete und so einzelne Widersacher provozierte, die jedoch sofort abgeurteilt wurden.

1530 hat Gustav Vasa Finnland einen bedeutsamen Besuch abgestattet. Natürlich ging es ihm auch darum, in diesen unruhigen Zeiten von Protest und Widerstand seinen Rückhalt in Finnland zu stärken. Zunächst traf er die Führungsgruppe des finnländischen Adels, Johann von Hoya, Erik und Ivar Fleming sowie Björn Klasson. Die Flemingbrüder vor allem mussten sich königliche Kritik gefallen lassen, denn Gustav Vasa wollte das Vertrauen der Bauern gewinnen. In Raseborgs Schlosslehen unter Erik Fleming und auf Åland unter Ivar hatte es eine Reihe bäuerlicher Klagen gegeben. Gustav Vasa bestimmte nachdrücklich, die Missstände abzustellen. Erik Fleming gegenüber äußerte er besonderes Missfallen, indem er in Raseborg einen eigenen Vogt einsetzte, der darüber hinaus auch die Kriegsdienstverpflichtungen des Adels zu überprüfen hatte. Wer nicht die vorgeschriebenen Rüstungsleistungen erbringen konnte, sollte wieder steuerpflichtig werden.

Während seines Besuchs leitete der König eine Reduktion finnischer Kirchengüter ein und verlangte vom Domkapitel eine hohe jährliche Abgabe – 700 Mark und etwa 192 Kilo Butter – dafür war es dann von der Pflicht befreit, Kriegsvolk einzuquartieren. Bei all dem hielt Gustav Vasa immer auch Ausschau nach Erbe und Besitz, die sein eigenes Vermögen bereichern sollten. So hat er kurz nach seiner Finnlandreise die Güter Sten Stures d. Ä. und seiner Witwe eingezogen, die diese einst der Kirche geschenkt hatten.

Die Reformation

Gustav Vasas zielstrebige Politik, die Königsmacht zu stärken, war der Auftakt zur Reformation in Schweden. Die Autorität der katholischen Kirche und der Bischöfe wurde bereits 1527 mit den Beschlüssen von Västerås untergraben und Olaus Petri und Laurentius Andrae, die geistigen Väter der Reformation in Schweden, agierten im unmittelbaren Umfeld des Königs, von ihm protegiert und gefördert, der eine als Erster Prediger in Stockholm, der andere als Kanzler des Königs. Das bedeutete jedoch nicht, dass Gustav Vasa ihre religiös motivierten Pläne teilte, denn er hatte seine eigenen Pläne, sichtbar vor allem in den ökonomisch-politischen Forderungen gegenüber der katholischen Kirche, gegen die er ein tiefes Misstrauen hegte. Seit dem Stockholmer Blutbad 1520, dem auch Gustav Vasas Vater zum Opfer gefallen war, dürfte dieser Argwohn durch ein starkes persönliches Ressentiment verstärkt worden sein, denn der damalige Erzbischof Gustav Trolle hatte entscheidenden Anteil an der Aburteilung der Unionsgegner.

Kult und Ritus, die Glaubensvorstellungen der Menschen und die alltäglichen Formen des religiösen Lebens in Schweden veränderten sich aber nur sehr langsam, denn die Reformation war nicht aus dem Bedürfnis nach Glaubenserneuerung oder als Folge kirchlicher Missstände erwachsen. Vor allem die Bauern reagierten empfindlich auf Versuche, die alten kirchlichen Bräuche und Sitten zu verändern. Erst 1536 führte man die schwedische Messe ein, 1544 verbannte man die Heiligenverehrung und die Seelenmesse, die Wallfahrten und die Kruzifixe am Wegesrand aus dem religiösen Alltag. Aber es war noch ein langer Weg, bis 1593 in Uppsala die evangelisch-lutherische Staatskirche begründet wurde.

Mit der Auflösung der Klöster wurde schon 1527 begonnen, in Finnland blieb nur Nådendals Kloster bestehen. Erst 1554 nahmen die Nonnen und Mönche die neue Lehre an. Alles in allem vollzog sich der Veränderungsprozess, der die Glaubenslehre und -inhalte betraf, in Finnland noch langsamer als in Schweden. Nicht zuletzt war es die Haltung der führenden Kräfte im finnischen Bistum, die die Reformation mit allergrößter Vorsicht betrieben und wie Martin Skytte an die Versöhnung von Luthertum und Katholizismus glaubten.

Der Erste, der in Finnland die neue Lehre predigte, war Petrus Särkilax. Doch starb er früh, konnte seine Arbeit nicht sehr weit führen, aber immerhin die ersten Grundlagen legen. Fünf Jahre lang, von 1524–29 leitete er die Kathedralschule in Åbo. Einer seiner Schüler damals war Mikael Agricola, der durch ihn wichtige Impulse für sein späteres Wirken als bedeutendster Reformator Finnlands erhielt. 1528 war Martin Skytte von Gustav Vasa zum Bischof von Åbo gemacht worden. Der Kanzler des Königs, Laurentius Andrae, ließ in einem Brief, den er kurz vor der Bischofsweihe an Skytte sandte, keine Zweifel an den Erwartungen seines Herrn. Das wichtigste sei, so schrieb er, dass Skytte ein evangelischer und kein päpstlicher Bischof werde. In der neuen Formulierung des Bischofseides hieß es zudem, dass sich der Bischof mit den Mitteln und Einnahmen begnüge, die zur Verkündung und Verbreitung des Evangeliums notwendig seien. Wie um deutlich zu machen, was dies in der Praxis bedeutete, wurde die Bischofsburg Kustö gleich darauf abgerissen und eine Steuer auf die Einnahmen des Bischofs erhoben.

Während Skyttes Amtszeit in Åbo setzte der König die groß angelegten Konfiskationen kirchlichen Eigentums fort, ohne dass dies zu Unruhen in Finnland führte. Mit Skyttes Wirken als Bischof wurde der neuen Lehre in Finnland behutsam der Boden bereitet. Die lateinische Messe wich der volkssprachlichen Predigt, auch schickte Skytte junge Männer zum Studium nach Wittenberg und an andere Universitäten in Deutschland. Die Kathedralschule in Åbo wurde zum Zentrum der finnischen Reformation. Hier übernahm Mikael Agricola 1539 das Rektorenamt, später wurde er Bischof von Åbo. Sein Wirken hat der Reformation in Finnland schließlich zum Durchbruch verholfen.

Anders als bei Olaus Petri und Laurentius Andrae ist in Mikael Agricolas Haltung gegenüber der katholischen Kirche Versöhnlichkeit und Wohlwollen erkennbar. Viele Elemente des Katholizismus ließ er unangetastet, die Beichte zum Beispiel oder die Lehre vom Fegefeuer und das Fasten. Die Festtage der Heiligen blieben bestehen und ebenso manche charakteristischen Züge katholischer Liturgie. Auch wurde das Lateinische nicht völlig aus den Gottesdiensten verbannt. Die Ausbildung der Priester lag Agricola besonders am Herzen. Durch sie sollte die reine Lehre des Evangeliums in alle Reichsteile und in alle gesellschaftlichen Schichten getragen werden. Gemeindevisitationen waren daher ein wichtiges Element in der bischöflichen Arbeit. Mit Mikael Agricola kam überdies die literarische Produktion in finnischer Sprache einen großen Schritt voran. Während seiner Studienzeit in Wittenberg arbeitete er eifrig an der Übersetzung des Neuen Testamentes, die 1548 im Druck erschien. Martin Luther selbst soll ihm dabei mit Rat zur Seite gestanden haben. 1543 war das berühmte ABC-

Mikael Agricola (ca. 1510–1557). Holzschnitt von Albert Edelfelt.

Buch Agricolas erschienen und 1544 ein Gebetbuch, das als Nachschlagewerk für Priester große Bedeutung gewann. Einige andere Arbeiten kamen noch hinzu, die Agricolas Bedeutung für die Herausbildung der finnischen Schriftsprache nachdrücklich hervorheben. Zu seinen Lebzeiten erschien sogar erstmals ein gedruckter Text in finnischer Sprache außerhalb der Grenzen des schwedischen Reiches: Der geographische Abriss „Cosmographey" von Sebastian Münster, 1544 in Basel gedruckt, enthielt ein 12 Wörter umfassendes deutsch-finnisches Wörterverzeichnis sowie das Vaterunser auf Finnisch und Deutsch.

Gustav Vasas Haltung gegenüber der neuen Lehre war nicht gerade überschwänglich. Für ihn waren realpolitische Gründe entscheidend, die Möglichkeit eben, das Verhältnis zwischen Kirche und Krone in seinem Sinne neu zu definieren und sich die Reichtümer der Kirche anzueignen. Während der Jahrzehnte nach seiner Königswahl hat er diese Politik konsequent betrieben, seit den 1540er Jahren, als immer mehr deutsche Ratgeber in seinem Umfeld nun auch die Kirchenverwaltung prägten, noch vehementer als zuvor. Finnland traf diese Politik in besonderem Maße seit der Teilung des finnischen Bistums 1554. Von da an gab es auch einen Bischofssitz in Viborg, und die Absicht war wohl, die Position der Bischöfe nach dem Prinzip „teile und herrsche" noch weiter zu schwächen. Als Agricola 1557 starb, wurden allein aus der Domkirche von Åbo 20 Kilo Silber zugunsten der Krone beschlagnahmt, aus den Landkirchen des Eigentlichen Finnland zusammen 48 Kilo sowie 9 Kilo vergoldetes Kupfer. Auch wurden viele kirchliche Pergamentbücher eingezogen, um daraus Umschlagdeckel für allerlei Rechenschaftsbücher anzufertigen.

Die Einziehung kirchlicher und klösterlicher Ländereien in großem Umfang geschah in Finnland ebenfalls in den Jahrzehnten nach 1540. Im Eigentlichen Finnland, das den größten Anteil an kirchlichem Grundbesitz aufwies, wurden in dieser Zeit allein über 400 Höfe (*hemman*) von der Krone eingezogen. Neben dem König waren es vor allem die alten Adelsgeschlechter, die aus dieser Güterreduktion Vorteile ziehen konnten. Einer der Beschlüsse von Västerås 1527 sah ja vor, dem Adel diejenigen Güter zurückzugeben, die er seit 1454 der Kirche gestiftet hatte. Damit hatte Gustav Vasa seinerzeit etliche Angehörige des Adels geschickt auf seine Seite gezogen und gegen die Kirche ausgespielt. In Finnland gelang es nun insbesondere der Familie Fleming, aber auch den Särkilax', Stålarms und Totts, ihren Grundbesitz auf diese Weise zu vergrößern.

Dann gab es noch die kirchlichen Steuereinahmen, auf die es die

Krone am Ende ebenfalls abgesehen hatte. Auch hier kam es zur einschneidenden Wende seit etwa 1540, als die Krone einen Teil der kirchlichen Einnahmen in Finnland übernahm. Versuche, sich auch den gesamten Kirchenzehnt anzueignen, schlugen zunächst fehl, wurden aber im Zusammenhang mit dem russischen Krieg 1555–57 doch noch realisiert. Mit der Einziehung des Kirchenzehnten wurde die finnische Kirche besonders empfindlich zur Ader gelassen. Der finnische Forscher Kauko Pirinen hat berechnet, dass nach dieser Reduktion nur noch ein Viertel des eingezogenen Kirchenzehnten für kirchliche Zwecke verwendet worden sei, den Rest verausgabte die Krone anderweitig. Etwa zur selben Zeit begann auch die Auflösung des Åboer Domkapitels. Die Ämter seiner Mitglieder wurden nach deren Tod nicht wieder besetzt und die Einnahmen, die zur Unterhaltung dieser Stellen aufgewendet worden waren, wurden kurzerhand von der Krone eingezogen. Statt der zwölf Mitglieder, die das Domkapitel seit seiner Gründung besaß, gab es 1546 nur noch fünf. Und ausgerechnet in diesem Jahr wurde Åbo von einer Feuersbrunst heimgesucht, die das Dach der Domkirche, das Haus des Bischofs und einige andere Gebäude des Domkapitels zerstörte. So kam es, dass 1554, als Mikael Agricola den Bischofsstab erhielt, kaum etwas übrig war vom einst mächtigen Åboer Domkapitel, und auch das Bistum war nicht mehr dasselbe, nun geteilt in zwei Teile.

Finnland und die Grafenfehde

Zwischen 1534 und 1536 beherrschte die so genannte Grafenfehde die politische Situation in Nordeuropa, jener komplizierte Konflikt, der nach dem Tod Frederiks I. ausbrach, und der die herrschenden Gegensätze zwischen Hochadel und Königtum, zwischen kirchlicher und weltlicher Macht, zwischen Katholizismus und Protestantismus, aber auch zwischen alten und neuen Handelsstrukturen zuspitzen sollte. Die Frage nach der politischen und ökonomischen Dominanz in der Ostsee wurde jetzt auf einen Höhepunkt getrieben.

Christian II. war seit 1531, nach einem vergeblichen Versuch, sein Reich zurückzuerobern, im eigenen Land gefangen. Hier herrschten nach dem Tode Frederiks I. 1533 die Bischöfe und der katholisch gesinnte Reichsrat, die eine Königswahl hinauszögerten und mit Gustav Vasa, Frankreich, England und Holland eine hansefeindliche Front bildeten. Frederiks Sohn Christian, der Herzog von Schleswig und Holstein, der sich als legitimer Thronfolger verstand, missfiel

ihnen wegen seiner Unterstützung des Luthertums. Um ihn aber, der als Christian III. schließlich doch dänischer König werden sollte, hatten sich die Herzogtümer und der jütländische Adel gesammelt.
Protestantische Kräfte in Lübeck, die unter Jürgen Wullenwever inzwischen an die Macht gelangt waren, versprachen sich von der Wiedereinsetzung des bürgerfreundlichen Christians II. den Schutz ihrer Handelsinteressen in Skandinavien und der Ostsee, die seit den großen überseeischen Entdeckungen vor allem von der niederländischen Konkurrenz äußerst bedroht waren. In diesen Zeiten wechselte man schnell die Seiten: Noch kurz zuvor hatte Lübeck gemeinsam mit Dänemark und Schweden die Pläne des ehemaligen Unionskönigs durchkreuzt, der seinerseits noch auf die Unterstützung der Holländer vertraute. Viele dänische Bürger, besonders in Malmö, Helsingör und Kopenhagen, standen religiös und politisch dem Lübecker Regime nahe.
Lübeck und die Öresundstädte hatten im Grafen Christoph von Oldenburg einen militärischen Führer gewonnen (daher der Name Grafenfehde). Ihnen gelang mit Unterstützung der Bauern die Besetzung Schonens, Seelands und Fünens. Hier auf dem Hauptkriegsschauplatz, in Dänemark, hatten Lübeck und seine Verbündeten zunächst Erfolge, doch wurde die lübische Flotte mit Hilfe Gustav Vasas 1535 vor Bornholm besiegt und zu Beginn des Jahres 1536 der Friedensschluss erzwungen. Als Sieger aus diesem Streit ging schließlich Christian III. hervor, der sich in Dänemark eine Machtposition ähnlich der Gustav Vasas in Schweden aufbauen und die Reformation durchsetzen konnte.
Dass Finnland in die Grafenfehde hineingezogen wurde, hing mit den Verhältnissen in Viborgs Schlosslehen zusammen. Hier herrschte seit 1525 Gustav Vasas Schwager, der deutsche Graf Johann von Hoya. Die Stadt Viborg war wegen der Möglichkeiten, die sie für den Osthandel bot, zweifellos für Lübeck von Interesse, und zwischen der Hansestadt und von Hoya hatte es vor diesem Hintergrund Kontakte gegeben. 1529 hatte der Graf sogar persönlich für die Zahlung der Restschulden Schwedens an Lübeck garantiert und sich als Geisel angeboten. Als es schließlich im Vorfeld der Grafenfehde zum Bruch zwischen Schweden und Lübeck kam, entschied sich von Hoya für Lübeck. Mit Kriegsausbruch sandte Gustav Vasa unverzüglich die schwedische Flotte in den Finnischen Meerbusen, trotz der offensichtlichen Gefahr an den südlichen Landesgrenzen. Natürlich ging es darum, lübische Fahrzeuge aufzubringen, aber es sollte auch die Flucht des Grafen verhindert werden. Doch das gelang nicht, er

schlug sich nach Reval durch und erreichte von dort Lübeck. In Finnland verfügbare Truppen drangen zur selben Zeit unter der Führung Erik Flemings nach Viborg und belagerten die Stadt, aber da war der Graf schon geflohen. Es folgte eine rasche Kapitulation. Ähnlich verhielt es sich mit Olofsburg, wo auch deutscher Einfluss überhand genommen hatte. Gustav Vasa ließ sich das östliche Finnland nicht nehmen. Der Ausgang der Grafenfehde war günstig für den schwedischen König. Für seine zahlreichen politischen Pläne besaß er nun sehr viel mehr Bewegungsfreiheit, und die Abhängigkeit von Lübeck war abgeschüttelt.

An der Ostgrenze: Der Russische Krieg 1555–1557

Ein anderer nennenswerter kriegerischer Konflikt, der in der sonst für Finnland friedlichen Regierungszeit Gustav Vasas augetragen wurde, war der Russische Krieg 1555–1557 an der Ostgrenze des schwedisch-finnischen Reiches. Trotz des Friedensvertrages von Schlüsselburg 1323 und der bis in die ersten Jahrzehnte des 16. Jahrhunderts immer wieder geführten Grenzverhandlungen, hatte es keine wirkliche Klärung des Grenzverlaufs zwischen jenen Reichen gegeben, in denen nunmehr ein König von nicht königlichem Geblüt und ein Zar regierten. In der Grenzzone hatte es eine recht dynamische Entwicklung gegeben. Mancherorts waren schwedische und finnische Siedler über hundert Kilometer auf Terrain vorgedrungen, auf das Novgorod Anspruch erhoben hatte. Inzwischen aber hatte sich Novgorod den Moskauer Herrschern unterworfen und spätestens 1533, als Ivan IV. Großfürst von Moskau geworden war, schienen erneute Verhandlungen über den Grenzverlauf zu Finnland nötig. Im Grenzland trafen Menschen verschiedenen Glaubens aufeinander, die zwar meist dieselbe Sprache sprachen, aber wegen ihrer religiösen Andersartigkeit unversöhnliche Feindseligkeiten entwickelten. Der Frieden war in Gefahr.

Der 1547 zum Zaren gekrönte Ivan IV. sah in Gustav Vasa einen Usurpator, den er in keiner Weise als ebenbürtig erachtete und mit dem er nicht einmal selbst zu verhandeln gedachte. So kam es, dass finnische Mitglieder des schwedischen Reichsrates mit dem Statthalter von Novgorod als Vertreter des Zaren über die alten Streitfragen verhandelten. Eine 1537 getroffene Absprache vermochte den Grenzfrieden jedoch nicht zu sichern. Vor allem während die Dackefehde ausgefochten wurde, kam es in der finnisch-russischen Grenzzone zu Plünderungszügen sowohl von Russen als auch von Finnen. Ein Krieg schien bevorzustehen, der zunächst noch durch die Übereinkunft, die längst fällige Grenzbesichtigung vorzunehmen, verhindert wurde. Dann aber wurden von Moskauer Seite territoriale Forderungen gestellt, die schwedischerseits ganz inakzeptabel waren. Um die Zugehörigkeit der betroffenen Gebiete (Riitamaa zwischen Systerbäck und Siesjärvi) zu Schweden zu unterstreichen, versprach Gustav Vasa den dortigen Einwohnern 1553 königlichen Schutz und gewährte ihnen eine dreijährige Steuerfreiheit, was russische Truppen von Überfällen in diesen Gebieten allerdings nicht abhielt. Das war der Auftakt des Krieges.

Gustav Vasa rief den finnländischen Adel mit seinen Gefolgen daraufhin nach Viborg und ernannte Klas Kristersson Horn (ca. 1518–1566) zum Befehlshaber. Von etwa 1000 Männern, die zu dieser Zeit – während in Schweden die Streitkräfte ungleich stärker wuchsen – die finnischen Truppen bildeten, standen gut die Hälfte jetzt an der Ostgrenze. Das waren ganz offensichtlich zu wenige, und so erhöhte man die Rüstungspflichten des Adels und verlangte auch von Stadtbürgern und Priestern, Ritter auszurüsten und Landsknechte zu stellen. Schwedische Truppen kamen zur Verstärkung hinzu. Gustav Vasa höchstpersönlich reiste nach Finnland, um näher am Kriegsschauplatz zu sein. Tatsächlich verzeichneten die finnisch-schwedischen Truppen erste militärische Erfolge. Ihr Ziel war, wie schon in den Kriegzügen der Vergangenheit, die Neva, die Festungen von Schlüsselburg, Kexholm und nun auch Kaporie. In Schlüsselburg aber scheiterten sie und Gustav Vasa befahl den Rückzug. Ein danach zu befürchtender Großangriff russischer Kräfte erfolgte tatsächlich im Januar 1556, zumindest sah es danach aus, denn der größte Teil der 20 000–25 000 Mann rückte bis nach Viborg vor. Doch blieben sie nur drei Tage plündernd und brandschatzend im Umland der Stadt, die befürchtete Belagerung blieb aus.

Gustav Vasas Kriegsunternehmen endete mit einem Fiasko. Im Herbst wurden Friedensverhandlungen eingeleitet. In der Grenzfrage brachte das Friedensabkommen von 1557 jedoch keine Resultate. Für den so unbefriedigenden Ausgang des Krieges machte Gustav Vasa den finnländischen Adel verantwortlich, ja, er glaubte sich aufgrund falscher Prämissen in diesen Krieg hineingedrängt. Es sollte nicht der letzte Krieg an der Ostgrenze des schwedischen Reiches sein.

Am 27. Juni 1556, mitten im russischen Krieg, erhielt Johan aus den Händen seines Vaters Gustav Vasa den königlichen Lehensbrief für das Herzogtum Finnland. Mit der Einführung des Erbkönigtums kam dem älteren Bruder Erik die Thronfolge zu und die jüngeren Brüder sollten mit Herzogtümern versorgt werden. Gustav Vasa ging es darum, seiner eigenen Familie ein stärkeres Gewicht zu verleihen, gerade auch gegenüber dem Geschlecht der Sture, das eine längere und bedeutendere Tradition als Inhaber der höchsten Macht im Reich vorweisen konnte. Außenpolitisch war mit dem Herzog von Finnland ein gleichwertiges Gegenstück zum russischen Statthalter von Novgorod geschaffen worden – Erwägungen, die für Gustav Vasa wohl schwerer wogen, als die mögliche Gefahr, die von den Herzogtümern ausgehen konnte, wenn sie sich allzu selbständig und unabhängig von der Königsmacht entwickelten.

Das Herzogtum Finnland, das Johan nun in Besitz nahm, umfasste die Schlosslehen von Åbo und Kumogård sowie die Ålandinseln. 1557 wurde Raseborg hinzugefügt. Gegenüber dem Rest des finnischen Reichsteiles besaß Johan die Gewalt eines Statthalters. Seine Stellung als Herzog bedeutete eine recht weitgehende Selbständigkeit, die im Grunde nur dadurch eingeschränkt wurde, dass es ihm nicht erlaubt war, eine eigene Außenpolitik zu betreiben oder den Status seiner Lehensgebiete irgendwie zu verändern. Die Lehen waren erblich, von jedem neuen Reichsregenten aber zu bekräftigen. Das Herzogtum blieb ein Teil des Reiches, eigenständig verwaltet vom Herzog, dem nunmehr auch die Einnahmen zugute kamen, die sonst der Krone zustanden. Der Herzog war zugleich Oberbefehlshaber der Truppen seines Herrschaftsgebietes, hatte diese aber bei Bedarf dem Reich zur Verfügung zu stellen.

Johans Residenz war das Schloss von Åbo, das er nun im Stil der Renaissance aufwändig umgestalteten ließ. Ein glänzendes höfisches Leben hielt Einzug. Von hier aus regierte Herzog Johan über ein „Reich in Miniatur“, umgeben von einer Art „Reichsrat“, dem die vornehmsten Adligen Finnlands angehörten, darunter auch wieder Mitglieder der Familien Fleming und Horn. Die Regierungs- und Verwaltungsgeschäfte – neben anderem auch die Überwachung der Rechnungsführung der Vögte aus jenen Teilen Finnlands, die nicht zum Herzogtum gehörten –, erledigten eine Kanzlei und zwei verschiedene Kammern. Um die Effizienz der Verwaltung zu erhöhen, ließ Johan von 1556 an die Zahl der Vogteien in Finnland um ein Vielfaches größer werden.

Als Johan 1557 Vertreter der vier Stände nach Åbo einlud und von ihnen einen Treueid verlangte, überschritt er zum ersten Mal die Grenzen seiner Machtbefugnisse. Doch erst vor dem Hintergrund jener Krise, die sich in den Territorien des sich in Auflösung begriffenen Deutschen Ordensstaates im Baltikum abzeichnete, kam es zum Konflikt zwischen ihm und seinem Bruder Erik.

Gustav Vasa war 1560 gestorben und Erik XIV. nunmehr neuer schwedischer König. Während seiner letzten Lebensjahre hatte der alte König mit Sorge die Entwicklungen an der baltischen Ostseeküste beobachtet. Hier entstand mit dem Auseinanderbrechen der Herrschaft des Deutschen Ordens allmählich ein Machtvakuum, und mehrere Mächte waren entschlossen, das Erbe anzutreten: Ivan IV. (*Grosnij*) demonstrierte 1558 unmissverständlich die russischen Ansprüche auf Livland, indem er es angriff und binnen kurzem die Städte Narva und Dorpat eroberte. Livland als der schwächste unter den russischen Nachbarn bot sich geradezu an, hatte aber aufgrund seiner verkehrsgeographischen, seiner wirtschaftlichen und strategischen Lage zwischen Ost und West natürlich auch die Machtinteressen aller anderen Nachbarn und Ostseeanlieger geweckt. So fand Ivan IV. Konkurrenten in Schweden, Polen-Litauen und Dänemark, die sich als Schutzmächte für das Ordensland anboten, um sich selbst möglichst große Teile davon zu sichern. Die daraus erwachsenden Kämpfe sollten die Macht- und Herrschaftsverhältnisse rund um die Ostsee in den folgenden Jahrzehnten grundlegend verwandeln.

Gustav Vasa war durch den russischen Angriff in Alarmbereitschaft versetzt und Herzog Johan und der Befehlshaber von Viborg angewiesen worden, die Lage im Auge zu behalten. In verschiedenen Teilen Finnlands wurden vorsorglich Truppen ausgehoben. Der Livländische Krieg bedeutete aber zunächst auch einen Vorteil für Finnland, über das jetzt zu einem großen Teil der Russlandhandel abgewickelt wurde, denn die Verkehrswege über Reval und die livländischen Städte waren blockiert. Viborg wurde für kurze Zeit der wichtigste Handelsstützpunkt im östlichen Finnischen Meerbusen und blühte auf, und Klas Kristersson Horn, Befehlshaber der Festung, tat alles, um diese Entwicklung zu fördern. Doch er stieß auf den Widerstand Gustav Vasas, dem die Anwesenheit zahlreicher russischer Kaufleute in Viborg nicht behagte und der natürlich auch die Reaktion der benachteiligten Hansestädte – vor allem Reval und Riga – zu bedenken

hatte. Auf einem Hansetag in Lübeck waren bereits Blockadepläne gegen Viborg diskutiert worden.
Ihm gefiel auch nicht das eigenmächtige Verhandeln Herzog Johans mit Reval und dem Deutschen Ordensmeister. Der Stadt Reval hatte Johan herzoglichen Schutz angeboten, um in den Besitz der Festungen an der estnischen Küste zu gelangen. Reval aber wollte sich zunächst lieber dem dänischen König Christian III. anvertrauen, doch schlugen die Dänen das Ansinnen ab. Als Gustav Vasa schließlich starb, waren Johans Verhandlungen mit der Hansestadt an Estlands Küste wieder in Bewegung gekommen, doch jetzt war es Erik XIV., der zu entscheiden hatte. Johan setzte seine außenpolitischen Ambitionen dennoch unbeirrt fort. Auch wenn diese sich im Wesentlichen mit Eriks Zielen deckten und Erik fortlaufend von Johan über dessen Verhandlungsschritte unterrichtet wurde: Dem jungen königlichen Machthaber hat offenbar missfallen, dass der jüngere Bruder sich in ein exklusiv dem König vorbehaltenes Gebiet, die Außenpolitik, hineindrängte.
Erik XIV. war sehr darauf bedacht, deutlich zu machen, dass er allein die Macht im Reich besaß und ein Symbol dafür sollte die erstmalige Einführung des Titels „Königliche Majestät" sein. Die sehr selbständige Stellung der Herzöge im schwedischen Reich betrachtete er als die größte Gefährdung seines Machtmonopols. Vor allem das Herzogtum Finnland war – nicht zuletzt aufgrund seiner geographischen Lage – schwer zu kontrollieren, wenn es auf machtpolitische Abwege geraten sollte. Eine der ersten Entscheidungen Eriks XIV. betraf darum die Beschneidung der herzöglichen Machtposition. Seit November 1560 war es Johan nicht mehr gestattet, die Richterämter (*lagmansämbete*) in seinem Herzogtum, die den Vornehmsten des Adels vorbehalten waren, zu besetzen. Und mit den „Artikeln von Arboga", die der schwedische Reichsrat einige Monate später (April 1561) beschloss, wurden alle Herzogtümer vollständig der königlichen Kontrolle unterworfen. Erik XIV. konnte sich nun nach Belieben in die innere Verwaltung einmischen und zudem jeden Ansatz einer eigenständigen Außenpolitik der Herzöge unterbinden. Dies aber durchkreuzte alle Pläne Johans, die er vor dem Hintergrund der baltischen Krise entworfen hatte, und führte zum endgültigen Bruch mit Erik. Johan war keineswegs gewillt, seine Anstrengungen aufzugeben, die ihn in den Besitz est- und livländischer Gebiete bringen sollten. Er suchte Anschluss an Polen, das er als stärksten Feind Russlands betrachtete, während Erik den allzu zerbrechlichen Frieden mit den russischen Nachbarn nicht gefährden wollte und Polen seiner Ansicht

nach die schwedischen Interessen an der südlichen Küste des Finnischen Meerbusens vielmehr bedrohen als schützen würde.
Der Konflikt der Brüder trieb auf einen Höhepunkt, als Johan sich 1562 mit Katarina Jagellonica, der Schwester des polnischen Königs Sigismund II., vermählte und ein polnisches Pfandlehen in Livland erhielt. Kurz zuvor aber hatte Eriks baltische Politik bereits Krieg gegen Polen heraufbeschworen, der mit der Erstürmung Pernaus offen ausgebrochen war. Johan stand nun allzu deutlich auf der Seite des Feindes, sein Handeln verstieß augenscheinlich gegen die Artikel von Arboga. Mit einem Reichsratsbeschluss gegen seinen des Verrats angeklagten Bruder im Rücken, erzwang Erik XIV. 1563 nach kurzer Belagerung Åbos dessen Kapitulation. Das Schloss wurde geplündert und Johan und Katarina wurden als Gefangene nach Stockholm gebracht. Mit der Einziehung des herzoglichen Lehens wurde das Herzogtum Finnland aufgelöst. Johan war es nicht gelungen, hier in seinem Herrschaftsgebiet, das unter seiner Ägide einen Aufschwung erlebt hatte, genügend Kräfte zur Verteidigung gegenüber seinem Bruder zu sammeln. Der Loyalitätskonflikt wurde zugunsten Eriks entschieden.

Gesellschaftliche Veränderungen im Zeichen von Krieg und Expansion 1560–1617

Nach dem Tod Gustav Vasas sollten seine Söhne den Lauf der politischen Geschichte Schwedens und damit Finnlands prägen: Zunächst Erik XIV. (1560–1568), dessen große Begabung jedoch von seinem Wahnsinn überschattet wurde, dann Johan III. (1568–1592), der aber nicht rechtgläubig war und mit seinem Sohn Sigismund dem schwedischen Reich einen polnisch-katholischen König bescherte (1592–1599), schließlich Karl IX. (1592 bzw. 1599–1611), der sich als Verteidiger des rechten Glaubens sah und dessen Sohn Gustav II. Adolf (1611–1632) die Großmachtstellung Schwedens begründen sollte. Eine Zeit der Kriege hob an, erbitterte Kämpfe mit Dänemark, Polen und Russland um die Herrschaft im Ostseeraum, aber auch Kämpfe im Innern, Bürgerkriege um die Macht im eigenen Reich.
1561 hatte sich Reval unter schwedische Herrschaft begeben und dem finnischen Oberbefehlshaber Klas Kristersson Horn die Stadttore geöffnet. Noch im selben Jahr legte der Adel in den estnischen Landschaften Harrien, Wierland und Jerven den Treueid auf Erik ab. Damit hatte Schweden in Estland einen wichtigen Brückenkopf gewonnen.

Beinah hätten die Ereignisse zum Krieg mit Russland geführt, doch konnte der Frieden mit dem östlichsten Nachbarn noch einmal um weitere zwanzig Jahre verlängert werden. Stattdessen kam es zu Feindseligkeiten gegen Polen, die schließlich Herzog Johans Fall bedeuteten und vor allem Dänemarks Regenten Frederik II. auf den Plan riefen. Dänemark hatte 1559 die Insel Ösel erworben und war gewillt, seine Herrschaft im Baltikum auszuweiten. Es gab bereits gegen Schweden gerichtete Absprachen mit Polen-Litauen und Lübeck. Überdies erklärte es Frederik II. als sein politisches Ziel, die Union wieder herzustellen. Ein merkwürdiger aber symbolträchtiger Streit um das von Erik XIV. geführte Reichswappen, das die Dänen als ihres betrachteten, und Schwedens Besitzungen in Estland ließen Frederik II. ein kategorisches Nein zu Verhandlungen sagen. Als Erik schließlich im Mai 1563 eine dänische Flotte bei Bornholm angreifen ließ, war dies der Auftakt zu einem sieben Jahre währenden äußerst grausam geführten Krieg zu Wasser und zu Lande.

Der östliche Reichsteil, Finnland, war von den Kriegshandlungen nicht unmittelbar betroffen. Wieder aber gab es eine Anzahl finnischer Befehlshaber, von denen sich vor allem Klas Kristersson Horn besonders auszeichnete, indem er die Schweden von einem Seesieg zum anderen führte. Die finnische Bevölkerung musste Teuerung und Warenmangel ertragen und wurde zudem durch die Landsknechtaushebungen sehr belastet: 1565 allein einige Tausend Mann, von denen ein Teil in Estland, ein anderer auf den Kriegsschauplätzen in Schweden eingesetzt wurde.

Noch bevor der Nordische Siebenjährige Krieg mit dem Frieden von Stettin ein Ende finden konnte, kam es in Schweden zu einem gewaltvollen Machtwechsel. Karl und Johan erhoben sich 1568 gegen ihren Bruder Erik, der in seinen Entscheidungen immer unberechenbarer, dessen geistige Umnachtung immer deutlicher wurde. Als Gefangener des neuen Königs Johan III. fristete er den Rest seines Daseins in verschiedenen königlichen Schlössern, eine Weile auch in Åbo – als König war Erik nie nach Finnland gekommen. Die höchsten Ämter hier hatte er mit einheimischem Adel besetzt, nur hin und wieder spezielle Gesandte zu Inspektionsreisen durchs Land geschickt und einen Teil der von Herzog Johan und Gustav Vasa eingeleiteten Reformen wieder rückgängig gemacht. Finnlands Bedeutung für die schwedische Ostpolitik war auch ihm natürlich nicht entgangen, aber seine kurze Regierungszeit, die zudem ganz vom Krieg gegen Dänemark beherrscht wurde, konnte hier keine Zeichen setzen.

Die Finnland-Politik Johans III. wurde demgegenüber ganz von dem langen Krieg Schwedens gegen Russland diktiert. Die „Große Fehde“ hatte 1570 begonnen und sollte mit einigen Unterbrechungen 25 Jahre dauern (Frieden von Teusina 1595). Schweden behielt Narva, verlor aber Kexholm und Ingermanland. Der Friedensvertrag sah auch vor, die Grenze zwischen beiden Reichen in Lappland endlich zu fixieren, ein mühsamer und langwieriger Prozess, der längst nicht abgeschlossen war, als beide Mächte Jahre später erneut gegeneinander gerieten. Abgesehen von den Interessenkonflikten der Kriegsparteien im Baltikum war die „Große Fehde“ von persönlichem Hass und gegenseitiger Geringschätzung Johans III. und Ivans IV. geprägt. Die beiden Herrscher fügten sich einander in Worten und Taten schwer wiegende Demütigungen zu. Finnland war ein Nebenschauplatz, anders als Estland und Ingermanland. Aber es war Ziel kleinerer russischer Einheiten, die plündernd und verheerend über die Dörfer zogen, insbesondere in Karelien und den südlichen Landesteilen. Finnland war zugleich Durchmarschgebiet oder Etappe schwedischer Truppen, die auf ihren Einsatz im Baltikum warteten, und es war Rekrutierungsgebiet für neue Landsknechtscharen. Schnelle Entscheidungen waren gefordert, so dass die führenden Persönlichkeiten Finnlands stärker als zuvor eigenständig agierten. Das Statthalteramt wurde 1577 deutlicher in seinem Verhältnis zu den Vögten abgegrenzt, aber erst 1587 kam es zu einer tiefer greifenden Verwaltungsreform, die die Stellung des schwedischen Statthalters in Finnland nunmehr klar fixierte. Ihm war jetzt ein Dreimännerrat beigegeben und es wurde eine eigene Rentkammer in Finnland eingerichtet. Der Statthalter erhielt das Recht, über die Beschwerden der Bauern eigenständig zu entscheiden, den langwierigen Weg bis hin zum König musste niemand mehr gehen. Auch die Befugnisse der Vögte wurden in der Not der schweren Kriegsjahre ausgeweitet, wodurch ihr soziales Ansehen stieg. Die Stellung der ursprünglichen Vertrauensmänner der Bauern, die als solche mit Diensten, Quartier und Verpflegung den reisenden königlichen Beamten zur Verfügung stehen mussten, veränderte sich ebenfalls in diesen Kriegszeiten. Ihnen wurde nämlich jetzt für die Bewältigung ihrer Aufgaben Steuerfreiheit zugesichert, allerdings immer erst in Form einer nachträglichen Erstattung, so dass nur die Vermögendsten diesen übrigens erblichen Dienst ausüben konnten. So entwickelte sich innerhalb der Bauernschaft eine neue Oberschicht.

Das Rechtswesen allerdings litt unter Johans Regierungszeit, und der lange Krieg hatte vor allem zu einem Mangel an kompetenten Inhabern der verschiedenen Richterämter geführt. Sie wurden damals meist an verdiente Befehlshaber vergeben, die aber wegen des Krieges an anderer Stelle gebraucht wurden. Den Ersatzmännern – vorwiegend Vögte, Priester, Schreiber oder Bürger – fehlte es jedoch an juristischen Kenntnissen und Erfahrung.

Die Ereignisse im letzten Jahrzehnt des 16. Jahrhunderts warfen Finnland ins Chaos, die Verwaltung brach zusammen. In den heftigen politischen Auseinandersetzungen zwischen Johan III. beziehungsweise dessen Sohn Sigismund auf der einen und Herzog Karl auf der anderen Seite hatte der finnländische Adel das Vertrauen Karls, der als Sieger aus diesem Streit hervorgehen sollte, verloren. Noch 1568 waren die jüngeren Brüder Johan und Karl gemeinsam gegen den älteren Erik vorgegangen, ihr Verhältnis trübte sich aber zusehends seit etwa 1570. Schuld daran war die Glaubensfrage, an der sich die Politik in Schweden noch lange scheiden sollte. Der Katholizismus Johans III. und seine engen Bindungen an Polen standen allem entgegen, was in der Ära Gustav Vasas mit der Reformation in Schweden begonnen worden war. Mit Johans Sohn Sigismund auf dem schwedischen Thron und seiner gleichzeitigen Regentschaft (seit 1587 als Sigismund III.) im katholischen Polen spitzte sich dieser Gegensatz gefährlich zu. Der Hochadel spielte die dritte Rolle in der sich verschärfenden Konfliktsituation, er hatte sich zwischen König oder Herzog zu entscheiden und gleichzeitig die eigenen Interessen im Auge zu behalten.

In den Turbulenzen dieser politischen Krise nahm Finnland eine Sonderstellung ein. Es wurde zu dieser Zeit von Klas Fleming (1530–1597) geführt, der seit 1591 Oberbefehlshaber und Statthalter von Finnland und Estland war. Johan III. hatte sich über Jahrzehnte auf ihn verlassen können, und jetzt erwies er auch gegenüber König Sigismund eine starke Loyalität. Die von Sigismund ausdrücklich bekräftigte Machtposition Flemings beflügelte sein oppositionelles Handeln gegenüber Herzog Karl, der auf einem Reichstag in Söderköping – kurz nachdem Sigismund 1595 Schweden verlassen hatte, um in Polen zu regieren – zum Reichsverweser ernannt worden war. Fleming und seine Anhänger in Finnland haben diesen Beschluss nie mitgetragen, sie haben sogar offen dagegen protestiert. Karls Ansinnen, nunmehr militärisch gegen Fleming vorzugehen, wurde jedoch vom Reichsrat missbilligt, einigen Ratsherren erschien er inzwischen allzu mächtig, andere entschlossen sich gar zu Sigismund nach Polen zu emigrieren. Klas Fleming hat nach dem Friedensschluss mit Russland 1595 die militärischen Kräfte Finnlands vorsorglich im Westen des Landes konzentriert. Doch bevor es zu einer Entscheidung kommen konnte, brach in Finnland der so genannte Keulenkrieg *(Klubbe-*

krig) aus, der nichts anderes war als die explosionsartige Kulmination zahlreicher Bauernunruhen. Ihr Ursprung lag in der für die Bevölkerung so bedrückenden langjährigen Kriegssituation mit ihren verheerenden Übergriffen und Ungesetzlichkeiten und einer nun offenbar jedes Maß übersteigenden menschlichen und materiellen Überforderung. Die Pflicht zur Versorgung und Unterhaltung all des Kriegsvolkes hatte die Bauern in große Armut gestürzt.

Über ein Jahr lang wütete der Keulenkrieg in Finnland, doch am Ende waren die Aufstände niedergeschlagen, viele der Bauern wurden in Gefangenschaft geführt. Herzog Karl hatte die Ereignisse für seine Interessen nutzen können und seit Beginn des Jahres 1597 alle Maßnahmen getroffen, um Finnlands Botmäßigkeit zu erzwingen. Dann starb Klas Fleming. Sigismunds Basis in Finnland begann zu bröckeln. Sie wurde jetzt hauptsächlich getragen von dem neuen Oberbefehlshaber Arvid Eriksson Stålarm, der sich Herzog Karls Truppen entgegenstellte. So kam es zu einem Bürgerkrieg, der mit einer entscheidenden Schlacht am 29. August 1599 in St. Mårtens und der Kapitulation Åbos im September siegreich für Herzog Karl endete. In Åbo wurden einige Führer der finnländischen Opposition gegen Karl kurz darauf zum Tode verurteilt und vor dem Rathaus hingerichtet, ein düsteres Menetekel für die nur wenige Monate später in Linköping vollzogene Abrechnung Karls mit fünf der bedeutendsten schwedischen Ratsherren, die er zu Hochverrätern gestempelt hatte. Sigismund war inzwischen besiegt und abgesetzt worden, er hatte die zu ihm geflüchteten Ratsherren ausliefern müssen.

Dass Finnlands Mächtige König Sigismund die Treue gehalten hatten, musste das ganze Land nun büßen. 1599 hatte Herzog Karl im Zusammenhang der militärischen Operationen bereits die Plünderung aller derjenigen Güter und Höfe proklamiert, die nicht ausdrücklich mit Schutzbriefen versehen waren. Die Verödung ganzer Dörfer war die Folge, noch verschlimmert durch die schweren Missernten der Jahre 1600 und 1601. Für den finnländischen Adel sah es zunächst sehr düster aus. Karl begann mit der Einziehung von Adelsgütern und der ihnen zugehörigen Höfe. Die nach Estland und Polen geflohenen Adligen und die Inhaber höherer Befehlshaberposten mussten zurückkehren, wenn sie nicht einen bedeutenden Teil ihrer Güter verlieren wollten. Die Drohung, ihr Eigentum zu beschlagnahmen, galt im Übrigen für Angehörige aller Stände, sofern sie Sigismund unterstützt hatten. Über siebzig Priester und Bischof Erik Sorolainen hatten auf dem Reichstag in Linköping Rede und Antwort zu stehen, auch ihnen drohten Strafen. Der Bischof wurde unter anderem zwei Jahre von seinem Amt suspendiert. Nachdem auch die von finnischen Befehlshabern in Estland kommandierten Festungen Anfang 1600 in Herzog Karls Hand waren, schien es den übrig gebliebenen Führern der finnländischen Adelsopposition unausweichlich, sich mit Karl zu versöhnen. Der bis dahin Unerbittliche war eingedenk seiner Kriegspläne gegen Polen tatsächlich zu einer politischen Amnestie bereit, denn er brauchte alle verfügbaren Kräfte.

Der finnländische Adel war ebenso wie die anderen Stände äußerst uneinheitlich, denn ein Mitglied des schwedischen Reichstages oder der Befehlshaber einer bedeutenden Festung und ein adliger Gutsbesitzer im Osten Finnlands hatten im Grunde nur wenig gemeinsam. Insofern ist es immer problematisch, von „dem finnischen Adel" zu sprechen. Auch das Adjektiv „finnisch" wäre nicht zutreffend, da es zu sehr auf eine ethnische Kategorie abzielt. Doch der Adel Finnlands war überwiegend schwedischer Herkunft und schwedischsprachig. Der Begriff „finnländischer Adel" kann daher am ehesten die verschiedenen Adelsgruppen Finnlands zusammenfassen.

Während des 16. Jahrhunderts haben die politischen Herrscher Schwedens darüber hinaus ganz bewusst die Differenzierung innerhalb des Adels vorangetrieben, angefangen bei Gustav Vasas Entscheidung für Herzogtümer über die von Erik XIV. eingeführten Grafen- und Freiherrentitel bis hin zu den von Johan III. anlässlich seiner Krönung 1569 verliehenen Adelsprivilegien, die den Hochadel besonders begünstigten, allerdings auch Verbesserungen für alle Adligen vorsahen, wobei Johan insgesamt jedoch den Machtansprüchen des Adels klare Grenzen setzte. In Finnland, während des langen russischen Krieges, war die Lage etwas anders. Hier konnten insbesondere die vornehmsten Vertreter des Adels auf Grund ihrer zweifellos wichtigen Bedeutung für die Kriegführung ihre Positionen ausbauen, waren zum Beispiel von Johans restriktiver Lehenspolitik ausgenommen und konnten ein Reihe von Sonderrechten durchsetzen, die unter anderem die Besteuerung der Bauern betraf, die die Höfe des Adels bewirtschafteten. Nach der Krise der 1590er Jahre hat Herzog Karl dann trotz Widerstands 1601 dafür gesorgt, dass in beiden Reichshälften die gleichen Privilegien gelten sollten. Es half auch nichts, dass der finnländische Adel die größeren Verteidigungsaufgaben ins Feld führte. In Åbo hat Karl 1602 noch einmal unmissverständlich deutlich gemacht, dass er eine Sonderentwicklung des finnischen Reichsteiles nicht wolle.

Das galt auch für die finnische Lokalverwaltung. Noch im selben Jahr erließ Karl Instruktionen an die finnischen Vögte, die de facto eine

Einschränkung der bäuerlichen Selbstverwaltung bedeuteten und gleichzeitig die Überwachung der Vögte durch die Krone verschärften. Das Statthalteramt wurde ganz abgeschafft und die hohen Verwaltungsämter wurden wieder vermehrt mit Vertrauenspersonen von jenseits des Bottnischen Meerbusens besetzt.

War jetzt das Finnland-Problem gelöst, so stand das Verhältnis zu Polen und speziell zu Sigismund weiterhin als ungeklärte Frage im Raum. Der dynastische Konflikt war verknüpft mit der polnisch-schwedischen Konkurrenz im Baltikum, insbesondere um Estland, auf das beide Anspruch erhoben und das Karl tatsächlich kontrollierte. In Livland allerdings herrschte Polen, und darauf richtete sich nun das schwedische Expansionsstreben. Der Krieg in Livland begann 1600 und dauerte elf Jahre, doch er führte zu keiner Entscheidung. Der finnländische Adel aber, der sich nach Versöhnung mit Karl auch in der Politik gegenüber Polen umorientiert hatte, konnte jetzt seine Loyalität beweisen. Allerdings wurde diese erneut gefährdet, als Karl – seit 1603 Karl IX. – im wechselvollen Kriegsgeschehen zu einer recht freigebigen Lehenspolitik in Finnland überging, und zwar zugunsten des livländischen Adels, der an Schwedens Seite kämpfte. Doch unmittelbar nach der Thronbesteigung Gustavs II. Adolf (1611) wurde mit der Einziehung von Lehen begonnen, die wiederum auch den finnländischen Adel traf.

Schweden begnügte sich nicht mit der Expansion nach Süden, es richtete seine Interessen ebenso nach Norden und Osten. Was den Norden anging, so musste es dabei natürlich in Konflikt mit Dänemark geraten. Die Möglichkeit, in den Besitz riesiger Territorien Lapplands und der Eismeerküste zu gelangen, bestimmte die Politik Karls IX. gegenüber Dänemark, das unter Christian IV. dieselben Interessen hatte und nach wie vor Hoffnungen auf eine nordische Union hegte. Auch dieser Konflikt führte zum Krieg, dem so genannten Kalmarkrieg 1611–1613, an dessen Ende Schweden kein einziges seiner Ziele erreicht hatte.

Da war Gustav II. Adolf bereits schwedischer König und in eine weitere vom Vater ererbte kriegerische Auseinandersetzung verwickelt, die 1609 als Resultat der Russlandpolitik Karls IX. begonnen hatte. Hintergrund war eine dramatische Entwicklung innerhalb des russischen Zarenreiches, seitdem 1598 mit Boris Gudonov ein neuer Zar das Reich regierte und es nun am Rande der *Smuta*, der Zeit der Wirren stand. Der Livländische Krieg und Schwedens und Polens Eingreifen in den Kampf um die Ostseeherrschaft hatten eine soziale und wirtschaftliche Krise in Russland ausgelöst, die durch Pestepidemien und Missernten noch verschlimmert worden war. Unruhen folgten. Als Boris Gudonov 1605 starb, versuchten Polen und Schweden die Wirren zu nutzen und im Thronfolgestreit zu intervenieren. So versuchte man von polnischer Seite aus, einen eigenen Zaren zu installieren.

Schwedisch-finnische Truppenverbände waren 1609 nach Novgorod und Moskau in Marsch gesetzt worden, nachdem Karl IX. militärische Hilfeleistungen gegen die polnische Intervention angeboten hatte. Die schwedischen Pläne – oder besser die des erst 25-jährigen Oberbefehlshabers Jakob De la Gardie – gingen jedoch noch weiter: Ein nordrussisches Reich mit dem Zentrum Novgorod unter einem schwedischen Fürsten sollte begründet werden. Karl Filip, der jüngere Sohn Karls IX., war als Regent ausersehen. Mit Karls Tod im Oktober 1611 und zwei Jahre später mit der Wahl Michail Fjodorovitsch Romanovs zum neuen Zaren änderte sich die Situation völlig. Gustav II. Adolf setzte auf territoriale Ansprüche nach einem Friedensschluss und der neue Zar wollte nicht nur die Zeit der Wirren beenden, sondern auch die polnischen und schwedischen Versuche, in Russland Fuß zu fassen, zurückschlagen. Unter veränderten Vorzeichen also wurden die militärischen Operationen fortgesetzt, Gustav II. Adolf selbst hatte ihre Führung übernommen, war 1614 nach Åbo gereist, wo er einen Monat blieb, um dann weiter über Viborg nach Narva zu ziehen. Sein Kalkül ging auf. Er zwang den von polnischen Truppen hart bedrängten Zaren zu einem Friedensschluss 1617 in Stolbova, der zwar den schwedischen Verzicht auf einige besetzte Gebiete wie etwa um Novgorod, den Ladogasee und Pskov vorsah, aber zugleich reichen Gewinn bedeutete: Ingermanland mit den Festungen Ivangorod und Jarma, aber auch Nöteborg und Kexholm blieben in schwedischer Hand, die außerdem noch mit 20 000 Goldrubel gefüllt wurde. Russland verzichtete zudem auf alle Ansprüche in Estland und Livland. Das Zarenreich besaß jetzt keinen Zugang mehr zur Ostsee und Finnlands Ostgrenze schien endlich gesichert.

Ein halbes Jahrhundert voller Kriege und innerer Konflikte konnte nicht ohne Folgen für den Handel und damit die Lage der Kaufleute und Handwerker in den Städten bleiben. Mit der schwedischen Herrschaft über Reval seit 1561 hatte sich die Konkurrenz zu dieser Hansestadt entschärft. Doch drohten neue Schwierigkeiten mit dem Ausbruch des Nordischen Siebenjährigen Krieges, in dem Dänemark nichts unversucht ließ, um Schweden und Finnland zu isolieren. Das gelang zwar nicht, doch veränderte sich der Charakter der Warenströme: Anstelle von Konsum- und Luxusgütern wurden zunehmend

Waffen, Pulver und Munition eingeführt. Holländische und lübeckische Handelshäuser besorgten die Lieferung dieser Waren durch die gefährlich gewordenen Fahrwasser. Grundnahrungsmittel, aber vor allem auch für den Schiffbau wichtige Rohstoffe wie Teer, Pech und Holz, an denen Seehandelsnationen wie Holland besonders interessiert waren, wurden in großen Mengen ausgeführt. Doch die Handelsbilanzen drohten durch die Dominanz der Ausfuhren in eine bedrohliche Schieflage zu geraten. Während des russischen Krieges hat Johan III. diesem Problem mit Exportverboten bestimmter Waren, mit Zollerhöhungen oder Preisregelungen entgegenzuwirken versucht. Trotz solcher Begrenzungen und trotz der Kriegszustände gab es aber einen recht umfassenden Seehandel von finnischen Städten aus. Deren Bürgerschaft sorgte dafür, dass zunächst einmal die schwedische Krone alle notwendigen Güter ihres Bedarfs erhielt, und so segelte man von den kleineren Städten Raumo und Björneborg vor allem nach Stockholm, aber auch nach Reval, Danzig und einige andere Ostseehäfen. Die Kaufleute aus Helsingfors und Viborg besaßen Handelsbeziehungen nach Lübeck und Holland, bis nach Spanien sogar sind sie gesegelt. Åbos Handelsbürgertum orientierte sich nach Frankreich, England und Holland, aber Lübeck blieb nach wie vor ein wichtiger Handelspartner.

Am Ende des 16. Jahrhunderts hat Herzog Karl groß angelegte ökonomische Pläne ins Auge gefasst, die eine strikte Gliederung der Handelsorte in Außenhandelshäfen (Stapelstädte) und solche, die nur regionalen Handel betreiben sollten, vorsahen. Sie sollten ganz im Sinne merkantilistischer Handelsregulierung die Stellung Stockholms auf geradezu provokante Weise favorisieren. Dagegen erhob sich denn auch der Protest der Handel treibenden Bürgerschaft anderer Städte. Auch wenn diese Pläne zunächst nicht verwirklicht werden konnten, so waren ihre zugrunde liegenden Anschauungen aber doch richtungsweisend für die spätere schwedische Wirtschaftspolitik.

Die Nöte der finnischen Bauern hatten andere Ursprünge. Sie waren in besonderem Maße von wachsendem Steuerdruck und sich stetig erhöhenden militärischen Lasten hart betroffen, zu denen sich unglücklicherweise auch noch Missernten und Hungersnöte gesellten. Eine weit über die individuelle Situation hinausgehende Folge davon war, dass die Land besitzenden Steuerbauern zunehmend ihre Höfe aufgeben mussten und zu Kron- oder Adelsbauern wurden. Am Ende des 16. Jahrhunderts gab es in Finnland über 2100 Höfe auf Adelsland, während gleichzeitig die Zahl der Höfe insgesamt abnahm. Ein Konzentrationsprozess zugunsten großer Herrenhöfe hatte eingesetzt. Nicht nur der finnländische Adel zog daraus Nutzen. Auch Vögte und Pfarrer beispielsweise nahmen vermehrt Bauernland in Besitz und konnten größere Hofeinheiten bilden ebenso wie jene Bauern, die bereits ein Stück auf der sozialen Stufenleiter hinaufgeklettert und nun im Begriff waren, eine eigene Großbauernklasse zu begründen.

Außer den Veränderungen innerhalb der traditionellen Stände brachte der Krieg der finnischen Gesellschaft auch ganz neue soziale Gruppen. Mit dem gewaltigen Ausbau der Kriegsmaschinerie erhöhte sich natürlich der Bedarf an Befehlshabern oder Offizieren, die allmählich eine homogene Klasse bildeten, abhängig von der Krone und gleichzeitig der Krone unentbehrlich. Auch unterhalb dieser Befehlsebene wuchs eine umfassende Schicht militärischer Dienstleute heran, ohne die kein Krieg mehr zu führen war. Analog dazu bildete sich innerhalb der zivilen Verwaltung allmählich ein differenzierter Beamtenapparat aus, für den die kontinuierlich expandierende Vogteiverwaltung in Finnland ein beredtes Beispiel ist. Die Inhaber dieser Ämter unterhalb des Vogtes waren zumeist nichtadliger Herkunft und formierten sich zu einem eigenen Stand ziviler Beamter.

Finnland als Teil der Großmacht Schweden 1617–1721

Schweden war auf dem Weg zur Großmacht seit Gustav II. Adolf den Thron bestiegen und sein Kanzler Axel Oxenstierna die Regierungsgeschäfte in die Hand genommen hatte. Es entwickelte sich zum frühmodernen Verwaltungsstaat, der bis zum Frieden von Roskilde 1658, als seinerzeit dänische Landschaften wie Schonen, Halland, Blekinge und Bohuslän zu Schweden kamen, unablässig expandierte und beinahe ununterbrochen Krieg führte. Den außenpolitischen Ambitionen, die ungeheuer viel Geld kosteten, waren zahlreiche der sich im Inneren vollziehenden Veränderungen geschuldet: Modernisierung und Effizienz mögen die Schlüsselworte gewesen sein für die Reformen der Reichsverwaltung, des Militärs, des Rechtswesens, der Bildungseinrichtungen oder für die Ausrichtung der gesamten Wirtschaft nach merkantilistischen Grundsätzen. Finnland wurde unter diesen Vorzeichen allmählich eine schwedische Provinz unter anderen, verlor seine Sonderstellung.

Doch lässt sich das Finnland des 17. Jahrhunderts nicht leicht unter einen Begriff bringen. Natürlich bezeichnete es immer noch den gesamten östlichen Reichsteil, der vom Bottnischen und Finnischen

Meerbusen begrenzt und in die Bistümer Åbo und Viborg aufgeteilt war. Seit 1623 ein Hofgericht in Åbo eingerichtet worden war, bildete es einen eigenen Hofgerichtsbezirk. Die schwedischen Regenten besaßen neben anderen Titulaturen auch die des Großfürsten von Finnland (Johan III. hatte sie vor dem Hintergrund der Rangstreitigkeiten mit Zar Ivan IV. eingeführt), es gab ferner die Bezeichnung Großherzog. Königliche Repräsentanten verwalteten das Großfürstentum / Großherzogtum Finnland, wobei nicht ganz eindeutig war, wie man ihr Herrschaftsgebiet zu definieren hatte, aber in den meisten Fällen umfasste es ein sehr viel kleineres Gebiet als das gesamte schwedische Territorium östlich des Bottnischen Meerbusens. Graf Per Brahe wurde 1637 Generalgouverneur des „Großfürstentums Finnland mit Åland und beiden Karelien", und als er 1648 erneut zum Generalgouverneur ernannt wurde, regierte er über „Finnland mit Åland und Österbotten", wobei nicht einmal das ganze Österbotten umfasst wurde. Dieser Landesteil, damals auch „östliches Norrland" genannt, war während des 17. Jahrhunderts zeitweilig sogar mit Västerbotten westlich des Bottnischen Meerbusens vereint.
Immer noch und vielleicht mehr als jemals waren die finnischen Küstengebiete sehr viel enger an das Reichszentrum geknüpft als das oftmals durch tiefe Wälder von den Küstensiedlungen getrennte Inland. Das Meer verband Südwestfinnland mit der inzwischen bedeutendsten Stadt und tatsächlichen Hauptstadt des Reiches: Stockholm. Hier trat jetzt beinahe regelmäßig der Reichstag zusammen, hier zentrierte sich die in stetigem Ausbau begriffene Verwaltung, hier war die Basis der Kriegsflotte und der Kriegsrüstung. Umfang, Macht und Glanz Stockholms wuchsen beständig. Und es wurde durch die merkantilistische Politik hemmungslos begünstigt, auch die finnischen Warenströme wurden hierher gelenkt und mit ihnen kamen viele Finnen. Unter ihnen waren nicht selten Mitglieder der führenden Adelsfamilien Finnlands, von der Reichsverwaltung in ihren Dienst gelockt. Doch das nördliche Tavastland, Savolax und Karelien, selbst Österbotten, das lebhafte Handelsbeziehungen zur Hauptstadt unterhielt, waren im Grunde weit entfernt vom ökonomischen, politischen und kulturellen Zentrum des Reichs. All dies war Finnland, aber ein Finnland der vielfältigen Formen in wechselnden Zusammenhängen.
Ein anderes Beispiel, welches das Bild der Vielfalt konturiert und zugleich die Ausprägung eines kulturellen Konfliktes andeutet: Freizügigkeit innerhalb des expandierenden schwedischen Reichs – überall da begünstigt, wo Verkehrswege zu Lande und vor allem zu Wasser die Kommunikation erleichterten – führte zu mancherlei Bevölke-

rungsbewegung in unterschiedliche Richtungen. Das hatte natürlich auch Auswirkungen auf die Sprachverhältnisse in Finnland. Die Mehrheit der Bevölkerung sprach Finnisch in zahlreichen Dialekten, das im mündlichen Verkehr unentbehrlich war. Selbst die Kommandosprache finnischer Truppenteile war Finnisch. Etwa ein Fünftel der Bevölkerung sprach dagegen Schwedisch als erste oder einzige Sprache. Mit der zunehmenden Verschriftlichung in Verwaltung und Rechtsprechung, mit der Zentralisierung des Staats- und Regierungsapparates und der ungemein gewichtigen Stellung Stockholms wuchs die Bedeutung des Schwedischen. Immer mehr schwedische Beamte wurden in der finnischen Verwaltung eingesetzt, und auch die Bischöfe in Finnland waren seit 1625 ausschließlich wieder Männer schwedischer Herkunft. Dabei ging es nicht nur darum, die Kommunikation zwischen Provinz und Machtzentrum leichter und effizienter zu gestalten, es ging auch um das Prestige des Schwedischen als einer Sprache von Rang innerhalb eines riesigen Herrschaftsgebietes, das auf dem Höhepunkt der Großmachtzeit gut 20 verschiedene Sprachen vereinte. Dass das Schwedische auf Kosten des Finnischen an Boden gewann, hat seit Mitte des 17. Jahrhunderts manches Mal den Unwillen der finnischen Bauern erregt, vor allem dann, wenn ihnen wegen der mangelnden Finnischkenntnisse der Beamten praktische Nachteile entstanden. Später, während des karolinischen Absolutismus, traten die ideologischen Motive sprachlicher und kultureller Vereinheitlichung sehr viel mehr in den Vordergrund: Die Einheit von Religion, Sprache und Kultur galt als Garant der Reichssicherheit, und man konnte sich sogar vorstellen, das Finnische nur noch als Relikt in abgelegenen Wildnissen zuzulassen und selbst die finnische Sauna zu verbieten, weil sie dem Ideal einheitlicher Sitten und Gebräuche widersprach (Villstrand, S. 135).

Die Frage der Einheit musste sich zwangsläufig überall da stellen, wo innerhalb der Grenzen des Reichs Vielfalt aufeinander traf, auch an seinem östlichen Rand, wo sich während des 17. Jahrhunderts eine Migration anderer Art vollzog. 1617 hatte der russische Zar mit Ingermanland und Kexholm zwei Provinzen mit allen Lehen, Ländereien und Menschen abtreten müssen, über die man in Schweden relativ wenig wusste. Über ihre strategische Bedeutung gab es indessen keinen Zweifel: ihre Topographie – auch wenn man noch keine wirklich präzisen Karten dieser Gebiete besaß – würde es dem russischen Nachbarn sehr schwer machen, die neue Grenze zu Schweden zu überwinden. Für Finnland bedeutete dies tatsächlich, dass es während der folgenden neun Jahrzehnte in geringerem Maße Kriegsschauplatz war, als in den zwei Jahrhunderten zuvor (Jutikkala, S. 126). Und doch hatte der Zugewinn dieser Landschaften auch problematische Auswirkungen. Sie wurden übrigens wie eroberte Länder verwaltet, besaßen kein Recht auf eine Vertretung im schwedischen Reichstag, unterlagen andererseits aber auch nicht den militärischen Aushebungen. Seit 1641 bildeten sie ein eigenes Generalgouvernement. Kexholm (Käkisalmi) war von Kareliern bewohnt, in Ingermanland lebten den Finnen verwandte Völkerschaften und Russen. Von ethnischen Gegensätzen gegenüber den alten finnischen Reichsteilen kann man also nicht sprechen, dafür aber gab es einen für diese Zeit sicher bedeutsameren religiösen, denn die Bevölkerung beider eroberter Gebiete war russisch-orthodox. Gerade erst war auf einem Reichstag in Örebro beschlossen worden, das Bekenntnis zur römisch-katholischen Kirche sogar mit der Todesstrafe zu ahnden. Die vielen neuen nicht ‚rechtgläubigen' Untertanen gefährdeten das Ziel religiöser Einheit im ganzen Reich. So sah es jedenfalls die schwedische Staatskirche, und insbesondere die Nachfolger Gustavs II. Adolf geboten der einsetzenden religiösen Verfolgung in den neuen Provinzen keinen Einhalt. Immer mehr Menschen flohen unter dieser Bedrückung über die Grenzen auf die russische Seite. An die Stelle der Geflohenen rückten Lutheraner aus verschiedenen Teilen Finnlands – wo man sie eigentlich als Arbeitskräfte nicht entbehren konnte –, aber sie waren in Kexholm und Ingermanland nicht von Aushebungen betroffen, das war für manchen sehr verlockend. Eine große Wanderungsbewegung nach Osten hatte eingesetzt. Sicher ist ihre Auswirkung nicht zu unterschätzen, denn Finnland drohte ein doppelter Verlust, all der Karelier nämlich, die nach Russland zogen, und jener Finnen, die sich jetzt in Gebieten ansiedelten, von denen damals noch niemand wissen konnte, dass sie später an Russland verloren gehen würden.

Im Grunde aber blieb die Grenze von 1595 auch nach dem Frieden von Stolbova im Bewusstsein der Menschen bestehen und überdies verschoben sich die außenpolitischen Interessen Schwedens seit dem Frieden mit Russland stärker nach Süden und Westen, ins Baltikum, nach Polen, Deutschland und Dänemark. Es gab zu Beginn des 17. Jahrhunderts noch die Orientierung nach Osten auf der Linie Göteborg–Stockholm–Åbo–Reval–Viborg, auch die Gründung der Universität Åbo 1640 spricht dafür. Finnland besaß noch immer unentbehrliche Ressourcen für die schwedische Kriegführung, aber seit Schweden 1645 und 1658 lange umkämpfte und bevölkerungsreiche Gebiete Dänemark-Norwegens erhalten hatte, verlor der östliche Reichsteil an Bedeutung.

„Ich bin mit dem Lande und das Land ist mit mir sehr zufrieden“ (P. Brahe)

Nach seinem frühen Tod auf dem Schlachtfeld bei Lützen 1632 hinterließ Gustav II. Adolf seine erst sechsjährige Tochter Christina. Während ihrer Minderjährigkeit übernahm ein Regentschaftsrat aus fünf Hochadligen die königliche Gewalt, und zwar auf der Grundlage einer Regierungsform, die Axel Oxenstierna noch zu Lebzeiten Gustavs II. Adolf entworfen hatte. 1634 wurde sie in Kraft gesetzt und gilt als die erste Verfassung Schwedens. Sie stärkte die Position der Aristokratie, die Regentschaftsrat und Reichsrat stellte und nunmehr auch im Reichstag ein noch größeres Gewicht erhielt. Eine kleine Gruppe bedeutender Adelsfamilien konnte so die Führung des Reiches übernehmen, von denen die Familie Oxenstierna zweifellos den größten Einfluss besaß. Sie stellte allein drei Mitglieder des fünfköpfigen Regentschaftsrates. Ihr Machtanspruch forderte innerhalb des Adels Gegnerschaft heraus, und einer der Widersacher der Oxenstiernas war Graf Per Brahe d. J. (1602–1680). Er war ein sehr ernst zu nehmender Antagonist, kompromisslos, streng konservativ, mit ausgeprägt „standesegoistischen Ideen vom Recht des Adels“, zugleich aber ungemein fleißig, kompetent und gesetzestreu. So beschreibt ihn Peter Englund in seinem großen historischen Panorama des Dreißigjährigen Krieges (Ofredsår/dt. Titel: Die Verwüstung Deutschlands). Die Oxenstiernas mögen genügend gute Gründe gehabt haben, den Grafen als Generalgouverneur übers Meer nach Finnland zu schicken. Seine Vorgänger Niels Bielke (1623–1631) und Gabriel Bengtsson Oxenstierna (1631–1634) hatten das Amt glücklos und wenig erfolgreich verwaltet. Bielke gar sah sich hoffnungslos überfordert, in „einem schlimmen und barbarischen Landort“ seine Aufgabe zu erfüllen, dessen „eigensinnige“ Bevölkerung immer noch an den alten Gewohnheiten festhalten wollte. Diese Aufgabe bestand darin, die Vögte und Steuerpächter zu überwachen und dafür zu sorgen, dass die Armee im Baltikum von Finnland aus gut versorgt wird. Eigentlich war die Einrichtung von Generalgouvernements seit der Regierungsform von 1634 nur für eroberte Gebiete gedacht, konnte aber bei Bedarf auf andere Bereiche ausgeweitet werden. Im 17. Jahrhundert war Finnland in variierender territorialer Ausdehnung von 1623 an insgesamt sechsmal Generalgouvernement unter fünf verschiedenen Gouverneuren.

Graf Per Brahe hatte dieses Amt zunächst von 1637–40 und dann wieder von 1648–54 inne. Er erwarb sich in Finnland hohes Ansehen

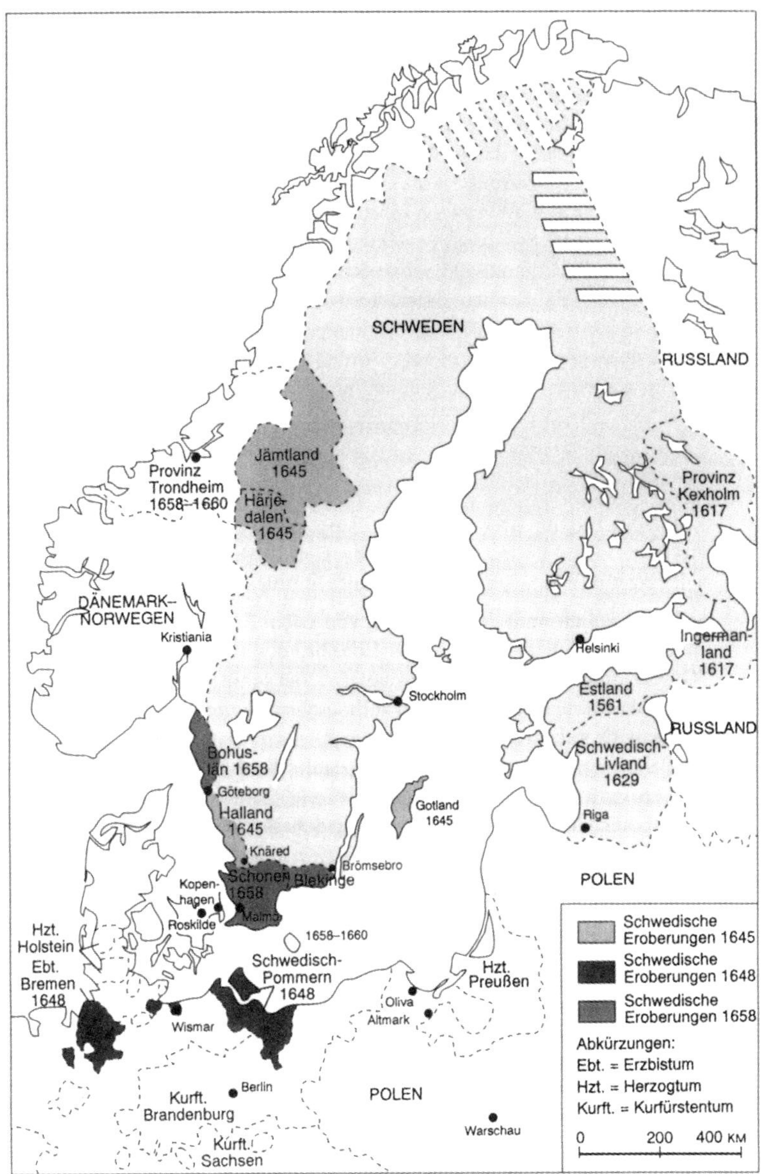

Das schwedische Reich 1660

und eine Stellung, „als ob das Land sein eigenes Fürstentum wäre“ (Jutikkala). Entgegen alle Gepflogenheiten trat er dafür ein, nur in Finnland geborene und des Finnischen mächtige Beamte in die dortige Verwaltung zu berufen, selbst die Adligen Schwedens, so fand er, sollten diese Sprache beherrschen. Brahe hatte auch die Migrationsproblematik an der Ostgrenze erkannt, strebte danach, die von finnischsprachiger oder sprachverwandter Bevölkerung bewohnten Gebiete Russlands dem schwedischen Reich einzuverleiben in der Hoffnung, die griechisch-orthodoxen Flüchtlinge wieder an Schweden zu binden. Graf Brahe reiste viel durch das ganze Land, worüber er in später gern zitierten Reiseberichten ausführlich erzählte, ließ das Post- und Zollwesen reformieren, die Verkehrswege verbessern und eine Reihe von Städten gründen. Es dauerte gut 150 Jahre, das Netz von Postwegen und Poststationen auszubauen. Brahe hatte aber einen entscheidenden Anfang gemacht, es war sogar möglich geworden, einen Eilboten von Åbo nach Viborg auf den Weg zu schicken, den er in nur vier Tagen zurücklegte. Und der Graf setzte sich nachdrücklich für die Gestaltung der Handelsstrukturen nach merkantilistischen Prinzipien ein. Finnlands Handel und Gewerbe wurden seit dem 17. Jahrhundert überhaupt immer enger an das schwedische Reich geknüpft. Um die stark dezimierten Waldbestände Schwedens zu schützen, siedelte man beispielsweise Eisenhütten in Finnland an, insbesondere im gut erschlossenen Süden. Um deren Rohstoffbedarf zu decken, brachte man wiederum Erze aus Schweden dorthin, denn die Raseneisenerze der finnischen Sümpfe reichten nicht aus. Solche Fabriken waren meist in der Hand von eingewanderten Schweden, die mit den bereits erwähnten Beamten und Offizieren eine neue Oberschicht bildeten.

Vor allem aber erinnert man sich Graf Brahes als Initiator der Universität Åbo, die 1640 gegründet wurde. Unabhängig von seinem Gouverneursamt war Brahe selbst über 30 Jahre ihr Kanzler. Auf seine Veranlassung hin wurde die ganze Bibel ins Finnische übersetzt (1642), und die Arbeit des Åboer Bischofs Eskil Petraeus an einer finnischen Grammatik unterstützte er ausdrücklich. Eine ganz persönliche Vorliebe hat darüber hinaus die positive Würdigung seiner Person in Finnland befördert: das lebhafte Interesse an Esskultur und Kochrezepten. Brahes Ziel war die Entwicklung Finnlands zu einem wohlgeordneten und gleichwertigen Teil des ganzen Reiches, und es ging ihm darum, die Voraussetzungen für die effektive Nutzung der Landesressourcen zu verbessern. Dies ist ihm wohl zu einem guten Teil auch gelungen, und nicht von ungefähr ist „i grevens tid“ (zur

Zeit des Grafen) als geflügeltes Wort für das „Noch-zur-rechten-Zeit-kommen" überliefert.

Die Last der Kriege, Elendsjahre und russische Besetzung

Es kann hier nicht der Ort sein, den Weg Schwedens zur Großmacht, all die Kriege seiner Herrscher, die sie oft gleichzeitig an verschiedenen Orten im Ostseeraum führten, im Einzelnen nachzuzeichnen: Kriege, um das wachsende Imperium zu sichern und die Handelswege rund um und über die Ostsee zu kontrollieren, um den Eigennutz des Adels zu befriedigen oder um des Glaubens willen. Sieg oder Niederlage – natürlich hatte dies Auswirkungen im Inneren des schwedischen Reiches, auch in Finnland, und seine Landsknechte und Offiziere kämpften und starben auf den europäischen Schlachtfeldern ebenso wie ihre schwedischen Mitkämpfer. Und doch geriete Finnland in einer breiten Darstellung der Ereignisse allzu sehr aus dem Blickfeld, denn es spielte keine eigenständige Rolle in diesen komplizierten Zusammenhängen. Doch immer dann, wenn Russland in das Geschehen eingriff, kam Finnland als Gegenstand und Instrument der jeweiligen Machtinteressen eine besondere Bedeutung zu. So war es in der Mitte des 17. Jahrhunderts, nachdem Karl X. Gustav 1655 einen Krieg gegen Polen begonnen hatte und ein Jahr später – die schwedischen Truppen hatten große Mühe ihre Stellungen in Polen zu halten – die Kriegserklärung von Russland erhielt. Finnland wurde wieder Kriegsschauplatz. Noch verheerender war die Lage während des Großen Nordischen Krieges (1700–1721): Nach der vernichtenden Niederlage der schwedischen Armee unter Karl XII. in der Schlacht von Poltava 1709 war der russische Kriegsgegner nicht mehr zu besiegen und Finnland erlitt bald darauf Härte und Qual russischer Besetzung, sieben Jahre lang.

Die übrigen Waffengänge des schwedisch-finnischen Kriegsvolkes im 17. Jahrhundert wurden auf anderen Schauplätzen ausgetragen. Gustav II. Adolf hatte zunächst Livland erobert, um kurz darauf, 1629/30, gegen die kaiserliche Liga in den Dreißigjährigen Krieg einzutreten. Mit ihm zog finnische Reiterei, die auf den Schlachtfeldern dieses Krieges berüchtigt war. Wegen ihres Kriegsrufes *hakkaa päälle*, was etwa so viel bedeutet wie „schlagt zu", nannte man diese Reiter Hakkapeliten, sie waren gefürchtet wegen ihrer verbissenen und rücksichtslosen Kampfesweise. Zeitgenössische deutsche Quellen allerdings unterscheiden nicht zwischen den verschiedenen Volksgruppen, die unter der schwedischen Fahne kämpften, und so mag es sein, dass die Schweden selbst den besonderen Ruf dieser Truppe erfanden, zumindest waren sie es, die den Namen Hakkapeliter in propagandistischer Absicht einführten.

Axel Oxenstierna bemühte sich nach dem Tod Gustavs II. Adolf um die Fortsetzung von dessen Politik, führte das schwedische Engagement in diesem „Deutschen Krieg“ mit wechselndem Kriegsglück weiter. 1644 wandte man sich gegen Dänemark, rückte siegreich in Schonen und Blekinge vor und schloss schließlich 1645 mit dem dänischen Nachbarn Frieden, der reichen Gewinn brachte. Die Bestimmungen des Westfälischen Friedens 1648 hatten Schwedens territorialen Besitz noch weiter vergrößert und Vorpommern, einen Teil Hinterpommerns und die Bistümer Bremen und Verden in sein Herrschaftsgebiet eingefügt. Doch in Schweden und Finnland verarmte das Volk zusehends unter den Kriegslasten, viele der ausgehobenen Landsknechte kehrten nicht zurück. Für das ohnehin dünn bevölkerte Reich wurde es immer schwerer, die militärische Großmachtstellung zu halten, die ein von französischen und holländischen Subsidien getragenes Heer erkämpft hatte. Nach dem Ende des Dreißigjährigen Krieges konnten die Truppen nicht einmal nach Hause zurückkehren und dort versorgt werden, und auch dem Offizierkorps blieb man die Vergütung seines Einsatzes schuldig. In dieser kritischen Situation kam es zum Konflikt zwischen dem Adel und den drei anderen Ständen, Hintergrund für die Turbulenzen des Reichstages von 1650, als es Königin Christina gelang, die Wahl ihres Cousins Pfalzgraf Karl Gustav zum Thronfolger durchzusetzen. Sie selbst dankte vier Jahre später ab und verließ das Land. Sie war zum katholischen Glauben übergetreten und zog sich nach Rom zurück.

Karl X. Gustav (1654–1660) glaubte die schwer wiegenden Probleme durch einen erneuten Krieg gegen Polen lösen zu können, handelte sich damit jedoch einen weiteren mächtigen Gegner ein: Russland. 1656 griffen russische Einheiten Finnland an. Man hatte ihnen nichts entgegenzusetzen außer 2000 Mann, die zu dieser Zeit Finnlands Verteidigungsstärke ausmachten. Das russische Kriegsziel in Finnland war offenbar darauf begrenzt, hier Truppen des Gegners zu binden, um den eigentlichen Hauptangriff, der Livland galt, zu erleichtern. Der Krieg war weniger ein Eroberungs- als ein Ermattungskrieg, in dem die Bewohner Kexholms und Ingermanlands die russische Seite unterstützten. Finnland musste noch mehr eigene Ressourcen mobilisieren, und es gelang, die Stärke der Verteidiger 1657 auf 5000 zu erhöhen, ein großes Aufgebot von Bauern, verstärkt durch zusätzlich ausgehobene Landsknechte und angeworbene Reiter. Als 1658 ein dreijähriger Waffenstillstand geschlossen wurde, hatte Russland weder finnische Gebiete erobert, noch Festungen unter seine Kontrolle gebracht. Zu beklagen waren viele Menschenleben – weniger durch die Kampfhandlungen selbst, als vielmehr durch die den Krieg begleitenden Seuchen – und große materielle Verluste, insbesondere in Kexholm, Ingermanland und dem östlichen Savolax, wo zahlreiche Bauernhöfe dem Erdboden gleichgemacht worden waren.

Zur selben Zeit war im Süden ein weiteres Mal gegen Dänemark gekämpft und 1658 der Friede von Roskilde geschlossen worden, nur um gleich darauf erneut gegeneinander anzutreten. Als Karl X. Gustav 1660 plötzlich starb, ohne dass es gelungen wäre, Kopenhagen zu erobern, schlossen die Nachbarn wieder Frieden.

Eine Zeit lang verstummte darauf hin der Kriegslärm innerhalb der schwedischen Grenzen, bis 1676 wieder gegen Dänemark gefochten wurde, dessen Truppen in Schonen und Blekinge einmarschiert waren. Überdies hatte Schwedens Bündnis mit Frankreich es 1674 in den Krieg gegen Brandenburg hineingezogen. An dessen Ende orientierte sich die schwedische Politik aber auf Frankreichs Gegner England und Holland. Im Laufe der Zeit verschärfte sich der Gegensatz zu Russland. Zar Peter I. hatte das Ziel, Schwedens Kontrolle über die Ostsee und seinen Zugang zum Ostseehandel zu brechen. Der livländische Adel unterstützte August II. (den Starken, Kurfürst von Sachsen und seit 1697 König von Polen) gegen Schwedens Politik in den Ostseeprovinzen, und Dänemark war nach wie vor der alte Erzfeind Schwedens. Diese drei nun, Russland, Polen und Dänemark, schlossen einen Angriffspakt. Ihre gemeinsamen Pläne sahen vor, im Frühjahr 1700 einen Krieg gegen Schweden zu beginnen.

So geschah es denn auch, zu einer Zeit, als Finnland noch geschwächt war von den Jahren der Not, die das letzte Jahrzehnt des 17. Jahrhunderts bereitgehalten hatte. Der beredsame Wundarzt der schwedisch-finnischen Truppen in Zacharias Topelius' „Des Feldschers Erzählungen" (*Fältskärns berättelser*, 1853–64) berichtet von der großen Hungersnot, die zu dieser Zeit in Finnland herrschte. Als eines der bekanntesten Werke dieses dem schwedischen Bildungsbürgertum in Finnland entstammenden Dichters, ist es zugleich die Pionierleistung des finnischen historischen Romans. Topelius kam es darauf an, die wichtige Funktion der Finnen als eines loyalen und treuen Volkes bei der Schaffung und Wahrung der schwedischen Großmachtstellung aufzuzeigen. In den Erzählungen des Protagonisten, der auf all den Kriegsschauplätzen zum Einsatz kam, fügen sich unzählige Einzelheiten zu einem Gesamtbild vom Leben und vom Krieg im 17. und 18. Jahrhundert.

Den elenden Hungerjahren, so meint der Feldscher, seien gute vorausgegangen, so gute, dass es noch 1693 Getreide im Überfluss und keinen Gedanken an Vorratshaltung, noch ein Auge für die Zeichen der Zeit gegeben habe, man habe alle Warnungen ignoriert und sei umso härter und überraschender von der Not getroffen worden. Tatsächlich hatte es schon 1693 keine gute Ernte gegeben, und die nachfolgenden Jahre waren von milden Wintern, aber kühlen und feuchten Sommern geprägt, die die Saat nur langsam reifen ließen. Wenn es dann, wie geschehen, selbst im August zu Nachtfrösten kam, war die Ernte verloren. Die Erträge der Jahre bis 1698 reichten nicht hin, die Bevölkerung Finnlands zu ernähren. Zunehmend wurde Vieh geschlachtet, ging man mehr als früher auf die Jagd oder zum Fischfang. Doch hatte in eben diesen Jahren ungewöhnlicher Dauerregen die Salzproduktion in Südwesteuropa gestört und zu einem eklatanten Salzmangel auch im Norden geführt, es gab also kaum etwas, um Fisch und Fleisch zu konservieren. In ihrer Not aßen die Menschen Baumrinde, Gras und Heu. 1697 waren die klimatischen Verhältnisse etwas besser, doch jetzt fehlte es an Aussaat. Erst ein Jahr später konnte man in Finnland wieder eine normale Ernte einfahren. Die Landwirtschaft konnte sich nicht so leicht von der Krise erholen, besonders betroffen waren jene Gebiete, in denen die Schwendwirtschaft dominierte. Die Sterblichkeitsrate war bereits 1696 im östlichen und nördlichen Finnland gestiegen, 1697 erreichte sie einen Höhepunkt, vergleichbar mit den Zahlen während der großen Pest im 14. Jahrhundert. Mehr als viermal so viele Kinder, achtmal so viele Erwachsene und dreimal so viele ältere Menschen als in normalen Zeiten starben in den beiden Notjahren 1696 und 1697, nicht nur vor Hunger, sondern auch und gerade wegen um sich greifender Krankheiten und Epidemien. Die Unruhe nahm zu, auch in Gestalt von Kriminalität und Protest. Frondienste wurden boykottiert, Gutshöfe geplündert. Daneben dezimierte sich die Zahl der Steuern zahlenden Bauern in einem Besorgnis erregenden Ausmaß.

Hatte die Zentralregierung in Stockholm unter ihrem 1693 zum absoluten Herrscher erklärten König genügend guten Willen und tatsächlich auch die Möglichkeit, die Not zu lindern? Die Krisenpolitik bestand in erster Linie darin, den Getreidehandel zu reglementieren. Die Ausfuhr aus bestimmten Gebieten zum Beispiel konnte gestoppt, die Einfuhr in andere durch Entschärfung sonst sehr restriktiver Bestimmungen erleichtert werden. Man versuchte, zusätzliche Getreidekapazitäten zu organisieren und in die von den Missernten besonders betroffenen Gebiete zu bringen. Zwischen 1695 und 1698 wurden – trotz starrer Bürokratie, unzureichender Kommunikationsmöglichkeiten und schlechter Transportbedingungen – etwa 23 000 Tonnen Hilfsgetreide nach Österbotten geschafft, wo es zu verhältnismäßig günstigen Bedingungen – jedoch nicht gratis – verteilt wurde, und nicht alle Hilfsbedürftigen gelangten in den Besitz des lebenswichtigen Korns. Immerhin aber gab es auch eine Reihe von Steuererleichterungen, und mancher landlose Bauer konnte auf einem verlassenen Ödhof neu anfangen. Karl XI. wird nachgesagt, er habe das Elend seiner finnischen Untertanen ignoriert. Die Krone hätte erst, als Ausmaß und Furchtbarkeit der Not nicht mehr zu übersehen war, von ihren Forderungen gegenüber den finnischen Bauern etwas abgelassen, und schon „im ersten Sommer, der auf den letzten Hungerfrühling folgte, gingen die Vögte von Hof zu Hof und trieben gierig das ein, was seine Majestät zu erhalten hatte" (Jutikkala, S. 170). Zweifellos aber haben die großen menschlichen und materiellen Verluste dieser Hungerjahre Finnlands Widerstandskraft und Verteidigungsmöglichkeit gegenüber den Gefahren, die es jetzt von außen bedrohten, erheblich beeinträchtigt.

Als Karl XI. 1697 starb, wüteten in Finnland noch Hunger und Krankheit. Während sein Leichnam im Stockholmer Schloss aufgebahrt lag, wurde es von einem verheerenden Feuer heimgesucht, das die Symbole der Macht, den stattlichen Turm mit den vergoldeten drei Kronen, zerstörte. Das war manchen ein böses Vorzeichen. Karl XII., erst 14 Jahre alt, wurde noch 1697 mündig erklärt und trat die Nachfolge seines Vaters an. Wenige Jahre später, im März 1700, trafen die ersten Kriegsbotschaften ein: August II. hatte sächsische Truppen in das schwedische Livland einmarschieren lassen, und die Dänen griffen Holstein-Gottorf an. Der Große Nordische Krieg hatte begonnen. Noch im selben Jahr attackierten russische Truppen Ingermanland, wurden aber in der Schlacht bei Narva von Karl XII. besiegt. Zunächst waren die schwedische Armeen an unterschiedlichen Fronten und Kriegsschauplätzen überaus erfolgreich. Die Reformen Karls XI., vom Sohn weitergeführt, insbesondere was die Größe und Gestalt der Armee betraf, hatten dafür den Grund gelegt. Die Machtfülle des Adels war gebrochen, die Reduktion, das heißt die Rückgabe von Besitzungen des Hochadels, die vormals der Krone gehört hatten, war durchgesetzt, die Reichsfinanzen saniert und die Heeresreform mit den „Einteilungen" (*Indelningsverk*) vollendet worden, die die Selbstversorgung der Armee in Friedenszeiten ermöglichten.

Dem glänzenden Sieg Karls XII. bei Narva folgte ein siegreicher Feldzug gegen Polen. Nachdem es Karl XII. 1704 gelungen war, die Absetzung des polnischen Königs August zu erzwingen und zwei Jahre später mit Polen Frieden zu schließen, brach das inzwischen in Sachsen stehende schwedische Heer gegen Russland auf. 1709 dann traf es weit im Süden des russischen Zarenreiches bei Poltava auf einen überlegenen Gegner und wurde hier vernichtend geschlagen. Karl XII. konnte sich auf türkischem Gebiet in Sicherheit bringen. Es dauerte nicht lange und Schwedens Herrschaft im Baltikum war zerschlagen, 1710 haben russische Truppen die letzten noch verbliebenen schwedischen Stützpunkte an der südlichen Ostseeküste erobert, Reval, wo einst die schwedische Herrschaft ihren Ausgang nahm, fiel als letztes.

Auch Viborg wurde belagert und kapitulierte noch 1710. Dann wandte sich die russische Aufmerksamkeit wegen türkischer Kriegshandlungen im Süden Russlands für kurze Zeit von Finnland ab. Aber die Menschen hier waren nicht nur wegen des Krieges in einer verzweifelten Lage. Seit 1703 und vor allem 1708 hatte es wieder sehr schlechte Ernten gegeben und die kriegsbedingten Wanderungsbewegungen von Soldaten und Flüchtlingen hatten Krankheiten verbreitet. Im Herbst 1710 brachten Flüchtlinge aus dem Baltikum die Pest nach Finnland. Åbo und Helsingfors wurden besonders hart getroffen, hier starben innerhalb kürzester Zeit 35% bzw. 50% der Bevölkerung. Die Pestepidemie erreichte ihren Höhepunkt von November 1710 bis Februar 1711. Nur ein Jahr später kam es zu einem kombinierten Angriff russischer Landtruppen und Galeerenflotten, die bis nach Åbo vordringen wollten. Doch bis dahin gelangten sie zunächst nicht, das Ziel aber blieb die Eroberung Finnlands, das als Basis für die Angriffe gegen das schwedische Kernland benutzt werden sollte.

Im Sommer 1713 begann eine groß angelegte Invasion von der See her. Die russischen Truppen landeten bei Helsingfors, das von seinen Verteidigern in Brand gesetzt wurde, bevor diese sich nach Norden zurückzogen. Die Gegner rückten weiter nach Westen vor, hatten schon ganz Südfinnland in ihren Händen, als sie Ende August 1713 Åbo erreichten. Georg Lybecker, der erfolglose Oberbefehlshaber in Finnland, wurde nach Stockholm abberufen und durch Carl Gustaf Armfelt ersetzt. Aber auch ihm gelang es letztlich nicht, den russischen Vormarsch zu stoppen. 1716 kapitulierte das abgelegene Kajaneborg/*Kajaani* am Oulosee, das lange belagert worden war. Die Okkupation Finnlands durch russische Armeen war jetzt ein Faktum.

Die Jahre der russischen Besetzung bis zum Frieden von Nystad 1721 haben im kollektiven Gedächtnis der Finnen immer einen besonderen Rang eingenommen. Das spätere Bild von der Zeit des „großen Unfriedens" wurde beherrscht von Gewalt, Mord, Terror, Menschenraub und anderen russischen Übergriffen. Dabei war die Phase der eigentlichen Eroberung am schwersten und begleitet von den gefürchteten Grausamkeiten. Aber die Besetzer konnten kein Interesse daran haben, die vorhandene Infrastruktur, Städte, Höfe, Felder und Äcker völlig zu zerstören, da diese schließlich die Okkupanten selbst versorgen sollten. Insgesamt lässt sich die Zeit der russischen Besetzung Finnlands im Licht heutiger Forschung als eine für die damaligen Bedingungen der Kriegführung nicht ungewöhnliche Erfahrung kennzeichnen, wenngleich die psychologische Wirkung auf das spätere Verhältnis Finnlands zu Schweden, das seinen finnischen Untertanen keinen Schutz zu bieten vermochte, oft hervorgehoben wurde. Verwüstungen geschahen zumeist aus strategischen Erwägungen – so haben die russischen Besatzer zum Beispiel das aufblühende Eisenhüttengewerbe in Finnland unbrauchbar gemacht, um Schwedens Versorgung mit Eisen zu unterbrechen. Oder sie setzten Zerstörung und Verwüstung als politisches Druckmittel ein – Methoden, die auch die schwedische Armee in Polen anwandte. Natürlich gab es auch Übergriffe, die auf mangelnde militärische Disziplin zurückzuführen waren. Das südliche und mittlere Österbotten waren von strategischen Zerstörungen besonders hart betroffen, da man hier alle Voraussetzungen für einen schwedischen Angriff von Norden eliminieren wollte und außerdem die dortige Bevölkerung relativ starken Widerstand geleistet hatte. Kirchen im ganzen Land wurden ihrer Schätze und ihrer Bronzeglocken beraubt und Männer, Frauen und Kinder – aus Österbotten etwa 5000 und aus dem südlichen Finnland 3000 – wurden nach Russland zwangsumgesiedelt, um dort auf den großen Gutshöfen zu arbeiten.

Ein anderer Strom von Menschen bewegte sich nach Westen. Das waren die Flüchtlinge, die sich aus den Küstentrakten, insbesondere von Österbotten und von Åland aus nach Schweden in Sicherheit brachten. Während viele Bauern sich in die Wildmark Finnlands zurückzogen, um dort den Besatzern zu entgehen, waren es vor allem Adlige, Bürger und Geistliche, die das Land ganz verließen. Man hat geschätzt, dass die Gesamtzahl der Flüchtlinge sich mindestens auf 30 000 belaufen habe. Viele von ihnen kehrten wahrscheinlich nach dem Frieden von Nystad 1721 wieder zurück. Bis dahin aber war noch ein weiter Weg und das ausgeblutete Finnland hatte eine Okkupationsarmee von anfangs 15 000, später sogar von 20–25 000 russischen Soldaten zu ernähren, die sich in den westlichen Landesteilen konzentrierten.

Karl XII. war während dieser Jahre in der Türkei geblieben. Zwar waren die Kriegshandlungen gegen Dänemark fortgesetzt worden, doch hatte sich während der Abwesenheit des Königs der Konflikt deutlicher auf die diplomatische Ebene verlagert. Baron Georg Heinrich von Görtz, wichtigster Ratgeber und Vertrauter Karls XII., sozusagen sein Außen- und Finanzminister, zog dabei die Fäden. Ihm gelang es, den Krieg diplomatisch und militärisch auf das westliche Nachbarland Schwedens, auf das dänische Norwegen zu konzentrieren. Er war zu Zugeständnissen gegenüber dem Zarenreich bereit, welches helfen sollte, Norwegen zu erobern und Dänemark auf diese Weise empfindlich zu treffen. Norwegen sollte dann eine Basis für die Stuarts werden, die in England einen Machtwechsel anstrebten. Später würde dann England, hoffte Görtz, Schweden dabei helfen, die an Russland verlorenen Gebiete zurückzugewinnen – so ließen sich vereinfacht die Absichten Görtz' wiedergeben. 1715 erklärten auch Preußen und Hannover Schweden den Krieg und noch im selben Jahr kehrte Karl nach Schweden zurück. Er ließ sich zu einem Feldzug gegen Norwegen überreden, und so wurde von den ständig wechselnden Plänen dieser also wirklich in Angriff genommen. Doch er scheiterte und endete 1718 mit dem Tod des Königs: Während der Belagerung der norwegischen Festung Fredriksten bei Fredrikshal wurde Karl XII. durch einen Kopfschuss tödlich verwundet – bis heute hält sich hartnäckig das Gerücht, dass dieser Schuss aus den eigenen Reihen abgefeuert worden sei.

Unmittelbar nach seinem Tod ergriff in Schweden die Hessische Partei die Macht, Karls Schwester Ulrika Eleonora ließ sich zur Königin wählen, und wenig später erhielt ihr Gemahl Friedrich aus dem Hause Hessen den schwedischen Thron. Die Friedensschlüsse mit Dänemark, Preußen und Hannover von 1720 bedeuteten den Verlust der im Dreißigjährigen Krieg gewonnenen norddeutschen Provinzen – bis auf einen kleinen Teil Pommerns. Mit Russland wurde bis 1721 verhandelt. Das Ergebnis war der Frieden von Nystad / *Uusikaupunki*, der die Abtretung aller baltischen Provinzen und Südostfinnlands mit Viborg und dem südlichen Kexholm an Russland bedeutete. Der Frieden brachte auch ein Ende der russischen Besatzungszeit. Die Grenze zwischen schwedischem und russischem Territorium in Karelien und weiter nach Norden entsprach nun fast dem heutigen Verlauf der Ostgrenze Finnlands.

Mit Karl XII. wurde die schwedische Großmachtstellung zu Grabe getragen und auch die durch ihn repräsentierte Herrschaftsform überlebte nicht. Es begann die so genannte schwedische Freiheitszeit, deren politisches System in manchen Zügen vergleichbar war mit dem zeitgenössischen britischen Parlamentarismus.

Das letzte Kapitel schwedisch-finnischer Geschichte – Finnland im 18. Jahrhundert

Nach den schweren letzten Jahrzehnten des 17. Jahrhunderts, dem langen Krieg und der russischen Besetzung konnte sich Finnland im 18. Jahrhundert nur schwer, aber immerhin doch erholen. Landwirtschaft und Landbevölkerung kamen dabei etwas schneller zu Kräften als die Städte und das in ihnen konzentrierte Erwerbsleben. So hat die Bevölkerungszahl in Finnland 1721 nur etwa 390 000 betragen, während sie 1807 bereits auf 907 000 Menschen angewachsen war. Doch zeichnete sich hier bereits eine Entwicklung ab, die dann im 19. Jahrhundert schwer wiegende soziale Folgen haben sollte: Es wurden zwar viele neue Höfe angelegt, aber die besitzlose Landbevölkerung nahm in besonders starkem Maße zu und es entstand eine Kätnerschicht, die sich deutlich von den „wohlhabenden" landbesitzenden Bauern und Gutsherren unterschied.
Die Eisenhütten wurden wieder aufgebaut und ab 1730 vermehrt in sie investiert. Um die Mitte des 18. Jahrhunderts kamen Glashütten hinzu und es gab erste Ansätze der Papierherstellung. Von Finnland aus wurde seit dem 16. Jahrhundert Brennholz und axtbehauenes Kantholz rund um die Ostsee geliefert, insbesondere aber nach Stockholm und Reval. Auch jetzt war Finnland für Schweden wieder wichtiger Lieferant dieser Güter, ebenso von Teer, dessen Produktionsgebiete wegen der günstigen Verkehrverhältnisse in Nord-Österbotten, entlang des Bottnischen Meerbusens, in den Gebieten der nördlichen Seenplatte und um Åbo herum lagen. Oulu war einer der wichtigsten Ausfuhrhäfen.
Eine der ersten Aufgaben nach dem Ende der Besatzungszeit war die Reorganisation der Verwaltung. Sie wurde in die Hände von vier Landeshauptmännern gelegt: Johan Frisenheim, verantwortlich für die wenigen verbliebenen Reste der Provinz Viborg, die mit den nördlichen Teilen Kexholms zusammengelegt wurden, Reinhold von Essen, der das besonders in Mitleidenschaft gezogenen Österbotten wieder aufbauen sollte, Otto Reinhold Yxkull für Åbo und Petter Stierncrantz

für Tavastehus. Sie alle waren schon vor dem Friedensschluss ernannt worden, allesamt geboren und aufgewachsen in den ehemaligen baltischen Provinzen Schwedens und mit einer ehrenvollen Karriere in der schwedischen Armee.

Allerdings wurden ihre Arbeit und all die Bemühungen des Wiederaufbaus durch die Bevölkerung Finnlands 20 Jahre nach Nystad jäh gefährdet. Finnland war zum Spielball geworden in den Machtkämpfen der politischen Eliten Schwedens, jener seit der Regierungsform von 1720 mächtigen Parteien der königstreuen „Hüte" und der den Ausgleich mit Russland suchenden „Mützen". Diese Namen erhielten sie zwar erst im Verlaufe ihrer langjährigen Auseinandersetzungen, doch seien sie ihrer Prägnanz wegen schon jetzt eingeführt. Die „Mützen" (von ihren Gegnern so bezeichnet, weil man ihre Politik für verschlafen und ihre Haltung gegenüber Russland für gefährlich leichtgläubig hielt) glaubten, dass es für Finnland gut sei, sich mit den Machtverhältnissen zu arrangieren, damit es nicht wieder zum Kriegsschauplatz werde. Dort, in den höheren Kreisen Finnlands, hatten sie denn auch die meisten Anhänger. Sie hofften sogar, Finnland könne als Puffer zwischen Schweden und Russland selbständig werden. Die „Hüte" (mit dem stolzen Adelshut) hatten sich als Gegner des aus Finnland stammenden Arvid Horn zusammengeschlossen, der seit 1720 Kanzleipräsident und damit Vorsitzender des schwedischen Reichstages war. Seine Politik, die zu vermeiden suchte, das überlegene Russland vor den Kopf zu stoßen, hatte Frankreich gegen Schweden aufgebracht, das sich am Ende weigerte, mit ihm verbündet zu sein, wenn es gleichzeitig Russland zum Bundesgenossen habe. Der Verlust der traditionellen französischen Freundschaft und Subsidien hatte die „Hüte" erzürnt. Sie bezogen massiv Stellung gegen Horn und betrieben 1738 seinen Sturz. Von da an war der Weg frei für eine Revanchepolitik, die 1741 in einen Krieg gegen Russland mündete. Zwei Jahre währte dieser „Krieg der Hüte", in dem Finnland erneut unter russische Besetzung geriet.

Schweden verlor weitere finnische Gebiete im Osten, auch mehrere Städte, darunter Fredrikshamn/*Hamina*, das als Hafen- und Festungsstadt das bereits verlorene Viborg ersetzen sollte. Es verlor Villmanstrand/*Lappeenranta* und die alte Grenzfeste Olofsborg/*Olavinlinna*. Im Frieden von Åbo 1743 wurde eine neue schwedische Ostgrenze festgelegt, die am Kymifluss entlang lief. In einem Manifest der Zarin Elisabeth war zuvor sogar der vage Gedanke aufgetaucht, ob man Finnland nicht ganz von Schweden trennen sollte. Tatsächlich aber wurde nach Friedensschluss der östliche Reichsteil noch enger an

Blick auf die Festungsinsel Suomenlinna/Sveaborg.

Schweden gebunden, das Programme für den wirtschaftlichen Aufbau mit Investitionen in Handel und Gewerbe in Aussicht stellte, die Verwaltung ausbaute und die Infrastruktur verbesserte. Große Festungsanlagen wurden gebaut und die Kriegsflotte in Finnland verstärkt. Ein besonders großes und bedeutsames Unternehmen war der Bau der Seefestung Sveaborg (auch Viapori, heute *Suomenlinna*) vor Helsinki.

Die Bauarbeiten leitete Oberstleutnant Augustin Ehrensvärd, ein geschickter Politiker, versierter Organisator und Festungskonstrukteur. Als er im Januar 1748 in Finnland eintraf, brachte er einen einzigen Grundriss mit. Sodann machten sich tausend Soldaten ans Werk und erbauten Wälle, Befestigungen, Häuser und eine große Werft. Viapori, wie die Insel damals hieß, war das größte Bauprojekt, das Schweden je in Angriff genommen hatte. Die Festung wuchs sich schließlich zu einer Stadt mit 4800 Einwohnern aus, größer als Helsinki auf dem Festland. Sie mauserte sich zu einem kulturellen Vorposten und Richtungsweiser. Die neueste Mode aus Europa soll zuerst Viapori erreicht haben, bevor sie sich im übrigen Finnland verbreitete, und in Offizierskreisen wurden die bildenden Künste, Musik und das Theater gepflegt. 1855, während des Krimkrieges, wurde die nun russische Festung, die von der britischen Presse als „Gibraltar des Nordens“ bezeichnet wurde, von einer alliierten englischen und französischen Flotte heftig bombardiert und schwer in Mitleidenschaft gezogen. Nach der finnischen Unabhängigkeit 1917 wurde die inzwischen weitgehend wiederhergestellte Anlage in Suomenlinna (Festung Finnlands) umbenannt.

Sozialökonomie und Wissenschaft im Aufbruch

Kurz nach dem Friedensschluss von Nystad nahm die Universität Åbo im Herbst 1722 ihre Lehrtätigkeit wieder auf. Die Natur- und praktischen Wissenschaften, deren bedeutendster Repräsentant im schwedischen Reich zu dieser Zeit Carl von Linné war, erlebten während des 18. Jh.s auch in Finnland eine Blütezeit. Hier waren es Pehr Kalm (1716–1779), ein Schüler Linnés, der 1747 Professor der Ökonomie in Åbo wurde, und Pehr Adrian Gadd (1727–1797), seit 1758 Professor der Chemie, die ihren Disziplinen zu großer Ehre verhalfen. Kalm wurde mit seinem Werk „Eine Reise nach Nordamerika" berühmt, das er während eines dreijährigen Forschungsaufenthaltes in den englischen Kolonien geschrieben hatte. Er forderte insbesondere die Anwendung naturwissenschaftlicher Kenntnisse zum Nutzen des Wirtschaftslebens. Ähnlich Gadd, der in seinen Arbeiten über die Landwirtschaft den praktischen Nutzen der Naturgeschichte, der Physik und der Chemie betonte. Von politischer Sprengkraft dagegen waren die Ideen eines Anders Chydenius (1729–1803). Er trat vehement für das Recht der norrländischen und westfinnischen Städte ein, Außenhandel zu betreiben und bewirkte so 1765 die Aufhebung des Bottnischen Handelszwanges. Chydenius war ein streitbarer, radikaler Pfarrerssohn, der nach dem Studium in Åbo und Uppsala Kaplan in einer kleinen Gemeinde in Österbotten geworden war, sich daneben den Naturwissenschaften zugewandt hatte und bald auch als praktizierender Arzt bekannt wurde. Von 1765 an hatte er sich mit Elan in die politische Arbeit gestürzt und sich einen Namen als finanz- und sozialpolitischer Publizist gemacht – ein Wegbereiter der Liberalisierung des Wirtschaftslebens mit Schriften wie ‚Der nationale Gewinn' oder ‚Gedanken über das natürliche Recht der Bauern und des Gesindes'. Chydenius hatte auch Anteil an der 1766 erlassenen Verordnung zur Pressefreiheit. Seine Vorstellungen waren aus naturrechtlichem Denken und einem naturwissenschaftlichen Weltbild abgeleitet, wie es sich zu dieser Zeit durchzusetzen begann. Chydenius wurde so zum Adam Smith des Nordens.

Ein Zeitgenosse Chydenius' und der bedeutendste Vertreter der finnischen Aufklärung war Henrik Gabriel Porthan (1739–1804). Der Neuhumanismus deutscher Prägung hatte ihn maßgeblich beeinflusst und die „finnische Nation" sollte sein Forschungsgebiet werden, was ihm den Ehrentitel ‚Vater der finnischen Geschichte' eingebracht hat. Sein Hauptwerk war eine 1000-seitige Darstellung der finnischen Historie von der dunklen Vergangenheit bis zur Reformation. 1766 gab Porthan eine bahnbrechende Arbeit über die finnische Volkspoesie heraus. Durch seine Forschungen zur Folklore und Volksdichtung hatte Porthan eine wichtige Grundlage für die Arbeit späterer Liedersammler und Forscher geschaffen, die darauf in der Hochzeit der nationalen Romantik aufbauen konnten. Die neuhumanistischen Impulse erfuhr Porthan vor allem in Göttingen – Anregungen, die ihn zum Polyhistor werden ließen: Neben antiker Literatur lehrte Porthan Logik, Moralphilosophie, Psychologie, Naturrecht und Geschichte, Theologie und Geschichte der Theologie. Er schrieb außerdem zahlreiche Untersuchungen über Sprache, Geografie und Volkskunde. 1864 wurde ihm in Åbo/*Turku* als erstem Finnen ein Denkmal gesetzt.

Die Belebung der Wirtschaft hatte insgesamt positive Auswirkungen auf die Entwicklung der Kultur. In dieser Hinsicht schloss sich Finnland während der letzten Jahrzehnte des 18. Jahrhunderts fester an das westliche Europa an. Die Ideen der Aufklärung drangen bis hierher und mit ihnen auch wichtige Impulse für eine ökonomische Liberalisierung und die Entstehung einer politischen Öffentlichkeit. 1776 zum Beispiel erschien die erste Zeitung in finnischer Sprache.

1772 aber hatten sich die politischen Verhältnisse in Schweden wieder einmal grundlegend gewandelt. Ein Jahr zuvor war Gustav III. schwedischer König geworden. Da weilte er gerade in Paris und ließ sich von französischer Wissenschaft, Literatur und Kunst, und nicht zuletzt von den Schriften Voltaires und Montesquieus tief beeindrucken. In Schweden war es den „Hüten" gelungen – nach einer Phase ohne Regierungsmacht, die ihnen nicht etwa Schwedens Niederlage im Revanchekrieg 1743, sondern die Teilnahme am Siebenjährigen Krieg (1756–63) mit seinen hohen Kosten eingebrachte hatte – den Reichsrat der „Mützen" abzusetzen. Doch neben dem Konflikt, der dem kaum lösbaren Widerspruch zwischen den außenpolitischen Optionen „mit Frankreich gegen Russland" oder „mit Russland gegen Frankreich" erwachsen war, hatte sich ein neuer Gegensatz geltend gemacht: der wachsende Antagonismus zwischen dem Adel und den drei anderen Ständen. Auf dem Reichstag von 1771–72 schlossen sich Bürger, Bauern und Geistliche in der Absicht zusammen, die Privilegien des Adels zu beschneiden. Dessen Vertreter wandten sich daraufhin an Gustav III. mit der Bitte um Unterstützung. Der junge König nutzte die Situation für einen Staatsstreich, zwang die Stände mit militärischen Mitteln, ihre Macht abzutreten und einer neuen Konstitution zuzustimmen. Sie brachte dem König wieder „Souveränität", das unumschränkte Recht zur Führung des Reiches, die königliche Alleinherrschaft.

In Finnland war man darüber wenig beunruhigt. Im Gegenteil, ein starkes Königtum erschien allgemein wünschenswerter als die Macht der Stände. Doch allmählich bildete sich auch hier eine Adelsopposition gegen Gustav III., der daranging, die Privilegien des Adels zu beschneiden und die niederen Stände zu fördern. Diese Entwicklung erreichte ihren Höhepunkt, als Gustav III. 1789 gegen den Widerstand des Adels die „Vereinigungs- und Sicherheitsakte" durchsetzte, ein neues Grundgesetz, das der Königsmacht einen absoluten Status verlieh. Dies geschah in geradezu revolutionärer Manier mitten im Krieg gegen Russland, den der schwedische König 1788 begonnen hatte.

Die Motive, die Gustav III. zu diesem Krieg bewogen haben, sind auf verschiedene Weise gedeutet worden. Manche Erklärungen heben psychologische Momente und die Persönlichkeitsstruktur des Monarchen hervor, andere stützen sich stärker auf rationale Begründungen. Gustavs Popularität war angeschlagen und er hatte einen riesigen Geldbedarf für die Finanzierung seines glänzenden Hoflebens. Überdies war das Ansehen der schwedischen Armee während des Siebenjährigen Krieges in Mitleidenschaft gezogen worden. Der König habe geglaubt, wird vermutet, solcherart Probleme durch einen erfolgreichen Krieg lösen zu können. Das Kriegziel bestand in der Wiedergewinnung der 1721 und 1743 an Russland verlorenen Provinzen. Außerdem hatte es das Zarenreich immer wieder gewagt, sich in die inneren Angelegenheiten Schwedens einzumischen, immer unter Berufung auf einen bestimmten Paragraphen des Friedens von Nystad, dessen schwedische Auslegung dem widersprach. Als die russische Zarin Katharina II. Anfang 1787 einen Krieg gegen die Türkei begann, erschien dem schwedischen König die Lage günstig, und schon bald darauf wurde mit den eigenen Kriegsplanungen begonnen.

Im Verlauf dieses neuen russischen Krieges, der 1790 endete, ohne dass eine der Kriegsparteien territoriale Gewinne oder Verluste zu verzeichnen hatte, gewann in Finnland eine seperatistische Offiziersbewegung an Einfluss, die sich Anjalabund nannte. Sie strebte Verhandlungen mit Russland an, um Gustav III. zum Friedensschluss zu zwingen. Diese Offizierskonspiration war von Ideen beseelt, die ein autonomes Finnland mit einer vom Adel geführten Staatsform, angegliedert an den russischen Reichsverband, entwarfen. Der amerikanische Freiheitskampf gegen das englische Mutterland schien ihnen Vorbild und Legitimation zugleich. Doch konnte der Anjalabund nur eine kleine Gefolgschaft um sich sammeln und keines seiner Ziele erreichen. Für Russland war eine Überlegung, die auf die Herauslösung Finnlands aus dem schwedischen Staatsverband zielte, durchaus interessant aber noch nicht an der Zeit. Doch sollte es nicht mehr lange dauern, bis dieser Gedanke Wirklichkeit wurde.

FINNLAND ALS RUSSISCHES GROSSFÜRSTENTUM

Mit dem Einfall zaristischer Truppen in Finnland im Februar 1808 begann nicht nur das letzte Kapitel in der jahrhundertelangen militärischen Auseinandersetzung zwischen Schweden und Russland um die Vorherrschaft im östlichen Ostseeraum, sondern er läutete auch das jähe Ende der schwedischen Herrschaft in Finnland ein. Nach den Landverlusten in Ostkarelien als Ergebnis des Nordischen Krieges und nach den zweimaligen vergeblichen Versuchen Schwedens im Laufe des 18. Jahrhunderts (1741–43 und 1788–90), diese Territorien durch Revanchekriege zurückzugewinnen, schien die Ostgrenze des Reiches vor weiteren russischen Ambitionen gesichert zu sein. In der Tat hätte das Zarenreich 1808 andere und wichtigere militärische Ziele zu verfolgen gehabt, als sich in Finnland zu engagieren. Aber Zar Alexander I. hatte sich aus der Niederlage des dritten Koalitionskrieges gegen Napoleon nur dadurch in eine Atempause retten können, indem er mit diesem 1807 in Tilsit ein Bündnis einging, das die Verpflichtung einschloss, Schweden durch einen Zwangskrieg als Bündnispartner Englands auszuschalten und in die Napoleonische Allianz einzubinden.

Die Absicht, Finnland zu erobern und in den russischen Herrschaftsverband einzugliedern, bestand zu diesem Zeitpunkt nicht. Allenfalls strebte die russische Führung die Kontrolle einiger Küstenstriche an, um die Seewege in der finnischen Bucht und damit die Zufahrt nach St. Petersburg zu sichern. Ansonsten hatte Russland an dem bevölkerungsarmen und wirtschaftlich wenig ertragreichen Finnland kaum Interesse. Doch die militärische Entwicklung, die Ereignisse auf der europäischen politischen Bühne und vor allem die Reaktion der Finnen auf den russischen Angriff verschränkten sich in den folgenden Monaten derart, dass zunächst – am 29. März 1809 – dem Zaren in Borgå/*Porvoo* feierlich gehuldigt wurde und schließlich – am 17. September 1809 – im Friedensschluss von Fredrikshamn/*Hamina* die Abtrennung des Landes vom Königreich Schweden auch völkerrechtlich vollzogen wurde.

Die Kriegsereignisse lassen sich in knappen Zügen schildern: Schweden verteidigte Finnland nur hinhaltend, und der Befehlshaber Admiral Cronstedt gab im Mai 1808 sogar voreilig die starke Seefestung Sveaborg in den Schären vor Helsinki auf, wodurch der russischen

Flotte unerwartet ein enormer strategischer Gewinn zufiel. Zu Lande operierten die schwedischen Truppen meist vereinzelt und überwiegend ohne taktische Kooperation untereinander, so dass sie auch hier ins Hintertreffen gerieten – trotz des zähen Kampfeswillens der finnischen Bauern in ihren Reihen, die ihre Heimat verteidigen wollten. Schnell erreichten die russischen Truppen die alte Hauptstadt Åbo/*Turku* und hatten damit das ganze Südfinnland in der Hand, während in Mittel- und Nordfinnland die – vereinzelten – Kämpfe andauerten. Hier war der russische Einsatz nicht so groß.

Anders als die finnische Landbevölkerung zeigte sich die städtische Oberschicht und die Beamtenschaft den Russen gegenüber kooperativ.

Dies war die Lage, als bei einem neuerlichen Treffen der beiden Kaiser in Erfurt im Herbst 1808 erste Risse in ihrer Koalition sichtbar wurden, denn so wie Napoleon dem russischen Zaren in Nordeuropa freie Hand ließ, so ermunterte er die Türken dazu, an der Südflanke des russischen Reiches Alexanders imperiale Pläne zu stören.

Der Zar hatte zu diesem Zeitpunkt wohl noch nicht die Absicht, Finnland auf Dauer besetzt zu halten oder das Land gar zu annektieren. Doch seine Generäle machten ihm klar, dass er angesichts des ungewissen Bündnisses mit dem Korsen mit dem unerwartet zugefallenen finnischen Pfund wuchern sollte, bevor andere es zum Nachteil Russlands tun würden. Unter seinen Offizieren und Beratern waren einige ehemalige finnlandschwedische Offiziere, die nach der missglückten Verschwörung von Anjala nach Russland geflohen waren. Von ihnen taten sich insbesondere G. M. Sprengporten und J. A. Jägerhorn hervor, die dem Zaren verdeutlichten, dass er die mit der schwedischen Herrschaft unzufriedenen und zu einer Zusammenarbeit mit Russland bereiten finnischen Kräfte nutzen sollte.

Alexander machte sich in seiner Proklamation den Rat zu Eigen, den Finnen den Erhalt ihrer angestammten Gesetze, ihrer Verwaltung, ihres lutherischen Glaubens und ihrer alten Freiheiten zu garantieren, die sie unter der Krone Schweden besaßen. Das war für Russland nichts Ungewöhnliches, denn ähnlich war man beispielsweise auch schon bei der Inkorporation der baltischen Länder nach 1721 vorgegangen. Der einflussreiche Ratgeber des Zaren, Michail Speranskij, plante, um das eigentliche Russland einen Gürtel halbautonomer Staaten zu legen, bei deren Verwaltung regionale Unterschiede zum Tragen kommen sollten und die man als Versuchsfeld für die Verwirklichung der Ideen der Aufklärung behandeln konnte. Zu diesen Gürtelstaaten sollte auch Finnland gehören.

So wurde noch vor einem Waffenstillstand mit Schweden die weiterfunktionierende finnlandschwedische Verwaltung mit dem Zaren verbunden. In Petersburg konnte eine finnische Delegation sogar die Bedürfnisse und Erwartungen des Landes vortragen. Doch wollte diese Abordnung nicht als Bevollmächtigte des finnischen Landtages handeln und riet dazu, dass es klug wäre, ordnungsgemäß eine Gesamtvertretung der vier Stände Finnlands (Adel, Geistlichkeit, Bürger, Bauern) einzuberufen, um die Anbindung an das Zarenreich staatsrechtlich zu untermauern und sie nicht allein durch den militärischen Gewaltakt herbeizuführen.

Auf diesem Landtag im März 1809 in Borgå / *Porvoo* huldigten die Vertreter der finnischen Stände dem Zaren als ihrem rechtmäßigen Herrscher als Großfürst von Finnland. Der Zar seinerseits bestätigte wie zugesagt die „angestammten Gesetze und Rechte“ des Großfürstentums als für sich bindend und versprach, „sie in unverletzlicher und unverfälschbarer Kraft und Wirksamkeit zu erhalten“. Außerdem erklärte er ausdrücklich, dass Finnland nunmehr in den Stand der Nationen erhoben worden sei. Das war, wie die weitere Entwicklung zeigen sollte, für die Finnen von unschätzbarem symbolischem Wert. Dass die schwedische Verfassung und das schwedische Recht weiterhin gültig blieben, bedeutete für Alexander kein besonderes Opfer, denn der Charakter dieser Gesetze war durchaus monarchistisch, handelte es sich doch um die absolutistische Regierungsform Gustavs III. von 1772 sowie um dessen Einheits- und Sicherheitsakt von 1789. Der Zar musste mithin von seiner absoluten Stellung nichts preisgeben.

Unterdessen überstürzten sich die Ereignisse im eigentlichen Schweden: Der geistig nicht immer zurechnungsfähige König Gustav IV., der seine starrsinnige Haltung gegenüber dem russischen Zaren nicht aufgeben wollte, hatte sich wenige Tage vor der Zusammenkunft der finnischen Stände einer Revolte frankreichfreundlicher adliger Kreise beugen und abdanken müssen. Die Krone wurde seinem Onkel, dem jüngeren Bruder Gustavs III., Karl (als Karl XIII.) aufgesetzt; und um den französischen Einfluss zu sichern, machte man Napoleons Marschall Jean Baptiste Bernadotte zugleich zum Thronfolger und faktischen Regenten. Das erleichterte den finnischen Ständevertretern die Lossagung von der Krone Schwedens, da sie sich ihres Eides an den schwedischen König entbunden fühlten.

Der dem Großfürstentum Finnland gewährte Sonderstatus im Verband des Zarenreiches war auch als Mittel gedacht, Schweden von einer Revanchepolitik abzuhalten, da es so nicht auf politisch unzu-

friedene Kräfte im Lande bauen konnte. Dieser Sonderstatus war allerdings nicht durch internationale Verträge garantiert, sondern allein durch St. Petersburg, d. h. den Zaren, gleichwohl bedeutete er politisch einen Fortschritt, denn unter der Herrschaft schwedischer Könige war das Herzogtum Finnland trotz eigener Provinziallandtage ein Teil Schwedens gewesen wie jede andere Provinz des Königreiches auch, die alle von Stockholm aus zentralistisch regiert wurden – im Falle Finnlands notorisch unterverwaltet und vernachlässigt.
Nun aber, mit dem neuen Status unter der Zarenkrone, waren die Zeiten direkter Eingriffsmöglichkeiten hauptstädtischer Behörden in die finnischen Angelegenheiten beendet. Nicht nur die alte Rechtsordnung, auch die Instanzen der Rechtspflege und der Verwaltung blieben autonom finnische, die nur durch eine Schaltstelle mit der russischen Regierung verknüpft wurden. Diese Schaltstelle war der russische Generalgouverneur. Er führte die Aufsicht über die finnischen Behörden und übermittelte die Ukase (Verordnungen) der russischen Regierung, die für Finnland eine Sonderabteilung einrichtete. Die russischen Fachministerien selbst hatten keine Kompetenzen für Finnland, auch nicht der Senat in St. Petersburg.
Um diese autonome Stellung deutlich zu machen, bekamen die Finnen ihre eigene ‚Regierung', den Regierungsconseil, der 1816 mit Erlaubnis des Zaren – wie der russische – in Senat umbenannt wurde. Dieser finnische Senat vereinigte in zwei Abteilungen Oberstes Gericht sowie die mit Fachsenatoren besetzte Zentralbehörde für das Großfürstentum. Nominell war der stets russische Generalgouverneur Vorsitzender des Senats, doch führte faktisch sein finnischer Stellvertreter die Verhandlungen dieses Kollegiums, die noch lange in schwedischer Sprache geführt wurden. Der Generalgouverneur war darüber hinaus für die öffentliche Ordnung im Lande verantwortlich und führte das Kommando über die russischen Truppen. Im Laufe der Zeit vergrößerten sich die Zuständigkeiten des Senats, so dass er mehr und mehr zu einer einheimischen Regierung wurde und schließlich auch so genannt wurde. Die Senatoren wurden vom Zaren für einen bestimmten Zeitraum ernannt, so dass er auf diese Weise einen gewissen Einfluss auf ihre Loyalität nehmen konnte. Neben dieser Regierung gab es weiterhin den Vierständelandtag, der allerdings nach 1809 erstmals wieder 1863 einberufen wurde, also über 50 Jahre nur auf dem Papier existierte.
Die treibende Kraft auf russischer Seite bei der praktischen Ausgestaltung der staatsrechtlichen Bindung Finnlands an das Zarenreich war wiederum ein schwedischer adliger Emigrant: Gustav Mauritz

Armfelt. Er gehörte aber nicht zum Kreis der ehemaligen Anjala-Verschwörer oder anderer Anti-Gustavianer, wie die Gegner des seinerzeitigen schwedischen Königs Gustav III. genannt wurden, sondern war nach dem Stockholmer ‚Staatsstreich' von 1809 aus genau gegenteiligen Motiven nach Russland emigriert, nämlich als Anhänger der absolutistischen, gustavianischen Ständeverfassung, die mit dem ‚Staatsstreich' beseitigt worden war. Ab 1810 in russischen Diensten, wurde er Vorsitzender eben jenes Komitees für die Angelegenheiten Finnlands in St. Petersburg. Der Vorsitzende dieses Komitees allein war, was Finnland betraf, beim Zaren vortragsberechtigt – jedenfalls in der Epoche Alexanders I. Sein Nachfolger Nikolaus I. zeigte sich gegenüber den nichtrussischen Nationalitäten nicht mehr so liberal, was vor allem die Polen zu spüren bekamen. Nach deren erfolglosem Aufstand 1830/31 hat auch Finnland kleinere Einschränkungen seiner Sonderstellung hinnehmen müssen: Das Komitee für die Angelegenheiten Finnlands wurde auf einen Minister-Staatssekretär reduziert und die Stellung des Generalgouverneurs in Helsinki verstärkt, der sich nun in finnischen Angelegenheiten direkt an den Zaren wenden konnte. Gleichwohl hat auch Nikolaus, wie alle Zaren nach ihm, die finnischen Grundrechte bestätigt.

Anders als bei ihrer früheren staatlichen Zugehörigkeit zu Schweden, wo die Stände Finnlands auf den Reichstagen in Stockholm vertreten waren, hatten die Finnen nach 1809 keinen Anteil mehr an der Regierung und Verwaltung des Reichszentrums, also Russlands. Sie konnten jetzt jedoch im Großfürstentum erstmals alle jene Regierungsbefugnisse ausüben, die nicht unmittelbar diejenigen des Herrschers waren. Gleichwohl behielt der Zar im Rahmen des finnischen Grundgesetzes freie Hand hinsichtlich der Organisation der finnischen Verwaltungseinrichtungen. Doch er musste in bestimmten Fällen die Zustimmung des Landtages einholen. Dies betraf Änderungen des finnischen Grundgesetzes, der ständischen Privilegien, der Straf- und Zivilgesetzgebung oder des Kirchenrechts. Der Landtag hatte zudem Mitspracherecht bei der Ausschreibung neuer Steuern. Letzteres war wichtig angesichts der Tatsache, dass der finnische Staatshaushalt noch bis zur Mitte des 19. Jahrhunderts zu einem wesentlichen Teil auf der Grundsteuer beruhte. Sondersteuern, wie sie die schwedische Krone immer wieder verlangte und die der schwedische Reichstag dann in der Regel für bestimmte Zeit bewilligt hatte, wurden während der russischen Herrschaft nur für kurze Zeit benötigt. Da es kein Verlangen nach Änderung der oben genannten Grundrechte oder der Steuerveranlagung gab, entstand für den Herrscher über ein

halbes Jahrhundert keine Notwendigkeit, den finnischen Landtag einzuberufen.
Die Zölle, eine weitere wichtige Einnahmequelle des Staates, legte die russische Regierung fest. Zwischen Russland und Finnland gab es weiterhin eine Zollgrenze. Diese verlief nahe St. Petersburg, denn 1812 hat der Zar die in den Kriegen des 18. Jahrhunderts an Russland verloren gegangenen Territorien wieder in das Großfürstentum eingegliedert. Das geschah nicht ganz ohne Hintergedanken. Denn Napoleon rüstete damals zu seinem Feldzug gegen den einstigen Verbündeten Russland und hatte, um die Unterstützung Schwedens zu bekommen, diesem die Rückgewinnung Finnlands in Aussicht gestellt. Durch die Wiederherstellung der alten finnischen Grenze glaubte der Zar sich der Loyalität seiner neuen Untertanen versichern zu können. Bekanntlich ist Schweden nicht auf das Angebot Napoleons eingegangen, sondern hat sich im Gegenteil der antinapoleonischen Allianz angeschlossen, um am Ende – 1814 – mit dem Gewinn Norwegens belohnt zu werden, das dem letzten Verbündeten Napoleons im Norden, Dänemark, weggenommen wurde. Im August 1812 schloss Schweden sogar in Turku mit Russland ein Bündnis, das Russland den Besitz Finnlands garantierte. Damit war Finnlands Zugehörigkeit zum Zarenreich außenpolitisch endgültig abgesichert. Eine Bestätigung auf dem Wiener Kongress 1815 schien deshalb, anders als im Falle Polens, nicht mehr vonnöten.

Helsinki, die neue Hauptstadt

Die Absicht Alexanders I., Finnland zu einem funktionierenden und selbständigen Ganzen zu machen, manifestierte sich deutlich in der Erhebung Helsinkis zur neuen Hauptstadt des Großfürstentums per Dekret im Jahre 1812. Åbo/*Turku* hatte als Bischofssitz, Universitätsstadt und Sitz des Hofgerichts stets als kulturelles und administratives Zentrum Finnlands fungiert. Nun wurde das der Festung Sveaborg gegenüberliegende Helsinki als neue Hauptstadt geplant – und das im wörtlichen Sinn. Denn bis dato war Helsinki eine provinzielle Hafen- und Handelsstadt mit nicht einmal 4000 Einwohnern, die hauptsächlich von der Festungsgarnison lebte. Ihr von Holzhäusern geprägtes Erscheinungsbild hatte gar nichts Hauptstädtisches. Unter persönlicher Aufsicht des Zaren wurde nunmehr ein neues Stadtbild entworfen, das deutlich repräsentativ sein und die neue politische Lage zum Ausdruck bringen sollte.

Helsinki war durch den Krieg von 1808/09 durch eine Feuersbrunst zu einem Drittel zerstört worden. Noch bevor der Wiederaufbau nach altem Muster in Gang kommen konnte, fiel die Entscheidung für die neue Hauptstadt des Großfürstentums. Und diese verlangte einen neuen Bebauungsplan, der dann in einem komplizierten Entstehungsprozess in den Jahren nach 1812 zustande kam und sich an klassizistischen Prinzipien orientierte. Gerade Straßenlinien und funktionale Plätze kennzeichneten ihn. Das Stadtgebiet wurde durch eine funktionale Differenzierung in zwei Teile geteilt, die durch eine breite Parkanlage – der heutigen Esplanade – voneinander getrennt wurden. Der südliche Teil sollte eine normale Bürgerstadt mit Häusern für Kleinbürger und Handwerker werden, in der das traditionelle Baumaterial Holz Verwendung finden konnte, während nördlich der Parkanlage das eigentliche neue Zentrum der Stadt und des Landes geplant wurde, wo nur steinerne Gebäude zugelassen waren – eine im damaligen Finnland ganz ungewöhnlich Forderung. Hier sollten die reichen Bürger und hohen Beamten bauen und wohnen, hier sollten die repräsentativen öffentlichen Gebäude entstehen.
Als architektonischer Höhepunkt wurde in der Stadtmitte Helsinkis ein großer rechteckiger Platz konzipiert – der heutige Senatsplatz. Um ihn sollten die wichtigsten Verwaltungsgebäude des Landes gruppiert werden: im Osten und Westen zwei hinsichtlich ihrer Fassade identische große Bauwerke – im Osten das Senatsgebäude, im Westen der Generalgouverneurspalast. Diese Gegenüberstellung sollte die politische Situation Finnlands symbolisieren. Dazu zählten auch die Hauptwache am Nordrand des Platzes als architektonisches Manifest für die russischen Truppen in Finnland und östlich davon das Rathaus als Sinnbild für die Bürgerstadt Helsinki. Der neue Dom der lutherischen Kirche im Norden des Platzes aber sollte das ganze Ensemble beherrschen. Um seine dominierende Stellung noch zu verstärken, wurde noch während seiner Bauzeit die kurz zuvor daneben fertig gestellte Hauptwache weiter in den Hintergrund versetzt und durch die heutige große Freitreppe ersetzt.
Nachdem der Zar den von Johan Albrecht Ehrenström entworfenen Bebauungsplan genehmigt hatte, begann im Jahre 1812 der Um- bzw. Neubau Helsinkis mit der Anlegung des Straßennetzes und der Errichtung der privaten Häuser. Bei der Organisierung dieses gewaltigen Projekts stieß Ehrenström als Leiter des Baukomitees auf erhebliche praktische Schwierigkeiten: Die Beschaffung von Arbeitskräften und Baumaterial und die Finanzierung des Ganzen bereiteten ständig neue Probleme. Die Finanzierungsfrage konnte schließlich dadurch

etwas entspannt werden, dass sich der Zar zur finanziellen Unterstützung bereit fand. Das neue Helsinki wurde für Alexander I. zu einer persönlichen Angelegenheit: Er stellte nicht nur Geld und Kredite zur Verfügung, sondern unterbreitete auch Vorschläge für architektonische Details. Auf das Wohlwollen des Zaren dürfte es letztlich auch zurückzuführen gewesen sein, dass 1816 für den Entwurf der repräsentativen Bauwerke als Architekt der aus Berlin stammende Carl Ludwig Engel (1778–1840) gewonnen werden konnte. Bis dahin hatte man eine Gruppe von Festungsoffizieren als Architekten herangezogen.

Engel entwarf binnen kurzem die Pläne für einen Umbau, der zum bedeutendsten Ereignis in der finnischen Stadtbaukunst wurde. Engel, ein Schüler der Berliner Bauakademie, war während der Napoleonischen Kriege 1809 nach Russland geflohen war und hatte unter anderem in St. Petersburg gearbeitet. Der bedeutende Vertreter der so genannten palladianistischen Richtung des Klassizismus brachte die Stilelemente der italienischen Renaissancearchitektur des Andrea Palladio in reinster Form nach Finnland. Sie manifestierten sich in den um den Senatsplatz angelegten Bauwerken, deren Formensprache in Details durchaus variantenreich war entsprechend der jeweiligen Funktion der einzelnen Gebäude. Eine wichtige Abänderung des ursprünglichen Bebauungsplans und damit der funktionalen Platzgestaltung kam dadurch zustande, dass 1828 die Universität von Turku

Der Senatsplatz in Helsinki. Lithografie von F. Tengström, Helsinki 1838.

nach Helsinki verlegt wurde und für ihren Neubau die Westseite des Platzes zur Verfügung gestellt wurde. Deshalb entstand hier nicht, wie vorgesehen, der Palast des Generalgouverneurs, sondern, ebenfalls von Engel entworfen, der repräsentative Neubau der Universität. Sie wurde – nicht nur architektonisch – ein grundlegendes Element Helsinkis und damit des Landes.

So kam es zur Gegenüberstellung zweier Gebäude, die nicht – wie ursprünglich gedacht – die politische Situation symbolisierten, sondern das Spannungsfeld kennzeichnen würden, in dem sich die Selbstfindung Finnlands vollziehen sollte: zwischen politisch-administrativem und geistig-akademischem Wirken. Das kommt auch in der architektonischen Gestaltung zum Vorschein: Am Senatsgebäude dominiert die römische Ordnung, am Universitätsgebäude die griechische.

Nicht nur die Einrichtung des administrativen und politischen Zentrums in Helsinki war von entscheidender Bedeutung. Auch die Verlegung der Universität nach hier erwies sich als eine wichtige Etappe in der nationalen Identitätsbildung. Denn nun waren Geist und Macht an einem Ort, ja sogar an einem Platz versammelt. Die Universität gewann insofern Bedeutung, als sie nicht nur eine Ausbildungsstätte für eine neue Elite war, sondern auch dadurch, dass die Studentenorganisationen lange Zeit die einzigen Foren für politische Debatten bildeten. Diese legten die Grundlagen für die Herausbildung politischer Strömungen und dann Parteien gegen Ende des Jahrhunderts.

Engel war auch maßgeblich am Wiederaufbau von Turku nach dem verheerenden Brand von 1827 beteiligt. Er entwarf den neuen Bebauungsplan, der sich, deutlicher noch als in Helsinki, durch ein rechtwinklig angelegtes, breites Straßennetz mit großen Plätzen auszeichnete.

Die Stiftung einer finnischen nationalen Identität

Der Übergang zum russischen Großfürstentum beinhaltete für die Finnen in jeder Hinsicht einen Gewinn – nicht nur politisch und wirtschaftlich, sondern, wie sich bald zeigen sollte, insbesondere auch kulturell. Denn erst jetzt war der Boden bereitet, auf dem sich ein finnisches Nationalbewusstsein, eine finnische Identität, entwickeln konnte, wo Staatsnation und Kulturnation in eins flossen. Schon das von Alexander I. bestätigte Privileg, demzufolge die Verwaltung Finnlands nur Einheimischen, also Finnen (Finnlandschweden natürlich eingeschlossen), vorbehalten war, förderte so etwas wie ein finnisches Verfassungsbewusstsein und einen Verfassungspatriotismus. Dieser finnische Verwaltungsapparat wirkte wie eine Klammer, die in dem nun einsetzenden Prozess der nationalen Identitätsfindung die mitunter divergierenden Kräfte zusammenhielt.

Die Identitätsbildung Finnlands verlief zunächst etatistisch. Finne – oder Finnländer – sein, bezog sich darauf, die vom Zaren garantierten ständischen Rechte als Adliger, Geistlicher, Bürger oder Bauer im Großfürstentum zu nutzen und zu verteidigen und sie anderen (Russen) zu verwehren. Entscheidend für die weitere finnische Identitätsstiftung war, dass in diese Rechte die breite bäuerliche Schicht einbezogen wurde, in der im Unterschied zum Adel und Bürgertum die (finnische) Volkssprache lebendig war.

Spätestens seit der berühmten Aufforderung des späteren Helsinkier Philosophieprofessors Johan Wilhelm Snellman an seine Landsleute im Jahr 1830: „Lasst uns Finnen sein", wurde in diesem Sinne auch ein nationalpolitisches Handlungsprogramm sichtbar. Doch schon vorher konnten an der Universität Åbo/*Turku* die auf Herder zurückgehenden Ideen der Nationalromantik Fuß fassen, denen zufolge nicht vorrangig der Staat Anknüpfungspunkt für die Nationsbildung ist, sondern das als Sprachgemeinschaft definierte Volk, das auf einer bestimmten Höhe seiner Entwicklung zur Staatsbildung berufen wäre – und zwar im Sinne Hegels als sittlicher Staat. Ein Staat war den Finnen nun in gewisser Weise zwar gegeben, doch den Anhängern der Nationalromantik schien dieser Staat bzw. der dem Zaren gegenüber berechnende Loyalismus seiner bürokratischen Elite weit entfernt von seiner sittlichen Aufgabe. Und eine finnische Nation war auch noch nicht gegeben. Sie zu stiften, kam nun auf die Tagesordnung.

Die Fennomanen

Die Kritik der Nationalromantiker an der schwedischsprachigen Bürokratie des Großfürstentums war einer der Ausgangspunkte für die finnische Sprachbewegung und die Entdeckung und Förderung der finnischen Volkskultur. Diese Bewegung wurde Fennomanie genannt, ihre Verfechter Fennomanen. Die Wurzeln des Finnentums suchten die Fennomanen im Bauernstand und nicht in der adligen und bürgerlichen Oberschicht. Gleichwohl wurde diese Oberschicht in den finnischen Nationsbildungsprozess mit einbezogen, ja, nicht wenige Fennomanen entstammten sogar dieser schwedisch geprägten Kultur. An die schwedischsprachige Elite war denn auch Snellmans oben genannter auf Schwedisch gesprochener Aufruf in erster Linie gerichtet.

Bei der Errichtung des Großfürstentums war bezüglich seiner Verwaltungssprache keine besondere Regelung getroffen worden außer der, dass die bisherige bestehen bleiben sollte. Das bedeutete, dass in allen Verwaltungseinheiten weiterhin das Schwedische angewandt wurde und das Finnische nur in wenigen Ausnahmefällen bei Bekanntmachungen auf dem flachen Land Anwendung fand. Die Kommunikation der oberen finnischen Behörden mit den russischen geschah auf Französisch, Russisch oder Deutsch.

Die Fennomanie war ein patriotischer Nationalismus, der alle Stände des Landes einschließen sollte. Es handelte sich hier nicht um einen emanzipatorischen Nationalismus wie bei anderen Völkern Osteuropas, mit dem sich gleichzeitig ein unterdrückter Bevölkerungsteil – nämlich die ländliche Mehrheit – von einer in der Regel andersnationalen Oberschicht befreien wollte. Denn der finnische Bauer war seit alters her frei und im Besitz gleicher ständischer Rechte wie die anderen drei Stände auch. Diese ständischen Freiheiten zu sichern, wie überhaupt das Weiterleben des finnischen Staates im Russischen Reich zu bewahren, brauchte es eine nationale Kultur. Die schwedische konnte und sollte es für die Fennomanen nicht sein.

Die finnische Sprach- und Kulturbewegung konnte lange mit dem Wohlwollen des Zaren rechnen, denn sie schien ihm Gewähr zu bieten, dass die Führungsschichten des Großfürstentums sich nicht dem Skandinavismus zuwandten, der sich zu dieser Zeit von Dänemark und Schweden ausgehend auch in der akademischen und bürokratischen Elite Finnlands bemerkbar machte. Aus diesen skandinavistischen Kreisen wurde die Fennomanie denn auch am schärfsten angegriffen und sogar als Demagogie diffamiert. In einer weiteren Ausbreitung des westlich orientierten skandinavistischen Gedankengutes sah Russland eine größere Bedrohung als in den Bestrebungen der Fennomanen.

Bauern und Geistlichkeit waren die beiden Stände, die die Fennomanie beförderten. Ihrer Loyalität wollte sich der als liberal geltende Zar Alexander II. versichern, indem er 1863 das erste Sprachendekret zugunsten der finnischen Sprache erließ. Mit ihm wurde Finnisch dem Schwedischen in Verwaltung und Justiz gleichgestellt. Gleichwohl hielt die faktische Dominanz des Schwedischen bis zum Ende des Jahrhunderts an, obwohl nur ein Siebtel der Einwohner Finnlands dieser Sprache mächtig war. Denn ein erheblicher Teil der schwedischsprachigen Elite übte sich in Obstruktion, indem man sich wei-

gerte, Finnisch zu lernen. Deshalb blieb das Schwedische noch lange Zeit im inneren Verkehr der Behörden die alleinige Sprache.
1863 stellte im Zusammenhang der finnischen Sprachgeschichte dennoch eine wichtige Wegmarke dar. Seit der staatlichen Trennung Finnlands von Schweden hatte die finnische Schriftsprache und die in ihr verfasste Literatur bedeutende Entwicklungsschritte vollzogen. 1817 erschienen die ersten finnischsprachigen Schauspiele (von Jaakko Juteini), 1834 die erste Tragödie in dieser Volkssprache (von Jakob Lagervall). Eine wichtige Zäsur war die Einrichtung einer Professur für finnische Sprache und Literatur im Jahre 1850 an der Universität Helsinki. Damit war die Grundlage gelegt, dass das Finnische auch Einzug halten konnte in die wissenschaftliche Literatur. Acht Jahre später wurde dann die erste finnischsprachige Dissertation verfasst.
Die Anfänge der finnischen Schriftsprache und die ersten gedruckten finnischen Texte reichen zwar in die Zeit der Reformation zurück und sind vor allem mit der Person Mikael Agricolas und seiner Bibelübersetzung verbunden. Und auch aus dem 18. Jahrhundert ist finnisches Schriftgut erhalten. Doch erst 300 Jahre nach Agricola, in der ersten Hälfte des 19. Jahrhunderts, machte man sich daran, die Sprache systematisch zu erforschen und zu normieren. Dabei stieß man schnell auf Schwierigkeiten. Denn das – wie das Ungarische und Estnische – zur uralischen Sprachfamilie zählende Finnische stellt in mehrerlei Hinsicht einen Sonderfall dar. Insbesondere die eigenartige Lexik und Grammatik machten es kompliziert, es strukturell in das Korsett des Lateinischen zu pressen. Hinzu kam der Streit darüber, welcher der finnischen Dialekte ausschlaggebend sein sollte. In dem phasenweise anarchistisch anmutenden Dialektestreit fand man schließlich zu einer Basis in der bereits 1810/11 erschienenen „Dissertatio de orthoepia et orthographia linguae fennicae“ von Gustav Renvall, einer Mischung westlicher und östlicher Dialektgruppen unter Anwendung modernisierter Orthographie. Es erschienen in diesen Jahren noch eine Menge anderer Wörterbücher, doch das lexikalische Hauptereignis war Elias Lönnrots mehrbändiges Finnisch-Schwedisches Wörterbuch aus den Jahren 1867–1880.
Viele finnische Wörter, überwiegend so genannte Kultur- oder Zivilisationswörter, wurden neu geschaffen, weil es sie in den Volksdialekten nicht gab. Die moderne finnische Sprachforschung rechnet damit, dass rund 1600 Neuschöpfungen aus der Mitte des 19. Jahrhunderts in die finnische Sprache eingegangen sind, in der Mehrzahl Lehnprägungen nach schwedischen, deutschen oder lateinischen Vorbildern.

Künstliche Neologismen fallen noch nicht in diese Zeit, denn sie sind eine Erscheinung des technischen Zeitalters. Doch auch dabei zeigte sich die finnische Sprache puristisch und nahm kaum Fremdwörter auf. Deshalb heißt beispielsweise der Fernsprecher im Finnischen *Puhelin* und nicht Telefon wie in fast allen anderen europäischen Sprachen. Mit der Herausbildung einer finnischen Schriftsprache wuchs das allgemeine Leseinteresse. Obwohl die erste finnischsprachige Zeitung bereits 1776 erschienen war, begann jetzt erst die Verbreitung finnischer Zeitungen und Zeitschriften.

Es ist vielfach hervorgehoben worden, dass bei der nationalen Identitätsstiftung drei Personen im finnischen Kulturleben des 19. Jahrhunderts die Hauptrolle spielten: der ‚Nationaldichter' Johan Ludvig Runeberg (1804–1877), der bereits genannte Philosoph und Staatsmann Johan Wilhelm Snellman (1806–1881) und nicht zuletzt der Arzt, Dichter und Sprachforscher Elias Lönnrot (1802–1884), der Schöpfer des finnischen Nationalepos *Kalevala*. Obgleich alle drei der schwedischsprachigen Kultur entstammten, hatten sie als Kinder des 19. Jahrhunderts – und damit gewissermaßen des Großfürstentums – keinerlei Loyalitätskonflikte mit der ehemaligen kulturellen Vormacht auszutragen. Ihre Bezugspunkte waren vielmehr die Ideen der (deutschen) Nationalromantik und die Umsetzung des Herderschen Gedankengutes in ein finnisches nationales Programm. Insbesondere die Liedersammlungen Herders übten großen Einfluss aus. Daneben stand das Interesse für die Volksdichtung in der geistig-literarischen Tradition der ossianischen Gesänge.

In diesem Geiste entwickelte sich in studentischen Kreisen an der Universität in Turku, an der die drei studierten, die so genannte Turkuer Romantik. Hier entstanden erste Volksdichtungssammlungen und von hier unternahmen Nationalromantiker Reisen ins Innere Finnlands, um Lieder und Gedichte aus dem Volksmund aufzuzeichnen. Gleichzeitig trat eine Reihe von Dichtern hervor, um in Anlehnung an ältere finnische Gelegenheitsdichtung eine so genannte neue Volksdichtung zu verfassen, die aber kaum an den Reichtum der echten Volksdichtung heranreichte.

Bei all dem darf nicht vergessen werden, dass nach wie vor das Schwedische eine dominierende Rolle spielte und auch von den Fennomanen bei der Verbreitung ihrer Ideen und Schriften angewandt wurde. Es wurde zu dieser Zeit noch nicht als die Sprache der Oberschicht und vermeintlichen Unterdrücker der finnischen Kultur betrachtet. Die ersten finnischen Märchensammlungen von Zacharias (Sakari) Topelius (1818–1898), der gemeinhin als der H. C. Andersen

Finnlands bezeichnet wird, wurden sogar ab 1847 auf Schwedisch herausgegeben.
Überhaupt entstand parallel zur Entwicklung der finnischen Sprache und Literatur eine umfangreiche schwedischsprachige Literatur, die aber – abgesehen von der Sprache – als genuin finnische zu betrachten ist und sich selbst auch dazu zählte. Denn die in ihnen behandelten Sujets sind urfinnische. In dieser schwedischen Sprache schrieb und dichtete auch der Poet, der zum Nationaldichter Finnlands erhoben wurde: Johan Ludvig Runeberg. Seine Werke wurden sogar formal wie sprachlich als eine Erneuerung der gesamten schwedischen Literatur der Mitte des 19. Jahrhunderts angesehen. Mit dem Umzug der Universität von Turku nach Helsinki kam auch Runeberg in die neue Hauptstadt und wurde dort eine der Zentralgestalten der so genannten Helsinkier Romantik. Doch als sich seine Hoffnungen auf ein Lehramt an der Universität nicht erfüllten, zog er sich in die Kleinstadt Borgå/*Porvoo* zurück, um fortan als Schullehrer sein Auskommen zu finden. In dieser traditionsreichen Handelsstadt blieb er bis zu seinem Tod im Jahre 1877, und von hier aus entfaltete er mit seinen Werken eine Wirkung von bis dahin nicht gekanntem Ausmaß. Nur die Volksgedichtssammlungen Elias Lönnrots sollten eine vergleichbare Wirkung haben.
Auch wenn Runeberg die finnische Sprache nur mäßig beherrschte, ist sein Einfluss auf die finnische Volksdichtung und Kulturgeschichte nicht zu überschätzen. Unter dem Eindruck der Werke Schellings suchte und fand Runeberg das besondere Identitätsstiftende in der finnischen Natur und Landschaft. Die romantische Metaphysik Schellings verbindet sich in Runebergs Dichtung mit der alten heidnischen Volksdichtung und Mythologie und kreiert die unberührte finnische Natur als Heimstätte finnischer Identität. Darin konkretisierte sich für ihn der Begriff des finnischen Vaterlandes, der in der finnischen Geistesgeschichte im ganzen 19. Jahrhundert einen tiefen Eindruck hinterlassen sollte. In diese finnische Natur stellt Runeberg in seinen Gedichten einfache, klar gezeichnete Typen, Menschen aus dem Volk, die die Grundeigenschaften des finnischen Wesens charakterisieren sollen: Bescheidenheit, Tapferkeit, Zähigkeit, Religiosität, Naturliebe und Gemeinschaftssinn. Es sind Figuren, die zu nationalen Symbolfiguren werden.
Durch seine schwedischsprachigen Werke hatte Runeberg nicht unwesentlichen Anteil daran, dass sich das finnlandschwedische Bildungsbürgertum für das nationalfinnische Programm zu interessieren begann. Es entdeckte durch Runeberg nicht nur das ihm bis dahin

weitgehend unbekannte Wildmark-Finnland, sondern lernte auch kennen, dass es sich beim Wildmark-Bauern nicht um einen rohen, kulturlosen Waldmenschen handelte, sondern um eine würdevolle, Respekt heischende Person. Das bedeutendste und einflussreichste Werk Runebergs waren seine im Revolutionsjahr 1848 mit einem ersten Teil erschienenen ‚Fähnrich Ståls Erzählungen' (*Fänrik Ståls Sägner*). Es handelt sich hierbei um Gedichte, die Ereignisse während des schwedisch-russischen Krieges 1808/09 thematisieren. Ein Gedicht aus diesen Erzählungen, *‚Vårt land'* (Unser Land), sollte in der Vertonung von Fredrik Pacius zu Finnlands Nationalhymne werden. Das Lied wurde während des Studentenfestes in Helsinki im Frühjahr 1848 unter großer Begeisterung erstmals vorgetragen. Im Unterschied zu revolutionären patriotisch-nationalen Zusammenkünften, die in jenem Jahr in anderen Ländern Europas stattfanden, richtete sich dieses Sängerfest aber nicht gegen den Herrscher oder die bestehenden politischen Verhältnisse, sondern erweiterte und stärkte das Fundament des finnischen Patriotismus. Runebergs Dichtung wirkte, wie von der finnischen Literaturwissenschaft hervorgehoben wurde, eher als ‚Blitzableiter', mit dessen Hilfe durchaus vorhandenes studentisches revolutionäres Potenzial zur emotionalen und unpolitischen Bewunderung der Natur und der Volkskultur abgeleitet wurde. ‚Vårt land' ersetzte die Forderungen der Revolution nach schneller Veränderung der Verhältnisse durch finnische Naturharmonie, Schicksalsergebenheit und ein Programm der inneren nationalen Reife. Bestärkt wurde dies durch die Herausstellung der ‚finnischen Eigenschaften' der Helden Runebergs, deren Idealismus nie nachlässt, auch wenn sie an der Seite Schwedens im Krieg gegen die Truppen des Zaren unterliegen. Weil auch die Soldaten des Zaren in durchaus günstigem Licht dargestellt werden, bekam Runeberg keine Probleme mit der russischen Zensur.

Runebergs Weltbild war durchaus naiv und unpolitisch, um nicht zu sagen gesellschaftlich affirmativ und reaktionär. Veränderungen der bestehenden Verhältnisse wollte er nicht. Dennoch entwickelten sich die Protagonisten seiner Gedichte und deren Aufopferungsbereitschaft für das Vaterland zu nationalen Idealtypen, die die finnische Identitätsbildung wie kaum ein anderes literarisches Werk förderten. Die durch Runebergs Werk beeinflusste romantische Einstellung gegenüber Gesellschaft und Nation hat im Weltbild der finnischen Bildungsschicht noch weit ins 20. Jahrhundert hinein gewirkt und kam insbesondere 1917 und dem anschließenden Bürgerkrieg im Kampf gegen die ‚Linken' bzw. ‚Roten' zum Tragen.

In der Bejahung der bestehenden politischen Verhältnisse stimmte Runeberg mit einem anderen Vorkämpfer der finnischen Nationsbildung überein, mit dessen Ideen ihn ansonsten kaum etwas verband, gemeint ist Johan Wilhelm Snellman. Snellman war Philosoph und als solcher Hegelianer. Mit der nationalromantischen Schwärmerei, wie sie in Dichtung und Literatur seiner finnländischen Zeitgenossen zum Ausdruck gebracht wurde, konnte und wollte er nichts anfangen. Sein rationalistischer Patriotismus zielte auf die Entwicklung der finnischen Sprache und Gestaltung der politischen Ordnung unter der Regie der Vernunft. Deshalb hielt er den gegebenen politischen Status Finnlands unter russischer Oberhoheit für ideal, weil nach seiner Meinung Finnland allein nicht lebensfähig wäre. In diesem äußeren Rahmen galt es, die finnische Nation zu bilden – und zwar in der doppelten Bedeutung des Wortes. Snellman zufolge kam dabei der Sprache entscheidende Bedeutung zu und weniger der Literatur und Dichtung.

Snellman fiel im Prozess der Volksbildung eine nicht zu überschätzende Rolle zu. Denn als er in der Zeit des reaktionären Zaren Nikolaus I. (1825–1855) aufgrund seiner Anschauungen in einen Gegensatz zu den amtlichen Stellen geriet und ihm sogar mit Sibirien gedroht wurde, ging er als Lehrer in die mittelfinnische Provinzstadt Kuopio und widmete sich dort zudem der Herausgabe zweier Zeitungen, mit denen er seine Ideen der finnischen Volks- und Sprachbildung in breiten Kreisen verankern wollte: Die eine Zeitung, *Maamiehen Ystävä* (Der Freund des Landmannes), richtete sich auf Finnisch an die einfachen Leute, die andere, *Saimaa* (nach der gleichnamigen Seenlandschaft), in schwedischer Sprache an die Gebildeten. Letztgenanntes Blatt fand in der Bildungsschicht bald große Beachtung. Es wurde allerdings 1846 verboten, wobei allerdings nicht das darin propagierte Sprachenprogramm den Grund lieferte, sondern wiederholte Berichte über die erbärmlichen und ‚unfinnischen' Zustände auf den Gütern russischer Adliger in Karelien.

Elias Lönnrot, die dritte bedeutende finnländische Geistesgröße der Jahrhundertmitte, war nicht nur – neben Mikael Agricola – der größte finnische Sprachschöpfer, sondern mit seiner Zusammenstellung des Epos *Kalevala* der Identitätsstifter Finnlands schlechthin.

Lönnrot erhielt 1852 den Lehrstuhl für finnische Sprache und Literatur an der Universität Helsinki, nachdem der erste Inhaber, Matthias Alexander Castrén, bereits nach einem Jahr Lehrtätigkeit jung verstorben war. Castrén war der Wegbereiter der finno-ugrischen Sprachwissenschaft gewesen und hatte auf der Suche nach den

Kalevala

Nach ausgedehnten Reisen durch Finnland stellte Elias Lönnrot die bei den einzelnen finnischen Stämmen überlieferten und von ihm aufgezeichneten lyrischen Gesänge, Hochzeitslieder, Totenklagen, Heldenlieder, Legenden u. a. zu einem epischen Ganzes zusammen, das die tradierte geistige (Volks-)Kultur der Finnen vereinte. Lönnrot legte auf seinen Wanderungen eine Strecke zurück, die zusammengerechnet etwa der Entfernung von Helsinki bis zum Südpol entsprach. Im April 1828 brach er zu seiner ersten Reise auf. Zuerst fand er nur wenig Material. Aber als Lönnrot nach Ostfinnland kam, stieß er auf Menschen, die die alte Volksdichtung kannten, so wie Juhana Kainulainen, der ihm Lieder und Zaubersprüche vortrug. Epoche machend war für die Entstehung des Kalevala-Epos Lönnrots vierte Reise im Herbst 1834. Sie führte ihn in karelische Dörfer am Weißen Meer, wo er eine überaus lebendige Tradition des Liedersingens vorfand. 1835/36 erschien die erste Version der Kalevala mit 32 Gesängen und 12000 Versen. 14 Jahre später veröffentlichte Lönnrot eine erweiterte Fassung mit 50 Gesängen und rund 23000 Versen. Das Epos besitzt eine einzigartige sprachliche Kraft und poetische Klarheit, die ihresgleichen in der Weltliteratur sucht. Auch inhaltlich ist es einzigartig: Die in ihm dargestellten Konflikte werden nur ganz selten mit Waffengewalt ausgetragen, die Gegner werden durch Zaubersprüche und wortgewaltige Gesänge besiegt.

Elias Lönnrot (1802–1884). Lithografie von G. Budkowski.

Seit dem Erscheinen der ersten Fassung wurde das Heldenepos Kalevala zum Beweis für eine urfinnische Kultur und verhalf den Finnen zur nationalen Identitätsfindung. Mit der Kalevala-Begeisterung verband sich von Anfang an auch ein besonderes Interesse für den karelischen Hintergrund des Epos. Karelien galt als Schatzkammer der alten Lieder, als ein idyllisches Museum der Vorzeit. Die romantische Hinwendung zur Welt des Kalevala und Kareliens wird in Finnland als Karelianismus bezeichnet und erlebte eine Blütezeit in den 1890er-Jahren. Damals wurde das Kalevala zur Heiligen Schrift der finnischen Mythen. Es wirkte bis auf den heutigen Tag inspirierend auf alle Kunstgattungen in Finnland – nicht zuletzt auf die Tonkunst. Jean Sibelius wählte Kalevala-Themen für seine Tondichtungen, und der Maler Akseli Gallen-Kallela entwarf Szenen aus diesem Volksepos in einem synthetischen Stil. Bereits 1852 erschien eine deutsche Übersetzung des Kalevala, und bis heute ist es als das am häufigsten übersetzte Werk der finnischen Literatur in 51 Sprachen übertragen worden, von denen freilich „erst“ 46 veröffentlicht worden sind.

Wurzeln dieser Sprache ausgedehnte Reisen nach Nordrussland und Sibirien unternommen. Ab 1856 hielt Lönnrot seine Vorlesungen schon teilweise auf Finnisch, obwohl das Finnische erst ab 1864 als universitäre Unterrichtssprache zugelassen wurde.
Neben der universitären Beschäftigung mit der finnischen Sprache, die 1828 durch die Einrichtung eines finnischen Lektorats an der neuen Universität Helsinki in Gang gekommen war, hatte die, unter maßgeblicher Teilnahme Lönnrots, im Frühjahr 1831 ins Leben gerufenen Finnische Literaturgesellschaft großen Anteil an der weiteren Entwicklung. Ihre Aufgabe sollte die Förderung der finnischen Sprache und des finnischen Schrifttums sowie die Erforschung des Finnentums überhaupt sein. Die Gesellschaft besteht bis heute und wurde in Anlehnung an bedeutende nationale Akademien anderer Länder als „zentrale Pflanzstätte der finnischen Kultur" bezeichnet. Die frühen Protokolle der Gesellschaft spiegeln den Entwicklungsgrad der finnischen Sprache wider. Lönnrot, der Sekretär, hat bis 1858 nur viermal das Protokoll auf Finnisch niedergeschrieben. Ansonsten wurde es auf Schwedisch verfasst – mit der Begründung, dass damit alle Aussagen auch sachgerecht formuliert und festgehalten werden könnten. Erst ab 1858 wurde das Finnische durchgängig Protokollsprache der Gesellschaft.
Die Unfähigkeit der gebildeten Schichten, die finnische Sprache zu sprechen, beziehungsweise ihr Unwille, diese dem Schwedischen so vollkommen fremde Sprache überhaupt zu erlernen, bildete lange Zeit ein praktisches Grundproblem. Außer der Finnischen Literaturgesellschaft gab es jedoch seit den 1840er-Jahren in den Städten weitere gelehrte Zirkel, deren Mitglieder sich selbst dazu verpflichteten, soweit wie möglich das Finnische zu verwenden. Um diesen Sprachgebrauch zu üben, suchte man den Umgang mit der bäuerlichen Bevölkerung, was letztlich auch zu dem Nebeneffekt führte, dass durch diesen persönlichen Kontakt Standesschranken überwunden und das demokratische Element in der finnischen nationalen Bewegung gestärkt wurden.

Die Svekomanen und der Kampf um die Sprache

Die Bemühungen der Fennomanen führten dazu, dass die Sprachgrenze nicht mehr gleichbedeutend war mit sozialen Grenzen – in der Hinsicht, dass die Unterschichten finnisch, die höheren Schichten dagegen schwedisch sprachen. Das Finnische fand mehr und mehr Zugang in das Bildungs- und Geschäftsbürgertum, während das Schwedische an Boden verlor. Ab der Mitte des 19. Jahrhunderts begann sich in schwedischsprachigen akademischen Kreisen Widerstand gegen diese Entwicklung breit zu machen, der sich schließlich unter Führung des Professors für schwedische Sprache, Axel Olof Freudenthal (1836–1911), zu einer organisierten Bewegung auswuchs. Sie machte es sich zur Aufgabe, unter dem schwedischstämmigen Bevölkerungsteil im Lande, der etwa ein Siebtel der Gesamtbevölkerung ausmachte, ein stärkeres Bewusstsein für schwedisches Brauchtum und schwedische Sprache zu wecken und ihn gegen Fennisierungsbemühungen zu immunisieren. Die Bewegung fand vor allem in der traditionellen schwedischsprachigen Beamtenschaft und im Bildungsbürgertum sowie bei schwedischstämmigen Bauern und Gutsbesitzern in den Küstentrakten Anhängerschaft.

Konfliktträchtig sollte die Verknüpfung mit zeitgenössischen Ideen aus Frankreich werden, die die Lehre von der Ungleichheit der Rassen zum Gegenstand hatten. Danach gehörte, so die auf Finnland bezogene Umdeutung, die schwedische Rasse zu den kulturschaffenden und staatsbildenden Ariern, also zur Herrenrasse, während die Finnen zu einer darunter stehenden Rasse gehörten, die allenfalls in der Lage wäre, Kultur zu übernehmen und ansonsten als Untertanen zu leben. Unfreiwillig genährt wurden diese von den Svekomanen für das finnische Tableau zurechtgebogenen kruden Vorstellungen sinnigerweise sogar von fennomanen Sprachforschern, wie dem bereits genannten Castrén, die zu jener Zeit die Verwandtschaft des Finnischen mit den Sprachen von auf primitiver Stufe stehenden sibirischen Stämmen feststellten. Castrén hatte sogar die These aufgestellt, dass die Urheimat der Finnen im Altai-Gebirge läge. Dergleichen wissenschaftliche Publikationen wurden nun willkommene Expertisen für die von den Svekomanen behauptete kulturelle Minderwertigkeit der Finnen, die ohne die Segnungen der schwedischen Kulturleistungen noch auf derselben Stufe stehen würden wie ihre sibirischen Stammesverwandten. Einer der eifrigsten Verkünder solcher Anschauungen war der Journalist August Sohlman, der mit dem Buch *‚Det unga Finland‘* (Das junge Finnland) großen Einfluss auf die Radikalisierung der Svekomanen ausübte.

Die Fennomanen empfanden die Reden und Publikationen von der Überlegenheit der Schweden als Beleidigung und reagierten darauf mit zunehmender Verbitterung. Diese wurde noch dadurch genährt, dass trotz des Sprachendekrets von 1863 die Eliten in Verwaltung und Rechtssprechung zäh am alleinigen Gebrauch des Schwedischen fest-

hielten. In dem Sprachendekret war dagegen unter anderem festgelegt worden, dass das Finnische innerhalb von 20 Jahren in der gesamten Verwaltung als offizielle Sprache Anwendung finden sollte.
In den Landtagen der 1880er Jahre wurde über die Sprachenfrage heftig debattiert, und zahlreiche Gesetzesvorschläge wurden von der einen und der anderen Seite eingebracht, um von der jeweils gegnerischen Seite in schöner Regelmäßigkeit blockiert zu werden. Selbst ein neuerliches kaiserliches Dekret im Jahr 1886, das allen Behörden den Gebrauch beider Sprachen auferlegte, brachte keine Wende. In der Praxis sollte die Sprachenfrage letztlich durch zwei Faktoren entschieden werden: die Schulpolitik und die Kräfte des Marktes. Mit Letzteren ist gemeint, dass in dem Maße das Finnische auch in der Verwaltung allmählich Platz griff, wie die finnischsprachige Bevölkerung ihren Kulturkonsum ausweitete, indem finnischsprachige Bücher und Zeitungen erschienen, indem das Kulturleben überhaupt einen immer stärkeren finnischsprachigen Einschlag erhielt, weil die Zahl der finnischsprachigen Gebildeten stieg und zudem ganz einfach auch in bürgerlichen und akademischen Kreisen immer mehr Menschen finnisch sprachen.
Konfliktträchtiger war die Entwicklung auf dem Gebiet der Schulpolitik. Die Svekomanen betrachteten die Schulen, insbesondere die höheren Schulen, als letzte Bastion des Schwedentums. Hier wehrten sie sich lange Zeit erfolgreich gegen die Einrichtung finnischsprachiger Gymnasien. Zwar war bereits 1841 durch eine Schulverordnung Finnisch als fakultatives Fach zugelassen worden und 1858 in Jyväskylä sogar die erste rein finnischsprachige Oberschule gegründet worden. Doch erst mit der Ernennung des liberalen Fennomanen Yrjö-Koskinen zum Schulminister im Jahre 1885 begann sich das Blatt landesweit zu wenden. Auf den Landtagen konnten in der Folge einige Gesetzesinitiativen durchgebracht werden, die die Stellung des Finnischen als Unterrichtssprache festigten. Ausgehend von staatlich unterstützten privaten Gymnasien hielt das Finnische allgemein Einzug in die höhere Bildung, und schließlich gab es eine Reihe rein finnischsprachiger Lyzeen und Mädchenschulen, in denen seit den späten 1880er Jahren junge Menschen unterrichtet wurden, aus deren Reihen sich am Ende des Jahrhunderts eine neue akademische und bürokratische Elite rekrutierte. Auf diese Weise erreichte das Finnische noch im letzten Jahrzehnt der russischen Herrschaft die führende Stellung.
In dem Maße, in dem die sprachpolitischen und kulturellen Bestrebungen der Fennomanen zum Durchbruch gelangten, verschärfte sich

die Reaktion darauf auf Seiten ultrakonservativer svekomaner Kreise. Sie verschaffte sich Luft in Zeitungen wie *Östra Nyland* oder *Nya Pressen* sowie in der Gründung von Vereinigungen wie *Svenska Folkskolans Vänner* (Freunde der schwedischen Volksschule), die danach trachteten, die Vorherrschaft der schwedischsprachigen Kultur zu bewahren und dabei deren Höherwertigkeit gegenüber der finnischen herausstellten. Da die Fennomanen zu diesem Zeitpunkt auch bereits die Regierung stellten, wurde die Haltung dieser Svekomanen zunehmend regierungs- und auch russenfeindlicher. Das aber führte dazu, dass liberale Svekomanen sich dem Lager der Fennomanen anschlossen.

Ein radikalerer schwedischsprachiger Nationalismus machte sich erst nach der Parlamentsreform geltend, als die 1906 gegründete Schwedische Volkspartei begann, auch die schwedischsprachige Landbevölkerung in ihre Interessen einzubeziehen und sich nicht mehr allein auf die schwedischsprachigen Eliten beschränkte.

Gesellschaft und Wirtschaft im 19. Jahrhundert

Als privilegierte Provinz im russischen Staatsverband profitierte Finnland auch wirtschaftlich. Nicht nur dadurch, dass die Steuern und Zolleinnahmen im Unterschied zur schwedischen Zeit im Land blieben und die Zollgrenze gegenüber Russland beibehalten wurde. Finnland war auch nicht mehr Schauplatz schwedischer Revanchekriege, die das Land und seine Bewohner im 18. Jahrhundert ausgezehrt hatten. Wie niemals zuvor in seiner Geschichte sollte es nun eine lange Friedensperiode erleben, die bis in die Schlussphase des Ersten Weltkrieges reichte. Zwar war das russische Reich in diesem Zeitraum in allerlei Kriege verwickelt, doch Finnland selber blieb verschont – wenn man von dem lokal begrenzten Ereignis der Beschießung der Festung Sveaborg durch ein englisch-französisches Flottengeschwader während des Krimkrieges absieht.

Bis weit in das 19. Jahrhundert hinein war Finnland ein armer Agrarstaat, dessen Getreideproduktion kaum den Eigenbedarf deckte. In der Erntekrise 1867/68 starben noch Zehntausende am Hunger. Erst im letzten Drittel des 19. Jahrhunderts setzte in Finnland ein durchgreifender wirtschaftlicher und gesellschaftlicher Wandel ein, in dessen Verlauf die Wirtschaft schneller wuchs als in den meisten Ländern Westeuropas. Innerhalb einer Generation setzten sich Industrialisierung und kapitalistische Produktionsweise durch.

Um 1810 betrug die Einwohnerzahl Finnlands rund eine Million Menschen. Bis zum Ende des Jahrhunderts sollte sie sich nahezu verdoppeln – trotz der durch Missernten geprägten Notjahre in den 1830er und vor allem 1860er Jahren. Die Bevölkerung war weiterhin sehr ungleich verteilt: Während in Nyland mehr als 25 Menschen auf einem Quadratkilometer lebten, zählte man im Norden in der Region um Oulu nicht einmal deren zwei. Im Allgemeinen waren die südlichen und südwestlichen Küstenbezirke am dichtesten besiedelt.

Die Binnenmigration blieb das ganze Jahrhundert über unbedeutend. Erst mit der Industrialisierung begann auch eine Binnenwanderung von Arbeitskräften vom Land in die Städte. Dagegen setzte schon relativ früh eine externe Migration ein, die auf die nahe gelegene Metropole des russischen Reiches gerichtet war: St. Petersburg, schon damals eine der größten Städte Europas. Es handelte sich zunächst um eine saisonale Migration, von der überwiegend das südöstliche Finnland betroffen war. Sie hatte deshalb keine nennenswerten bevölkerungsstatistischen Auswirkungen, dagegen aber eine nicht zu überschätzende kulturelle und wirtschaftliche Bedeutung für diese Region. Um 1900 hatten sich rund 20 000 Finnen in St. Petersburg auf Dauer niedergelassen.

In der Mitte des 19. Jahrhunderts gab es in Finnland 32 Städte, doch nur zwei von ihnen hatten mehr als 10 000 Einwohner, nämlich Helsinki und Turku. Die übrigen waren Orte mit ausgeprägtem kleinstädtischen Charakter. Doch nach 1880 beschleunigte sich die Verstädterung, blieb allerdings auf den Süden beschränkt, wo im Jahr 1910 über 80 Prozent der Stadtbevölkerung lebte. Helsinki wuchs bis zu diesem Zeitpunkt auf über 100 000 Einwohner. Zwei Drittel davon waren Zuzügler vom Lande. Aufs Ganze gesehen war Finnland aber weiterhin ländlich geprägt: Nur etwa 15 Prozent der knapp drei Millionen Einwohner lebte in Städten. Bezogen auf die Einwohnerzahl klaffte zwischen Helsinki und den beiden nächstgroßen Städten eine erhebliche Lücke: Turku wies zu dieser Zeit rund 45 000 Einwohner auf und Viborg etwa 35 000. Danach folgte die Industriestadt Tampere mit knapp über 30 000 Einwohnern.

Der große Bevölkerungsanstieg fand vor allem auf dem Land statt, was zu schwierigen sozialen und wirtschaftlichen Problemen führte. Neben der genannten Abwanderung nach St. Petersburg erfolgte in den nördlichen Provinzen eine gewisse Arbeitsmigration in die aufblühenden Fischereiorte Nordnorwegens beziehungsweise in die expandierende Holzindustrie Nordschwedens. Im letzten Jahrhundertviertel kam es zu einer großen Auswanderungsbewegung nach Amerika, wohin sich bis zum Ersten Weltkrieg etwa 300 000 Finnen auf den Weg machten. Mehr als die Hälfte stammte aber aus den bottnischen Küstenprovinzen, und davon war der größte Teil wiederum schwedischsprachig. All diese Migrationen konnten die sozialen Probleme auf dem Lande nur bedingt lindern.

Zu Beginn des Jahrhunderts machte die Zahl der Land besitzenden Bauern noch die Mehrheit der Landbevölkerung aus. Am Ende des Jahrhunderts waren sie hingegen deutlich in der Minderzahl gegenüber der besitzlosen Landbevölkerung. Diese Veränderung geschah sukzessive, ohne Einwirken der Zentralbehörden und von diesen lange Zeit auch nicht wahrgenommen. Die schleichende Pauperisierung großer Teile der Landbevölkerung und die unregulierte Veränderung der sozialen Strukturen legten den Keim für die gesellschaftlichen Krisen, die zu Beginn des 20. Jahrhunderts und insbesondere zwischen 1917 und 1919 (Bürgerkrieg) zu einem gewaltsamen Ausbruch kommen sollten.

Betrachten wir die Schichtung im Bauernstand im Einzelnen, so stellte sich die hier skizzierte Entwicklung folgendermaßen dar: Die Landbevölkerung war in vertikaler Schichtung traditionell in vier Kategorien aufgeteilt. Ganz oben standen die Land besitzenden Bauern, die in solche mit Eigentumsrecht an Grund und Boden und solche mit nur Besitzrecht (sog. Arrendatoren) zu unterteilen sind. Neben der rechtlichen Differenzierung gab es in dieser Gruppe auch zum Teil erhebliche Unterschiede hinsichtlich der Größe und des Ertrages der bewirtschafteten Höfe. Obwohl derselben sozialen Gruppe zugehörig, stand ein Großbauer (sei er Selbsteigner oder Arrendator) mit fruchtbarem Boden in West- oder Südfinnland wirtschaftlich ganz anders da als ein Schwendbauer mit steinigem Acker in Ost- oder Mittelfinnland. Dieser unterschied sich in seiner wirtschaftlichen Lage kaum von einem Angehörigen der nächsten Kategorie, den Kätnern (finn. *Torppari*, schwed. *Torpare*). Die Schicht der Kätner entstand durch Abtrennung kleinerer Landstücke (in der Regel zwei bis fünf Hektar) von größeren Bauernhöfen oder Gütern zur Eigenbewirtschaftung auf Pacht, wobei als Gegenleistung in der Regel bestimmte Tagewerke (Hand- und Spanndienste) auf dem abtretenden Hof oder Gut geleistet werden mussten. Viele dieser Kätner lebten am Rande der Not, und hinsichtlich ihres sozialen Status' unterschieden sie sich oft kaum von der nächsten Gruppe, den Landarbeitern, die als Knechte oder Mägde direkt auf Höfen oder Gütern lebten und arbeiteten.

Die unterste Schicht bildeten die Tagelöhner, die als Hintersassen, Häusler oder Einlieger ihre Arbeitskraft an Bauern oder Kätner verkauften. Diese Tagelöhner machten Schätzungen zufolge zu Beginn des 19. Jahrhunderts etwa zehn Prozent der Landbevölkerung aus. Bis 1875 stieg ihr Anteil in einzelnen Regionen auf bis zu ein Viertel. Im selben Zeitraum wuchs die Schicht der Kätner von etwa 8 auf 17 Prozent, wobei allerdings regional zum Teil große Unterschiede zu berücksichtigen sind. Gleichzeitig verminderte sich der Anteil der ersten Schicht, der Land besitzenden Bauern, an der Gesamtbevölkerung und betrug im Schnitt nur noch 15 Prozent. Somit war die Situation auf dem Lande um 1875 durch das starke Wachstum der besitzlosen Bevölkerungsschichten gekennzeichnet, die jetzt etwa zwei Drittel ausmachten und ein zunehmendes soziales Konfliktpotenzial darstellten.

Vor allem die Kätnerfrage wird von der finnischen Sozialgeschichtsschreibung als eine der wichtigsten gesellschaftspolitischen Fragen der neueren finnischen Geschichte angesehen. Sie bezog ihre Relevanz nicht nur aus den sozialen Implikationen, sondern auch daraus, dass es diese Schicht der finnischen Landbevölkerung war, der als Quelle des Finnentums im Nationsbildungsprozess neben den Land besitzenden Bauern eine besondere Bedeutung zukam. Die Integration der Kätner in die werdende finnische Nation wurde bereits von den akademischen Sinnstiftern in der Mitte des 19. Jahrhunderts als entscheidende Aufgabe angesehen. Doch die vielschichtige Wirklichkeit stellte sich dem entgegen.

Denn die Kätner waren keine homogene, sondern eine durch rechtliche Differenzierung gekennzeichnete Gruppe – eine Differenzierung, die mit der Entstehung und Entwicklung des Kätnerwesens zur Zeit der schwedischen Herrschaft zusammenhing. Die Ursprünge reichen in das 17. Jahrhundert und die Entstehung großer Gutswirtschaften zurück, von denen kleinere Parzellen abgetrennt und als Kätnerstellen verpachtet wurden. Als Gegenleistung wurden entweder Tagewerke oder Naturalabgaben für das Gut vereinbart – oft beides. Der Gutsbesitzer bezweckte damit zweierlei: die Bildung eines – billigen – Arbeitskräftereservoirs und die Urbarmachung von Land, das an der Peripherie des Gutes lag. Bald haben dann auch größere Bauernhöfe Kätnerstellen eingerichtet, wobei hier hinzukam, dass sie die Versorgung nachgeborener Söhne sichern sollten, wenn im Erbfall der Älteste seine jüngeren Brüder nicht auszahlen wollte oder konnte. Diese erhielten dann auf Lebenszeit das Nutzungsrecht. Ansonsten war die Pachtdauer bei Kätnerstellen recht unterschiedlich geregelt und für die Kätner immer wieder Grund zum Klagen, denn kurze Pachtzeiten und die Ungewissheit der Verlängerung waren für die Landbesitzer ein zusätzliches Druckmittel für die Erbringung der Dienstpflichten. Darüber hinaus waren ebenfalls noch in schwedischer Zeit Kätnerstellen eingerichtet worden, die der Versorgung von Soldaten oder Matrosen der Kriegsflotte nach deren Kriegsdienst oder in Friedenszeiten dienten. Die Inhaber solcher Kätnerstellen waren allerdings keinem Landbesitzer gegenüber zu Dienstleistungen verpflichtet. Allein in Finnland entstanden rund 10 000 solcher Soldatenkaten.

Die Anlage von Kätnerstellen wurde im 18. Jahrhundert von der schwedischen Krone gefördert, indem steuerpflichtigen Kronbauernhöfen zugestanden wurde, solche Stellen auf ihrem Land einzurichten, ohne dass diesen eine extra Steuer auferlegt wurde. Der Zweck, der hinter dieser Maßnahme steckte, war der, die Bevölkerungszahl auf dem Lande und damit die landwirtschaftliche Produktion zu erhöhen. Bis 1805 entstanden in Finnland etwa 25 000 solcher Kätnerstellen. Die Zahl erhöhte sich bis 1895 auf 70 000. Rund 60 Prozent davon lagen im südwestlichen Finnland. Bis zu dieser Zeit hatte auch eine Nivellierung der unterschiedlichen Kätnerkategorien stattgefunden, denn bei rund drei Viertel der Kätnerstellen waren nun als Pachtzins Tagewerke für den Landbesitzer zu erbringen.

Finnische Kätnerstelle.

Inzwischen hatte man in Schweden und auch in Dänemark damit begonnen, die Stellung der Kätner zu verbessern, indem es ihnen ermöglicht wurde, ihr Anwesen zu kaufen, wofür vom Staat günstige Kredite zur Verfügung gestellt wurden. Zudem führte die dort einsetzende Mechanisierung und Rationalisierung in der Landwirtschaft vielerorts auch zur Einziehung der Kätnerstellen durch den Landbesitzer. Beides geschah in Finnland nicht, und dadurch entstand am Ende des Jahrhunderts die sozialpolitisch brisante Kätnerfrage. Sie wurde dadurch verschärft, dass durch die relativ spät einsetzende Industrialisierung der Pauperisierungsprozess der wachsenden Landbevölkerung nicht aufgefangen werden konnte. Dieser Prozess traf zwar zunächst in erster Linie die völlig besitzlosen Schichten der Landbevölkerung, doch die Kätner wurden in ihn mit hineingerissen. Dies wurde von den zeitgenössischen Protagonisten des Geisteslebens nicht wahrgenommen, die den Mythos des Kätners als Träger der finnischen Tugenden entwarfen.

Das Los der Kätner verschlechterte sich am Ende des 19. Jahrhunderts noch weiter, als sich im Zuge der allmählichen Industrialisierung die altertümliche Naturalwirtschaft in eine Geldwirtschaft und die ständisch gegliederte Gesellschaft in eine Klassengesellschaft verwandelte. Die wirtschaftlichen Möglichkeiten der Kätner wurden unter anderem dadurch eingeengt, dass die Landbesitzer keinen Boden mehr für neue Kätnerstellen oder die Vergrößerung alter zur Verfügung stellten. Vor allem der Waldbesitz wurde jetzt aufgrund der Bau- und Brennholznachfrage in den Städten immer wertvoller, was die Schwendwirtschaft einengte. Den Kätnern wurde auch das freie Nutzungsrecht am Wald entzogen, wodurch sie keinen kostenlosen Zugriff mehr auf Brennmaterial und Bauholz hatten.

Da die Pachtdauer oft mündlich und auf unbestimmte Zeit geschlossen war, lastete auf den Kätnern nicht nur der Druck des Pachtzinses (in der Form von abzuleistenden Tagewerken), sondern zudem eine große Unsicherheit. Diese Lage spitzte sich zu, und in den ersten Jahren nach der Jahrhundertwende erschütterte eine Reihe von Kätnerstreiks das Land. Der folgenreichste dieser Arbeitskämpfe ereignete sich 1906 auf dem Gut Laukko in Vesilax, bei dem der Gutseigner – mit Billigung des Landtages und des Senats – rund 70 streikende Kätner mitsamt deren Familienangehörigen (etwa 400 Personen) auf die Straße setzte.

All dies geschah zu einem Zeitpunkt, als seitens der Wirtschaftspolitik das Kätnerwesen allgemein als eine lebenskräftige Landwirtschaftsform angesehen wurde, die sowohl den Großbetrieben wie den

Kleinbauern als auch dem Landesausbau überhaupt von Nutzen war. Als Problem betrachtete man lediglich die rechtliche Ausgestaltung dieser Wirtschaftsform, das heißt die Art der Pachtverträge zwischen Grundbesitzer und Kätner. Deshalb wurden vom Landtag und vom Senat Komitees eingesetzt, die sich mit dieser Frage beschäftigten. Besonders Großgrundbesitzer betrachteten jedoch dergleichen staatliche Eingriffe als eine Gefährdung und nutzten die Gelegenheit dazu, keine neuen Pachtverträge mehr zu schließen beziehungsweise bestehende aufzukündigen. Die Kätnerfrage erhielt nun zunehmend auch politische Dimensionen, denn es zeigte sich bei den ersten auf dem allgemeinen Wahlrecht basierenden Landtagswahlen 1907, dass nicht nur die besitzlose Landbevölkerung, sondern in starkem Maße auch die Kätner sozialistisch wählten. Das Kätnerwesen verlor deshalb seine frühere Unterstützung bei den Bürgerlichen, vor allem in der Altfinnischen Partei und der neu gegründeten Agrarunion.

Im neuen Landtag wurden einige Reformvorschläge erörtert, was schließlich 1909 zu einer kaiserlichen Verordnung führte, derzufolge die kürzeste zugelassene Pachtdauer auf Kätnerstellen 50 Jahre betragen sollte und die den Pächtern finanzielle Leistungen durch den Landbesitzer zuerkannte, wenn während der Pachtdauer eine Verbesserung der Stelle erfolgt war. Die Reform war allerdings halbherzig, denn sie galt nur für neue Pachtverträge, so dass die tatsächliche Situation der weit überwiegenden Zahl der Kätner davon nicht berührt wurde. Erst nach der Unabhängigkeit Finnlands 1917 und dem Bürgerkrieg 1918, in dem sich viele Kätner der revolutionären Seite anschlossen, kam es durch gesetzgeberische Maßnahmen zu einer grundsätzlichen Besserung. Denn nun wurde den Kätnern, wie auch den Hintersassen, erlaubt, ihr Pachtland käuflich zu erwerben. Der Staat stellte hierfür zinsgünstige Darlehen zur Verfügung. Ergänzend wurde kurz darauf das so genannte Kolonisationsgesetz („Lex Kallio“, nach dem Namen seines Initiators, des späteren Staatspräsidenten) erlassen, das es kleinen Kätner- und Hintersassenstellen gestattete, zusätzliches Land zu erwerben. Der Staat hatte die Möglichkeit, zu diesem Zweck privates Land einzuziehen. Bis 1940 konnten auf der Grundlage dieser Gesetze rund 46 000 Kätnerstellen und 45 000 Hintersassenstellen in Kleinbauernstellen umgewandelt werden, wodurch die finnische Landwirtschaft nicht nur eine durchgreifende Strukturveränderung erlebte, sondern womit auch sozialer Sprengstoff weitgehend beseitigt wurde.

Auch innerhalb der obersten Bevölkerungsschicht, dem Adel, vollzogen sich im Laufe des 19. Jahrhunderts bedeutende strukturelle

Veränderungen. Die Adligen waren zu Beginn des Jahrhunderts überwiegend noch Gutsbesitzer und zugleich Beamte und Offiziere. Das bedeutete, dass Finnland zu dieser Zeit de facto weitgehend von Gutsbesitzern administriert und regiert wurde. Dies änderte sich im Laufe der Jahrzehnte durch die Urbanisierung und die Entstehung einer neuen Schicht finnischer Bürokraten. Aufgrund der Erfordernisse der neuen zentralen Behörden des Großfürstentums wurden nun hohe Verwaltungskarrieren ohne wirtschaftliche Absicherung durch Gutsbesitz möglich. Auch als militärischer Stand verlor der Adel seine privilegierte Stellung. Auf der anderen Seite eröffneten sich den Gutsbesitzern durch die gestiegene Nachfrage nach landwirtschaftlichen Produkten in den Städten (insbesondere Helsinki und Petersburg) sowie durch die Möglichkeit, bei der neu gegründeten Staatsbank Kredite aufzunehmen, ungewohnte wirtschaftliche Chancen.

Durch die Wiedereingliederung der karelischen Gebiete, die durch die Kriege Schwedens mit Russland im Laufe des 18. Jahrhunderts verloren worden waren, in das neue Großfürstentum kamen Gutswirtschaften zu Finnland, die sich hinsichtlich ihrer sozialen und rechtlichen Struktur von den durch die ‚schwedischen Freiheiten' geprägten in Alt-Finnland unterschieden. Denn in Karelien hatte während der Zugehörigkeit zu Russland durch zaristische Donationen nicht nur ein Besitzerwechsel hin zu russischen Adligen stattgefunden – etwa ein Drittel der Fläche war davon betroffen –, sondern die rechtliche Lage der hier auf den Gütern Arbeitenden hatte sich vielerorts der russischen Leibeigenschaft angeglichen. Die russischen Besitzer, die die ihnen zunächst nur als Lehen übereigneten Güter 1826 vom Zaren als vollständiges Eigentum bekamen, ließen diese in der Regel durch Verwalter bewirtschaften, die über die Bediensteten ein strenges Regiment führten. Karelien blieb bis zur Gewinnung der finnischen Eigenstaatlichkeit in dieser Hinsicht ein Sonderfall, um nicht zu sagen Problemfall, denn die Klagen der dortigen Landbevölkerung waren wiederholt Gegenstand in den Debatten des Landtages in Helsinki.

Der gesellschaftliche Wandel fand seinen besonderen Ausdruck im Bildungswesen. Hatte bis zur Mitte des Jahrhunderts die Kirche für diesen Bereich Verantwortung getragen, fiel diese seitdem ganz und gar den staatlichen Organen zu. Nach jahrzehntelangen Auseinandersetzungen um die Sprache an den weiterführenden und insbesondere höheren Schulen konnte sich schließlich das Finnische durchsetzen und das Oberschulwesen landesweit durchgestaltet werden, so dass bis zur Jahrhundertwende die Schülerzahlen drastisch anstiegen. Um 1900 gingen rund 9000 Schüler auf höhere Lehranstalten. Eine finnische Besonderheit war die große Anzahl der Mädchen. Nach 1910 waren sie auf den höheren Schulen sogar deutlich in der Überzahl. Auch im Elementarbereich konnte sich die Entwicklung im letzten Jahrhundertdrittel im europäischen Vergleich durchaus sehen lassen. Eine beachtlich verbreitete Schreib- und Lesefähigkeit spiegelt diese Entwicklung wider. Um 1910 lag die Analphabetenrate bei etwa 20 Prozent und betraf fast ausschließlich ältere Menschen. Der Ausbau des Bildungswesens zog wiederum Veränderungen nach sich: Im Jahr 1914 gab es 25-mal so viele Zeitungsabonnenten wie 1880, das Druckereigewerbe war zu dieser Zeit der am schnellsten wachsende Gewerbezweig.

Anfänge der finnischen Frauenbewegung

Knapp fünf Jahrzehnte bevor den Frauen in Finnland 1906 das Wahlrecht gewährt wurde, hatten sich dort vereinzelt Stimmen erhoben, die für die Rechte der Frauen eingetreten waren. Unter ihnen war auch Zacharias Topelius (1818–1898), der in den 1860er-Jahren über die rechtliche Stellung der Frauen geschrieben und die Öffnung der Universitäten für sie gefordert hatte. Frauen mit Grundbesitz auf dem Lande und steuerzahlende, unverheiratete und somit mündige Frauen besaßen seit 1864 respektive 1872 zwar Wahlrecht auf lokaler Ebene, waren aber selbst nicht wählbar. Ähnlich wie in Schweden gab es in den 1870er-Jahren in Finnland eine Reihe von Reformen, die die Gewerbefreiheit von Frauen und das Erbrecht betrafen, studieren durften Frauen seit 1870, allerdings nicht zu denselben Bedingungen wie Männer und ohne die gleichen Zugangsmöglichkeiten zu höherer Bildung als Voraussetzung für ein Studium. Die erste Frau in Finnland, die über die Frauenbewegungen anderer Länder schrieb und die finnischen Frauen erstmals aufforderte, sich zusammenzuschließen, war Frederika Runeberg (1807–1879), die Ehefrau des großen finnischen Nationaldichters. Wie dieser war sie bestrebt, die finnische Nationalbewegung zu fördern, die sie untrennbar mit der Frauenrechtsfrage verband. Später trat eine Gruppe von Frauen an die Öffentlichkeit, die literarische und soziale Ambitionen miteinander verknüpfte, die Idee der Emanzipation aufnahm und fest daran glaubte, dass Worte die Welt der Frauen zu verändern imstande seien. Die oft hochgebildeten Autorinnen warfen brennende Fragen auf – nach der rechtlichen und ökonomischen Abhängigkeit von Frauen, der Unterwürfigkeit in der Ehe, der Geringschätzung ihrer Ausbildung, der Verleugnung von Sexualität, der Prostitution. Minna Canth (1844–1897) war wohl die prominenteste Verfasserin der 1880er-Jahre. In ihrem realistischen Theaterstück „Die Frau des Arbeiters" (1885) beschrieb sie, wie moralische Heuchelei und wirtschaftliche Abhängigkeit das Leben einer Frau zerstören. Zur selben Zeit begannen die finnischen Frauen sich zu orga-

nisieren. 1884 wurde der erste Finnische Frauenverein gegründet, dessen Vorsitz 1891 Alexandra Gripenberg (1859–1913) übernahm und 20 Jahre lang behielt. 1892 entstand der Frauenbund Union der auch Männer in seinen Reihen zuließ und eng mit dem Frauenverein zusammenarbeitete. Um die Jahrhundertwende betrieb der Bund eine Aufsehen erregende Agitation für das Frauenstimmrecht.
Inzwischen war mit der finnischen Arbeiterbewegung auch der Sozialdemokratische Arbeiterfrauenverein gegründet worden, dessen politische Zielsetzung die Befreiung der Frauen mit der Befreiung der Arbeiterklasse in Eins setzte, zugleich eine wirksame soziale Arbeit verrichtete und sich besonders um unverheiratete Mütter kümmerte. Vorsitzende war Miina Sillanpää (1866–1952), die in den 20er-Jahren als erste Frau ein Ministeramt übernahm. Die 20er-Jahre waren es auch, die den finnischen Frauen – nunmehr in einem souveränen Staat – weitere entscheidende Rechte verliehen: 1919 die vollständigen staatsbürgerlichen Rechte und den Zugang zu kommunalen Ämtern, 10 Jahre später ein neues Eherecht, das auf der Gleichstellung von Mann und Frau gründete, und das Recht, staatliche Ämter anzutreten unter gleichen Bedingungen wie die Männer. Schritt für Schritt wurde dann in den folgenden Jahrzehnten die Sozial- und Familienpolitik zugunsten der Frauen entwickelt und ausgebaut.

Wirtschafts- und Finanzpolitik

Finnland wurde am Ende des 18. Jahrhunderts als „Vorratskammer des Reiches" bezeichnet. Mit dem Reich war Schweden gemeint, und diese Aussage bezog sich vor allem auf die Getreideversorgung Stockholms und betraf nur das südwestliche Finnland, von wo aus nicht nur reichlich Getreide, sondern ebenso Fisch- und Milchprodukte in die Hauptstadt kamen. Nach 1809 blieb Stockholm noch einige Zeit Hauptabnehmer der landwirtschaftlichen Produktion Südwestfinnlands. Und von Stockholm kamen weiterhin Fertigprodukte und Rohstoffe wie Eisenerz dorthin. Allmählich aber schlug die unterschiedliche Zoll- und Geldpolitik durch und brachte insbesondere für das westliche Finnland eine wirtschaftliche Marginalisierung, da die Hauptabnehmer auf der anderen (d.h. schwedischen) Seite des Bottnischen Meerbusens wegfielen.
Stattdessen gewann St. Petersburg für die finnischen Agrar- und Waldprodukte eine immer größere Bedeutung. Davon profitierten aus transporttechnischen Gründen jedoch in erster Linie nur die östlichen Provinzen. Hier fand nun eine Intensivierung der Land- und Waldwirtschaft statt, denn in Petersburg konnten nicht nur Lebensmittel,

vor allem animalische Produkte, zu guten Preisen abgesetzt werden, auch die Nachfrage nach Bau- und Brennholz und Teer war groß. Petersburg wiederum bot finnischen Arbeitssuchenden einen bedeutenden Arbeitsmarkt. Die dortige Getreidebörse erlaubte zudem die Einfuhr billigen Getreides nach Finnland, so dass hier der Getreidepreis nicht stieg, obwohl die einheimische Produktion nicht mit dem Bevölkerungsanstieg Schritt halten konnte.
Nach der Eröffnung des Saimaakanals (1856) und dem Bau der Eisenbahn bis Kuopio (1889) und Kajana (1904) wurde die wirtschaftliche Verknüpfung Ostfinnlands mit Petersburg nicht nur räumlich ausgeweitet, sondern auch intensiviert. Bezogen auf die ostfinnische landwirtschaftliche Produktion führte dies zu einer Strukturveränderung, weil immer mehr Produzenten ihre Betriebe auf Viehwirtschaft umstellten und die Getreideproduktion ganz oder zum Teil aufgaben. Um den Bedarf an Gras und Heu für das Vieh zu decken, wurden großflächige Rodungen durchgeführt, was nicht selten zu Interessenskonflikten mit der Waldwirtschaft führte. Die Strukturveränderung hatte aber auch soziale Auswirkungen, da immer mehr Landarbeiter und Tagelöhner kein Auskommen mehr fanden und der Armenfürsorge anheim fielen, die nur die äußerste Not lindern konnte und wollte.
Weil die Verbesserung der landwirtschaftlichen Geräte nur langsam Einzug hielt, wurden in der finnischen Landwirtschaft noch bis weit ins 19. Jahrhundert hinein altertümliche Anbautechniken angewandt. Nur wenige Gutsbetriebe besaßen die Kraft und den Mut, sich an moderne Anbaumethoden und Viehzucht heranzuwagen. Fast alle Äcker blieben dem Anbau von Brotgetreide vorbehalten. Da es auch nicht ausreichend Dünger gab und die meist steinigen Äcker mit dem vorhandenen Gerät nicht tief genug gepflügt werden konnten, konnte sich die Dreifelderwirtschaft nur langsam durchsetzen. Noch in der zweiten Hälfte des 19. Jahrhunderts war die Zweifelderwirtschaft beziehungsweise in den nördlichen Provinzen die Schwendwirtschaft die übliche Bewirtschaftungsform, was sich besonders auf die Getreideproduktion negativ auswirkte. Die im Lande eingebrachte Ernte reichte im 19. Jahrhundert nie für die Eigenversorgung der Bevölkerung aus. Stets musste importiert werden. Trotzdem standen um 1860 bei der Nahrungsmittelversorgung auf die gesamte Bevölkerung hochgerechnet pro Tag nicht mehr als 2400 kcal pro Kopf zur Verfügung, was bedeutete, dass es stets unterversorgte Bevölkerungsgruppen gab, vor allem in den Waldgebieten, deren Bewohner das knappe Getreide mit Baumrinde oder anderem Ersatz strecken

mussten. Hungersnöte waren eine ständig wiederkehrende Erscheinung. Kam eine Missernte hinzu, waren viele Menschen vom Tode bedroht. So wie 1867, als nur die Hälfte der sonst üblichen Ernte eingebracht wurde, worauf im folgenden Winter und Frühjahr rund 8 Prozent der Einwohner an Unterernährung starben.
Erst mit dem Ausbau des Bildungswesens konnte sich die Bereitschaft, sich modernen landwirtschaftlichen Techniken zuzuwenden, auf dem Lande ausbreiten. Allmählich änderten auch die Kleinbauern die Abfolge im Fruchtwechsel, ertragreichere Getreidesorten wurden angebaut und schließlich hielten mit der Produktion für den Markt und nicht mehr überwiegend für die Selbstversorgung auch neue Gerätschaften Einzug. Die Viehwirtschaft, d. h. die Fleisch- und Milchproduktion, erhielt zunehmend einen größeren Stellenwert. Am Ende des Jahrhunderts machten Milchprodukte schon deutlich mehr als ein Drittel der gesamten landwirtschaftlichen Produktion aus, während der Anteil des Getreides auf unter ein Viertel sank. Das Jahr 1880 bildete einen Wendepunkt in der landwirtschaftlichen Entwicklung. Danach wurden die Anbauflächen innerhalb von drei Jahrzehnten verdoppelt und fast ausschließlich für den Anbau von Viehfutter genutzt.
Eigentliche Industriebetriebe hat es in Finnland zu schwedischer Zeit kaum gegeben, wenn man von den – wenigen – Eisenerz verarbeitenden Hütten absieht. Diese Eisenerzverarbeitung wurde Ausgangspunkt einer eigenen finnischen Hüttenindustrie. Die bestehenden Eisenhütten konnten ihren Betrieb fortführen, weil ihnen weiterhin erlaubt war, Eisenerz aus Schweden zu importieren. Dies war ausdrücklich im Friedensvertrag von Fredrikshamn 1809 festgelegt worden. Die Hütteneigner in Finnland besaßen nämlich teilweise erhebliche Anteile an Eisenerzgruben an der schwedischen Küste nördlich von Stockholm. Die finnischen Hütten lagen in Gegenden mit reichlich Wasserkraft und Zugriff auf Holzkohle. Hier gab es unter der Landbevölkerung auch stets billige Arbeitskraft, sei es für die Arbeit auf den Eisenhütten selbst oder für die Herstellung der Holzkohle. Das finnische Eisen ging hauptsächlich – zollfrei – nach Schweden. Aus Eisen gefertigte schwedische Produkte durften im Gegenzug ebenfalls zollfrei nach Finnland eingeführt werden und hatten hier eine den Markt beherrschende Stellung.
Seit den 1840er Jahren versuchte die finnische Administration aber, den heimischen Markt von der Vorherrschaft der schwedischen Eisenerze und Eisenwaren zu befreien, was zu kostspieligen, vom Staat subventionierten Investitionen in einheimische Erzgruben führte.

Auch wenn diese Gruben sich als nicht sonderlich profitabel erwiesen, führten diese Investitionen doch zu einer Verbesserung der finnischen Hüttentechnologie. Auf diese Weise konnte die Produktion von Roheisen zwischen 1840 und 1860 um 120 Prozent und von Stangeneisen sogar um 180 Prozent gesteigert werden. Drei Viertel davon wurden nach Russland ausgeführt. Danach allerdings, besonders seit den 1880er Jahren, erschwerte eine zunehmend protektionistische russische Wirtschaftspolitik die Exporte ins Zarenreich. Die Produkte der finnischen Eisenhütten fanden nun aber verstärkt Absatz bei der einheimischen Werkstattindustrie und den Gießereien, die im Zuge der einsetzenden Industrialisierung und beim Ausbau der Verkehrsinfrastruktur (Eisenbahnen, Dampfschiffe) aufkamen. Später trug die Mechanisierung der Landwirtschaft auch ihren Teil dazu bei.

Eine Belebung der Wirtschaft kam außerdem durch die strukturelle Veränderung des privaten Komsums zustande. Mit dem Einzug der Geldwirtschaft selbst in die hintersten Dörfer Finnlands verschwand mehr und mehr die althergebrachte Selbstversorgungswirtschaft, die sich weitgehend auf die Herstellung der im alltäglichen Leben benötigten Produkte im eigenen Umfeld, das heißt auf den Gütern, Bauernhöfen oder Dörfern beschränkt hatte. Die Ausweitung der Geldwirtschaft und die zunehmende Arbeitsteilung führten nicht nur zu gesteigerter Produktivität, sondern ebenso zu einer Ausdehnung der Warenströme. Was bisher den Bewohnern der Städte vorbehalten war, erreichte nun auch die Landbewohner. Das betraf in erster Linie metallene Haushaltsgeräte und industriell gefertigte Textilien. Dieser Binnenmarkt wuchs in dem Maße, wie im letzten Drittel des Jahrhunderts durch den Ausbau der Verkehrswege der Güteraustausch vereinfacht wurde.

Wie in vielen Ländern Europas, brachte die mechanische Textilproduktion den Durchbruch für die Fabrikindustrie nun auch Finnland. Fabriktuche waren bald überall nachgefragt, insbesondere Baumwollstoffe. Dabei entstand eine Konkurrenz zwischen einheimischer Produktion und Importen. Ein Zentrum der Textilindustrie wurde Forssa im südwestlichen Tavastland. Noch bedeutender sollte Tampere werden, oft auch „Finnlands Manchester“ genannt. Reichlich vorhandene Wasserkraft und kaiserliche Privilegien begünstigten hier seit 1828 die Textilherstellung. Ende der 1850er Jahre waren in der Baumwollfabrik Finlayson bereits 1600 Menschen beschäftigt, womit sie vermutlich der größte industrielle Betrieb aller nordischen Länder war.

Bis 1905 war Tampere von allen Zöllen befreit. Weitere Baumwollfabriken legten den Grund dafür, dass sich Tampere zu einem der

Textilwerke Finlayson, Tampere.

wichtigsten industriellen Zentren Finnlands entwickelte. Insgesamt verzehnfachte sich zwischen 1840 und 1870 die finnische Produktion von Baumwollstoffen, der Konsum stieg noch schneller – besonders bei den besitzenden Schichten in den Städten und auf dem Land.

Ein weiterer wichtiger Gewerbezweig war die traditionsreiche Holzverarbeitung die durch die zunehmende Anwendung mechanisierter Fertigungsprozesse allmählich vom bäuerlichen Nebenerwerb gelöst wurde. Hier hatte zunächst die Belieferung der Werften mit Schiffbauholz und Holzteer eine große Bedeutung. Nach dem Krimkrieg und der Beseitigung der englischen Zollschranken 1860 fanden die finnischen Sägewerke auf dem englischen Markt einen profitablen Absatz. Die Liberalisierung der Ausfuhrbestimmungen und die Verbesserung der Verkehrswege (Saimaakanal, s. Kasten S. 180) führten dazu, dass mehr und mehr auch die Holzvorräte des finnischen Binnenlandes auf den Weltmarkt gelangten und die Sägemühlenindustrie sich allenthalben ausbreitete. Gleichzeitig entwickelte sich die Papierindustrie.

Gegen Ende des Jahrhunderts beschleunigte sich das Wirtschaftswachstum in einem Maße, dass es selbst die Wachstumsraten von industrialisierten Ländern wie Großbritannien und Belgien übertraf. Für die 1890er Jahre wurde ein Zuwachs von jährlich durchschnittlich 4,5 Prozent errechnet. Das schnellste Wachstum erzielte mit 5 Prozent pro Jahr das verarbeitende Gewerbe. Der wichtigste auswärtige Markt für dessen Produkte war der russische. Doch von 1885 an wurden praktisch fast alle finnischen Industrieprodukte bei der Einfuhr nach Russland Zollabgaben unterworfen, während Finnland fast alle Waren aus Russland zollfrei ließ. Aber aufgrund der positiven landwirtschaftlichen Entwicklung und der allgemein steigenden Einkommen setzte eine verstärkte Inlandsnachfrage nach finnischen Industrieprodukten ein, die die gesunkenen Exporterlöse mehr als wettmachen konnte. Dieser Trend hielt bis zum Beginn des Ersten Weltkrieges an.

Die Herausbildung Finnlands als eigene volkswirtschaftliche Einheit war ein langwieriger Prozess, der sich gerade auch in der Finanzgeschichte widerspiegelt. Zwar wurden schon 1809 der russische Rubel als die offizielle Münzeinheit eingeführt und russische Geldscheine in Umlauf gebracht, doch wurde parallel dazu noch bis 1840 der schwedische Reichstaler als Zahlungsmittel akzeptiert, weil er in der Praxis noch landesweit Verwendung fand und weil aufgrund der weiterhin engen Wirtschaftsbeziehung des westlichen Finnlands zu Schweden ständig schwedisches Geld ins Land strömte. Doch von April 1840 an sollte nur noch der Rubel als alleiniges Zahlungsmittel gelten. Das Großfürstentum besaß zu dieser Zeit bereits eine Art Nationalbank, nämlich das 1811 gegründete ‚Wechsel-, Kredit- und Depositions-Kontor', das in erster Linie der Versorgung der Landwirtschaft und der städtischen Wirtschaft mit Bargeld diente. Die Befugnisse dieses Instituts, das jetzt gewöhnlich als Bank von Finnland bezeichnet und unter die Aufsicht der finnischen Ständeversammlung gestellt wurde, wurden ausgeweitet: Es durfte finnische Rubelscheine ausgeben, die an die russische Währung gebunden waren, um die schwedische Währung aus dem Umlauf zu bringen. Die fiskalische und pekuniäre Abnabelung von Schweden war zu dieser Zeit immer noch eines der Hauptprobleme der finnischen Finanzpolitik, doch ein erster Schritt war hiermit getan, der zu einem eigenen Geldwesen führen sollte.

Ein anderes und zunehmend drängendes Problem war der notorische Kapitalmangel, der sich bei der einsetzenden Industrialisierung bemerkbar machte. Zudem stellte für das finnische Wirtschaftsleben die protektionistische, gegen die Importe aus Westeuropa gerichtete russische Zollpolitik ein erhebliches Hindernis dar. Für Finnland hatte dies einen umfangreichen Schmuggel zur Folge, gegen den die Behörden machtlos waren, was letztlich zu einer pragmatischen Handhabung der Zollbestimmungen führte. Der Chef der finnischen Finanzbehörde und Leiter des Wirtschaftsdepartements des finnischen Senats, Lars Gabriel von Haartman, reagierte darauf, indem er 1841 so genannte heimliche Zölle einführte, die für die Importeure eine Zollsenkung von rund zwei Drittel der offiziellen Tarife brachten. Erst auf diese Maßnahme ist die große Steigerung der Baumwollimporte zurückzuführen, die wiederum die finnische Textilindustrie aufblühen ließen. Gleichzeitig nahm der Schmuggel bedeutend ab und die Zolleinnahmen des Landes stiegen, was den finnischen Haushalt festigte.

Von Haartman, der fast zwei Jahrzehnte lang stellvertretender Vorsitzender des Senats war und als solcher in moderner Terminologie gewissermaßen Ministerpräsident, war auch die treibende Kraft, die auf eine vollkommen eigenständig gelenkte finnische Volkswirtschaft zielte. Ein wichtiges Etappenziel erreichte er 1844, als nach Jahrzehnten ständiger Ausnahmeregelungen im Handel mit Schweden, deren Grundlage entsprechende Passagen im Friedensvertrag von 1809 waren, das ehemalige Mutterland zollrechtlich ganz und gar zum Ausland erklärt wurde.

Es blieb als weitere Aufgabe die fiskalische Abgrenzung gegenüber Russland, mit dem es hinsichtlich des Zwischenhandels – oder genauer gesagt Schmuggels – mit ausländischen Waren über Finnland nach dort regelmäßig politische Irritationen gab. 1859 kam schließlich ein Handelsabkommen zustande, das für Finnland günstige Bedingungen beinhaltete. Nicht nur die darin festgelegten Quoten für den finnischen Export nach Russland waren höher als das zu diesem Zeitpunkt tatsächliche Volumen, mehr noch war der symbolische Gehalt des Abkommens von Bedeutung. Denn Russland begann, Finnland als eine eigene volkswirtschaftliche Einheit zu betrachten. Das ein Jahr später erfolgte Zugeständnis, eine eigene finnische Währung, die *Markka*, einzuführen, wies in dieselbe Richtung. Diese finnische Mark war zunächst noch an den Rubel gebunden, doch bereits 1865 wurde diese Bindung fallen gelassen und Finnland auch währungsmäßig eine selbständige Einheit. Zur Münzeinheit Finnlands wurde die Silbermark bestimmt. Zwar blieb der Silberrubel in Finnland ebenfalls gültig, doch hatte das keine praktischen Auswirkungen, weil in Russland seit dem Krimkrieg Papierrubel in Umlauf waren und das Zarenreich nicht zur Silberwährung zurückkehrte.

Ein weiterer Schritt zur Festigung der eigenen finnischen Währung erfolgte in den 1870er Jahren, als der Wert des Silbers im Vergleich zum Gold allgemein drastisch sank und viele Länder Europas vom Silber- zum Goldkurs wechselten. Wegen der inzwischen ausgeweiteten Handelsbeziehungen Finnlands nach Westeuropa hielt es auch der finnische Senat mit dem damaligen Finanzminister C. H. Molander für ratsam, diesen Wechsel ebenfalls durchzuführen. 1878 gelang es, dafür die Zustimmung des Zaren zu bekommen und diejenigen Stimmen in Petersburg zu übertönen, die hinter dieser Maßnahme, wohl nicht ganz zu Unrecht, einen weiteren Ausdruck separatistischer Bestrebungen vermuteten. Von nun an ging Finnland währungspolitisch eigene Wege. Die auf dem Goldfuß berechnete finnische Mark hatte jetzt nicht mehr denselben Wert wie der – formell – auf dem Silberfuß berechnete russische Rubel, der zudem nur noch als Papiergeld existierte. Die finnische Goldmark wurde nunmehr stattdessen an den französischen Franc gebunden. Diese Änderungen im Geldwesen wurden vom finnischen Landtag beschlossen, hatten damit Gesetzeskraft und konnten vom Zaren – ohne Gesetzesbruch – nicht rückgängig gemacht werden.

Eines der größten Probleme des finnischen Wirtschaftslebens waren die unterentwickelten Binnentransportwege, während die Küstenorte durch die zahlenstarke finnische Seehandelsflotte ausreichend mit Gütern versorgt werden konnte. Im Wirtschaftsausschuss des finnischen Senats ist bereits in den 1830er Jahren die Verbesserung dieser inneren Verkehrsverhältnisse diskutiert worden. Zu dieser Zeit sah man im Bau von Kanälen die beste Möglichkeit, die zentralen bzw. an der nordöstlichen Peripherie gelegenen Gebiete des Landes an die Wirtschaftszentren an der Südküste anzubinden. Dazu bot das Land der tausend Seen wie kein anderes hervorragende Voraussetzungen. Doch waren für ein solches Projekt nicht nur der politische Wille und technische Kenntnisse gefragt, sondern vor allem viel Geld vonnöten. Wegen der knappen finanziellen Ressourcen hat man deshalb zunächst nur ein großes Kanalprojekt in Angriff genommen, nämlich den Saimaakanal. Er sollte nicht nur das Saimaa-Seengebiet, den größten Seenkomplex in Europa, verkehrswirtschaftlich erschließen, sondern darüber hinaus dazu beitragen, die nordwestlichen Teile dieses Gebietes aus ihrer merkantilen Orientierung auf die (schwedischen) Küstenstädte am Bottnischen Meerbusen zu lösen. Der Bau des Kanals begann 1844, zwölf Jahre später wurde er feierlich eröffnet.

Zu dieser Zeit begann aber auch schon in Finnland ein neues Verkehrs- und Transportmittel seinen Siegeszug – die Eisenbahn. Nachdem diese in den 1840er Jahren überall in Westeuropa ihre Funktionalität bewiesen hatte, beschloss die russische Regierung 1849, dass eine Bahnlinie an der finnischen Südküste von Viborg nach Helsinki gebaut werden sollte. Dahinter standen sowohl verkehrswirtschaftliche, wie militärstrategische Absichten. Durch den Krimkrieg wurde die Umsetzung der Planungen jedoch verzögert. Von 1857 bis 1862 wurde dann die erste Eisenbahnlinie von Helsinki 100 km in nördlicher Richtung nach Hämeenlinna gebaut und damit eine Verbindung zwischen dem westlichen Seensystem und der Südküste geschaffen. Zwischen 1868 und 1870 entstand die Eisenbahnlinie nach St. Petersburg. In den folgenden Jahrzehnten verzweigte sich das finnische Eisenbahnnetz immer mehr und erreichte schließlich auch die schwedische Grenze in Südlappland. Bis 1913 wurde die Streckenlänge auf knapp 4000 Kilometer ausgedehnt. Vielfach ergänzten inländische Wasserwege das Eisenbahnnetz. Diese Revolutionierung der Verkehrstechnik brachte für die gesamte Wirtschaft einen gewaltigen Wachstumsschub.

Saimaa-Kanal

Der Saimaa-Kanal ist nicht nur eine echte Sehenswürdigkeit von Rang, sondern eine bedeutende Wasserstraße. Er verbindet das Wassersystem des Saimaasees mit dem Finnischen Meerbusen und beginnt in Lappeenranta, der „Stadt der Schiffe" im Zentrum Südkareliens. Touristen bietet er heute interessante Kreuzfahrtmöglichkeiten nach *Viipuri*/Viborg. Die frühesten Bauvorhaben gehen bereits auf das 15. und den Beginn des 17. Jh.s zurück, wurden aber buchstäblich unter dem heutigen Kanal begraben. Mit seinem Bau wurde 1844 begonnen, und kurz nach der Thronbesteigung Zar Alexanders II. wurde er 1856 feierlich eingeweiht. Nicht von ungefähr hat man den 58 Kilometer langen und mit 28 Schleusen versehenen künstlichen Wasserweg auch „Zarenkanal" genannt. Fünf Jahrzehnte nach seiner Inbetriebnahme verzeichnete man bereits 700 000 Tonnen Güter pro Jahr, die auf ihm verschifft wurden. 13 000 Fracht- und Passagierschiffe brachten zugleich internationales Flair von St. Petersburg und Viipuri in die finnische Provinz. Um die Jahrhundertwende entwickelte man einen eigens für den Saimaa-Kanal bestimmten Schiffstyp, den Saimaa-Dampfer. Doch schon in den 20er-Jahren erwies sich der Kanal als zu schmal. Der begonnene Ausbau konnte allerdings wegen des Ausbruchs des Zweiten Weltkrieges und der finnischen Gebietsverluste an die Sowjetunion nicht mehr abgeschlossen werden. Nach dem Krieg verblieb die Hälfte der Kanalstrecke auf sowjetischem Territorium, doch kam es 1963 zu einem in der Weltgeschichte einzigartigen Vertrag: Finnland pachtete den auf sowjetischer Seite gelegenen Kanalteil samt einem schmalen Uferstreifen für 50 Jahre und baute den Kanal für die Bedürfnisse des modernen Frachtverkehrs bis 1968 aus. Am 5. Juni 1968 wurde er von Staatspräsident Kekkonen eingeweiht. Heute ist der nach neuester Wasserbau- und Verkehrstechnik modernisierte Kanal 43 Kilometer lang mit einem Gefälle von 80 Metern, das durch 8 Schleusen überwunden wird. Pro Jahr beläuft sich das Passagieraufkommen auf 40–50 000 Fahrgäste und es werden auf ihm Güter (etwa 1,5 Mio. Tonnen Fracht pro Jahr) nach gut 20 europäischen Ländern transportiert.

Politisches Erwachen und Autonomie

Der autokratische Herrschaftsstil Nikolaus' I. (1825–1855) ließ in Russland keinen Nationalismus aufkommen, der sich gegen die Sonderstellung Finnlands gerichtet hätte. So brachte die Regierungszeit dieses Zaren zwar mancherlei Einschränkungen hinsichtlich der politischen Bewegungsfreiheit, doch bereitete sie zugleich den Boden für die Entstehung vertrauensvoller Beziehungen zwischen Peripherie und Zentrum. Vor allem Finnen aus der gesellschaftlichen Elite nutzten die Möglichkeiten, die ihnen der Dienst in Russland bot – sei es im Militär oder in der Staatsverwaltung. Die Finnen waren loyale russische Untertanen. Nicht ohne Grund äußerte Nikolaus I. einmal, dass man der Zukunft in Finnland ruhig entgegensehen könne.

Mit den Ereignissen auf der europäischen Bühne im Jahr 1848 wurde aber auch in Finnland der Keim gelegt für eine politische Bewegung, die mit dem Begriff Liberalismus gekennzeichnet werden kann. Erste öffentliche Äußerungen in diesem Sinne erfolgten im selben Jahr auf dem Frühlingsfest der Helsinkier Studenten, wo man den revolutionären Ereignissen in Europa unverhohlen Sympathie zollte. Hierbei wurde auch erstmals das Lied ‚Vårt land' (Unser Land) gesungen, das zu Finnlands Nationalhymne werden sollte. Doch realpolitische Einsicht bewahrte die akademische Jugend davor, die russische Herrschaft in Finnland an sich in Frage zu stellen oder gar Unruhen anzuzetteln. Stattdessen besann man sich auf rationales Handeln und schrittweise politische Emanzipation. Es entstand auf diese Weise – bezogen auf die Bildung der finnischen Nation – ein von den Liberalen gebahnter ‚dritter Weg' zwischen den Bestrebungen der Fennomanen und denen der Svekomanen. Bezeichnend war die Devise der Liberalen: „Ein Volk, zwei Sprachen", womit sie sich zur politischen und kulturellen Gemeinsamkeit des finnischen und schwedischen Bevölkerungsteils bekannten, bei der die beiden Sprachen gleichberechtigt nebeneinander stehen sollten. Den Skandinavismus lehnten sie rundweg ab. Gleichwohl diente der schwedische Liberalismus als Vorbild. Volkstumsfragen interessierten die finnischen Liberalen im Übrigen nicht besonders, ihr Wirken zielte – abgesehen von wirtschaftlichen Reformen – auf eine Verbesserung der politischen Repräsentation und der öffentlichen Verwaltung. Ihr Hauptanliegen war, den Landtag zu einer regelmäßig zusammentretenden Institution zu machen, in der die finnischen Angelegenheiten beraten und entschieden werden sollten. Des Weiteren sollten die lokale Selbstverwaltung ausgebaut und die Pressefreiheit eingeführt werden. Hinsichtlich der

Wirtschaftspolitik trachtete man danach, die staatliche Einflussnahme weitestgehend zurückzuschrauben. Um sich Gehör und Anhängerschaft zu verschaffen, wurde 1862 eine – bezeichnenderweise schwedischsprachige – Zeitung ins Leben gerufen: *Helsingfors Dagblad*, die erste moderne Zeitung Finnlands. In ihr wurde das klassische europäische liberale Programm propagiert.

Begünstigt wurden die Bestrebungen der finnischen Liberalen vom Herrscherwechsel im Jahr 1855, als der politisch aufgeklärte Alexander II. auf den Zarenthron kam. Seine Regierungszeit (1855–1881) gilt allgemein als eine Zeit der Liberalisierung und brachte für Finnland einen weiteren Ausbau seiner Sonderstellung im russischen Reich. Alexander wusste es zu würdigen, dass sich die Finnen in dem für Russland mit einer Niederlage zu Ende gegangenen Krimkrieg loyal verhalten und sich als treue Untertanen des Zaren erwiesen hatten. Die Finnen nutzten die Gunst der Stunde, und während einer akademischen Feier aus Anlass der Krönung Alexanders II. wurde in der Universität Helsinki erstmals öffentlich, wenngleich auch mit vorsichtigen Wendungen, die Einberufung des finnischen Landtages gefordert.

Hoffnung weckte außerdem die Ernennung des neuen Generalgouverneurs, des Baltendeutschen F. W. R. von Berg, der als fortschrittlicher Geist galt. Berg geriet schon bald in einen scharfen Konflikt mit den konservativen wirtschaftspolitischen Vorstellungen von Haartmans, was 1858 zu dessen Ausscheiden aus dem Senat führte. Der Weg war nun frei für wirtschaftliche Reformen im Geiste des Liberalismus. Von besonderer Bedeutung war, dass von Berg den Bestrebungen der Fennomanen große Sympathie entgegenbrachte. Er freundete sich mit Snellman an, den er dazu bewegen konnte, Kuopio zu verlassen und eine Professur für Philosophie in Helsinki zu übernehmen. 1863 wurde Snellman sogar zum Finanzminister im Senat ernannt. Snellman war es auch, der den Generalgouverneur davon überzeugen konnte, dass das vom Zaren verkündete wirtschaftliche Reformprogramm mit bestehenden gesetzlichen Bestimmungen kollidierte, deren Beseitigung aufgrund des gültigen und vom Zaren bestätigten finnischen Staatsrechts allein dem finnischen Landtag zukomme. Es sei deshalb an der Zeit, diesen Landtag nach über 50 Jahren (seit Porvoo 1809) wieder einzuberufen.

Die harte Politik des Zaren in Polen, das ebenfalls auf politische Emanzipation drängte und offenen Aufruhr übte, hatte zu dieser Zeit bei den europäischen Mächten Aufmerksamkeit, um nicht zu sagen Argwohn geweckt. Den Finnen kam in dieser Situation zugute, dass

Alexander hier zeigen konnte, zu welchen Zugeständnissen er loyalen Untertanen gegenüber bereit war. Er erließ ein Dekret, das zum September 1863 den Landtag einberief. Bei dessen Eröffnung war er sogar persönlich anwesend, und in seiner Ansprache bestätigte er nicht nur die Grundgedanken der finnischen Verfassung, sondern stellte sogar eine Änderung dieser Verfassung zugunsten Finnlands in Aussicht. Zu einer gänzlich neuen Verfassung, wie in den Debatten des Landtages vor allem von den Liberalen gefordert wurde, zeigte sich der Zar allerdings nicht bereit. Auch der von liberaler Seite vorgebrachte Reformvorschlag, dass der Senat dem Landtag gegenüber verantwortlich sein solle, was die Grundlage für einen Parlamentarismus gewesen wäre, konnte nicht durchgebracht werden.
Das Resultat war letzen Endes ‚nur' ein Gesetz über den Landtag, das 1869 erlassen wurde, in dem der finnische Landtag entgegen den Erwartungen zwar nicht erweiterte Rechte erhielt, in dem aber klarer als bisher die Rechte dieses Landtages und die des Herrschers festgelegt bzw. voneinander abgegrenzt wurden. Dazu gehörte auch, dass der Zar sich verpflichtete, den Landtag künftig mindestens alle fünf Jahre einzuberufen (es sollte sich allerdings bald ergeben, dass der Landtag faktisch alle drei Jahre zusammentrat). Er blieb weiterhin ein Vierständelandtag, in dem der geistliche Stand jedoch um Vertreter der Akademiker der Universität und der Lehrer an höheren Schulen erweitert worden war. 1879 wurde die Wahlordnung für den Bürgerstand geändert, indem in den Städten nicht mehr allein die bürgerlichen Gewerbetreibenden, sondern alle Bürger ab einem bestimmten Einkommen das Wahlrecht für diesen Stand erhielten.
Mit den nun regelmäßigen zusammentretenden Landtagen war ein politisches Ziel der Liberalen erreicht, nämlich die Herstellung einer kontinuierlichen gesetzgeberischen und politischen Arbeit durch die Vertreter des finnischen Volkes. So setzte denn auch unmittelbar eine lebhafte Gesetzgebungstätigkeit ein, die sich auf das gesellschaftliche und wirtschaftliche Leben bezog und die deutlich den Stempel des Liberalismus trug. Handel und Gewerbe wurden weit gehend von staatlicher Bevormundung befreit und die Zölle gesenkt. Die allgemeine Gewerbefreiheit, die Gründung von Aktiengesellschaften und Banken, die Einführung des gleichen Erbrechtes für Männer und Frauen waren weitere bedeutende Reformen, die in den 1860er- und 70er-Jahren durchgeführt wurden. Auf dem Land wurden für die Regelung ‚weltlicher' Angelegenheiten Verwaltungseinrichtungen etabliert, die die bisher von den Pfarrern geleitete lokale Selbstverwaltung ablösten. Das betraf nicht zuletzt das Unterrichtswesen. Die

Gemeinden bekamen das Recht, staatlich unterstützte Volksschulen zu gründen.

Die Loslösung des Schulwesens von kirchlicher Oberaufsicht bereitete die Trennung von Staat und Kirche vor, wie es von der Freikirchenbewegung gefordert wurde, die sich wie im übrigen Skandinavien auch in Finnland ausbreitete. Zwar wurde mit einem neuen Kirchengesetz im Jahr 1869 der Grundsatz der Glaubensfreiheit anerkannt, doch die praktische Umsetzung dieser Reform verzögerte sich gut zwei Jahrzehnte, weil einige Fragen nicht gelöst werden konnten, die sich auf die russisch-orthodoxe Kirche bezogen. Erst ab Ende der 1880er Jahre war es den Finnen offiziell erlaubt, aus der lutherischen Staatskirche auszutreten und freikirchliche Gemeinden zu gründen. Dass bereits vorher einige solcher Gemeinden toleriert wurden, zeugt vom pragmatischen Geist der Finnen. Anders als beispielsweise in Schweden haben allerdings die Freikirchen letzten Endes keine große Anhängerschaft in Finnland gewonnen, denn hier hat es die lutherische Kirche Dank der bedeutenden Rolle ihrer Pfarrer bei der Nationsbildung vermocht, von einer Obrigkeits- zu einer Volkskirche zu werden.

Der Landtag wurde zur Plattform für die Herausbildung einer politischen Zivilgesellschaft. Da er nun regelmäßig zusammentrat, konnte er zur Bühne für die unterschiedlichen Strömungen der finnischen Nationalbewegung werden. Drei Richtungen standen sich dabei gegenüber: die Fennomanen, die Svekomanen und die Liberalen. Feste Parteiorganisationen bildeten sich dabei zunächst jedoch noch nicht. Vielmehr traten in den Debatten einzelne Protagonisten hervor, die eine der drei Richtungen vertraten und die eine gewisse, nicht immer gleich große Anhängerschaft um sich scharten. Wortführer der Fennomanen war, bis zu seinem Tod 1881, Johan Snellman, danach der Professor für Geschichte an der Universität Helsinki G. Z. Forsman (später geadelt unter dem Namen Yrjö-Koskinen), der Verfasser der ersten Geschichte Finnlands im Geist des finnischen Nationalismus. Yrjö-Koskinen wurde später einer der Wortführer der so genannten Fraktion der Jungfinnen, die mehr und mehr einen von der alten fennomanen Elite, den so genannten Altfinnen, losgelösten politischen Kurs einschlugen und sich dabei den Liberalen annäherten. Ein weiterer Exponent der Fennomanen war der Gutsbesitzer Agathon Meurman, der – nicht zu Unrecht – von sich behauptete: „Der Bauernstand, das bin ich." (Jutikkala, S. 298)

Die Verfechter der Svekomanie kamen hauptsächlich aus den Reihen der Akademiker- bzw. Beamtenschaft und der höheren besitzenden

Schichten. Aus diesen rekrutierten sich zwar auch überwiegend die Vertreter des Liberalismus, doch hatten sie, wie bereits erwähnt, für den ‚Sprachenkampf' nichts übrig. Unter Führung des Juraprofessors Leo Mechelin waren die Liberalen eindeutiger als eigene politische Gruppe zu identifizieren als die beiden anderen Strömungen. Die Liberalen waren es denn auch, die als Erste eine Art Parteiprogramm aufstellten, das als Richtschnur ihrer politischen Arbeit diente. Damit waren sie ihrer Zeit allerdings zu weit voraus, wie sich bald zeigen sollte, denn aufgrund ihrer sprachpolitischen Indifferenz gerieten sie zwischen die Mühlsteine der beiden antagonistischen Gruppierungen und wurden dadurch gewissermaßen aufgerieben, weil sich für ihr Programm – außer einer kleinen Elite – niemand so recht interessierte. Sogar ihr Sprachrohr, die Zeitung *Helsingfors Dagblad*, ging 1889 mangels ausreichender Abonnenten ein. Bedeutsam für die weitere Entwicklung hinsichtlich der Sprachenfrage und des liberalen Programms wurde nun, dass sich manche, insbesondere die Wortführer, aus der sich auflösenden liberalen ‚Partei' nunmehr der Gruppierung der Svekomanen anschlossen und damit zweierlei bewirkten: Zum einen wurde der unversöhnliche Ton in diesen Reihen gedämpft und es ließen sich sogar Stimmen vernehmen, die dem Finnentum gegenüber aufgeschlossen waren. Zum anderen fanden die Ideen des Liberalismus bei den Svekomanen eine breitere Basis. In der praktischen politischen Arbeit kam dies unter anderem in einem kompromisslosen Konstitutionalismus zum Ausdruck, den die schwedische ‚Partei' an den Tag legte.

Auch auf Seiten der Fennomanen hatten sich Veränderungen eingestellt. Wie andernorts in Europa, wo sich im Laufe des 19. Jahrhunderts nationale Bewegungen herausgebildet hatten, spalteten sich in den 1880er Jahren die Fennomanen in eine alte und eine junge Richtung: in die, wie bereits angedeutet, so genannten Fraktionen der ‚Altfinnen' und der ‚Jungfinnen'. Letztere zeichneten sich durch einen kulturellen Liberalismus aus, der sie in der Sprachenfrage weitaus versöhnlicher auftreten ließ als die in dieser Sache weiterhin rigorosen Altfinnen. Es fiel deshalb einigen Liberalen nicht schwer, sich nach dem Auseinanderbrechen ihrer ‚Partei' dieser jungfinnischen Bewegung anzuschließen, zumal diese überdies die Sympathien des Generalgouverneurs Graf Feodor von Heiden (1881–97) genoss. Das spiegelte sich auch in der Besetzung des Senats, also der finnischen Regierung, wider, indem der Generalgouverneur 1882 drei neue Mitglieder berief, die den Fennomanen und Liberalen zuzuordnen waren. Von Heiden wollte Finnland durch die Stärkung des finnischen Ele-

ments politisch näher an Russland bringen und von Schweden entfernen, das zu dieser Zeit einen lavierenden Kurs zwischen Russland und dem erstarkenden deutschen Kaiserreich fuhr. Im selben Jahr, in dem *Helsingfors Dagblad* sein Erscheinen einstellte, wurde in den liberal-jungfinnischen Kreisen eine neue liberale Zeitung aus der Taufe gehoben, die finnischsprachige *Päivälehti* (seit 1904 *Helsinkin Sanomat*), die zum Kristallisationspunkt der jungfinnischen Bewegung wurde und große Bedeutung für die politische Meinungsbildung bekam.
Die Altfinnen und die um einige Liberale bereicherten Jungfinnen schienen nun in den politischen Auseinandersetzungen die Oberhand zu gewinnen, doch klammerten sich die Svekomanen mit aller Macht an die ihnen verbliebenen Einflussmöglichkeiten. Da der Bauernstand und die Geistlichkeit eindeutig fennoman waren, der Adel aber genauso eindeutig svekoman, galt es, den Bürgerstand zu gewinnen, um im Landtag die Mehrheit zu besitzen. Die politischen Kämpfe drehten sich deshalb konkret um die Wahlordnung in den Städten. Die svekomanische Elite widersetzte sich dabei allen Versuchen, die Landtagsordnung über die Wahlen der Bürgerstandsvertreter zu verändern. Denn je demokratischer diese Ordnung wäre, das heißt je breiter die Wahlberechtigung in den Städten ausfiele, desto geringer wäre der Anteil der Svekomanen ausgefallen. Die Landtagsordnung von 1869 bot jedoch in weiter Auslegung einzelnen Städten die Möglichkeit, eine eigene Wahlordnung für ihre Bürgerstandsvertreter zu schaffen. Mit der Verschärfung des Sprachenstreits wurden in jeder Stadt heftige Auseinandersetzungen um das Wahlrecht geführt, die sich über mehrere Landtagsperioden hinzogen und erst gegen Ende der Epoche des Vierständelandtages den Fennomanen auch im Bürgerstand – und damit im Landtag insgesamt – die Mehrheit brachten. In den zwei letzten Vierständelandtagen dominierten die Fennomanen dann drei der vier Stände – der Adel blieb svekoman. Das war jedoch zu einer Zeit, als die innenpolitischen Umstände sich für die Finnen dramatisch verschlechtert hatten. Denn inzwischen stellte nicht mehr die alte schwedischsprachige Elite die Behinderung für die finnische Nationsbildung dar, sondern die russische Reaktion, die sich seit der Thronbesteigung Nikolaus' II. im Jahr 1894 immer massiver gegen die finnische Autonomie richtete und sich in forcierten Russifizierungsbemühungen äußerte.
In einer weiteren Hinsicht war der Übergang von fennomaner Opposition zu fennomaner Regierungsbeteiligung von Bedeutung: Der studentische Radikalismus, der sich um die Jungfinnen sammelte, wandelte sich in einen intellektuellen Liberalismus westeuropäi-

scher Prägung, wodurch Finnland Anschluss gewann an die zeitgenössischen ideengeschichtlichen Strömungen Kontinentaleuropas, vor allem Frankreichs. Eine weitere Radikalisierung fand in jungfinnischen Kreisen nicht statt, so dass russische Revolutionäre und Anarchisten in Finnland keine Anknüpfung fanden. Auf Seiten der russischen Regierung wurde dies als loyale Haltung der Finnen interpretiert und entsprechend politisch honoriert. Die Zensur lockerte ihren Griff, und die Presse konnte in den 1860er und 70er Jahren das wichtigste Betätigungsfeld aller bedeutenden Persönlichkeiten werden, die an der nationalstaatlichen Entwicklung Finnlands teilhatten.

Die Sonderstellung Finnlands im russischen Reichsverband erhielt auch dadurch Ausdruck, dass es dem Großfürstentum 1870 gestattet wurde, eigene Streitkräfte aufzustellen. Zwar konnten schon vorher Finnen zum Militärdienst in die zaristische Armee eintreten, doch wurden sie in russischen Verbänden integriert. Um zu verhindern, dass die finnische Jugend in die russische Wehrpflicht einbezogen wurde, die 1874 im Zarenreich eingeführt worden war, erließ der Landtag 1878 ein finnisches Wehrpflichtgesetz, demzufolge eine finnische Armee von maximal 5000 Mann aufgestellt werden sollte. Die Dienstzeit der ab dem Alter von 21 Jahren Wehrpflichtigen sollte drei Jahre betragen. Durch das Los wurden neun von tausend Mann eines Jahrgangs zum Dienst eingezogen. Zwar war die Kommandosprache russisch, doch sollte diese rein finnische Armee nur zu Verteidigungszwecken innerhalb der Grenzen des Großfürstentums zum Einsatz kommen.

Der Kampf gegen die Russifizierung Finnlands

Die Ermordung Alexanders II. durch ein Attentat russischer Anarchisten im März 1881 hatte für Finnland negative Auswirkungen. Anders als sein liberal eingestellter Vater trat der neue Zar, Alexander III. (1881–94), gleich nach seiner Thronbesteigung auch Finnland gegenüber als Selbstherrscher auf. Zwar stärkte er durch Neubesetzungen des Senats die Stellung der Fennomanen, doch gleichzeitig begann er, auf die Stimmen derjenigen russisch-nationalistischen Kräfte zu hören, die in der Sonderstellung Finnlands eine Gefahr für den Zusammenhalt des Zarenreiches sahen.

Ein funktionsfähiger finnischer Landtag, eine eigene Währung und ein eigenes Militär waren in der Tat Indikatoren, die auf eine zunehmend eigenstaatliche Entwicklung hindeuteten. Sie unterstrichen auch gegenüber dem Ausland symbolisch den besonderen Status, den Finnland einnahm. Bezogen auf den Landtag trat dies umso deutlicher hervor, als Russland selbst keine Volksvertretung vorzuweisen hatte. Hinzu kam, dass mit der Veränderung der Kräfteverhältnisse auf der Bühne der europäischen Machtpolitik die Lage für Finnland schwieriger wurde. Das preußisch-deutsche Kaiserreich war für Russland solange ein berechenbarer Faktor in diesem Spiel gewesen, solange Bismarck die politischen Fäden in der Hand hielt. Nach seiner Entlassung begannen Deutschland und Russland indes voneinander abzurücken. Stattdessen kam es zu einer Annäherung zwischen Russland und Frankreich, die in ein militärisches Bündnis zwischen den beiden Mächten mündete. Finnland spielte nunmehr im russischen militärstrategischen Kalkül eine zentrale Rolle, zumal das schwedische Militär seinen wichtigsten Partner in Preußen-Deutschland sah.

Obwohl Alexander III. und vor allem die aus dem dänischen Königshaus stammende Zarin Dagmar persönlich Sympathie für Finnland hegten, konnte sich das Herrscherhaus den starken russisch-nationalistischen Kräften in der politischen und kulturellen Elite Russlands, die sich um die Idee des Panslawismus scharten, nicht widersetzen. Neben dem Balkan geriet Finnland mehr und mehr ins Blickfeld der panslawistischen Agitation. Diese betrachtete das Großfürstentum nicht als ein autonomes, nur durch die Person des Zaren mit Russland verbundenes Gebiet, sondern als eine von Schweden eroberte Provinz, der keine Sonderrechte zustünden. In den Mittelpunkt der Kritik rückten vor allem die eigenständige finnische Verfassung und die Befugnisse des finnischen Landtages.

Der erste Eingriff in die finnische Autonomie erfolgte 1890, indem das finnische Postwesen direkt einer russischen Oberbehörde unterstellt wurde. Auch wenn die praktische Bedeutung dieser Maßnahme nicht so bedeutend war – unter anderem durften noch zehn Jahre lang finnische Briefmarken benutzt werden –, war ihr symbolischer Wert doch umso größer. Denn sie wurde wahrgenommen im Zusammenhang der anderen Angriffe auf die finnische Autonomie, die aber zu diesem Zeitpunkt noch abgewehrt werden konnten bzw. sich aus anderen Gründen erledigten. Dazu gehörten von der russischen Regierung ventilierte Pläne, das Zoll- und Geldwesen mit dem Russlands zu verschmelzen. Gegen den Zollzusammenlegungsplan wehrten sich nicht nur die Finnen, sondern auch Teile der russischen Wirtschaft, die die Konkurrenz der bereits weiterentwickelten finnischen Industrie fürchteten. Der Geldplan wurde aufgrund der unterschiedlichen Bezugsgrößen des Münzfußes und aus anderen praktischen Erwägungen nicht umgesetzt. Ernst zu nehmender waren dagegen Eingriffe in die dem finnischen Landtag zukommenden Befugnisse. So verweigerte der Zar einem neuen finnischen Strafgesetz seine Zustimmung, nachdem von Seiten der russischen Nationalisten Kritik an einigen Bestimmungen laut geworden war. Ebenso rief die Einsetzung einer Kommission, die eine neue Regierungsform für Finnland ausarbeiten sollte, große Bedenken hervor. Auch wenn es nur darum gehen sollte, alle Gesetze über die rechtliche Stellung Finnlands und die auf altem Brauch beruhenden Verfahrensweisen zu kodifizieren, gab es Kreise in Finnland, die hinter diesem Vorhaben einen Staatsstreich gegen die Autonomie befürchteten. Alexander III. hat jedoch die Unterzeichnung der diesbezüglichen Dekrete immer wieder hinausgeschoben – bis zu seinem Tod 1894.

Obwohl der russische, panslawistische Nationalismus erst unter Nikolaus II. (1894–1917) seinen Durchbruch erzielen sollte, war bereits in den Jahren zuvor die feindselige Stimmung gegenüber Finnland allenthalben zu spüren. Das hätte die beiden widerstreitenden Parteiungen in Finnland, die Fennomanen und die Svekomanen, warnen sollen, ihre Leidenschaft in den Auseinandersetzungen gegeneinander zu zügeln. Doch das Gegenteil war der Fall. Hinzu kam, dass die Fennomanen im Zaren, wenigstens solange Alexander III. regierte, einen Bündnispartner für ihre Interessen sahen, während die Svekomanen durch die Anbiederung gewisser fennomaner Kreise eine schleichende Russifizierung befürchteten.

Seit Mitte der 1890er Jahre hat Nikolaus II. dann im Zeichen eines zunehmenden russischen Nationalismus eine verstärkte Russifizierung in Finnland in Szene gesetzt, die die traditionell starke Loyalität der finnischen Eliten in Bürokratie und Politik zunächst auf eine harte Probe stellte und schließlich zerbrechen ließ. Das Ziel der russisch-nationalistischen Kräfte war unverhohlen die Beseitigung des finnischen Autonomiestatus. Die russischen Nationalisten unterstellten Finnland separatistische Bestrebungen, was angesichts der angespannten Lage auf der internationalen politischen Bühne aus Sicht St. Petersburgs nicht hingenommen werden konnte. Denn überall begannen nun in Europa die Großmächte ein Wettrüsten, und Russland konnte es sich angesichts dessen nicht leisten, den militärstrategisch wichtigen Vorposten zu verlieren. Was in den 1870er Jahren in den baltischen Provinzen Russlands gelungen war, nämlich die Beseitigung von deren Sonderstellung innerhalb des Zarenreiches, schien nun auf Finnland zuzukommen.

Nikolaus II. war an sich Finnland gegenüber wohlwollend eingestellt, er hatte bei seiner Thronbesteigung genau wie seine Vorgänger die finnischen Rechte bestätigt, doch war er persönlich schwach und ganz von seinen Ratgebern abhängig. Und diese gewannen – bezogen auf Finnland – einen immer größeren Einfluss. In diesen Kreisen wurden in aller Stille Richtlinien für eine Politik aufgestellt, durch die, wie es in einer vertraulichen Denkschrift hieß, „das Großfürstentum näher mit dem Kaisertum verbunden werden“ sollte. 1898 wurde deshalb ein überzeugter russischer Nationalist zum Generalgouverneur ernannt: Nikolaj Iwanowitsch Bobrikow. Im selben Jahr wurden die finnischen Stände zu einem Landtag zusammengerufen, auf dem eine heikle zaristische Proposition behandelt werden sollte, nämlich ein neues Wehrpflichtgesetz, das die Finnen zum Dienst in der russischen Armee verpflichten sollte. Als deutlich wurde, dass der Landtag den Gesetzesvorschlag nicht billigen würde, erließ der Zar Anfang 1899 das so genannte Februarmanifest. Es beinhaltete, dass künftig finnische Gesetze, die von Interesse für das ganze Reich waren, nicht mehr vom finnischen Landtag und vom Zaren erlassen werden sollten, sondern dass dieses Recht ausschließlich dem Zaren und seinem russischen Reichsrat zukommen sollte. Der finnische Landtag sollte zu solchen Gesetzesvorschlägen nur noch eine unverbindliche Stellungnahme abgeben dürfen. Die Entscheidung, welche Gesetze von Reichsinteresse waren, fiel allein dem Zaren zu. Damit war ein Grundpfeiler der finnischen Verfassung ausgehebelt worden.

Das Februarmanifest versetzte die finnische Elite, die sich ganz auf die Thronversicherung Nikolaus’ II. verlassen hatte, in einen Schockzustand. Zunächst glaubte man, diesen Verfassungsbruch des Zaren auf den Einfluss seiner nationalrussischen Ratgeber zurückführen zu können. Man müsste dem Zaren nur die staatsrechtlichen Konsequenzen vor Augen halten und er würde das Manifest wieder zurücknehmen – war man überzeugt. Da die Beschwerden des Senats jedoch nichts bewirkten, kam es zur so genannten Großen Volksadresse (*Suuri Adressi*): Innerhalb weniger Wochen wurden für eine Eingabe an den Zaren im ganzen Land auf private Initiative über eine halbe Million Unterschriften gesammelt – fast die Hälfte der erwachsenen Bevölkerung Finnlands. Die Unterschriftenlisten wurden von einer Delegation, die sich aus Vertretern jeder finnischen Kommune zusammensetzte, nach Petersburg gebracht, doch der Zar weigert sich, diese zu empfangen. Durch den Ministerstaatssekretär ließ er der Delegation mitteilen: „Ich werde sie natürlich nicht empfangen, obgleich ich ihnen nicht zürne“ (Jutikkala, S. 318). Jetzt erst verstand man in

Finnland, dass das Februarmanifest kein kaiserliches Missverständnis war, sondern Teil eines zielgerichteten politischen Programms, das vom Zaren getragen wurde.

In der Folge nahm die Russifizierung immer schärfere Züge an. Im selben Maße stieg bei den Finnen die Verbitterung. Eine der ersten russischen Maßnahmen war, dass Russen Zugang zu Ämtern in Finnland erhielten, was vordem nur Einheimischen vorbehalten war. Außerdem wurde Russisch zur offiziellen Sprache in den oberen Behörden erklärt. Auf den Gymnasien wurde der Russischunterricht obligatorisch und dafür der Unterricht in anderen Sprachen eingeschränkt. 1901 unterzeichnete der Zar das neue Wehrpflichtgesetz, mit dem die Dienstpflicht in der russischen Armee auch in Finnland eingeführt wurde. Die finnische Armee wurde aufgelöst. Generalgouverneur Bobrikow setzte immer härtere Mittel ein, um den Widerstand der Finnen gegen die Russifizierungsmaßnahmen zu brechen. Die Überwachung der Untertanen wurde verschärft und dazu russische Polizei eingesetzt. Die Zensur wurde immer strenger gehandhabt und die Versammlungsfreiheit eingeschränkt. Beamte, die sich weigerten, die neuen Gesetze und Bestimmungen auszuführen, wurden entlassen und durch willige Finnen oder Russen ersetzt. Im April 1903 schließlich erhielt Bobrikow nahezu diktatorische Vollmachten, um die russische Politik in Finnland durchzusetzen. Er konnte nun Zeitungen nicht nur zeitlich begrenzt, sondern ganz verbieten, Druckereien beschlagnahmen, Versammlungen untersagen und Vereinigungen auflösen sowie Widerständler des Landes verweisen. Dazu wurde das russische polizeiliche Überwachungssystem auf Finnland ausgedehnt. Zudem wurde Bobrikow die gesamte Zivilverwaltung unterstellt, auch die bisher auf der Selbstverwaltung beruhende Kommunalverwaltung.

Wie reagierten die Finnen auf diese Verschärfungen? Die Konstitutionalisten, das heißt die Vereinigung von schwedisch gesinnten Liberalen und Jungfinnen, bildeten den Kern des radikalen Widerstandes und gingen demonstrativ in die Opposition. Ihre Führer waren Leo Mechelin und R. A. Wrede. Die Konstitutionalisten machten die aktuelle ‚Finnland-Frage' überall in Skandinavien, in Deutschland und andern westeuropäischen Ländern zum Gesprächsgegenstand in politischen und kulturellen Kreisen. Internationales Aufsehen konnte man erstmals 1900 auf der Weltausstellung in Paris wecken. Bedeutende europäische Intellektuelle ergriffen für die finnische Sache Partei.

Die Altfinnen dagegen standen mehrheitlich weiter auf dem Standpunkt, dass ‚Beratungsgespräche' mit der russischen Regierung die für die finnische Sache geeignetere Strategie wären. Diese Position wurde von den Konstitutionalisten als Billigung der Russifizierung abgelehnt, was wiederum zur Verärgerung bei den Altfinnen führte, die sich in ihrer patriotischen Gesinnung missverstanden fühlten. Sie blieben im Senat, während die Konstitutionalisten 1901 austraten.

Die radikale Opposition hatte damit keine direkten Einflussmöglichkeiten mehr auf die Regierungsarbeit. Hatte man sich bisher in erster Linie auf Protestaktionen beschränkt, ging man nun dazu über, eine Organisation für den antirussischen Widerstand aufzubauen. Die Geburtsstunde dieses organisierten aktiven Widerstandes kann auf den August 1901 datiert werden, als sich eine große Gruppe ehemaliger konstitutionalistischer Landtagsmitglieder und Senatoren außerhalb Helsinkis auf dem Gut Turholm des Generals J. af Lindfors versammelte und mit Mechelin als Wortführer ein Handlungsprogramm beriet. Neben den älteren Oppositionellen, die weiterhin auf Protestnoten setzen wollten, konstituierte sich in Turholm ein Kreis jüngerer Aktivisten, die eine geheime Oppositionsorganisation gründeten, die die Bezeichnung *Kagal* erhielt. Man entlehnte den Namen einer Organisationsform jüdischer Selbstverwaltung in Russland, die zu Beginn des 18. Jahrhunderts bereits recht komplexe Strukturen ausgebildet hatte. Der *Kagal* wurde schnell über das ganze Land ausgedehnt und hatte schließlich ungefähr 45 Kreisorganisationen und rund 500 „Korrespondenten", die als lokale Agenten fungierten. Die Organisation befasste sich hauptsächlich damit, illegales Schriftgut zu verbreiten und der Erfassung zur Wehrpflicht entgegenzuarbeiten bzw. die Erhebungen zu sabotieren. Ein weiterer Schwerpunkt war die Auslandsarbeit, um vor allem in Skandinavien und Westeuropa Informationen über die Unterdrückung Finnlands zu verbreiten. Von besonderer Bedeutung für die spätere politische Entwicklung sollte sein, dass es in der Organisation einen ‚Frauenkagal' gab, der unter den finnischen Frauen den Widerstandsgeist gegen die Russifizierung ihrer Kinder (vor allem Obstruktion des russischen Sprachunterrichts) aktivieren sollte. Die Tätigkeit dieser Aktivistinnen bewirkte, dass das politische Bewusstsein der finnischen Frauen gestärkt wurde und dem 1906 gewährten Frauenwahlrecht in Finnland der Weg gebahnt wurde.

Kagal wurde in diesen Jahren zu einer Art Staat im Staat, eine Geheimorganisation, die neben der offiziellen Staatsverwaltung existierte. Ihre Aufforderungen zum zivilen Ungehorsam verschärften den Gegensatz zwischen den Konstitutionalisten und den altfinnischen Anpassungspolitikern, die nun allein in der Regierung saßen. Und dieser

Gegensatz nahm in dem Maße zu, wie in den Blättern des Kagal den Anpassungspolitikern und –beamten unfinnisches Verhalten vorgehalten wurde.
Im Kampf gegen die Wehrpflicht konnte *Kagal* schon bei den ersten Musterungen 1902 einen durchschlagenden Erfolg verbuchen. Drei Fünftel der im wehrpflichtigen Alter Stehenden und zur Gestellung Ausgelosten blieben den Musterungen fern – unter den Studenten sogar fünf Sechstel. Auch die Musterungen der folgenden Jahre zeigten dem russischen Bären, dass er im Begriff war, sich an dem finnischen Granit die Zähne auszubeißen. Man hielt es in Petersburg deshalb für klüger, die Frage der Durchsetzung der Wehrpflicht nicht auf die Spitze zu treiben, sondern erst einmal pragmatisch davon abzusehen. Stattdessen wurde, auch um das Prestige zu wahren, der finnischen Regierung auferlegt, als – gewissermaßen symbolische – Entschädigung eine geringe jährliche Summe zu entrichten.
Aber das änderte nichts an der harten Linie Bobrikows. Mit Hilfe der russischen Geheimpolizei wurden immer mehr Konstitutionalisten und Mitglieder des *Kagal* ausfindig gemacht und entweder zur Flucht gezwungen, ausgewiesen oder unter Polizeiaufsicht gestellt, gar ins Gefängnis gesteckt. Die meisten Ausgewiesenen oder Geflüchteten ließen sich in Schweden nieder und leiteten von dort Aktionen des *Kagal*. Doch das von Bobrikow ausgeübte Regime wurde immer drückender. Ihm schien mit passivem Widerstand allein nicht mehr begegnet werden zu können. Es erhoben sich Stimmen, die dazu aufforderten, Gewalt gegen Gewalt zu setzen. Die einflussreichste Stimme war die des Schriftstellers Konni Zilliacus, der auch über Verbindungen zu oppositionellen revolutionären Kreisen in Russland verfügte.
Obwohl der ‚Stockholmer Landtag' des *Kagal* im Herbst 1903 den gewaltsamen, bewaffneten Widerstand verwarf, bildete sich unter dem Einfluss Zilliacus' eine Gruppe, die gewaltsame Aktionen vorbereitete und auch einige Bomben zur Detonation brachte, ohne aber damit größeren Schaden anzurichten. Allerdings wurde in diesem Umfeld ein junger Mann motiviert, durch eine spektakuläre Tat ein Fanal zu setzen: Der Senatsbedienstete Eugen Schauman erschoss am 16. Juni 1904 den Generalgouverneur, als dieser den Senat betrat. Mit diesem Attentat endete die in der finnischen Geschichtsschreibung als Unterdrückungsperiode bezeichnete Ära Bobrikow. Schauman, der nach der Tat Selbstmord beging, wurde als Nationalheld gefeiert. Er hatte einen Abschiedsbrief hinterlassen, in dem er Bobrikow beschuldigte, die verfassungsmäßigen Rechte der einheimischen Bevölkerung be-

seitigen zu wollen. Der Brief war an den Zaren gerichtet, den er darin aufforderte, sich ein „wahres Bild“ der Zustände im Großfürstentum zu verschaffen. Er beteuerte zudem, dass er als Einzeltäter gehandelt habe und nicht Teil einer Verschwörung gewesen sei.

Die Reaktion der russischen Regierung auf dieses Attentat war erstaunlich milde, und der neue Generalgouverneur Fürst Obolenskij setzte eine auf Ausgleich bedachte legalistische Politik in Gang. Dazu gehörte auch, dass Wahlen zum Landtag zugelassen wurden. Bei diesen letzten auf der Grundlage der alten Ständeverfassung durchgeführten Wahlen erlitten die altfinnischen Anpassungspolitiker eine schwere Niederlage. Des Landes verwiesene Konstitutionalisten, die in den Landtag gewählt worden waren, durften nach Finnland zurückkehren und ihren Sitz im Landtag einnehmen. Der Zar setzte sogar das Wehrpflichtgesetz vorerst aus, erklärte aber, dass er am Februarmanifest festhalten wolle. Der von den Konstitutionalisten beherrschte Landtag weigerte sich deshalb in der Folgezeit, Gesetzesvorlagen der Regierung zu behandeln.

Während sich das Verhältnis zur russischen Regierung entspannte, verschärften sich die innenpolitischen Gegensätze zusehends: und zwar sowohl zwischen den weiterhin von der politischen Mitsprache ausgeschlossenen unteren Gesellschaftsklassen auf der einen und den alten Eliten auf der anderen Seite, als auch innerhalb dieser alten Eliten zwischen Jungfinnen und Altfinnen bzw. Konstitutionalisten und Anpassungspolitikern. Es kam zu illegalen Bewaffnungen und Mordanschlägen, denen unter anderem im Februar 1905 der Prokurator des Senats, das heißt der Generalstaatsanwalt und Repräsentant der russischen Regierung in Finnland, E. Soisalon-Soininen, zum Opfer fiel.

Klassengesellschaft und Klassenkonflikte

Die zunehmende Integration Finnlands in den Welthandel und die gestiegene Nachfrage nach finnischen Holzprodukten veränderten die traditionelle finnische Agrar- und Waldwirtschaft. Sägewerke verwandelten sich mehr und mehr in eine reelle Holzverarbeitungsindustrie, die einen Teil der ständig wachsenden bäuerlichen Unterschicht auffing. Doch nicht nur auf diesem Sektor machte sich die Industrialisierung bemerkbar – auch andere Bereiche der Rohstoffgewinnung und -veredelung, der Metallverarbeitung und Textilherstellung vollzogen diesen Wandlungsprozess. Das hatte umwälzende Auswirkungen auf die finnische Gesellschaftsstruktur. Denn das am

Rande des Existenzminimums lebende Heer der Häusler und Kätner zog in Scharen in diese Orte der industriellen Produktion und bildete eine neue gesellschaftliche Klasse – die Arbeiterschaft. Bis 1910 wuchs diese industrielle Arbeiterklasse auf 350 000 Menschen an, daneben gab es die ländliche Arbeiterklasse mit rund 800 000 Menschen. Darin waren die Kleinpächter nicht einmal eingeschlossen.

Diese Zahlen verdeutlichen eine Entwicklung, die seit dem späten 19. Jahrhundert erhebliche soziale Probleme heraufbeschwor, die im Südwesten Finnlands besonders drängend wurden. Der durch die Holzindustrie gestiegene Wert des Waldes veranlasste viele Großgrundbesitzer dazu, ihren Kleinpächtern die Pacht aufzukündigen. Auf diese Weise büßten zehntausende Kätnerhaushalte ihre Existenzgrundlage ein und vergrößerten das Heer der am Rande des Existenzminimums lebenden Landarbeiter und Tagelöhner. Das bereitete den Nährboden dafür, dass die Arbeiterbewegung auch in den ländlichen Unterschichten Fuß fassen konnte. So wurden die Voraussetzungen dafür geschaffen, dass sich in Finnland eine neue politische Kraft herausbilden konnte, die nach der Jahrhundertwende großen Einfluss auf die Geschicke des Landes nehmen sollte – die organisierte Arbeiterbewegung.

Die alte, ständisch gegliederte Gesellschaftsordnung hatte sich definitiv überlebt. Immer weniger Menschen waren den klassischen vier Ständen zuzuordnen. Einer Statistik für das Jahr 1890 zufolge waren dies nur noch 29,7 Prozent. Da das Wahlrecht aber weiterhin an die Standeszugehörigkeit geknüpft war, bedeutete dies, dass 70 Prozent der Finnen kein Wahlrecht besaßen.

Die politischen Kräfteverhältnisse im Landtag hatten sich bis zum Ende des 19. Jahrhunderts nicht grundsätzlich verändert: Die in der Oberschicht verankerten Svekomanen standen gegen die altfinnischen Fennomanen, die im begüterten Bauernstand und in der Geistlichkeit ihr Bollwerk hatten. Die dritte politische Kraft stellten die liberalen Jungfinnen dar. Die neue Arbeiterklasse besaß im Landtag keine Interessenvertretung, obwohl die Jungfinnen der Meinung waren, die von ihnen in die Debatten eingebrachten sozialpolitischen Themen würden auch dieser Bevölkerungsschicht zugute kommen. Praktische Auswirkungen hatte dies nicht. Die noch immer auf der ständischen Repräsentation beruhende Landtagsordnung blieb eine Bastion des Konservatismus – der Svekomanen und der Altfinnen. Nur eine Reform der Landtagsrepräsentation hätte hier eine Änderung bewirkt. Und das hieß nichts anderes als eine Preisgabe des alten Vierständelandtages und Durchführung einer umfassenden Wahlrechtsreform. Das Schlagwort, das am Ende des Jahrhunderts bei den Wortführern der Arbeiterbewegung – aber auch in linksliberalen jungfinnischen Kreisen – aufkam, lautete daher „Ein Mann, eine Stimme". Während aber die für die Reform aufgeschlossenen jungfinnischen Kräfte das Wahlrecht weiterhin an einen bestimmten Zensus knüpfen und die Arbeiterbewegung in das bürgerliche Lager integrieren wollten, haben die Protagonisten der Arbeiterbewegung bereits seit Mitte der 1890er Jahre das allgemeine und gleiche Wahlrecht für alle Finnen ab 21 Jahren gefordert – und zwar sowohl für Männer wie Frauen.

1899 wurde in Åbo/*Turku* auf einem landesweiten Treffen der regionalen und lokalen Arbeitervereine die Gründung einer gesamtfinnischen Arbeiterpartei beschlossen. Einer ihrer programmatischen Kernpunkte sollte der Kampf für das allgemeine und gleiche Wahlrecht sein, was zwei Jahre später auf dem ersten Parteitag dieser Arbeiterpartei bekräftigt wurde. Inzwischen war auch eine klare Loslösung vom bürgerlich-idealistischen Gedankengut erfolgt, das die politischen Vorstellungen der frühen Arbeiterbewegung noch durchzog. Stattdessen hatten die Ideen des Sozialismus in der finnischen Arbeiterpartei Platz gegriffen. Auf dem Parteitag 1903 wurde ein klares Bekenntnis zur marxistischen Lehre ausgesprochen, obwohl sich die Partei nach deutschem und skandinavischem Vorbild die Bezeichnung ‚sozialdemokratisch' gab. Der Revisionismus, der in diesen Ländern damals an Boden gewann, blieb in Finnland weitgehend unbekannt. Die Partei bekannte sich eindeutig zum Klassenkampf. Parallel dazu fand der Aufbau der Gewerkschaften statt.

Zugleich wurde der Kampf um das Wahlrecht verschärft, wobei sich in der Person des russischen Generalgouverneurs Bobrikow unerwartet ein Bündnispartner einzustellen schien. Bobrikow hatte nämlich bei seinem Amtsantritt Reformen in Aussicht gestellt, zu denen auch eine Reform des Ständelandtages gehören sollte. Natürlich verfolgte er damit in erster Linie russische Interessen, sah in der wachsenden finnischen Arbeiterbewegung ein Instrument gegen die nationalfinnischen, antirussischen bürgerlichen Kräfte. Interessanterweise erfuhr nun die finnische Arbeiterpartei zu Jahrhundertbeginn von Seiten der russischen Obrigkeit eine gewisse Förderung, während gleichzeitig die russische Arbeiterbewegung strengsten Verfolgungen ausgesetzt war. Unter Bobrikow durfte die finnische Arbeiterpartei in ihren Publikationsorganen sogar ihre klassenkämpferische Kritik an den politischen Verhältnissen in Finnland und der herrschenden (finnischen) Klasse unter das Volk bringen. Während allzu kritische bürgerliche

Åboversammlung 1899. Gründung der Arbeiterpartei in Åbo/Turku.

Zeitungen immer wieder der Zensur zum Opfer fielen, wurde keine einzige Arbeiterzeitung verboten – solange nicht die russische Herrschaft als solche in Frage gestellt wurde.

Der Ton, den die Arbeiterpartei gegen die konservative Führungselite anschlug, wurde immer schärfer. Auf dem Parteitag 1903 in Forssa erklärte sie, dass die Partei nicht zu erkennen vermag, dass der ständische Landtag das gesamte finnische Volk repräsentiere. Die von ihm beschlossenen Gesetze seien nur bindend, weil die staatliche Gewalt mit ihrem Sanktionsapparat dahinter stehe, nicht aber in einem politisch-moralischen Sinn. Man könne von den Arbeitern bei der Verteidigung der finnischen Interessen keine Solidarität fordern, wenn man ihnen gleichzeitig politische Rechte verwehre. Die Partei beschloss Verhaltensrichtlinien gegenüber Angehörigen des gegnerischen politischen Lagers, die sich der Forderung nach dem allgemeinen Wahlrecht widersetzten: „Jeder Fall von Widerstand gegen das allgemeine Wahlrecht muss von der Partei ausgenützt werden, um das Klassenbewusstsein zu stärken. Jedes Individuum, jede Partei oder Gesellschaftsklasse, die sich dem allgemeinen, gleichen und direkten Wahlrecht unter welchem Vorwand auch immer widersetzt, wird von der Partei als gefährlicher Feind des menschlichen Fortschritts und vor allem dieses Landes und Volkes gebrandmarkt.“ (Finlands Historia Bd. 3, S. 395)

Die Beschlüsse von Forssa 1903 markierten zwar eine spürbare Radi-

kalisierung der Arbeiterpartei. Doch diese präsentierte sich zu diesem Zeitpunkt keineswegs als geschlossene Einheit, sondern driftete in zwei Richtungen: Auf der einen Seite stand die so genannte Tampere-Linie, auf der anderen die Helsinki-Linie. Die Tampere-Linie strebte eine politische Zusammenarbeit mit fortschrittlichen bürgerlichen Kräften an, mit denen zusammen sie die gewünschten politischen Reformen eher zu verwirklichen glaubte als mit starrem Klassenkampf. Die in erster Linie von Akademikern und Intellektuellen geprägte Helsinki-Linie vertrat dagegen eine schärfere klassenkämpferische Haltung, die sich allgemein gegen das Bürgertum als herrschende Klasse richtete und ein marxistisches Klassenbewusstsein entwickelte. Diese beiden Richtungen gerieten im Herbst 1904 in einen offenen Konflikt darüber, welches die offizielle Linie der Partei sein sollte. Dabei konnten sich die Vertreter der gemäßigten Tampere-Linie durchsetzen. Die innerparteilichen Spannungen blieben aber bestehen und sollten letztlich zur Abspaltung der Linken beitragen, die dann die Kommunistische Partei bildeten.
Die Niederlage Russlands im Krieg gegen Japan 1904/05 brachte die Fundamente der zaristischen Autokratie ins Wanken. Den russischen Sozialisten gelang es, im Oktober 1905 einen Generalstreik durchzuführen, der den Zaren dazu zwang, seinen Untertanen bürgerliche Freiheiten zuzusichern und der erst kürzlich gegründeten Ratgebenden Versammlung das Gesetzgebungsrecht einzuräumen. Noch bevor der Streik in Russland beendet wurde, griff er nach Finnland über. Die Sozialisten erkannten die Chance, die Situation zur Durchsetzung ihrer politischen Forderungen zu nutzen. Es gelang ihnen, den finnischen Wirtschaftlern und bürgerlichen Politikern deutlich zu machen, dass der Generalstreik sich nicht gegen das gesellschaftliche System oder die Eigentumsverhältnisse richtete. Die Konstitutionalisten schlossen sich dem Streik an, und sogar die meisten Arbeitgeber zeigten sich mit den nationalpolitischen Forderungen solidarisch und zahlten ihren streikenden Arbeitern den Lohn weiter.
Weil aber die Konstitutionalisten den Forderungen der Sozialisten nach Aufhebung der Landtagsordnung und durchgreifender Wahlreform nach dem Grundsatz des allgemeinen, gleichen und geheimen Wahlrechts in dieser Radikalität und vor allem an den gesetzgebenden Organen vorbei nicht folgen wollten, spitzte sich die Lage Anfang November dramatisch zu. Die Sozialisten fühlten sich blockiert und verabschiedeten ein „rotes Manifest“, in dem sie ihre Forderungen ultimativ zum Ausdruck brachten. Und um dies deutlich zu unterstreichen, wählten sie auf einem Marktplatz in Helsinki eine ‚Revo-

lutionsregierung', wobei jeder zufällig anwesende Erwachsene wahlberechtigt war.
Die Folge war ein Bruch des Bündnisses von Sozialisten und Konstitutionalisten, und beide Lager bildeten nun in Erwartung einer Zuspitzung der Lage bewaffnete Leibwachen – die Konstitutionalisten die Weiße, die Sozialisten die Rote Garde. Bewaffnete Zusammenstöße schienen unausweichlich, doch wurde die Situation gewissermaßen in letzter Stunde von den Altfinnen gerettet, die sich überraschend den radikalen Forderungen nach einer Landtagsreform anschlossen und in der Frage der Verfahrensweise den Sozialisten weit entgegenkamen. Die Motive der Altfinnen für diese Kehrtwende sah man neben der Vermeidung eines Bürgerkrieges in erster Linie in deren Bestreben, eine einheitliche finnische Haltung gegenüber Russland aufzubauen und dabei radikale, revolutionäre Elemente zu zügeln. Nicht zuletzt glaubten sie auch, verlorenen Einfluss zurückgewinnen zu können. Und in der Tat stellte sich schnell der gewünschte Erfolg ein: Am 4. November 1905 erließ der Zar eine Proklamation, in der er nicht nur die aufgrund des Februarmanifestes gegebenen Erlasse widerrief, sondern auch das Februarmanifest selbst aufhob. Gleichzeitig übertrug er dem finnischen Senat die Aufgabe, einen Entwurf für eine demokratische Landtagsordnung sowie Gesetze zum Schutz der bürgerlichen Freiheiten auszuarbeiten. Die unter Bobrikow entlassenen Beamten kehrten auf ihre Posten zurück.
Obwohl durch Vermittlung der Altfinnen zustande gekommen, gelang es den Konstitutionalisten, das Ergebnis als ihren Sieg zu verbuchen. Sie stellten nun unter Führung von Mechelin den Senat. Die Sozialisten weigerten sich, vor der Durchführung der Landtagsreform in dieser Regierung mitzuwirken. Ein in den Senat aufgenommenes führendes Parteimitglied, das diesen Sitz nicht aufgeben wollte, wurde aus der Partei ausgeschlossen.
Der Entwurf für ein Gesetz zur Landtagsreform wurde vom Senat zügig ausgearbeitet und bereits im Sommer 1906 dem Ständelandtag vorgelegt, wo er von den einzelnen Ständen ohne lange Debatten angenommen wurde. Selbst die umstrittene Einführung der Verhältniswahl wurde akzeptiert. Solchermaßen wurde kurz und schmerzlos die radikalste Parlamentsreform im damaligen Europa durchgeführt und eine demokratische Mitbestimmung eingeführt, wie sie in vielen Ländern erst nach dem Ersten Weltkrieg durchgesetzt werden konnte. Das Frauenwahlrecht ließ in manchen Ländern sogar noch länger auf sich warten. Mit einem Schlag verzehnfachte sich die Zahl der Wahl-

berechtigten – von 126 000 auf 1,3 Millionen. ‚Revolutionär' war auch, dass man das Ein-Kammer-System einführte, während in Europa auch nach den Reformen das Zwei-Kammer-System vorherrschte. Ein Zugeständnis konnte dem Zaren allerdings nicht abgerungen werden, nämlich die parlamentarische Verantwortung der Regierung, also des Senats. Dieser wurde weiterhin vom Zaren besetzt, wobei er sich jedoch an den Kräfteverhältnissen im Parlament orientieren wollte.
Bei den ersten Wahlen auf der Grundlage des neuen Wahlrechts im Jahre 1907 erlitten die Konstitutionalisten überraschend eine vernichtende Niederlage. Von den 200 Sitzen im Parlament, der *Eduskunta*, erhielten die finnischsprachigen Konstitutionalisten, die Jungfinnen, nur 26, die schwedischsprachigen, jetzt unter der Bezeichnung Schwedische Volkspartei, sogar nur 24. Dem stand der Wahlerfolg der Sozialisten und der Altfinnen gegenüber: die Sozialdemokratische Partei eroberte auf Anhieb 80 Sitze, die Altfinnen konnten 59 Sitze verbuchen. Außerdem waren zwei kleine Parteien im neuen Parlament vertreten: Die Agrarunion mit neun Sitzen und der Christliche Arbeiterbund mit zwei. Das gute Abschneiden der Altfinnen mag überraschen angesichts der von ihnen nur wenige Jahre zuvor betriebenen Anpassungspolitik gegenüber der russischen Obrigkeit. Die Erklärung mag darin liegen, dass viele Wähler den nationalfinnischen, antischwedischsprachigen Kurs der Altfinnen goutierten und zum anderen ein zu starkes Anwachsen der Sozialisten fürchteten.
Die Geschwindigkeit, mit der sich in den Jahren um die Jahrhundertwende ein funktionsfähiges Parteiensystem herausgebildet hat, zeugt von der damals erreichten politischen Reife der finnischen Gesellschaft. Das Grundmuster dieses Parteiensystems ist – meist sogar unter denselben Parteinamen – bis heute erhalten geblieben (siehe Graphik S. 211).
Im letzten Jahrzehnt bis zur Erlangung der Unabhängigkeit gestaltete sich das politische Leben im Parlament und in der Regierung kompliziert. Vier Gruppierungen (Sozialisten, Altfinnen, Jungfinnen/Konstitutionalisten, Schwedische Volkspartei) standen dabei mehr oder weniger gegeneinander, und da keine der Gruppierungen die parlamentarische Mehrheit besaß, war stets die Notwendigkeit zu Koalitionsbildungen gegeben, die nicht selten schnell wieder zerbrachen. Die politischen Anschauungen, die die Konstitutionalisten von den Altfinnen unterschieden, waren von ganz anderer Art als die, die diese beiden Gruppierungen von denen der Sozialisten unterschieden. Und die Schwedische Volkspartei, die Vertreterin der konservativen Svekomanen, vertrat wiederum hauptsächlich eine gegen die

Fennisierung gerichtete Programmatik. Nur die Sozialdemokratische Partei besaß eine überwiegend gesellschaftspolitische Programmatik und unterschied sich damit von allen anderen.

In allen nichtsozialistischen Parteien gab es sowohl Konservative wie Radikale, wobei die Grenzen innerhalb der Parteien lagen und nicht zwischen ihnen. Im Wesentlichen unterschieden sie sich durch ihre Haltung gegenüber Russland und in der Sprachen- und Kulturfrage. Bei den Jungfinnen (den späteren Liberalen) kam noch der Wirtschaftsliberalismus hinzu. Die politische Arbeit wurde auch dadurch erschwert, dass die größte Fraktion, die der Sozialdemokraten, unnachgiebig am Prinzip des Klassenkampfes festhielt und Koalitionen mit den bürgerlichen Parteien ablehnte. Die politischen Auseinandersetzungen drehten sich um das kommunale Wahlrecht, Steuer- und Sozialgesetzgebung, Bildungspolitik und auch um eine Frage, die damals schon die finnische Gesellschaft beschäftigte: das Alkoholproblem. Die Sozialdemokraten forderten eine totale Prohibition, konnten damit aber vorerst nicht durchdringen.

Die Parlamentsarbeit wurde ab 1908 zudem wieder durch neuerliche Russifizierungsbemühungen seitens Petersburgs belastet, die an Intensität denen der Ära Bobrikow in nichts nachstanden. Im Juni 1907 hatte der Zar die zweite Duma aufgelöst. Auf der Grundlage eines restriktiven Wahlrechts wurde im November 1907 die dritte Duma gewählt, in der anders als in den Vorgängerinnen die nationalrussischen reaktionären Kräfte die Oberhand gewannen. Diese setzten nunmehr alle Hebel in Bewegung, um die finnische Autonomie und den dortigen Parlamentarismus zurückzufahren. Nikolaus II. geriet ganz unter den Einfluss dieser politischen Strömung. Mehrfach löste er in der Folge die *Eduskunta* auf. 1910 allein zweimal. Das erste Mal nur deshalb, weil der Parlamentspräsident, Per Ervind Svinhufvud (1861–1944), in seiner Eröffnungsrede einige kritische Worte über den Zaren fallen gelassen hatte.

Bei jeder der sechs Wahlen zwischen 1907 und 1916 konnten die Sozialdemokraten ihren Stimmenanteil steigern – von 80 Mandaten 1907 auf 103 im Jahr 1916, womit sie die absolute Mehrheit erreichten. Doch hatte dies keine praktische Bedeutung, denn der während der Kriegsjahre von der russischen Regierung eines großen Teils seiner Befugnisse beraubte Landtag trat nicht mehr zusammen. Im selben Zeitraum wurde die Fraktion der Altfinnen immer kleiner: von 59 auf 33 Abgeordnete. Jungfinnen und Schwedische Volkspartei dagegen hielten ihre Abgeordnetenzahl. Wie schon vor 1905 wurde in diesem konstitutionalistischen Lager wieder passiver Widerstand ausgeübt.

Nikolaus II. unterzeichnete auch nicht die neuen Gesetze, die von der *Eduskunta*, solange sie noch zusammentrat, ausgearbeitet worden waren. Deshalb kamen wichtige soziale und staatliche Reformvorhaben zum Stillstand. Schlimmer noch: Im russischen Gesetz über die Reichsgesetzgesetzgebung von 1910 wurde festgelegt, dass alle Finnland in irgendeiner Weise betreffenden Gesetze von nun an von der Duma bestätigt werden mussten. Und 1912 wurde mit dem Gleichberechtigungsgesetz russischen Staatsbürgern der Zugang zu Ämtern in Finnland geöffnet. Der Hintergrund war der, dass sich sowohl die Konstitutionalisten als auch die Altfinnen aus dem Senat zurückgezogen hatten. Ihrem Aufruf zum passiven Widerstand folgten auch mehr und mehr Verwaltungsbeamte. Die sowohl im Senat als auch in der Verwaltung frei gewordenen Stellen wurden nun entweder mit finnischen Opportunisten oder Russen besetzt. Zahlreiche Beamte wurden entlassen und von russischen Gerichten wegen Verstoßes gegen das Gleichberechtigungsgesetz zu Gefängnisstrafen verurteilt oder nach Sibirien verbannt. Letzteres traf 1914 auch Per Ervind Svinhufvud, als er sich weigerte, einen auf den Posten des Prokurators gesetzten Russen als Vorgesetzten anzuerkennen. Svinhufvud war zu dieser Zeit die führende Gestalt des passiven Widerstands geworden.

In den Jahren vor und zu Beginn des Ersten Weltkrieges war die russische Repression für die Formierung der finnischen Arbeiterbewegung von Ausschlag gebender Bedeutung. Denn das Streben nach sozialer Emanzipation verband sich nun mit dem nach nationaler Befreiung. Dadurch konnten sich die Sozialdemokraten an die Spitze der demokratischen finnischen Bewegung setzen. Gleichzeitig begann eine enge Zusammenarbeit mit den revolutionären russischen Sozialisten, den Bolschewiki, von denen einige Führer zeitweise bei finnischen Parteigenossen Zuflucht vor den Verfolgungen der russischen Obrigkeit fanden – nicht zuletzt auch Lenin im Revolutionsjahr 1917. Es waren Kontakte, die sich schon bald für Finnland bezahlt machen sollten.

Erster Weltkrieg

Der militärische Konflikt der europäischen Mächte berührte Finnland zunächst nicht direkt. Die russische Regierung führte auch keine Rekrutierungsmaßnahmen in Finnland durch. Man fürchtete aber allenthalben, dass der Kriegszustand die russische Führung veranlassen könnte, die finnische Autonomie noch weiter einzuschränken oder sie sogar ganz zu beseitigen. Genährt wurden diese Befürchtungen von russischen Zentralisierungsplänen, die im November 1914 ventiliert wurden.

Als Handlungsalternativen auf diese Entwicklung kristallisierten sich auf finnischer Seite drei Möglichkeiten heraus: Die Sozialdemokraten, die seit den Wahlen von 1916 im Parlament die Mehrheit stellten, setzten auf politische Veränderungen in Russland – sei es in Folge einer militärischen Niederlage des Zarenreiches oder revolutionärer Ereignisse dort. Das, so die Erwartung, würde auch zu einer Liberalisierung in Finnland selber führen und dem entsprechend zu einer Wiederherstellung der alten Autonomie. Deshalb wurde die Unterstützung der russischen Sozialisten auf der Agenda nach oben gesetzt. Die Frage einer staatlichen Eigenständigkeit war für die Sozialdemokraten zu diesem Zeitpunkt noch zweitrangig.

Die konservative finnische Verwaltungsbürokratie und die Wirtschaftskreise setzten ihre Hoffnungen dagegen auf einen baldigen Friedensschluss zwischen Deutschland und Russland mit anschließender Wiederherstellung der Autonomie im russischen Staatsverband. Insbesondere den finnischen Wirtschaftlern stand eine revolutionäre Umgestaltung Russlands als Schreckgespenst vor Augen, da sie dadurch auch ihre nicht unerheblichen ökonomischen Interessen in Russland gefährdet sahen.

Eine dritte Handlungsoption fand vor allem in akademischen und studentischen Kreisen Anhängerschaft. Sie setzte auf einen Aufstand in Finnland, der von einer fremden Macht unterstützt wurde und der die völlige staatliche Unabhängigkeit Finnlands herbeiführen sollte. Diese Variante fand aber außerhalb dieser Kreise – zunächst – kaum Unterstützung. Denn zum einen standen rund 40 000 russische Soldaten im Land, die genügend militärische Kraft besaßen, um einen Aufstand niederzuschlagen, der in keiner Weise richtig vorbereitet war und im Land keine allgemeine Zustimmung fand. Zum anderen zeigte auf Seiten der russischen Bündnispartner, der so genannten Entente, niemand sonderliches Interesse, zugunsten Finnlands den östlichen Verbündeten aufzugeben. Und Schweden, auf das manche in Finnland hofften, war überdeutlich auf die Beibehaltung seiner neutralen Stellung bedacht. Nur die Feindmacht Deutschland signalisierte insgeheim Interesse. Doch darauf einzugehen, war ein Spiel mit dem Feuer, denn es bedeutete unter den gegebenen Umständen nichts anderes als Hochverrat.

Gleichwohl riskierten einige junge Finnen, diese Karte zu spielen.

Über Schweden kamen im Spätwinter 1915 rund 200 finnische Freiwillige nach Hamburg, wo sie in Lockstedt als kgl. Preußisches Jägerbataillon 27 eine militärische Ausbildung erhielten. Mit dem Vordringen der Reichswehr nach Litauen und Kurland wurden die finnischen Jäger 1916 nach dort verlegt. Bald waren sie auf 2000 Mann angewachsen, griffen aber nicht in das Kriegsgeschehen ein, weil von deutscher Seite die eindeutige Zusage, sich für die finnische Eigenstaatlichkeit einzusetzen, auf sich warten ließ.
Dies war die Lage, als die revolutionären Ereignisse des Jahres 1917 in St. Petersburg (bzw. Petrograd) auch für Finnland eine grundsätzlich neue politische Weichenstellung brachten, auf die sich die Parteien rasch einstellen mussten. Bereits die Februarrevolution 1917 hob die verfassungsrechtlichen Grundlagen des Großfürstentums mit der Abdankung des Zaren aus den Angeln. Es stellte sich nämlich nun die Frage, auf wen in Finnland die obersten Herrschaftsbefugnisse übergingen. Die Provisorische Regierung in Petrograd betrachtete sich als rechtmäßige Erbin der Regierungsgewalt des Großfürsten und konnte für diese Auffassung in der konservativen finnischen Elite sogar eine gewisse Anhängerschaft finden. Das wurde dadurch begünstigt, dass die Provisorische Regierung nach ihrer Regierungsübernahme umgehend die meisten Russifizierungsgesetze aufhob.
Die Jungfinnen, die Konstitutionalisten und die Sozialdemokraten vertraten demgegenüber allerdings die Auffassung, dass die Befugnisse des Großfürsten an die obersten finnischen Organe, das Parlament und den Senat, zurückgefallen waren. Als der von der Sozialdemokratie beherrschte Senat im Sommer 1917 durch entsprechende Gesetzgebungsakte die Souveränität Finnlands durchsetzen wollte, kam es zur entscheidenden Kraftprobe mit der Provisorischen Regierung in Petrograd und mit konservativen Kräften in Finnland. Unterstützt von dieser konservativen Senatsopposition löste die Provisorische Regierung Ende Juli 1917 das finnische Parlament auf. Es sollte sich jedoch bald zeigen, dass dies die letzte Machtdemonstration Petrograds in Finnland war.
Denn die Ereignisse in der russischen Hauptstadt in den folgenden Wochen und Monaten spielten unweigerlich den nach Unabhängigkeit strebenden finnischen Kräften in die Hände. Die Auseinandersetzungen zwischen Menschewiki und Bolschewiki in Petrograd destabilisierten auch in Finnland die Machtverhältnisse. Vor dem Hintergrund der kriegsbedingten Verschärfung der wirtschaftlichen Lage formierten sich die politischen Kräfte neu. Hinzu kam eine Verschärfung der Versorgungslage: Infolge der russischen Revolutions-

wirren blieben lebensnotwendige Lieferungen von russischem Brotgetreide aus. Obwohl noch immer Agrarstaat, konnte Finnland seinen Bedarf an Getreide nur zur Hälfte selbst decken. In den größeren Städten kam es zu Hungertumulten. Auch die übrige Wirtschaft wurde mehr und mehr in den Sog der russischen Agonie hineingezogen. Wachsende Arbeitslosigkeit, Geldentwertung, Lebensmittelmangel und nicht zuletzt die Anwesenheit der im Herbst 1917 auf rund 100 000 Mann angewachsenen russischen Armee, deren Mannschaftsdienstgrade inzwischen revolutionär politisiert waren, verlagerten die politischen Auseinandersetzungen zunehmend auf die Straße.
Nach den Neuwahlen zum Parlament im Oktober 1917 überstürzten sich die Ereignisse: Die Wahlen endeten mit Stimmenverlusten für die Sozialdemokratie und der Bildung eines rein bürgerlichen Senats unter Svinhufvud, dessen Verbannung mittlerweile aufgehoben worden war. Fast gleichzeitig begann in Petrograd die Oktoberrevolution. Am 15. November erklärte sich das finnische Parlament angesichts eines vom Gewerkschaftsverband ausgerufenen Generalstreiks zum Inhaber der höchsten staatlichen Gewalt. Und drei Wochen später, am 6. Dezember 1917, verabschiedete dieses Parlament eine vom neuen Senat vorgelegte Unabhängigkeitserklärung. Angesichts der Ereignisse in Russland waren es nun die bürgerlichen Kräfte, die in Finnland schnell vollendete Tatsachen schaffen wollten. Die Arbeiterbewegung setzte dagegen auf die neue russische Revolutionsregierung und einen mit ihr ausgehandelten vertraglichen Übergang in die Selbständigkeit. Die Bolschewiki waren zu diesem Zugeständnis, die Unabhängigkeit Finnlands anzuerkennen, allerdings schon bereit, wie Lenin in seinem Völkermanifest deutlich zum Ausdruck brachte. Die förmliche Anerkennung durch die Revolutionsregierung, den Rat der Volkskommissare, erfolgte nach einem Treffen Svinhufvuds und Lenins in Petrograd am 31. Dezember 1917. Deutschland, Österreich-Ungarn, Frankreich und die skandinavischen Länder folgten kurz darauf mit der Anerkennung der Souveränität Finnlands. Nur die USA und Großbritannien zögerten mit der de jure Anerkennung noch bis 1920.

FINNLAND ALS SOUVERÄNER STAAT

Im Schatten der russischen Revolution

Unabhängigkeit und Bürgerkrieg

Die Neuwahlen vom Oktober 1917 waren in linken finnischen Kreisen von Anfang an umstritten. Auch die Legitimität des neuen Senats wurde in Zweifel gezogen, und als dieser die Aufstellung bewaffneter Schutzkorps unterstützte, die die in Finnland verbliebenen russischen Truppen entwaffnen sollten, argwöhnte man in der Linksopposition, dass diese Maßnahme sich in Wahrheit gegen die finnische Arbeiterbewegung richtete, um diese von revolutionären Handlungen abzuhalten. Der Argwohn fand zusätzliche Nahrung, als die Schutzkorps Carl Gustav Mannerheim (1867–1951) als Oberbefehlshaber erhielten. Er sympathisierte offen mit den gegenrevolutionären bürgerlichen Kräften in Russland.

Carl Gustav Mannerheim (1867–1951) im Hauptquartier in Mikkeli während des Zweiten Weltkrieges.

Als Gegengewicht zu den Schutzkorps hatten sich – insbesondere in den großen Städten – Rote Garden gebildet, die zwar aus Beständen der russischen Truppen Waffen erhielten, allerdings nicht in dem Maße, wie von den Schutzkorps behauptet wurde. Die Lage spitzte sich dramatisch zu, als am 18. Januar 1918 in Helsinki eine Revolutionsregierung zusammentrat, der der Sozialdemokrat und frühere Parlamentspräsident Kullervo Manner vorstand. Obwohl diese „Regierung" sogleich deutlich machte, dass sie sich zwar sozialistische Reformen auf die Fahnen geschrieben habe, nicht aber eine Diktatur des Proletariats wie im Russland Lenins,

kam es schon bald zu bewaffneten Auseinandersetzungen mit den Schutzkorps.
Die Regierung Svinhufvud forderte am 24. Januar den Abzug der russischen Truppen aus Finnland und erklärte am Tag darauf die Schutzkorps zu den legalen Streitkräften des Landes, die allein für Ruhe und Ordnung zu sorgen hätten. Mit dieser Entwicklung wollten sich die linken Kräfte nicht abfinden und versuchten nun, ihrerseits die Initiative zu übernehmen. In der Nacht vom 27. auf den 28. Januar brach der offene Bürgerkrieg aus. Die Roten Garden erzielten dabei zunächst Vorteile und kontrollierten binnen kurzer Zeit große Teile Südfinnlands, vor allem die wichtigen industriellen Zentren Helsinki und Tampere. Die Schutzkorps, die nunmehr die Bezeichnung Weiße Truppen erhielten, setzten sich in Österbotten mit dem Hauptquartier in Vaasa fest und begannen von hier die Rückeroberung Südfinnlands. Ihnen gelang es, nach wenigen Wochen das Blatt zu wenden und die zahlenmäßig überlegenen Roten Garden in die Defensive zu drängen. Dies ist zum einen damit zu erklären, dass die Revolutionsregierung Manner – obwohl im Besitz der Hauptstadt und des wirtschaftlich wichtigen Südens – die Verwaltung nie in den Griff bekam und auch die wirtschaftlichen Probleme, vor allem die Lebensmittelversorgung, infolge der russischen Revolution nicht lösen konnte. Sie vermochte es überdies nicht, die eigenen bewaffneten Kräfte zu disziplinieren und strategisch klug einzusetzen. Außerdem machten sich divergierende Partikularinteressen unter den finnischen Revolutionären geltend: Die einen vertraten den revisionistisch-reformistischen Flügel, die anderen den leninistischen. Aus Russland war keine entscheidende Unterstützung zu erwarten, da hier die Revolutionäre selbst in einen Überlebenskampf verstrickt waren, dessen Ausgang noch ungewiss war.
Zum anderen erklärt sich das militärische Übergewicht der Weißen daraus, dass mit Mannerheim und anderen Offizieren taktisch und operativ geschulte Truppenführer an ihrer Spitze standen, die zudem mit den in Deutschland ausgebildeten und inzwischen (im Februar 1918) nach Finnland zurückgekehrten Jägern einen harten Kern kriegserprobter Soldaten zur Verfügung hatten. Hinzu kam, dass die Weißen vom kaiserlichen Deutschland Unterstützung erhielten: Anfang April 1918 landete bei Hanko unter General Rüdiger von der Goltz die so genannte deutsche Ostseedivision (ca. 11 000 Mann) und stellte sich Mannerheim zur Verfügung.
Das Eingreifen deutscher Truppen wurde von Mannerheim ursprünglich abgelehnt. Es beruhte auf einer Übereinkunft Svinhufvuds und

anderer deutschfreundlicher Kreise mit Berlin, die in ihrer Konsequenz auf eine enge Anbindung eines selbständigen Finnlands an Deutschland hinauslief. Die deutschfreundlichen Kreise sahen zu dieser Zeit noch im Kaiserreich den künftigen Kriegsgewinner – zumindest an der Ostfront –, der im Ostseeraum die politische Nachkriegsordnung dominieren würde. In diese Ordnung sollte ein selbständiges Finnland eingepasst werden.

Anfang April 1918 eroberte Mannerheim die Stadt Tampere, womit der Ausgang des Bürgerkrieges faktisch entschieden war. Bei der Eroberung der Stadt und in den Tagen darauf gingen die Weißen mit unerbittlicher Härte vor – unzählige Gefangene verloren ihr Leben vor fragwürdig legitimierten Erschießungskommandos. Die Roten Garden lieferten in der Folge nur noch Rückzugsgefechte. Von der Goltz eroberte am 13. April Helsinki, und zwei Wochen später floh die Mehrheit der Revolutionären Regierung nach Russland. Noch versprengte Reste der Roten Garden wurden von den Weißen erbarmungslos niedergemacht. Am 16. Mai 1918 wurde das Ende mit einer Siegesparade in Helsinki gefeiert. Die Sieger deuteten den Bürgerkrieg zum Freiheitskrieg um, und der 16. Mai erhielt im finnischen Festkalender der Zwischenkriegszeit eine größere Bedeutung als der 6. Dezember.

Die Bilanz dieses kurzen aber heftigen Bürgerkrieges war ungemein blutig und sollte auf Jahrzehnte die Nation in Sieger und Verlierer spalten und erst infolge der noch traumatischeren Ereignisse während des Zweiten Weltkrieges überwunden werden. Auf roter Seite hatten etwa 100 000 Menschen aktiv teilgenommen, auf weißer Seite rund 70 000. Die Todesopfer aber waren sehr ungleich verteilt: Von den insgesamt etwa 30 000 Toten waren etwa 7000 durch Kampfhandlungen umgekommen. Die weitaus größere Zahl wurde Opfer von Vergeltungsmaßnahmen, wobei sich die weiße Seite – insbesondere auch noch nach dem Ende der Kämpfe – unrühmlich hervortat. Der „rote Terror" kostete etwa 1600 Menschenleben, während die von den Weißen vorgenommenen Massenerschießungen über 8000 Tote hinterließen. Hinzu kamen etwa 10 000 von rund 90 000 Gefangenen, die infolge der Haftbedingungen in weißen Lagern umkamen. Eines der berüchtigsten dieser Lager war die alte Festung Suomenlinna in der Bucht von Helsinki. 403 gerichtliche Todesurteile wurden nach dem Ende des Bürgerkrieges noch gefällt, 125 davon vollstreckt. Bis 1924 gab es noch einzelne politische Gefangene aus der Zeit des Bürgerkrieges.

Die nach Sowjetrussland geflohenen Führer der Revolutionären Regierung gründeten dort die Finnische Kommunistische Partei als deren Führer Otto V. Kuusinen später eine besondere Rolle sowohl in der Komintern, der Kommunistischen Internationale, als auch 1939 im sowjetisch-finnischen Winterkrieg spielen sollte.

Nach dem Ende des Bürgerkrieges und der Wahl Svinhufvuds zum Reichsverweser (die künftige Staatsform des unabhängigen Finnland war zu dieser Zeit noch offen) durch ein Rumpfparlament im Mai 1918 wurde das finnische Heer unter Anleitung deutscher Offiziere weiter aufgebaut. Von den 92 Abgeordneten der Sozialdemokraten waren 40 nach Russland geflohen und 50 von den Weißen gefangen genommen worden (fünf von ihnen sind sofort hingerichtet worden). Nur zwei sozialdemokratischen Abgeordneten wurde von den Siegern erlaubt, das Parlamentsmandat wahrzunehmen. Das Rumpfparlament bestand deshalb nur aus 111 Abgeordneten.

Nach dem Frieden von Brest-Litowsk Anfang März 1918 zwischen Deutschland und Sowjetrussland wollte die Reichswehrführung ihren an der Ostfront erzielten Erfolg durch die Sicherung Finnlands festigen. Mannerheim war mit dieser Einflussnahme Deutschlands nicht einverstanden und nahm seinen Abschied. Der deutschfreundliche Svinhufvud hatte nun nahezu freies Spiel auf der politischen Bühne. Im Sommer 1918, als das Rumpfparlament über die künftige Staatsform und Verfassung beriet, erreichte der deutsche Einfluss seinen Höhepunkt. Nach scharfen Kontroversen zwischen Monarchisten und Republikanern konnten sich Anfang Oktober 1918 die Monarchisten unter Führung Svinhufvuds und Juhu Kusti Paasikivis durchsetzen. Paasikivi war von Svinhufvud zum Vorsitzenden des Senats, also faktisch zum Ministerpräsidenten ernannt worden. Wie Svinhufvud sprach er sich für die Wahl des deutschen Prinzen Friedrich Karl von Hessen, eines Schwagers Wilhelms II., zum König von Finnland aus. Die Erhebung Finnlands zum Königtum sollte jedoch nur eine kurze Episode bleiben und realiter überhaupt keine Bedeutung für die weitere geschichtliche Entwicklung haben. Denn schon nach wenigen Wochen brach das Deutsche Kaiserreich zusammen, und der hessische Prinz kam auch nicht nach Finnland, sondern verzichtete angesichts der gegebenen Umstände auf seine Wahl.

Stattdessen gewannen nun die Republikaner die Oberhand. Sie konnten ihre Stellung bei der Parlamentswahl im März 1919 entscheidend ausbauen. Die Verabschiedung der republikanischen Verfassung am 21. Juni 1919 und die Wahl Kaarlo Juho Ståhlbergs, eines überzeugten Republikaners, zum ersten Präsidenten der Republik im Juli festigten die demokratisch-republikanischen Grundlagen des neuen Staates.

Das finnische Parlament

Die Ursprünge der finnischen Parlaments im Sinne einer demokratischen Volksrepräsentation gehen auf das Jahre 1906 zurück, als im russischen Großfürstentum Finnland eine neue Landtagsordnung verabschiedet wurde. Der Ständelandtag wurde durch einen Einkammerlandtag ersetzt, der aus 200 Repräsentanten des Volkes bestand, gewählt in allgemeiner, geheimer, unmittelbarer und Verhältniswahl bei gleichem Wahlrecht für Männer und Frauen. Noch hatte der russische Zar die größte Machtbefugnis, aber ungeachtet dessen machte die neue Landtagsordnung aus Finnlands Landtag eine der modernsten Repräsentationsformen ihrer Zeit und erstmals in Europa erhielten Frauen das Wahlrecht. Die selbständige Republik Finnland entwickelte dann auf dieser Grundlage ihre demokratischen Institutionen weiter aus. Die neue Staatsverfassung wurde in zwei Grundgesetzen manifestiert, der Regierungsform von 1919 und der Reichstagsordnung von 1928. Die Regierungsform enthielt alle wesentliche Grundrechte und staatsbürgerlichen Pflichten des Einzelnen. Die Gleichstellung der Sprachen wurde festgestellt, wenngleich jetzt das Finnische im öffentlichen Leben dominierte. Die Befugnisse des früheren Landtages, der nun Reichstag *(Eduskunta)* heißen sollte, wurden erheblich ausgeweitet, zukünftig sollte er den Schwerpunkt der Legislative bilden, die Richtlinien für den Staatshaushalt und die Steuererhebung bestimmen sowie Finnlands Bank überwachen. Die Mitglieder der Regierung bedurften seines Vertrauens. Das Oberhaupt des Staates, der Staatspräsident, erhielt weit gehende Machtbefugnisse. Teils war dies ein Erbe der monarchischen Staatsform, teils bedingt durch die Furcht vor den Folgen innerer Spaltung, wie sie im Bürgerkrieg hervorgetreten waren. Ein starkes Gegengewicht zum Reichstag sollte hier Vorsorge treffen. Die Unabhängigkeit des Präsidenten gründete in seiner Wahl durch eine besondere Wahlmännerversammlung aus 300 Elektoren. Finnland ist auch heute eine parlamentarische Republik, beruhend auf der Gewaltenteilung und dem politischen Wettbewerb zwischen den Parteien. Der Staatspräsident steht an der Spitze der Exekutive, er ernennt und entlässt die Regierung und den Ministerpräsidenten, kann das Parlament auflösen, hat weit gehende Vetorechte bezüglich der Gesetzgebung, leitet und verantwortet die Außenpolitik und ist Oberbefehlshaber der Streitkräfte. Seine Stellung konnte bislang mit der des französischen oder amerikanischen Präsidenten verglichen werden. Doch wurden seine Befugnisse mit den Verfassungsreformen der 90er-Jahre, die im Jahr 2000 schließlich in ein neues Grundgesetz mündeten, eingeschränkt. Insbesondere betrifft dies das Recht, das Parlament aufzulösen sowie seinen Einfluss auf die Regierungsbildung. Seine Amtszeit wurde auf zwei Amtsperioden begrenzt und seit 1994 verzichten die Finnen bei der Präsidentenwahl auf das Elektorensystem und wählen das Staatsoberhaupt direkt.

Die Parteien Finnlands

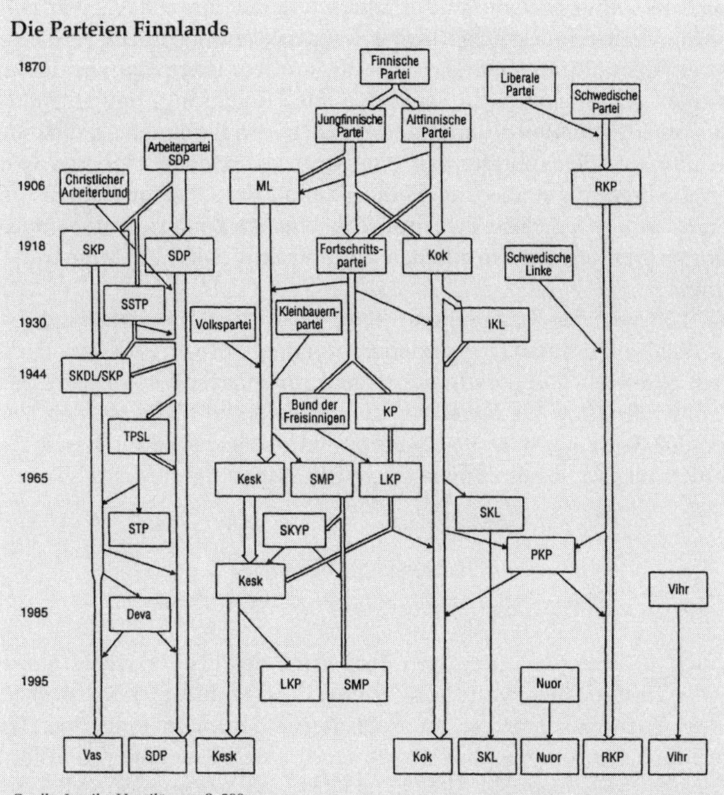

Quelle: Jussila, Hentilä u. a., S. 398

- SKP – Kommunistische Partei Finnlands
- SKDL – Demokratische Union (Liga) des Finnischen Volkes
- Vas – Linksbund
- SDP – Sozialdemokratische Partei Finnlands
- SSTP – Sozialistische Arbeiterpartei Finnlands
- TPSL – Sozialdemokratischer Bund der Arbeiter und Kleinbauern
- STP – Finnische Arbeiterpartei
- Deva – Demokratische Alternative
- ML – Agrarunion
- Kesk – Zentrumspartei, Finnisches Zentrum
- SMP – Finnische Partei der Landgebiete
- SKYP – Partei der Einheit des Finnischen Volkes
- LKP – Liberale Volkspartei
- KP – Finnische Volkspartei
- Kok – Nationale Sammlung
- IKL – Vaterländische Volksbewegung
- SKL – Christliche Union Finnlands
- RKP – Schwedische Volkspartei
- PKP – Konstitutionelle Volkspartei
- Vihr – Verband der Grünen

Das Einkammerparlament umfasste – wie zuvor – 200 Abgeordnete, die in allgemeiner, gleicher und geheimer Wahl nach dem Verhältnis der erzielten Stimmenanteile gewählt wurden. Der Senat wurde nun in eine „echte“ politische Exekutive, also Regierung, umgewandelt, die vom Präsidenten ernannt wurde, aber vom Parlament *(Eduskunta)* bestätigt werden musste. Auf das Amt des Staatspräsidenten wurden die Befugnisse übertragen, die ehemals der Großfürst besaß. Das deutet schon an, dass der finnische Staatspräsident umfassendere Vollmachten als die Präsidenten anderer europäischer Demokratien erhielt.

Die Amtszeit des Präsidenten wurde auf sechs Jahre festgelegt, und die Wahl sollte durch ein spezielles, von den Parteien und dem Parlament besetztes Wahlgremium erfolgen. Unter besonderen Umständen konnte allerdings die *Eduskunta* den Präsidenten direkt wählen, was beispielsweise im März 1946 genutzt wurde, als Paasikivi dem in der Mitte seiner Amtszeit zurückgetretenen Mannerheim nachfolgte.

Die gespaltene Nation – Gesellschaft und Politik in der Zwischenkriegszeit

In den 20 Friedensjahren nach dem Ende des Bürgerkrieges wurde das politische Leben von fünf Parteien bestimmt, die in unterschiedlicher Zusammensetzung an Koalitionsregierungen teilhatten: Die Fortschrittspartei (ehemals Jungfinnen), die Nationale Sammlung (Konservative, ehemals Altfinnen, Kok), die Agrarunion (ML), die Schwedische Volkspartei (RKP) und schließlich die Sozialdemokraten (SDP). Die Schwedische Volkspartei spielte bei Koalitionsbildungen nicht selten das Zünglein an der Waage.

Kennzeichnend für das politische Leben der Zwischenkriegszeit war indes die Instabilität der Regierungen, was nicht zuletzt auf die weit reichenden Befugnisse des Präsidenten zurückzuführen war. Besonders unter den beiden ersten Inhabern dieses Amtes, Kaarlo J. Ståhlberg (1919–25) und Lauri K. Relander (1925–31), gab es häufig Regierungsauflösungen und präsidiale Einsetzung neuer Regierungen – nicht selten Minderheitskabinette oder sogar Beamtenregierungen. Insgesamt hatte Finnland zwischen Mai 1918 und dem Beginn des Zweiten Weltkrieges 22 Regierungen, von denen nur eine fast vier Jahre amtierte, nämlich die unter Toivo M. Kivimäki (Fortschrittspartei) von Dezember 1932 bis Oktober 1936. Ansonsten war die durchschnittliche Verweildauer einer Regierung deutlich unter einem Jahr.

Die Regierung von Rafael Erich (Nationale Sammlung) hielt nicht einmal vier Wochen (15. 3. 1921–9. 4. 1921).

Das Amt des Staatspräsidenten wies demgegenüber mit nur vier Inhabern im selben Zeitraum eine größere Stabilität auf. Unter der Präsidentschaft Kyösti Kallios (1937–40) gab es zum ersten Mal eine Mitte-Links-Regierung, „Rote Erde" genannt, als sich Sozialdemokraten, Agrarunion und Fortschrittspartei zusammentaten. Ansonsten waren die Regierungen, mit der kurzen Ausnahme einer Minderheitsregierung unter dem Sozialdemokraten Väino Tanner (Dez. 1926–Dez. 1927) von den bürgerlichen Parteien geprägt.

Neben der Anerkennung der finnischen Souveränität durch weitere Staaten nach dem Ende des Bürgerkrieges und den Parlamentswahlen 1919 war der bedeutendste außenpolitische Erfolg der Abschluss eines Friedensvertrages mit Sowjetrussland im estnischen Dorpat (Tartu) am 14. Oktober 1920. Im Vorfeld kam es aber zu ernsten Meinungsverschiedenheiten mit den Sowjets hinsichtlich der Grenzziehung in Karelien, wo die finnische Seite weit gehende territoriale Forderungen stellte. Dagegen billigte Lenin ohne Umschweife den Wunsch der Finnen, das Petsamogebiet im hohen Norden Finnland zuzusprechen, wodurch diesem ein Zugang zum Nordatlantik ermöglicht wurde. Dieses Gebiet war den Finnen bereits von Zar Alexander II. im Jahr 1864 versprochen worden. Ein ‚Großfinnland' allerdings, wie von Mannerheim bereits während des Bürgerkrieges martialisch propagiert, das auch Ostkarelien umfassen sollte, wurde von den Sowjets kategorisch abgelehnt. Es gelang der finnischen Delegation immerhin, die Grenzlinie von 1812 bestätigt zu bekommen. Dieser Grenzverlauf fast in Schussweite von Petrograd/Leningrad sollte im November 1939 Auslöser des so genannten Winterkrieges werden – was aber zu diesem Zeitpunkt (1920) noch niemand ahnen konnte.

Auch der Streit mit Schweden über die staatliche Zugehörigkeit der Ålandinseln, der nach der finnischen Unabhängigkeitserklärung aufgeflammt war, fand 1921 ein Ende. Die Inseln verblieben im finnischen Staatsverband, die überwiegend schwedischsprachige Bevölkerung erhielt jedoch ein vom Völkerbund garantiertes Autonomiestatut, das ins finnische Grundgesetz aufgenommen wurde.

Die bedeutendste innenpolitische Leistung – noch zur Zeit des Rumpfparlaments – war zweifellos das Gesetz zur Befreiung der bäuerlichen Kleinpächter (Kätner). Dieses schon vor dem Bürgerkrieg vorbereitete Gesetz kam im Oktober 1918 mit der großen Mehrheit von 104 Ja-Stimmen zustande. Es ermöglichte den Kleinpächtern den

Erwerb des von ihnen bestellten Bodens zu einem Preisniveau von 1914, was etwa einem Zehntel des realen Verkehrswertes entsprach. Durch diese Maßnahme entstanden rund 120 000 selbständige kleinbäuerliche Anwesen, und gleichzeitig wurde eine erhebliche soziale Sprengkraft beseitigt. Denn die Rotgardisten hatten aus den Reihen dieser untersten bäuerlichen Schicht erheblichen Zulauf erhalten. Durch ein weiteres Gesetz, das so genannte Kolonistengesetz oder Lex Kallio (nach Kyösti Kallio, damals Ministerpräsident), erhielten 1922 auch die übrigen besitzlosen Landbewohner die Möglichkeit zum Bodenerwerb. Diese beiden Gesetze führten zu einer vollkommenen Strukturveränderung in der finnischen Landwirtschaft, die nunmehr ein stark kleinbäuerliches Gepräge aufwies. Weitere fortschrittliche gesetzgeberische Leistungen waren die zivilrechtliche Gleichstellung von Männern und Frauen (1926 bzw. 1929), die Einführung der allgemeinen Schulpflicht (1921) und die Religionsfreiheit (1922).

Zur Entspannung des innenpolitischen Klimas trugen die Amnestiegesetze bei, mit denen die Regierung kurze Zeit nach dem Ende des Bürgerkrieges die weniger belasteten Anführer der Roten Garden begnadigte. Die Sozialdemokratische Partei wurde sogar schon 1919 wieder in das politische Leben integriert und konnte bei den Wahlen im selben Jahr mit 80 Sitzen als stärkste Partei in die *Eduskunta* einziehen. Zu diesem Erfolg hatte ihre Spaltung in Folge des Bürgerkrieges wesentlich beigetragen. Der radikale linke Flügel hatte sich von der Partei getrennt, war mehrheitlich – wie bereits erwähnt – nach Russland geflohen und hatte dort die Kommunistische Partei Finnlands gebildet, die in Finnland selbst verboten war (bis 1944). Die gemäßigten sozialdemokratischen Parteiführer, an der Spitze Väinö Tanner, hatten das Heft wieder in die Hand bekommen und die Partei auf einen revisionistischen, reformorientierten Kurs gebracht, der in der finnischen Arbeiterschaft auf breite Zustimmung traf. Es waren sogar die sozialdemokratischen Abgeordneten, die die Wahl zugunsten des Liberalen Ståhlberg zum ersten Präsidenten der Republik entschieden. Der Kandidat der konservativen Kräfte, Mannerheim, hatte dabei das Nachsehen.

Die verbotene Kommunistische Partei vermochte es, von Russland und Schweden aus durch Tarnorganisationen Einfluss auf die finnische Politik zu nehmen. Vor allem in einzelnen Fachgewerkschaften sowie im Gewerkschaftsdachverband erhielten diese großes Gewicht. Zum politischen Arm dieser Organisationen wurde die Sozialistische Arbeiterpartei Finnlands (SSTP, ab 1923 Finnische Arbeiterpartei,

STP), die zunehmend staatlicher Repression ausgesetzt war. Bei den Wahlen 1922 erhielt sie immerhin 27 Parlamentssitze – auf Kosten der Sozialdemokraten, die genauso viel verloren. Die Verbotsbeschlüsse umgingen die Sozialisten bzw. Kommunisten durch ständige – geringfügige – Umbenennungen ihrer Partei. Sie war nicht nur Angriffen von Seiten der Rechten ausgesetzt, denn auch die Sozialdemokraten führten mit ihr eine permanente heftige Auseinandersetzung um die Führungspositionen in den Organisationen der Arbeiterschaft.

Diese parteipolitische Konstellation hielt sich bis Ende der 1920er Jahre, als ein deutlicher Rechtsruck im politischen Leben einsetzte, in dessen Folge die Sozialistische (Finnische) Arbeiterpartei verboten wurde. Der Rechtsruck wurde von mehreren Faktoren ausgelöst und war letztlich ein Indikator für die weiterhin schwelende Spaltung der finnischen Gesellschaft. Er war zum einen eine Reaktion auf den vermeintlich zunehmenden Einfluss der linken Parteien, die von den Nationalisten und Konservativen als Fünfte Kolonne Moskaus verdächtigt wurden. Zum anderen – ebenfalls eng mit dem Verhältnis zu Russland zusammenhängend – war er eine Folge der Krise, die den Export finnischer land- und forstwirtschaftlicher Erzeugnisse ergriffen hatte. Ende der 1920er Jahre drängte nämlich die Sowjetunion mit Holz und Getreide zu Dumpingpreisen auf den Weltmarkt, wodurch die finnische Exportwirtschaft nahezu ruiniert wurde. 1930 konnte für landwirtschaftliche Produkte nur noch ein Drittel der Preise von 1928 erzielt werden. Das Wachstum der finnischen Holzindustrie kam gleichzeitig zu einem abrupten Ende. Dies führte zu Entlassungen in diesen Sektoren, was wiederum eine Radikalisierung der Arbeiter nach sich zog. Hinzu kam, dass die allgemeinen Auswirkungen der weltwirtschaftlichen Krise auch in Finnland deutlich spürbar waren. Es gab Konkurse von Banken und Betrieben und Zwangsversteigerungen von Bauernhöfen. Der politische Druck erhöhte sich Besorgnis erregend.

Am 23. November 1929 entlud sich die aufgeheizte Stimmung gewaltsam: 400 überwiegend jüngere Gewerkschaftler versammelten sich zu einer Kundgebung in der Stadt Lapua in Österbotten. Diese Kundgebung wurde brutal aufgelöst, wobei in der finnischen Geschichtsschreibung noch immer umstritten ist, ob dies durch eine spontane Aktion von aufgebrachten Einwohnern der Stadt oder durch eine im Vorfeld geplante Provokation rechter Kräfte geschah. Jedenfalls gaben diese gewalttätigen Auseinandersetzungen gewissermaßen das Startsignal für einen Zusammenschluss ultrarechter Gruppierungen, die sich die ‚Ausrottung des Kommunismus' auf die Fahnen geschrieben hatten. Dieses bald Lapua-Bewegung genannte Bündnis, das im Kontext der zu dieser Zeit in Europa wachsenden faschistischen Bewegungen gesehen und erklärt werden muss, sollte sich nicht nur für die linken politischen Parteien Finnlands als Bedrohung erweisen. Sie entwickelte sich zu einer Gefahr für die finnische Demokratie insgesamt. Die Lapua-Bewegung war militant antikommunistisch, antidemokratisch und in höchstem Grade nationalistisch (weshalb sie sich auch gegen die sprachliche Sonderstellung der Finnlandschweden wandte). Sie traf in konservativen Kreisen, insbesondere bei Großbauern, der Beamtenschaft und des Militärs, die der innenpolitischen Aussöhnungspolitik reserviert gegenüberstanden, durchaus auf Sympathie. Ihr Führer war der Großbauer Viktori Kosola, der zudem eine Streikbrecherorganisation leitete. Solche Streikbrecherorganisationen waren ein weiteres Kennzeichen für das aufgeheizte und unversöhnlich scheinende Verhältnis zwischen Kapital und Arbeit, zwischen Rechts und Links im Finnland der Zwischenkriegszeit. Die von den Unternehmern geförderten Organisationen wiesen vielfältige personelle Verflechtungen zu paramilitärischen antikommunistischen Schutzverbänden auf. Zu den Sympathisanten der Lapua-Bewegung gehörte auch Mannerheim, der später jedoch Abstand nahm, als es aus den Reihen der Bewegung zu gewaltsamen Angriffen und Attentaten auf Repräsentanten des demokratischen Systems kam.

Bis 1932 war die Gefahr eines rechten Umsturzes durchaus real. Im Sommer 1930 veranstaltete die Lapua-Bewegung mit rund 12 000 Teilnehmern einen Bauernmarsch nach Helsinki, um die Regierung unter Druck zu setzen. Mussolinis Marsch auf Rom scheint dabei als Vorbild gewirkt zu haben. Das Parlament wurde aufgelöst, Neuwahlen wurden ausgeschrieben, an denen die Sozialistische Arbeiterpartei, weil inzwischen verboten, nicht teilnehmen durfte. Unter dem Druck der Lapua-Bewegung konnten in der Folge antikommunistische Gesetze initiiert werden, die die Tätigkeit für eine im Kommunismusverdacht stehende Partei unter Strafe stellten. Auch die Sozialdemokraten waren nach den Wahlen Angriffen ausgesetzt, die Partei wurde allerdings trotz starker Forderungen von Lapua-Anhängern nicht verboten. Den Höhepunkt ihres Einflusses erreichte die Bewegung 1931 mit der Wahl Ministerpräsident Svinhufvuds zum finnischen Staatspräsidenten (bis 1937), der als Sympathisant der Bewegung galt. Die gemäßigten Kräfte in der Lapua-Bewegung sahen damit ihr Ziel erreicht, die radikaleren jedoch strebten die gänzliche Beseitigung des parlamentarisch-demokratischen Systems und die Ausrichtung der Gesellschaft und Politik nach faschistischen Vorstellungen an, wobei

ideologische Einflüsse aus Italien und Deutschland unverkennbar waren. Es kam zu einer Spaltung der Bewegung und sogar (1932) zu bewaffneten, gegen die Regierung gerichteten Aufläufen, die Svinhufvud und seine legalistische Linie in Gegnerschaft zur radikalen Lapua-Bewegung brachte. Einige Führer wurden verhaftet und die Lapua-Bewegung sogar aufgelöst. Kurz darauf kam es zur Bildung einer Nachfolgeorganisation IKL (Vaterländische Volksbewegung), die nach dem Vorbild der NSDAP als politische Partei organisiert wurde. Ihr mäßiger Einfluss währte bis 1944, als sie nach dem Friedensschluss mit der UdSSR auf Druck Moskaus verboten wurde.
Die Präsidentschaft Svinhufvuds war durch starke Spannungen zwischen den bürgerlichen Parteien und den Sozialdemokraten geprägt, denen er, obwohl stärkste Partei, eine Teilhabe an der politischen Macht versagte. Erst nach der Wahl des Agrariers Kyösti Kallios (1937–40) zu seinem Nachfolger, die wesentlich von den Sozialdemokraten betrieben wurde, erhielt die Aussöhnungspolitik zwischen Rechts und Links eine neue Chance. Von nun an wurden die Sozialdemokraten an der Regierungsbildung beteiligt. Es kam zu einer lang anhaltenden Zusammenarbeit mit den Agrariern, ‚Rote Erde' wurde diese Koalition genannt. Die Außenpolitik war auf Skandinavien und England ausgerichtet. Die Wirtschaftskrise konnte überwunden wer-

Parlamentsmandate der Parteien in der Zwischenkriegszeit

Partei	1919	1922	1924	1927	1929	1930	1933	1936	1939
Vaterl. Volksbewegung IKL	–	–	–	–	–	–	14	14	8
Nationale Sammlung Kok	28	35	38	34	28	42	18	20	25
Fortschrittspartei	26	15	17	10	7	11	11	7	6
Schwed. Volksp. RKP	22	25	23	24	23	21	21	21	18
Agrarunion ML	42	45	44	52	60	59	53	53	56
Sozialdemokr. Partei SDP	80	53	60	60	59	66	78	83	85
(Sozialistische) Arbeiterpartei SSTP/STP	–	27	18	20	23	–	–	–	–
Andere	2	–	–	–	–	1	5	2	2

den. Vor allem die Industrieproduktion und der Export wurden erheblich gesteigert. Es waren wieder die traditionellen Sektoren, die hauptsächlich dazu beitrugen, nämlich die Landwirtschaft und die Holzverarbeitungsindustrie. Aber auch der Metallsektor gewann an Bedeutung, was nicht zuletzt darauf zurückzuführen war, dass in den 1930er Jahren einige große Wasserkraftwerke in Südfinnland fertig gestellt worden waren – das größte in Imatra –, die zu einer Modernisierung der Energieversorgung der Industriebetriebe beitrugen.
England war in der Zwischenkriegszeit Finnlands wichtigster Handelspartner, gefolgt von Deutschland. Aber auch Nord- und Südamerika waren für den finnischen Außenhandel von Bedeutung. Der Handel mit Russland (bzw. der Sowjetunion), der in der Zeit des Großfürstentums an erster Stelle stand, war nun nahezu bedeutungslos geworden. Zu dem östlichen Nachbarn herrschte überhaupt während der ganzen Zwischenkriegszeit ein überaus gespanntes Verhältnis.
Unter Kallio und den von ihm gestützten Regierungen aus Sozialdemokraten, Agrarunion und Fortschrittspartei kam es zu einer vorsichtigen Neuausrichtung der Gesellschaftspolitik, wobei das schwedische ‚Volksheim', das heißt der Aufbau eines Wohlfahrtsstaates, als Vorbild diente. Zwar war die finnische Geburtenrate seit der Unabhängigkeit beständig gesunken (von 3,2% um 1900 auf unter 2% in den 1930er Jahren), doch die sozialen Probleme hatten aufgrund der gesellschaftlichen und wirtschaftlichen Veränderungen und Krisen zugenommen. Hier galt es nun, durch geeignete gesetzgeberische Maßnahmen die Verelendung von Teilen der Bevölkerung zu verhindern. Den Weg, wie dies bewerkstelligt werden konnte, hatten vor allem die dänischen und schwedischen Sozialdemokraten gewiesen – nämlich durch Umverteilung des gesellschaftlichen Reichtums; nicht durch revolutionäre Maßnahmen, sondern durch möglichst breiten politischen Konsens. Diese Entwicklung wurde jedoch 1939 durch den Krieg jäh unterbrochen.

Finnland im Zweiten Weltkrieg

Der Winterkrieg 1939/40

Im geheimen Zusatzprotokoll des Ribbentrop-Molotowpaktes von August 1939, in dem die beiden Diktatoren Hitler und Stalin ihre Interessengrenzen in Osteuropa abstimmten, war festgehalten worden, dass Finnland – wie die baltischen Staaten – zur Interessensphäre Moskaus gehören sollte. Stalin bekam damit von Hitler einen Blankoscheck für freies Handeln in Nordosteuropa, den er unverzüglich einzulösen begann. Nachdem sich die baltischen Staaten auf entsprechenden Druck Moskaus bereit erklärt hatten, auf ihrem Staatsgebiet der Sowjetunion Stützpunkte zu überlassen, wurde Finnland gebeten, ebenfalls Unterhändler nach Moskau zu schicken, um dergleichen auch mit Finnland zu beraten. Keine Geringeren als die ehemaligen Ministerpräsidenten Paasikivi und Tanner wurden dort mit Stalins Forderung konfrontiert, auf der Karelischen Landenge die Grenze rund 20 Kilometer zurückzusetzen und das Territorium zur Sicherung Leningrads an die Sowjetunion abzutreten. Als Kompensation sollte Finnland ein Stück Land in Nordostkarelien bekommen. Außerdem verlangte Moskau die Verpachtung der Halbinsel Hankö, um von dort aus den Seeweg nach Leningrad sichern zu können.

Die finnischen Unterhändler spielten auf Zeit, doch war die Haltung Helsinkis von Anfang an klar: Man würde sich den Forderungen Moskaus nicht beugen. Anfang November 1939 wurden die Verhandlungen abgebrochen und kurze Zeit später, am 30. November, setzte die Rote Armee auf breiter Front in ganz Karelien zu einem massiven Angriff an. Der inzwischen 72-jährige Mannerheim erklärte sich auf Bitten der Regierung umgehend bereit, den finnischen Oberbefehl zu übernehmen. Die Regierung trat zurück, damit ein neuer Regierungschef neue Verhandlungsmöglichkeiten mit Moskau bekäme. Risto Ryti wurde Ministerpräsident, Väinö Tanner Außenminister. Doch die Sowjets ließen keinen Zweifel mehr aufkommen, dass sie es inzwischen auf ganz Finnland abgesehen hatten. Zu diesem Zweck war auf inzwischen erobertem Territorium eine kommunistische Marionettenregierung mit Otto Kuusinen an der Spitze eingesetzt worden, die ein Hilfeersuchen an Moskau richtete. Die Sowjets versuchten damit der ob der militärischen Aggression empörten Weltöffentlichkeit weis zu machen, es handele sich nicht um einen Angriff gegen Finnland, sondern um die Hilfestellung für eine verbündete Regierung. Diese Verdrehung der Tatsachen verfing jedoch nicht. Finnlands Verteidigungskampf fand in der freien Welt sofort große Unterstützung, wobei es allerdings bei Verbalnoten und humanitärer Hilfe blieb, militärischer Beistand jedoch nur das Stadium der Erörterungen und operativen Planungen erreichte. Lediglich aus Schweden kam militärische Hilfe, wobei diese aber in Form von Privatinitiativen ohne Zutun des Staates erfolgte: Rund 7500 schwedische Freiwillige begaben sich auf die andere Seite des Bottnischen Meerbusens, um an der Seite der Finnen gegen die Rote Armee zu kämpfen. Frankreich und Großbritannien diskutierten währenddessen mit der schwedischen Regierung darüber, ob diese den Alliierten die Durchquerung des Staatsgebietes von Norwegen aus gestatten würde. Die gleichen Verhandlungen zogen sich unterdessen auch mit Norwegen hin. Bis zum Ende des Winterkrieges im März 1940 sollte es jedoch keine Verhandlungsergebnisse geben.

In dem überaus strengen Winter 1939/40 vermochte es die Rote Armee trotz vielfacher materieller und personeller Überlegenheit nicht, die Finnen entscheidend zu schlagen oder größeren Geländegewinn zu erzielen. Die finnische Armee war nicht nur besser der Witterung angepasst, sondern kämpfte aufopferungsvoller und war taktisch klüger geführt. Die Rote Armee hatte enorme Verluste zu verzeichnen. Erst Mitte Februar 1940 gelang es ihr mit einer gewaltigen Kräftekonzentration, die so genannte Mannerheim-Linie auf der Karelischen Landenge zu durchbrechen.

Da Stalin zu diesem Zeitpunkt ein Eingreifen der Westmächte zugunsten Finnlands befürchtete, machte er ein Waffenstillstandsangebot, in das die finnische Regierung in richtiger Einschätzung der ihr verbliebenen Kräfte einwilligte. Der dann am 13. März 1940 in Moskau geschlossene Frieden brachte für Finnland nicht unerhebliche Landverluste in Karelien, wo in etwa der Grenzverlauf von 1721 wieder hergestellt wurde. Dadurch fiel auch die alte finnische Stadt Viborg/*Viipuri* an die Sowjetunion. Die Halbinsel Hankö musste als Militärstützpunkt an sie verpachtet werden.

Die neue Grenzziehung hatte eine große Umsiedlungsaktion zur Folge. Rund 11 Prozent der finnischen Bevölkerung lebte in den nunmehr sowjetisch gewordenen Gebieten. Der allergrößte Teil zog auf die finnische Seite, wo die wirtschaftliche Eingliederung dem Staat erhebliche Kraftanstrengungen abverlangte. Doch bei diesen Auswirkungen des Krieges allein blieb es nicht: Die sowjetische Führung versuchte sich nach dem Friedensschluss – und immer noch im Bündnis mit Hitler-Deutschland – ständig in die inneren Angelegenheiten Finnlands einzumischen. Das bezog sich sowohl auf personelle ‚Vorschläge' bei Regierungsbildungen als auch auf die Arbeit der finnischen Kommunistischen Partei.

Deutscher „Waffenbruder“ …

Nach der Besetzung Dänemarks und Norwegens durch die deutsche Wehrmacht am 9. April 1940 verschlechterte sich die außenpolitische Lage Finnlands zusehends. Denn nun war die Verbindung zum Westen vom Wohlwollen Hitler-Deutschlands abhängig. Hinzu kam, dass die 1940 vollzogene Annexion der baltischen Staaten durch die Sowjetunion den Finnen das Schicksal ihres Landes vorauszusagen schien. Der finnischen Führung dürfte es deshalb nicht ungelegen gekommen sein, als Deutschland im Sommer 1940 an sie mit dem Ansinnen herantrat, Wehrmachtstransporte durch Nordfinnland nach Nordnorwegen durchführen zu dürfen. Schweden hatte seine Bereitschaft für solche Transporte über sein Territorium bereits erteilt. Der finnischen Regierung wurde bedeutet, dass man deutscherseits bereit sei, sie militärisch zu unterstützen. Man legte ihr nahe, einen unbeugsamen Kurs gegenüber Moskau einzuschlagen.

Zu diesem Zeitpunkt waren die deutschen Angriffspläne gegen die Sowjetunion weitgehend ausgearbeitet, und in ihnen spielte Finnland – bezogen auf Leningrad und die Eisenbahnlinie nach Murmansk – eine strategisch wichtige Rolle. Ob die finnische Führung in diese Pläne bereits eingeweiht war, ist zweifelhaft. Die gemeinsamen operativen Planungen der Militärs begannen erst im Winter 1940/41. Als sich im Spätwinter die Tonlage in Moskau wieder verschärfte, räumte die politische Führung Finnlands letzte Bedenken beiseite. Anfang Juni 1941 wurde die totale Mobilmachung angeordnet: Ein Sechstel der Bevölkerung wurde zu den Waffen gerufen und das ganze Wirtschaftsleben auf den kommenden Feldzug umgestellt. Ganz Nordfinnland (nördlich Oulu) sollte alleiniges Operationsgebiet der Wehrmacht sein, die finnischen Verbände sollten sich schwerpunktmäßig auf Karelien richten.

Nach dem deutschen Angriff auf die Sowjetunion am 22. Juni 1941 teilte Finnland mit, solange wie möglich neutral bleiben zu wollen. Als aber die sowjetische Luftwaffe drei Tage später mit der Bombardierung südfinnischer Städte einsetzte, stellte die *Eduskunta* fest, dass Finnland sich wieder im Krieg mit der Sowjetunion befinde, und genau eine Woche nach dem deutschen Angriff begann auch die finnische Armee mit den Kampfhandlungen.

Finnland hat dabei stets darauf beharrt, nicht am Krieg der Großmächte beteiligt zu sein, sondern lediglich zeitgleich zum deutsch-sowjetischen Krieg einen „Fortsetzungskrieg“ gegen die Sowjetunion zur Verteidigung und Rückeroberung der im Winterkrieg von

1939/40 verlorenen Gebiete zu führen. Die Frage, ob es sich, wenn es gewollt hätte, aus dem Krieg hätte heraushalten können, ist oft gestellt und meist dahingehend beantwortet worden, dass es so oder so zum Opfer der beiden Großmächte geworden wäre, wenn es nicht selbst aktiv eingegriffen hätte. Mit der Verzögerung der eigenen Kampfhandlungen um eine Woche konnte Finnland gegenüber der Weltöffentlichkeit zeigen, dass es eigene, lebenswichtige Interessen verteidigte. Im Westen trafen denn auch die finnischen Militäroperationen durchaus auf Sympathie, insbesondere nachdem im Sommer 1941 die verlorenen karelischen Gebiete nach heftigen Kämpfen zurückerobert werden konnten und die finnische Armee darüber hinaus nur strategische Positionen in Ostkarelien besetzte, sich beim Angriff auf Leningrad aber – zum Ärger der Wehrmacht – zurückhielt. Im Dezember 1941 stoppte Mannerheim den Angriff, und die Front sollte zweieinhalb Jahre lang unverändert bleiben. Ebenso weigerte Mannerheim sich, die finnischen Truppen im Mittelabschnitt bis zum Weißen Meer vorstoßen zu lassen.

... und Kriegsgegner

Mit den deutschen Niederlagen 1943/44 geriet auch die finnische Position zunehmend ins Wanken. Fieberhaft wurde nach Möglichkeiten gesucht, aus diesem Krieg herauszukommen. Doch bis Sommer 1944 konnte Hitler-Deutschland Finnland an seiner Seite halten. Am 9. Juni 1944 aber, drei Tage nach der Landung der Alliierten in der Normandie, begann die Rote Armee zur Entlastung des belagerten Leningrad an der karelischen Front ihre seit langem geplante große Offensive gegen die in Ostkarelien stehenden finnischen Truppen. Das Trommelfeuer der sowjetischen Artillerie war eines der gewaltigsten dieses Krieges. Schon zehn Tage später wurden die finnischen Verteidigungsstellungen auf der Karelischen Landenge durchbrochen und Viborg/*Viipuri* erobert. Die vollständige Vernichtung der finnischen Streitkräfte konnte nur durch das schnelle Eingreifen deutscher Verstärkungen aus Nordfinnland abgewendet werden. Was die aktuelle Kriegslage betraf, gab sich die finnische Regierung jedoch keinerlei Illusionen mehr hin, zumal die deutschen Verstärkungen bald wieder abgezogen und der Heeresgruppe Mitte in Russland zugeführt werden mussten, wo sich für die Wehrmacht ein militärisches Desaster anbahnte. Im August kam es zu massiven Bombardements der größeren Städte Südfinnlands.

Angesichts der erwarteten deutschen Niederlage und der hohen eigenen Verluste im Abwehrkampf (60 000 Tote, Verwundete und Vermisste) beschloss die finnische Führung im Spätsommer 1944, den Krieg für Finnland zu beenden. Der Weg hierzu wurde am 1. August 1944 durch den Rücktritt des finnischen Staatspräsidenten Risto Ryti freigemacht, wodurch nach finnischer Interpretation die enge Bindung an das Deutsche Reich, die zuletzt noch durch den so genannten Ryti-Ribbentrop-Pakt vom 26. Juni 1944 fixiert worden war, hinfällig wurde. Der deutsche Außenminister Ribbentrop hatte Mitte Juni 1944 während eines Blitzbesuchs in Helsinki dem finnischen Staatspräsidenten Ryti die schriftliche Zusage abpressen können, dass weder der finnische Präsident noch eine von ihm eingesetzte Regierung ohne deutsche Zustimmung Friedensverhandlungen mit der Sowjetunion aufnehmen würde. Die Formulierung des Textes war von den Finnen klug gewählt, denn nach ihrer Interpretation wurde mit dem Rücktritt Rytis die auf die Person des Staatspräsidenten beschränkte Vereinbarung mit dem Deutschen Reich ungültig, und die neue finnische Führung unter dem Oberbefehlshaber der finnischen Truppen, Mannerheim, konnte sich nun der unabweisbaren Notwendigkeit zuwenden, mit der Sowjetunion einen Waffenstillstand herbeizuführen. Mannerheim betrachtete den zwischen Ribbentrop und Ryti geschlossenen Vertrag als für sich nicht bindend.

Was Stalin anging, war – ganz abgesehen von der Grenzfrage – allerdings völlig unklar, ob dieser überhaupt einem Frieden mit einem selbständigen Finnland zustimmen würde, oder ob Finnland nicht das Schicksal der baltischen Staaten der Zwischenkriegszeit teilen müsste. Gleichwohl begann die finnische Führung – über die Stockholmer Botschaften – die Möglichkeiten auszuloten, unter welchen Bedingungen Moskau zu einer Waffenruhe bereit sein würde. Auch die schwedische Regierung hatte ein großes Interesse an einem baldigen Frieden an ihrer Ostgrenze, denn eine militärische Eroberung Finnlands mit ungewissem politischem Schicksal bereitete ihr Kopfzerbrechen. Ein Vorschieben der Einflusszone Moskaus bis an den Bottnische Meerbusen konnte nicht in ihrem Interesse sein.

Die Sowjetunion ließ aber erkennen, dass sie auf eine bedingungslose Kapitulation Finnlands verzichten würde und erklärte sich, allerdings auf britisches Drängen hin, sogar bereit, die ursprünglichen Reparationsforderungen in Höhe von 600 Millionen US-Dollar auf die Hälfte zu kürzen. Zur Vorbedingung für die Aufnahme von Verhandlungen machte sie aber, dass Finnland sofort die Beziehungen zu Deutschland abbrechen und den Abzug der deutschen Truppen aus Finnland

bis zum 15. September 1944 fordern müsse. Die finnische Seite willigte unter dem Diktat der ungleichen Kräfteverhältnisse ein, und am 4. September 1944 trat die finnisch-sowjetische Waffenruhe zwecks Aushandlung eines Waffenstillstandsvertrages in Kraft. Gleichzeitig endete – wie gefordert – die „Waffenbrüderschaft" mit der Wehrmacht. Die diplomatischen Beziehungen mit Berlin wurden abgebrochen, die Gesandtschaften aufgelöst und das Deutsche Reich aufgefordert, seine Truppen bis zum 15. September 1944 aus Finnland abzuziehen, andernfalls würde man sie internieren müssen. Am 19. September trat der in Moskau ausgehandelte Waffenstillstandsvertrag zwischen Finnland und der UdSSR in Kraft. Er enthielt im Wesentlichen folgende Artikel:
Wiederherstellung der Grenzen vom 13. März 1940 – Abtretung des Petsamogebietes mit den dortigen umfangreichen Nikkelvorkommen (damit verlor Finnland zugleich seinen Zugang zum Eismeer) – Verpachtung der Halbinsel Porkkala nahe Helsinki an die UdSSR – Reparationsleistungen – Auslieferung der Handelsflotte – Verbot aller faschistischen Organisationen – Wiederzulassung der finnischen KP – Anklage von Personen, die von der Sowjetunion als Kriegsverbrecher beschuldigt wurden – Einsetzung einer alliierten (d. h. sowjetischen) Kontrollkommission in Helsinki.
Zum Zeitpunkt dieses Waffenstillstandsabkommens befand sich eine hochgerüstete deutsche Armee im Norden des Landes, nämlich die 20. Gebirgsarmee. Noch im Sommer 1944 hatte Hitler der Wehrmachtsführung dargelegt, dass Finnland, insbesondere der Norden, aus militärstrategischen und wehrwirtschaftlichen Gründen für das Reich „der vielleicht wichtigste Raum" sei. Denn zum einen böte Nordfinnland den Sowjets und den Anglo-Amerikanern die Möglichkeit, „einander die Hände zu reichen"; zum anderen seien die Nickelminen in Nordlappland für die deutsche Rüstungsindustrie unverzichtbar. Deshalb sollte Lappland unbedingt gehalten werden.
In diese Lage platzte die Nachricht vom finnisch-sowjetischen Waffenstillstand und die Aufforderung an die deutschen Truppen, binnen zweier Wochen das Land zu verlassen. Diese Terminsetzung wäre selbst unter Friedensbedingungen und optimalen logistischen Voraussetzungen technisch nicht zu realisieren gewesen. Umso weniger angesichts des Kriegsgeschehens und der schwierigen klimatischen und topographischen Verhältnisse. Die deutsche Lapplandarmee lag über eine Frontstrecke von rund 1000 Kilometern verstreut und bestand nicht nur aus rund 200 000 Soldaten und 60 000 Pferden, sondern dazu aus einem riesigen Waffen-, Geräte- und Materialvorrat.

Doch angesichts der allgemeinen militärischen Lage an der Ostfront und der nun auch am Eismeer von Murmansk aus einsetzenden Offensive der Roten Armee wurde ein Rückzug der Wehrmacht aus Finnland unausweichlich, sollte nicht eine weitere ganze Armee verloren gehen. Es stellte sich lediglich die Frage wie und wohin. Das Oberkommando der Lapplandarmee griff schließlich auf Planungen des Vorwinters zurück und beschloss, einen hinhaltenden Rückzug nach Nordnorwegen durchzuführen.

Von Süden fand derweil der Aufmarsch finnischer Verbände statt, der deutlich machte, dass der ehemalige Verbündete bereit war, zum Kriegsgegner zu werden – wenngleich diese Entwicklung auf sowjetisches Drängen hin erfolgte. Doch zunächst gab es durchaus noch eine einträchtige deutsch-finnische Zusammenarbeit beim Rückzug – bis zum 15. September, als deutsche Seestreitkräfte die in der Mitte des Finnischen Meerbusens gelegene Insel Hogland angriffen. Mit der von Großadmiral Dönitz initiierten Operation „Tanne-Ost“ sollte diese strategisch bedeutsame Insel, von der aus die Zufahrt zur Leningrader Bucht kontrolliert werden konnte, erobert werden. Der deutsche Angriff wurde von den Finnen nach hartem Kampf zurückgeschlagen, wobei rund 700 Deutsche in finnische Gefangenschaft gerieten.

Mannerheim schreibt in seinen Erinnerungen, dass dieses „kopflose Unternehmen“ die Stellung Finnlands gegenüber dem Reich erleichtert habe, denn damit hatte Deutschland den Sündenfall begangen und die Kampfhandlungen zwischen den beiden „Waffenbrüdern“ eröffnet. Nun musste die finnische Führung keine Rücksichtnahme auf irgendwelche Empfindlichkeiten mehr nehmen und konnte eigene Kampfeinheiten gegen deutsche Stellungen in Mittelfinnland schicken, die den deutschen Rückzug forcieren sollten. Die bald schon ausbrechenden, teilweise erbittert geführten Kampfhandlungen sollten sich (an den deutschen Grenzbastionen in Nordwestfinnland) bis Ende April 1945 hinziehen und dazu führen, dass Finnland noch am 3. März 1945, nach dem Rücktritt Mannerheims als Staatspräsident, dem Deutschen Reich den Krieg erklärte (rückwirkend zum 19. September 1944, dem Tag des Inkrafttretens des Waffenstillstandsvertrages mit der UdSSR).

Nach Ausbruch der Kampfhandlungen zerstörten die deutschen Truppen auf ihrem Rückzug Verkehrs- und Kommunikationseinrichtungen sowie zahlreiche Gebäude, die nach Auffassung der deutschen Militärs den gegnerischen Streitkräften hätten dienlich werden können. Man glaubte, dass die Rote Armee in Mittelfinnland nicht an der

alten Staatsgrenze Halt machen, sondern auf finnisches Territorium vorrücken würde. Deshalb wurden die Zerstörungen angeordnet, wobei aber oft über das ‚kriegsnotwendige' Maß hinausgegangen wurde: Nicht nur militärisch wichtige Objekte, sondern auch viele Wohngebäude und öffentliche Einrichtungen wurden gesprengt oder niedergebrannt. Der Taktik der ‚verbrannten Erde' fiel fast die ganze Stadt Rovaniemi, die Metropole Nordfinnlands, zum Opfer. Sie hatte drei Jahre lang das Hauptquartier der 20. Gebirgsarmee beherbergt. Dieses Vorgehen hat das deutsch-finnische Verhältnis bis weit in die Nachkriegszeit hinein belastet. Mannerheim schrieb rückblickend: „Die rücksichtslose Kriegführung der Deutschen, die schließlich ganz Lappland verwüsteten, brachte dann alle zur Einsicht, dass es notwendig war, das Land von einer Armee zu befreien, deren Anwesenheit eine unhaltbare Lage nur verlängerte." (Mannerheim, Minnen, II, S. 424)
So entwickelten sich im Oktober 1944 in Lappland heftigste Gefechte zwischen den ehemaligen ‚Waffenbrüdern', in deren Verlauf sich die Wehrmacht, eine Spur der Verwüstung nach sich ziehend, Stück für Stück in Richtung norwegisch Lappland zurückzog.

Wahrung der Selbständigkeit zwischen Ost und West (1948–1991)

Die Erfahrungen des Zweiten Weltkrieges und der ersten Jahre der Nachkriegszeit haben die nordischen Länder sehr verschiedene politische Wege gehen lassen. Dänemark und Norwegen, von 1940–45 unter deutscher Besetzung, wurden 1949 aufgrund dieser Erfahrung Gründungsmitglieder der NATO, während Schweden, das nicht am Krieg teilgenommen hatte, auf eine militärisch starke Neutralität und die politische Zusammenarbeit der nordischen Länder setzte. Alle drei Monarchien entwickelten unter der politischen Führung der Sozialdemokratie das Modell des nordischen Wohlfahrtsstaates, das im jeweiligen nationalen Rahmen umgesetzt wurde. In Schweden beispielsweise hatte diese Entwicklung bereits in den 30er-Jahren begonnen, gegründet auf einer starken Expansion des öffentlichen Sektors. Anders in Finnland: Hier baute die Wirtschaftspolitik auf den Liberalismus und ermöglichte ein wirtschaftliches Wachstum, das Finnland noch vor dem Zweiten Weltkrieg in etwa den gleichen Lebensstandard wie seinen skandinavischen Nachbarn bescherte, ohne dass links gerichtete politische Bewegungen, die in den anderen skandi-

navischen Ländern sehr viel stärker gewachsen waren, hier einen ähnlichen Einfluss ausübten.
Nach dem Krieg hatte die finnische Sicherheits-, Wirtschafts- und Sozialpolitik besonderen Bedingungen Rechnung zu tragen, die weitgehend vom Verhältnis Finnlands zur Sowjetunion abhingen. Im Winterkrieg 1939–40 hatte Finnland seine Unabhängigkeit gegenüber seinem östlichen Nachbarn zunächst allein, dann im Fortsetzungskrieg mit Hilfe des nationalsozialistischen Deutschland verteidigen können. Es gelang, den am Ende unerwünschten deutschen ‚Waffenbruder' 1944–45 aus Lappland zu vertreiben. Doch hatte man sich jetzt mit der sowjetisch geführten alliierten Kontrollkommission auseinander zu setzen, die bis 1947 in Finnland tätig war und erst mit dem Friedensvertrag von Paris ihre Arbeit einstellte.
Grundlegend und richtungsweisend für die finnische Politik war das finnisch-sowjetische Abkommen über Freundschaft, Zusammenarbeit und gegenseitigen Beistand (FZB-Vertrag) aus dem Jahr 1948, das Finnland unter anderem zu militärischer Kooperation – allerdings nicht außerhalb seines eigenen Territoriums – verpflichtete. Finnland würde danach das eigene Staatsgebiet verteidigen, sollte es Feinden der Sowjetunion einfallen, diese von Finnland aus anzugreifen. Der Vertrag entspreche den Lebensinteressen der UdSSR und ebenso denen der Republik Finnland, hob die Präambel hervor, und in Artikel sechs wurde ausdrücklich die beiderseitige Souveränität und Unabhängigkeit sowie das Prinzip der Nichteinmischung in die inneren Angelegenheiten des anderen Staates bekräftigt.
In der Praxis wurden Finnlands außenpolitische Optionen signifikant begrenzt, doch ist die Zustimmung zu diesem Vertrag Ausdruck einer ganz bestimmten Linie finnischer Politik, die mit dem Namen des finnischen Staatspräsidenten Juhu Kusti Paasikivi (1870–1956) aufs Engste verbunden ist. Ihm lag an einem freundschaftlichen, stabilen Verhältnis zur Sowjetunion als wichtigster Voraussetzung zur Wahrung finnischer Unabhängigkeit (die sog. Paasikivi-Linie). Sein Nachfolger Urho Kekkonen (1900–1986) hat diese Außenpolitik fortgesetzt. Beide verknüpften diesen Ansatz mit einer Politik der Neutralität und der Teilhabe an einzelnen politischen Arrangements, die Finnland zukünftig enger in die Zusammenarbeit der nordischen Länder einbinden und seinen Anschluss an Westeuropa gewährleisten sollten. Während das 1948 mit der Sowjetunion geschlossene Abkommen mehrmals erneuert wurde – es hatte Bestand bis zur Auflösung der UdSSR 1991/92 – hat Finnland konzentriert an nordischer Zusammenarbeit mitgewirkt: als Mitglied des Nordischen Interparlamen-

tarischen Komitees zum Beispiel oder seit 1955 als Mitglied des Nordischen Rates. Noch im selben Jahr wurde es Mitglied der Vereinten Nationen.

Die Öffnung nach Westeuropa – ohne den russischen Partner zu düpieren – war lebenswichtig. Schon 1960/61 wurde Finnland assoziiertes Mitglied der EFTA (European Free Trade Association) und konnte ein Jahr später bereits alle grundlegenden ökonomischen Privilegien dieses Verbundes nutzen, lange bevor es 1986 die Vollmitgliedschaft erlangte. Bis zur völligen Veränderung der politischen Konstellationen in Europa nach der Wiedervereinigung Deutschlands und dem Zusammenbruch der Sowjetunion hat sich finnische Politik meist auf schmalem Grad zwischen Ost und West bewegen müssen, Wirtschaft und Gesellschaft haben dabei eine rasante Entwicklung durchlaufen, deren Grundzüge im Folgenden nachgezeichnet werden.

Politische, wirtschaftliche und soziale Impulse der Nachkriegszeit

Die unmittelbaren Nachkriegsjahre von 1944 bis 1948 waren für Finnland von großer Unsicherheit geprägt. Später hat man sie auch „Jahre der Gefahr“ genannt, in denen um die Durchsetzung jener neuen Politik der Versöhnung und Unabhängigkeit heftig gerungen wurde. Mit dem Waffenstillstandsabkommen von 1944 wurde die alliierte Kontrollkommission etabliert, die unter sowjetischer Führung über die Einhaltung der vorläufigen Friedensbedingungen wachte. Zu diesen Bedingungen gehörte die pünktliche Zahlung der festgelegten Reparationen an die Sowjetunion ebenso wie die Durchführung von Kriegsschuldprozessen. Acht führende finnische Politiker wurden zwischen November 1945 und Februar 1946 angeklagt, unter ihnen Ex-Präsident Risto Ryti (im Amt von 1940–44), dem man eine verschwörerische und aggressive Kriegführung gegen die Sowjetunion vorwarf.

Die sorgfältige Erfüllung der Forderungen hat zur Wiederherstellung der nationalen Souveränität Finnlands geführt, sie hat aber auch politische Verwicklungen herauf beschworen. So hat das Waffenstillstandsabkommen die Kommunistische Partei Finnlands (SKP) legalisiert, die seit 1930 verboten war. Sie führte die Demokratische Liga des finnischen Volkes (SKDL) an, die von sich behauptete, ein breites Spektrum fortschrittlicher Kräfte zu repräsentieren. Schon in den ersten Parlamentswahlen nach dem Krieg, im März 1945, gelang es der SKDL, die größte Einzelpartei im finnischen Parlament zu werden. Damit wurde auch Mitgliedern der SKP der Weg in den finnischen Reichstag *(Eduskunta)* geebnet. Daneben waren die Sozialdemokratische Partei (SDP) und die Agrarunion (ML) die stärksten Gruppierungen. Politisch spielte die SKDL während der ersten Nachkriegsjahre in Finnland eine wichtige Rolle. Ihr Wahlerfolg von 1945 bedeutete auch, dass ein Mitglied der SKP, Yrjo Leino, den wichtigen Posten des Innenministers erhielt, verantwortlich unter anderem für den staatlichen Geheimdienst und ein großes mobiles Polizeikontingent. Der Einfluss der Kommunisten in der finnischen Regierung war in den Jahren 1946 bis 1948 besonders stark, als die SKDL acht von zwölf Kabinettsposten hielt, darunter das Amt des Ministerpräsidenten, welches Mauno Pekkala inne hatte.

Der Druck, der durch die latente sowjetische Bedrohung auf Finnland lastete, erreichte 1948 einen Höhepunkt, als die Ereignisse in der Tschechoslowakei schlimmste Befürchtungen auslösten: Hier war es im Februar 1948 zu einem kommunistischen Umsturz gekommen. Wenige Monate später erhielt die Tschechoslowakei die Verfassung einer so genannten „Volksdemokratischen Republik", die CSSR wurde zu einem willenlosen Satelliten der Sowjetunion. Sollte Finnland dies auch bevorstehen? Die finnischen Kommunisten fühlten sich nicht zuletzt aufgrund ihrer Regierungsverantwortung gestärkt und begannen zu Beginn des Jahres 1948 mit Unterstützung Moskaus eine groß angelegte politische Offensive. Die Unterzeichnung des FZB-Vertrages im April kam ihrer Agitation sehr gelegen, während Moskau nach erfolgreichem Abschluss der Vertragsverhandlungen bereits wieder etwas mehr Zurückhaltung übte. Doch unbedachte Äußerungen in den Presseorganen der finnischen Kommunisten wie etwa vom tschechoslowakischen Weg, der auch der finnische sei, entwickelten schnell eine Eigendynamik und ließen Gerüchte von einem bevorstehenden kommunistischen Staatsstreich entstehen, so ernst, dass die Armee in erhöhte Alarmbereitschaft versetzt wurde. Am 29. April sollte das finnische Parlament über das finnisch-sowjetische Abkommen abstimmen. Es gab Anhaltspunkte dafür, dass die Kommunisten durch umfassende Demonstrationen widerspenstigen Parlamentariern das Votum für den FZB-Vertrag abtrotzen wollten. Laut sozialdemokratischen Zeitungen sollten diese Aufmärsche in konkrete Umsturzversuche der Kommunisten münden, aber im Grunde konnte niemand mit Sicherheit sagen, inwieweit diese Pläne tatsächlich existierten. Paasikivi jedenfalls hat am 27. April Truppeneinheiten vor Helsinki aufmarschieren und im Südhafen der Stadt Kanonenboote ankern lassen. Zwei Tage später wurde der umstrittene Vertrag parlamentarisch bestätigt, ohne dass es zu kommunistischen Demonstrationen gekommen wäre.

Als im Juli 1948 der neue finnische Reichstag gewählt wurde, musste die SKDL ganz erhebliche Stimmenverluste hinnehmen. Noch im Mai war dem kommunistischen Innenminister Leino das Misstrauen ausgesprochen worden. Aus dem Tief, in dem sich die von den Kommunisten angeführte Demokratische Liga jetzt befand, konnte auch die Moskau abgerungene Halbierung der restlichen Reparationen nicht hinausführen. Die Gewinner der Wahl waren die Sozialdemokraten und die Agrarunion. Präsident Paasikivi ließ eine sozialdemokratische Minoritätsregierung bilden in der offensichtlichen Absicht, die Polarisierung zum Nachteil der Kommunisten zuzuspitzen, die, wie er meinte, alles daransetzen würden, dieser Regierung Steine in den Weg zu legen. Unter Führung des sozialdemokratischen Ministerpräsidenten K.-A. Fagerholm hatte das neue Kabinett zunächst die ausdrückliche Unterstützung der bürgerlichen Parteien.

Für Finnlands Innenpolitik und für seinen Balancegang zwischen Ost und West hatte der Regierungswechsel weit reichende Folgen. Die Kommunisten waren ausmanövriert und sahen sich einer wachsenden antikommunistischen – wenngleich ganz sicher nicht konfliktarmen – Zusammenarbeit der Sozialdemokraten mit den bürgerlichen Parteien gegenüber, die in wechselnden Formen bis in die 1960er Jahre hinein fortdauerte. In diesem Interessen- und Beziehungsgefüge gab es auch eine wichtige Verknüpfung zur Armeeführung, deren politische Affinität in den brisanten Apriltagen des Jahres 1948 deutlich zu Tage getreten war. Auf außenpolitischem Terrain konnte die Regierung Fagerholm unter Paasikivis Führung einiges von dem Ansehen zurückgewinnen, das Finnland durch die Unterzeichnung des Abkommens mit der Sowjetunion verloren hatte. Das übrige Skandinavien und die Westmächte sahen Finnlands Souveränität durch diesen Vertrag nämlich erheblich eingeschränkt, und Dänemark und Norwegen beeilten sich umso mehr, an den von den USA angeführten Atlantikpakt, aus dem bald darauf die NATO hervorgehen sollte, Anschluss zu finden. Doch das entschlossene Vorgehen gegen die finnischen Kommunisten ermutigte jetzt die westlichen Nachbarn, den Glauben an ein „westliches" Finnland nicht aufzugeben. Nicht zufällig wurden von nun an die finnischen Kontakte zu skandinavischen und westeuropäischen Diplomaten und die Zusammenarbeit der jeweiligen Geheimdienste immer lebhafter.

Im Schatten der teils brisanten und weithin Aufmerksamkeit weckenden politischen Ereignisse wurden in diesen ersten Jahren nach Kriegsende aber auch eine Reihe wesentlicher Veränderungen in Finnlands wirtschaftlichem und sozialem Leben auf den Weg gebracht. Sie gründeten auf drei bedeutsamen Triebkräften: 1. der Mobilisierung der wirtschaftlichen Ressourcen, um die Kriegsreparationen in Form unterschiedlichster Produkte an die Sowjetunion zu zahlen; 2. der Neukolonisation von Agrarland und 3. dem Wiederaufbau des vom Krieg zerstörten Landes.

Das Waffenstillstandsabkommen zwischen Finnland und der Sowjetunion von 1944 hatte den Wert der von Finnland zu entrichtenden Reparationen auf ca. 500 Millionen Dollar festgelegt (Finlands historia, Bd. 4, S. 294). Ihre Begleichung wurde umgehend in Angriff genommen und betrug in den ersten drei Jahren nach 1944 15% des finnischen Staatshaushaltes und 5–6% des jährlichen Bruttoinlandproduktes. Danach wurde die Belastung Schritt für Schritt gemildert, Finnlands Produktion war in Gang gekommen und der Wert seiner übrigen Exporte durch steigende Weltmarktpreise gewachsen. Die Hälfte der Reparationen sollte allein aus Metallprodukten bestehen, während finnische Erzeugnisse der Holzindustrie etwa ein Drittel der Lieferungen ausmachten.

Schon in den 30er-Jahren war es der finnischen Metallindustrie gelungen zu expandieren, und sie entwickelte dann während des Krieges immer mehr notwendiges Know-how. In dieser Hinsicht war sie 1944 auf die sowjetischen Forderungen relativ gut vorbereitet, aber es fehlte an Kapazitäten. Hier wie auch grundsätzlich forderte das große Volumen der zu leistenden Lieferungen die staatliche Überwachung der Produktion. So wurde bereits im Oktober 1944 eine Kommission für die Kriegsreparationsindustrie eingesetzt, die die Aufgabe hatte, die Arbeit zu koordinieren. Die *Sotakorvausteollisuuden valtuuskunta*, kurz SOTEVA, wurde denn auch schnell zu einem zentralen Begriff im finnischen Wirtschaftsleben. Ihr gelang durch Umstrukturierungsmaßnahmen eine erhebliche Intensivierung der Produktivität in der Metallindustrie, so dass die in diesem Bereich gestellten Forderungen nach Maschinen, Industrieanlagen oder Schiffen bereits 1952 beglichen werden konnten.

Die Anstrengungen, die die Industrie unternahm, um die Reparationsforderungen zu erfüllen, gaben der finnischen Wirtschaft entscheidende Impulse. Sie wurden begleitet von Handelsabsprachen mit der Sowjetunion, die 1945 zunächst zu einem Kompensationshandel führten, in dessen Rahmen finnische Holz- und Papierprodukte gegen Kunstdünger, Baumwolle und Getreide aus der Sowjetunion getauscht wurden. 1947 sahen die Absprachen erstmals einen bilateralen Clearinghandel vor. Auch dies war eine Form des Tauschhandels: Die Regierungen setzten den absoluten Wert des Warenaustausches fest und die jeweiligen Handels- oder Wirtschaftsministerien führten über alle Transaktionen Buch. Vor diesem Hintergrund erhielten finnische Unternehmen Exportgenehmigungen und kontaktierten unmittelbar sowjetische Käufer. Dabei musste kein Geld die Grenzen passieren. Die finnischen Lieferungen wurden von der eigenen Zentralbank bezahlt, die ein Clearingkonto unterhielt und den jeweiligen Handelswert verzeichnete.

Für Finnland wirkte dieses Arrangement stabilisierend auf den gesamten Exporthandel. Es war nämlich den finnischen Unternehmen möglich, mit Hilfe des Ostexports – die Nachfrage sowjetischer Abnehmer war langfristig und konstant – eventuelle Absatzprobleme für ihre Waren auf westlichen Märkten kurzfristig auszugleichen. Die auf höchster Ebene getroffenen Handelsabsprachen bedeuteten aber nicht, dass der Export in die Sowjetunion den finnischen Außenhandel dominierte. Vor allem die finnische Holzindustrie fand ihre Abnehmer in Westeuropa und den USA. Insgesamt betrug der Anteil der finnischen Westexporte in den 1950er Jahren über 70%.

Vor andere Herausforderungen wurde die finnische Politik gestellt, als es darum ging, den Verlust Kareliens und des Porkkala-Gebietes zu kompensieren und den von dort geflohenen oder evakuierten Kriegsveteranen und Bauern neues Land und neue Lebensperspektiven zu bieten. Noch im September 1944 ging man daran, eine Bodenreform zu erarbeiten, die neben den genannten Gruppen auch Kleinbauern zugute kommen sollte, sofern sie zusätzlichen Ackerlandes bedurften. Das Gesetz, das schließlich nach intensiven Auseinandersetzungen im April 1945 zustande kam, sah im Wesentlichen die Enteignung existierender Ackerflächen vor. Paasikivi hätte dies gern vermieden, ihm wäre die Rodung und Kultivierung bisher nicht als Agrarland genutzter Areale lieber gewesen, denn er befürchtete eine Verringerung der landwirtschaftlichen Produktivität. Immerhin aber gelang es ihm einen Paragraphen durchzusetzen, der insbesondere auf die Verhältnisse in Nyland zugeschnitten war und die Sprachenproblematik aufgriff. Hier besaßen die Höfe relativ große Ackerflächen und überschritten leicht die Expropriationsgrenze von 20 Hektar. Schwedischsprachigen Bauern aber war es möglich, der Enteignung zu entgehen, wenn sie für die Rodung und Kultivierung eines Naturgebietes aufkamen, das 150% der ursprünglich geforderten Ackerfläche ausmachte. Oder aber sie bezahlten eine entsprechende Geldsumme. Hintergrund für diese spezielle Regelung war das Bestreben, die Geschlossenheit der schwedischsprachigen Gebiete nicht zu gefährden. Es gab Widerstand gegen diese Direktive, die als Benachteiligung der finnischsprachigen Bauern aufgefasst wurde. Aber er war nicht entschlossen genug, und überdies hatte die Bewältigung der Kriegsfolgen die sprachlichen Gegensätze innerhalb der Gesellschaft zurücktreten lassen. Paasikivi nahm zudem bewusst Rücksicht auf die öffentliche Meinung in Schweden, die die Debatte mitverfolgte und entsprechend kommentierte. Schwedens Unterstützung in dieser Zeit politischen Drucks seitens der Sowjetunion war seiner Ansicht nach unerlässlich.

Die finnischen Behörden gingen nun unverzüglich zu Werke, das Maßnahmenpaket des Landbeschaffungsgesetzes umzusetzen. Man beschloss im Sommer 1945, den größten Teil der evakuierten Karelier in finnischsprachigen Gemeinden anzusiedeln. Ein Jahr später hatte man die Planungen für die schwedischsprachigen und die zweisprachigen Gebiete ebenfalls unter Dach und Fach. Die Porkkalabauern sollten in erster Linie in den nah ihres Herkunftsgebietes gelegenen nyländischen Ortschaften ein neues Zuhause finden. Dort sprach man Schwedisch.

230 000 Menschen wurden auf diese Weise von einem Ort zum anderen geschickt, in nur zwei Jahren waren über 100 000 Landbeschaffungsanträge bewilligt worden. Die Neusiedlung in den finnischen Landgemeinden war von nicht geringem Ausmaß und hatte mannigfache Wirkungen. Eine ihrer wichtigsten – so die heutige Auffassung – sei die Verzögerung jenes Prozesses gewesen, der die Strukturen der Agrargesellschaft allmählich in die einer Industrienation umwandelte. Allerdings sei dies nicht notwendigerweise zum Unglück des Landes geschehen, behaupten dieselben Stimmen. Im Gegenteil, die umfassende Neukolonisation habe den vertriebenen Landwirten und ausgemusterten Soldaten Arbeit und Auskommen gegeben. So konnte die Arbeitslosigkeit und damit auch das Konfliktpotenzial in der finnischen Gesellschaft auf niedrigem Niveau gehalten werden. Das war besonders wichtig, weil die wirtschaftliche Lage nach dem Krieg – verglichen mit den Ländern Westeuropas, denen der Marshallplan zu schnellerem Wohlstand verhelfen sollte – in Finnland schwieriger war. Ein großer Teil des einheimischen Kapitals wurde von den Kriegsreparationen aufgesogen und eine rasche Industrialisierung hätte unter den gegebenen Umständen vermutlich erhebliche soziale und politische Spannungen verursacht. Darüber hinaus war es mit Hilfe des Landbeschaffungsgesetzes gelungen, ein Ziel zu erreichen,

dessen Bedeutung der vorausgegangene Krieg erneut schmerzlich aufgezeigt hatte: nämlich einen möglichst hohen Selbstversorgungsgrad zu besitzen, der von umfassenden Lebensmittelimporten unabhängig machte. Mit Ausnahme der Getreideproduktion hatte Finnland eine solche Unabhängigkeit in der Lebensmittelversorgung schon 1950 erreicht.

Die mit dem Landbeschaffungsgesetz vollzogene Bodenreform brachte Finnland bis 1959 insgesamt 200 000 Hektar neues Ackerland, insbesondere in den östlichen und nördlichen Landesteilen. Hier waren es vor allem die Kriegsveteranen, die bisher landwirtschaftlich nicht genutzten Boden in Agrarland verwandelten, während die meisten der evakuierten und vertriebenen Bauern im südlichen Finnland Land erhielten. Dort verringerte sich die Durchschnittsgröße der Höfe um etwa 3 Hektar, landesweit aber war dank der gleichzeitigen Neurodungen nur eine Verringerung von etwa 1 Hektar zu verzeichnen. Langsam aber stetig wuchs die Effektivität der finnischen Landwirtschaft, die seit den 1960er Jahren auch in der Getreide- und Fleischproduktion das Autarkieziel erreichte. Möglich gemacht hatte dies der vermehrte Einsatz von Kunstdünger und Kraftfutter, doch nicht zuletzt die bahnbrechende Modernisierung der bäuerlichen Produktion durch den Traktor. Bevor aber die Mechanisierung der finnischen Landwirtschaft so weit fortschreiten konnte, war es längst gelungen, auch in anderen Bereichen der Gesellschaft die vom Krieg zerstörten materiellen Strukturen wieder aufzubauen. 20 000 Wohnungen waren ausgebombt worden, und mit dem Frieden wurde die noch während des Krieges begonnene Wiederaufbauarbeit intensiviert. Überall im Land begann man Zerstörtes zu reparieren oder neu zu bauen. Schon bald erreichte die Bautätigkeit ein Ausmaß, das die Verhältnisse der Vorkriegszeit übertraf. Besonders in Lappland war Einsatz gefordert, wo der Rückzug der deutschen Truppen „verbrannte Erde" hinterlassen hatte. Doch in kurzer Zeit konnte ein großer Teil der dort zerstörten 5000 Wohnstätten wieder errichtet werden.

Mit der Ausmusterung der Soldaten nach dem Waffenstillstand 1944, die nun auf den Arbeitsmarkt strebten, konnte der große Mangel an Arbeitskraft in der Baubranche aufgefangen werden, schwieriger war es, Baumaterial in ausreichender Menge zu beschaffen. Die erforderlichen Baumaßnahmen im Blick auf Kriegsreparationen und Landwirtschaft hatten Priorität und die Verteilung des knappen Angebots an Holz- und Eisenprodukten sowie an Zement wurde streng reglementiert. Der Bau von Wohnungen und verschiedenen staatlichen und kommunalen Anlagen wurde dadurch eine Zeit lang erheblich erschwert. Ab 1949 etwa ging dann diese Periode des Mangel merklich zu Ende. Während der gesamten 1950er Jahre konnte ein jährlicher Zuwachs von gut 32000 und während eines großen Teils der 1960er Jahre von nahezu 40000 neuen Wohnstätten verzeichnet werden.

Was das Landbeschaffungsgesetz von 1945 für die Neukolonisation war, das waren für den Wohnungsbau die so genannten Arava-Gesetze, die 1949 von der Fagerholm-Regierung auf den Weg gebracht wurden. Sie schufen Anreize für einen sozialen Wohnungsbau, indem sie lokalen Behörden, Gemeinden oder auch Aktiengesellschaften günstige Kredite und Steuererleichterungen zubilligten, sofern diese in den Bau von Wohnbauten – meist Hochhäusern – investierten. Privatpersonen konnten solche Arava-Kredite zum Bau von Einfamilienhäusern erhalten, aber auch hier galt, dass Größe und Standard genau festgelegt waren. Wer andere Vorstellungen hatte, konnte nicht in den Genuss dieser vorteilhaften, staatlich garantierten Kredite gelangen. Arava-Wohnungen wurden auf dem freien Markt angeboten, doch ihre soziale Funktion wurde dadurch garantiert, dass bestimmte Bevölkerungsgruppen bevorzugt wurden, Obdachlose, Kriegsveteranen, Kriegsinvaliden, Flüchtlinge beispielsweise.

1966 wurde die 1949 gegründete Arava-Kommission aufgelöst und der staatlich geförderte Wohnungsbau der Wohnungsbaubehörde unterstellt. Doch noch heute benutzt man den Terminus Arava, und das Prinzip der mit den Arava-Gesetzen eingeleiteten Wohnungsbauförderung gibt es noch immer. Zwischen 1949 und 1966 wurden mit Arava-Geldern 162000 Wohnungen errichtet, zumeist Mehrfamilienhäuser in den Städten mit oftmals anspruchsloser Architektur. Dennoch haben sie zur Verbesserung des finnischen Wohnungsstandards beigetragen. Ohne sie wäre die Behebung des Wohnungsmangels in der Nachkriegszeit kaum denkbar gewesen.

Die Neukolonisation hat auf der anderen Seite die Urbanisierung während der ersten zwei Jahrzehnte nach Kriegsende um Einiges abgebremst. Nichtsdestotrotz ist die Bevölkerung in den größten finnischen Städten in dieser Zeit stark angewachsen. Schon 1946 hat man aus diesem Grund damit begonnen, kleinere Umlandgemeinden der Hauptstadt Helsinki einzugemeinden und so das Areal der Stadt zu vervielfachen. Dies bot besonders den Arava-Investoren gute Möglichkeiten. 1952 entstanden die ersten trabantenähnlichen Vororte. Zur gleichen Zeit realisierte man in Helsinkis westlicher Nachbargemeinde Espoo ein über die Grenzen Finnlands hinaus bekannt gewordenes Beispiel moderner Stadtplanung, und zwar das als Garten-

Alvar Aalto

Spricht man von der Urbanisierung Finnlands, kann man einen seiner bedeutendsten Architekten nicht unerwähnt lassen: Alvar Hugo Henrik Aalto (1898–1976). Er absolvierte sein Architekturstudium von 1916–21 am Polytechnikum in Helsinki, reiste danach durch Europa und arbeitete in verschiedenen Architekturbüros, bevor er 1923 sein eigenes in Jyväskylä eröffnete, das er später in die Hauptstadt verlegte. Aalto zählt neben Le Corbusier, Mies van der Rohe und Frank Lloyd Wright zu den „Großen Vier" in der Architektur des 20. Jh.s. Aber auch das zeitgenössische Design hat er mit den Produkten seines eigenen Möbelhauses Artek (seit 1935) nachhaltig geprägt. Seine Arbeiten besannen sich immer wieder auf die regionalen Wurzeln des Bauens, die aus der Topographie, Landschaft und Natur Finnlands erwuchsen und ihm heimische Baustoffe wie Holz und Ziegel nahe legten.

Seinen internationalen Durchbruch feierte Aalto 1939 in New York. Hier gestaltete er unter anderem den finnischen Pavillon für die Weltausstellung, den er mit einer raffinierten schräg gestellten Präsentationswand versah. Zuvor hatte er bereits mit der Bibliothek in Viipuri (erbaut 1927–35) Maßstäbe gesetzt, die als ein Meisterwerk der klassischen Moderne gilt. Das etwa gleichzeitig entstandene Sanatorium von Paimio, östlich von Turku, gehört ebenfalls zu den Höhepunkten der Architekturgeschichte und leitete in Nordeuropa das „Neue Bauen" ein. Nach dem Krieg widmete sich Aalto dem Wiederaufbau seines Heimatlandes. Schon während der Weltausstellung in New York hatte er Entwürfe und Modelle einfacher und preiswerter Typenhäuser ausgestellt. 1944–45 entwarf er zusammen mit anderen finnischen Architekten einen völlig neuen Stadtplan für Rovaniemi in Lappland, das von den Deutschen zerstört worden war. Aalto wirkte als Professor für Architektur außer in Finnland auch an renommierten amerikanischen Instituten, von 1963–68 war er Präsident der finnischen Nationalakademie (*Suomen Akatemia*). Über 200 Projekte sind in seinem umfangreichen Werkverzeichnis aufgelistet, etwa die Hälfte davon wurde realisiert, darunter das Rathaus in Säynätsalo (1949–1952), das „Haus der Kultur" in Helsinki (1955–58) oder die Technische Hochschule in Otaniemi (1955–64). Es scheint, als habe Aalto zu Deutschland eine besondere Beziehung besessen: Hier befinden sich außerhalb Finnlands die meisten seiner Bauten. In den 50er- und 60er-Jahren wurden nach seinen Entwürfen in Bremen (Neue Vahr) und Berlin (Hansaviertel) Wohnhäuser gebaut, Gemeindezentren und ein Kulturzentrum in Wolfsburg und schließlich das Aalto-Theater in Essen.

stadt konzipierte Zentrum Tapiola. Ursprünglich sollte hier am Rande Espoos ein nicht-urbanes Milieu mit kleinen Häuschen entstehen, die sich frei entlang verschlungener Wege über Felder und bewaldete Hügel ausbreiten sollten. Dann aber kamen auch Turm- und Lamellenhäuser (Mehrfamilienhäuser mit langem und schmalem Baukörper) sowie Reihenhäuser hinzu. Der Autoverkehr wurde auf einige wenige große Straßen konzentriert, weit abgelegen von den Fußgängerbereichen. Wegen der großen Entfernungen aber waren die Einwohner auf das Auto angewiesen, worauf das Straßennetz jedoch nicht ausgerichtet war. Paradoxerweise vereinte das neue Wohnzentrum Nachteile des ländlichen Lebens wie Isolierung und eine gewisse kulturelle Armut mit solchen des städtischen Alltags: Verkehrsdichte, Lärm und enge Wohnungen – trotz der besonders im Sommer hervortretenden Schönheit des Ortes. Weniger eine Gartenstadt, als vielmehr eine locker bebaute Waldstadt, das, was manche eine „Antistadt" nannten, ist Tapiola aus heutiger Sicht im Grunde ein Anachronismus, „ein Beispiel für die hartnäckige Weigerung der Finnen, in einem städtischen Umfeld zu leben, obwohl doch die Urbanisierung sie hineinzwang in die Städte" (Bo Lindberg, Den nya arkitekturen, in: Konsten i Finland, S. 334).

Babyboom, Tango und „Rillumarei" – Nachkriegsfinnland

Die materiellen Strukturen der finnischen Gesellschaft wurden durch Industrialisierung und Urbanisierung umgeformt, aber auch die soziale Struktur veränderte sich in der Nachkriegszeit. Am Ende der 1940er Jahre war ein starker Anstieg der Geburtenrate zu verzeichnen und wer jetzt geboren wurde, gehörte fortan zu den so genannten geburtenstarken Jahrgängen. Schon 1945 waren 25 000 Babys mehr als in den Jahren unmittelbar davor zur Welt gekommen. Hier setzte sich eine Entwicklung fort, die mit Finnlands ökonomischem Aufschwung in den 30er-Jahren begonnen hatte, die allerdings durch den Krieg gestoppt wurde, um mit Kriegsende dann umso stärker wieder einzusetzen: Denn jetzt war das soziale Erfordernis der Fortpflanzung besonders groß und die noch während des Krieges im Bedürfnis nach Sicherheit und beständiger Zuneigung vermehrt geschlossenen Ehen brachten nun eine wachsende Kinderschar hervor. Die Neukolonisation und der Wiederaufbau des Landes haben diesen Trend verständlicherweise verstärkt. Der Babyboom hat die Verluste der Kriegsjahre kompensieren können und Finnland in der Zeit von 1941–1950 einen Bevölkerungszuwachs von 334 000 Personen beschert und während des folgenden Jahrzehnts noch einmal 416 000.

Bedeutsamer als dies war möglicherweise aber die auffällige Veränderung der sozialen Zusammensetzung der Bevölkerung. So hat die Neukolonisation zwar dazu beigetragen, dass nach wie vor ein großer Teil der finnischen Bevölkerung auf dem Lande sein Auskommen

Kinderwagen im Alten Kirchpark Helsinki, 1949.

fand und in den so genannten Primärerwerbzweigen verankert blieb: Am Anfang der 1950er Jahre waren 46% der berufstätigen Bevölkerung Finnlands in der Land- und Forstwirtschaft beschäftigt und zehn Jahre später immerhin noch 35%. Die sozialen Statistiken für Finnland zeigen jedoch auch, dass es eines der wenigen Länder war, in denen Arbeiterklasse und Mittelschicht gleichzeitig wuchsen und am Beginn der 1960er Jahre bereits gemeinsam zwei Drittel der arbeitenden Bevölkerung ausmachten. Anders als der hohe Arbeiteranteil erwarten ließ, dominierte bald eine neue Mittelklassenkultur, die den Erscheinungsformen der „populären" Kultur und der aufstrebenden Unterhaltungsindustrie offener gegenüberstand, als die ältere, meist konservative bürgerliche Lebensart. Dass dies so war, erklären Sozialwissenschaftler mit der äußerst raschen „Verbürgerlichung" der Konsumgewohnheiten innerhalb der finnischen Arbeiterklasse. Sie konstatieren außerdem, dass die Entwicklung wie schon oft in Finnlands Geschichte geographisch zweigeteilt war: Während der Norden und der Osten von den sozialen und ökonomischen Folgen der Neukolonisation stark geprägt wurden, ist der Durchbruch der neuen Mittelklassenkultur vor allem in den südwestlichen Teilen Finnlands zu verzeichnen, wo es die meisten großen Städte und Ortschaften gab, die ja natürliche Anziehungspunkte für Menschen und Kapital waren.

Nach dem Krieg waren in Finnland Wertordnungen und Weltanschauungen in eine schwere Krise geraten. Für die Finnen war besonders die Erfahrung des Winterkrieges an der Seite des deutschen „Waffenbruders" in dieser Hinsicht problematisch und es ist daher kaum verwunderlich, dass mit dem Waffenstillstand von 1944 die finnische Tagespresse einen auffälligen Standortwechsel vollzog. Kritische Berichte über das nationalsozialistische Deutschland verdrängten jetzt die Negativmeldungen über die Sowjetunion. Aber auch die deutschfreundliche Haltung der finnischen Elite geriet zusehends ins Visier. Besonders deutlich kritisierte der finnische Kulturjournalist und Schriftsteller Olavi Paavolainen (1903–1964) in seinem Kriegstagebuch (*Synkkä yksinpuhelu*, 1946) die Naivität der Finnen, mit der sie sich der nationalsozialistischen Propaganda ergeben hätten. Mit Paavolaines Buch begann eine lang anhaltende, auch heftige Debatte, in der sich Schriftsteller, Wissenschaftler, Soldaten und Laien über ihre Einstellung zur jüngsten Vergangenheit auseinandersetzten.

Voller Skepsis begegnete auch die finnische Lyrik dem Kriegsthema und der durch den Krieg in Gesellschaft und Individuum freigelegten, bis dahin unbekannten Kräfte. Alle vorgefertigte Ideologie wurde vehement verneint und eine neue metaphysische Weltanschauung gesucht, für die der finnische Philosoph Eino Kaila (1890–1958) wesentliche Bausteine lieferte. Beispielhaft für die intellektuelle und metaphysische Suche sind die Gedichte Aaro Hellaakoskis (1893–1952). Sie wurden „inmitten der banalen Anstrengungen des materiellen Wiederaufbaus und der politischen Auseinandersetzung zum geistigen Wiederaufbaumaterial der Nation" (Pertti Lassila, S. 183). Hellaakoski wiederbelebte die Natur als geistigen Fluchtpunkt des Menschen in unerträglicher Not und betrachtete den Krieg als extreme Prüfung, in der das Individuum sein Verhältnis zur Natur neu definieren und seine eigene Bedeutung und Werthaftigkeit in Frage stellen müsse. Wie Hellaakoski vertraute auch P. Mustapääs (1899–1973) auf die Stabilität der finnischen kulturellen Fundamente und verband den Ausdruck aktueller Erfahrung mit traditionellen Elementen des Volkstümlichen, des Romantischen und Klassischen. Für die mentale Bewältigung der Krise war dies von Bedeutung. Beide Lyriker lieferten mit ihren Texten das notwendige Rüstzeug, um in der kritischen

Situation der 40er-Jahre die drohende Gefahr des völligen Traditionsbruchs abzuwenden und trotzdem den Anforderungen einer sich wandelnden Wirklichkeit gerecht zu werden. Finnische Tradition in modernem Gewand findet man auch bei Aila Meriluoto (* 1924), der als 26-Jähriger mit ihrer Debütsammlung *Lasimaalaus* (Glasmalerei, 1946) der „aufsehenerregendste Durchbruch in der Lyrik der vierziger Jahre gelang“ (Pertti Lassila, S. 185). Sie hatte sich Rainer Maria Rilke zum Vorbild genommen, das konkrete Bild mit abstrakter Äußerung verbunden und erstmals das Lebensgefühl der finnischen Nachkriegsjugend auf zeitgemäße Weise ausgedrückt. In diesen Jahren entstanden übrigens auch die ersten Mumin-Bücher der finnlandschwedischen Autorin Tove Jansson (1914–2001), in denen positive Weltmodelle und ihre immer wieder akuten Bedrohungen mit den Mitteln des Märchens dargestellt werden. Keine Lyrik zwar, aber doch verwandt mit der Märchendichtung Lauri Viitas (1916–1965).
Die Bewältigung der kollektiven Krise nach Kriegsende war auch Thema des Romans. So konnten hier in umschreibender Form zum Beispiel die Kriegsschuldverfahren thematisiert werden, die in der Öffentlichkeit nicht frei diskutiert werden durften. Auf sehr sublime Art nahm sich Mika Waltari (1908–1979), einer der auch über Finnlands Grenzen hinaus meist bekanntesten Schriftsteller, dieser Problematik an. Er bediente sich der Form des historischen Romans (*Sinuhe*, 1945) und verlegte die Handlung in das frühe Ägypten der Pharaonen, um die desillusionierende Botschaft von der Vergänglichkeit der Ideologien zu vermitteln. Das Buch wurde in dem von Hitler und Stalin heimgesuchten Europa ein Bestseller und in mehr als dreißig Sprachen übersetzt. In Finnland selbst war es Ausgangspunkt für eine neue Generation junger Kulturschaffender, die sich während der 50er-Jahre als „Modernisten“ profilierten und in einem grellen Kontrast zur älteren traditionalistischen Kulturelite standen. Ein Konflikt bahnte sich an, in dem es nicht nur um das Für und Wider patriotischer Argumentation oder die Frage nach der nationalen Aufgabe der Kultur ging, sondern auch darum, wer in Zukunft die symbolische Macht über die finnische Kulturproduktion besitzen würde.
Als dritte Kraft stritt um diese Macht die äußerste Linke Finnlands, die während ihrer Regierungsverantwortung in den Jahren von 1945 bis 1948 einige kulturelle Vorstöße unternommen hatte und wichtige Führungspositionen im finnischen Schulwesen und im Rundfunk besaß. Hier wie dort, aber auch im Kulturjournalismus bemühten sich ihre Vertreter um eine volksdemokratische Neuinterpretation des nationalen Aufklärungsideals. Was den Rundfunk angeht, so waren

diese Bestrebungen eng verknüpft mit dem Namen Hella Wuolijokis, die bis 1949 den Posten der Generaldirektorin inne hatte und eine Reihe neuer Programmelemente einführte, wie zum Beispiel das Schulradio, spezielle Stunden für Arbeiter und Landwirte und ein politisches Diskussionsforum mit dem Namen „Miniaturparlament". Eigentlich unterschied sich Wuolijokis Bildungsideal aber kaum von konservativen Ansichten, insbesondere teilte sie die Auffassung, dass die breiten Volksschichten nicht verstünden, was in Kulturfragen zu ihrem Besten sei. Klassische Musik und seriöse Hörspiele dominierten das Programm, populäre Tanzmusik oder Volksmusik waren viel seltener zu hören. Man verkannte das Bedürfnis nach Unterhaltung und Regeneration, das angesichts materieller Dürftigkeit, harter Wiederaufbauarbeit und großer Reparationslasten enorm angewachsen war.

Bevor das während des Krieges verhängte Tanzverbot (1939–1948) endgültig aufgehoben wurde, haben die Menschen in ganz Finnland diesen Mangel im allabendlichen Ausgehen kompensiert, strömten auf endlosen Straßen zu irgendwelchen Sozialklub-Lokalitäten oder ungemütlichen Jagdhütten. Hier wurde gesungen, wurden Gedichte rezitiert, Sketche und komische Nummern aufgeführt. Danach war es möglich, die erlaubten 1½ Stunden zu tanzen. Während der 30er-Jahre war der Tango in Finnland eine Kuriosität. Seit aber Toivo Kärki 1942 die wohl berühmteste finnische Tangomelodie *Lijankukka* geschrieben hatte, war der Tango von den finnischen Tanzböden nicht mehr wegzudenken. Der poetische, spezifisch finnische Tango war geboren, und gerade seine Passion, seine Erotik und Traurigkeit konnte die Sehnsüchte und Träume nach all den durch den Krieg verursachten Verlusten ausdrücken. Wegen seiner Tangosongs bis heute in Erinnerung geblieben ist auch Olavi Virta, der im Finnland der 50er-Jahre zu den erfolgreichsten Entertainern gehörte.

Seit den 50er-Jahren haben die neuen Technologien der Unterhaltungsindustrie, deren Anfänge auf die 20er-Jahre zurückgehen, als der Jazz nach Finnland kam und die erste Plattenfirma gegründet wurde, für eine weite Verbreitung neuer Unterhaltungsmusik und populärer Kultur gesorgt. Es wurde schwerer, der vermeintlichen Trivialisierung entgegenzuwirken. Die publikumswirksamen Filmkomödien, die jetzt herauskamen, haben gerade die bürgerliche Kultur in burlesker Manier aufs Korn genommen. Toivo Kärki hatte sich inzwischen mit Sänger und Texter Reino Helismaa zusammengetan, ein überaus erfolgreiches Duo, das gemeinsam Operetten, Revuen und unzählige Radiokomödien schrieb. Von ihnen stammte auch der

Rundtanz *Rovaniemen markinnoilla* (Auf dem Markt von Rovaniemi), enthusiatisch aufgenommen nicht nur vom Publikum, sondern auch von Toivo S. Särkkä, Manager einer großen finnischen Filmgesellschaft, der beschloss, dazu einen Film zu produzieren. *Rovaniemen markkinnoilla*, so auch der Filmtitel, der von Holzfällern und Goldwäschern in Lappland handelte, erwies sich in der Tat als wahre Goldmine. *Rillumarei* – ein Unsinnwort aus dem Refrain des Titelsongs, wurde zum Synonym finnischer Volks- und Musikkomödie der 50er-Jahre schlechthin, zu einer Zeit als die Kluft zwischen Kunst und Unterhaltung noch unüberwindlich schien. Der überwältigende Erfolg dieses Films und der noch folgenden nach gleichem Muster beruhte nicht zuletzt auf der restriktiven Programmpolitik des finnischen Rundfunks, die die Hörer in puncto Geschmack und Werturteil allzu gern bevormundete. Aber auch die Attraktivität der Vorbilder amerikanischer Massenkultur spielte eine wichtige Rolle. Die romantischen Abenteuer vagabundierender Holzfäller und Flößer in der Weite Lapplands erinnerten unverkennbar an amerikanische Cowboy-Mythologie.

Der amerikanische Einfluss erwies sich in der Musik als noch unmittelbarer. Die 50er-Jahre brachten nicht nur zahlreiche Originaleinspielungen amerikanischer Schlager- und Swingmusik auf den finnischen Markt, auch eigene Bearbeitungen und Übersetzungen erschienen. Am Ende des Jahrzehnts schwappte dann die Rock'n-Roll-Welle nach Finnland über, und 1956 hatte der Konzertfilm *Rock around the clock* in Helsinki Premiere. Mit den jungen Filmhelden James Dean und Marlon Brando wurde schließlich auch das amerikanischste aller Kleidungsstücke in Finnland populär: die Jeans.

Die amerikanisch inspirierte Jugendkultur verbreitete sich spontan in Westeuropa, aber ebenso im Norden. In den 40er-Jahren war sie zuerst eine Begleiterscheinung der starken politischen und militärischen Bindungen an die USA. Und nicht zuletzt das fortgesetzte amerikanische Engagement in Form des Marshall-Planes bereitete ihr den Boden. An den Grenzen zu den skandinavischen Nachbarn und Finnland machte sie natürlich nicht Halt. Im Vergleich mit den kulturellen Angeboten stalinistischer Prägung auf der anderen Seite des Eisernen Vorhangs schien die amerikanische Massenkultur die angenehmere Alternative zu sein.

Urho Kekkonens Debüt

So unbekannt die Namen der meisten finnischen Politiker außerhalb Finnlands geblieben sein mögen – der Name Urho Kekkonen (1900–1986) teilt dieses Schicksal nicht und ist auch den meisten Nicht-Finnen heute ein Begriff. 1950 gelang ihm endgültig der Aufstieg in die politische Elite, obwohl er schon seit seiner Wahl zum Parlamentsabgeordneten der Agrarunion 1936 politisch im Rampenlicht gestanden hatte. Er war Justizminister (1936) und Innenminister (1937–39), bevor der Winterkrieg begann, und drang nach dem Krieg in den inneren Zirkel der politisch Mächtigen vor, als er 1944 das Amt des Justizministers in der Regierung Paasikivi übernahm. Als mehrfacher Ministerpräsident (1950–56) und langjähriger Staatspräsident (1956–1981) gestaltete Kekkonen maßgeblich die finnische Politik, insbesondere die Außenpolitik, die gemäß der Verfassung weit gehend in der Verantwortung des Präsidenten lag. In der Epoche des Kalten Krieges haben aber gerade die außenpolitischen Entwicklungen und Beziehungen für das innenpolitische Mächtespiel, die Strategien der Parteien und die Entscheidungen von Parlament und Regierung in Finnland eine außerordentlich wichtige Rolle gespielt. Nicht weniger bedeutsam waren sie für die wirtschaftliche Entwicklung des Landes, die trotz zahlreicher positiver Impulse von Krisen natürlich nicht verschont blieb und Anlass für zum Teil schwer wiegende Arbeitskämpfe gab.

Die sozialdemokratische Minderheitsregierung Fagerholms war trotz unbestrittener Erfolge in Sachen Reparationsleistungen und Wiederaufbau schon bald der sowjetischen Kritik und in Finnland selbst den Vorwürfen der einheimischen Kommunisten ausgesetzt. Das Misstrauen, das hier Platz griff, gründete in der aktuellen Spannung zwischen den Großmächten: 1948 hatte Stalin die Berlin-Blockade eingeleitet, worauf die Westmächte mit der Gründung des Nordatlantikpaktes reagierten, dem sich Dänemark und Norwegen anschlossen, während Schweden seine Neutralität bekräftigte, am liebsten aber ein skandinavisches Verteidigungsbündnis geschlossen hätte. So aber bildete der Norden 1949 drei verschiedene sicherheitspolitische Zonen, eine davon Finnland mit seinem nach Osten gewandten Freundschaftsabkommen. Die Sowjetunion hatte jeden Gedanken an ein skandinavisches Sicherheitsbündnis konsequent abgelehnt und blickte argwöhnisch auf die Regierung Fagerholm, die Finnlands nordische Staatsform betonte und trotz der Priorität der Ostrelationen gute ökonomische und kulturelle Beziehungen auch zu anderen

Ländern anstrebte. In der finnischen kommunistischen Tagespresse wuchsen aus Zweifel und Bedenken gegenüber der Regierung immer deutlichere Forderungen nach einem Regierungswechsel, denen sich auch politische Gegner des bürgerlichen Lagers anschlossen. Der innenpolitische Druck wurde durch eine Reihe von Arbeitskonflikten erhöht, in denen die Kommunisten versuchten, die Stimmung auf dem Arbeitsmarkt zu verschärfen und die Positionen der Sozialdemokraten in den Gewerkschaften zu schwächen: Großes Aufsehen erregten im Herbst 1948 wilde Streiks in Helsinki und im Sommer 1949 ein Arbeitskampf in der Hafenstadt Kemi am Bottnischen Meerbusen, in dem es um nicht angekündigte Lohnsenkungen ging und in dessen gewaltvollem Verlauf zwei Menschen ums Leben kamen.

Die Agrarunion, seit Sommer 1948 in der ungeliebten Oppositionsrolle und gewillt, sie möglichst bald wieder abzulegen, knüpfte unter diesen Bedingungen engere Verbindungen zu den Kommunisten und Volksdemokraten. Sie nominierte Urho Kekkonen zum Kandidaten für die bevorstehende Präsidentschaftswahl 1950, der nun eine energische Kampagne gegen den amtierenden Paasikivi begann und im entscheidenden Wahlgang mit der Unterstützung der SKDL rechnen konnte. Dennoch scheiterte er –, ohne wirklich zu verlieren. Unmittelbar nach Paasikivis Wiederwahl trat die Regierung Fagerholm, wie es Tradition war, zurück. Wider Erwarten beauftragte der Präsident aber nicht erneut die Sozialdemokraten, sondern Kekkonen mit der Regierungsbildung.

Kekkonen selbst hat die Beziehungen zur Sowjetunion als Hauptgrund für seine führende Rolle und die Zusammensetzung der Regierung angeführt. Die ursprünglich von Paasikivi anvisierte Koalition zwischen Agrarunion und Sozialdemokraten wurde schnell verworfen, hätte sie doch die äußerste Linke allzu sehr provoziert und Moskau verärgert. Das Gleiche galt für eine Beteiligung der konservativen Sammlungspartei (KoK). In der von Kekkonens Partei dominierten Minderheitsregierung übernahmen nur noch die Schwedische Volkspartei (SFP) und die Fortschrittspartei Verantwortung, ein Kompromiss, der auch für die Sowjetunion akzeptabel war. Der neue Ministerpräsident Kekkonen hat die Inhalte des sowjetisch-finnischen Freundschaftsabkommens zur Basis und die Ostbeziehungen zum wichtigsten Instrument seiner Politik gemacht. Und in der Tat: Schon wenige Monate nach seinem Amtsantritt hatte sich das Klima im Verhältnis zur Sowjetunion markant verbessert. Kekkonens gut funktionierender Dialog mit den finnischen Kommunisten und seine vielfältigen und vertraulichen Kontakte zu russischen Beamten der

sowjetischen Gesandtschaft dürften hier mehr als nützlich gewesen sein.
Es wurden nun innerhalb kurzer Zeit eine Reihe von Entscheidungen gefällt, deren Symbolik in der Sowjetunion wie auch in Finnland selbst wohl kaum missverstanden wurde: Die im Herbst 1949 verurteilten Streikführer kamen in den Genuss einer Amnestie, ein festlicher Empfang zum Jahrestag der Unterzeichnung des FZB-Vertrages wurde arrangiert und etwa zur selben Zeit ein Friedensfest in Helsinki gefeiert – organisiert von der sowjetisch gesteuerten *Kominform* –, ein Fest, das sich gegen die amerikanischen Kernwaffenarsenale wandte und durch Kekkonens und Paasikivis Anwesenheit aufgewertet wurde. Noch im Sommer 1950 wurde Kekkonen nach Moskau eingeladen, wo er weitere bedeutsame Handelsabsprachen traf, die die Fortsetzung des Warenaustauschs auf Clearingbasis ermöglichten und die stabilisierenden Einfluss auf die finnische Wirtschaft nehmen sollten. Auffallend war, mit welch demonstrativem Wohlwollen seitens der sowjetischen Machtelite, nicht zuletzt Stalins, der finnische Ministerpräsident empfangen wurde.
In Finnland lösten die Ergebnisse dieses Besuchs keineswegs nur positive Reaktionen aus. Die Überschwänglichkeit der Sowjets und die nahezu reibungslosen Verhandlungen weckten Argwohn, man fürchtete, Kekkonen könnte im Gegenzug die finnische Politik noch stärker an den Kreml gebunden und zugesichert haben, den Spielraum der finnischen Kommunisten zu vergrößern. Man mutmaßte außerdem, dass sein persönliches Machtstreben ausschlaggebend und sein Einsatz in Moskau einer seiner vielen „Kunstgriffe“ gewesen sei, um die eigene Machtposition auszubauen. Die heftigsten Widersacher sprachen sogar von Vaterlandsverrat, vom Verkauf der finnischen Selbständigkeit, nur um politische Gegner auszumanövrieren und eines Tages Staatspräsident werden zu können. Anlass für gehässige Spekulationen dieser Art gab nicht nur Kekkonens kühl berechnender Pragmatismus, der sich mit einer Risikobereitschaft verband, die mancher als anmaßend empfinden konnte. Glaubt man seinem Biografen J. Suomi, dann war für Kekkonens modus operandi charakteristisch, dass er sich nicht mit Mehrheiten begnügte, die auf Kompromissen gründeten. Ihm sei es um die Ausschaltung und öffentliche Demütigung seiner politischen Gegner gegangen, was ihm natürlich keine Freunde machte. Hinzu kam aber auch das Wissen um seine frühere Tätigkeit bei der finnischen Geheimpolizei, die ihn mit Kommunisten und sowjetischen Spionen zusammengeführt hatte, und seine engen Kontakte zu führenden KGB-Funktionären. Tatsächlich

waren diese inoffiziellen Kanäle nach Moskau im damaligen Finnland nicht ungewöhnlich und Teil der politischen Kultur; sie waren nützlich und hilfreich, solange sich die Akteure bewusst blieben, dass der jeweilige Gegenpart eine fremde Staatsmacht repräsentierte. In der politischen Auseinandersetzung wurde aber dann doch ihr korrumpierender Effekt gern betont, um den politischen Gegner ins Zwielicht zu rücken.

Im Schatten des Koreakrieges

So war manchen Finnen der Moskau-Besuch ihres Ministerpräsidenten eher suspekt als willkommen, zumal die stabilisierende Wirkung des Handelsabkommens durch eine kräftige Inflation behindert wurde, die der zu Mittsommer 1950 ausgebrochene Koreakrieg in Gang gesetzt hatte und die Kekkonens Regierung vor neue Herausforderungen stellte. Die Forderung nach Lohnerhöhungen beantwortete sie mit der Wiedereinführung staatlicher Lohnregulierungs- und Preisindexsysteme. Weder der Gewerkschaftsverband noch die ihn maßgeblich führenden Sozialdemokraten waren jedoch gewillt, die Maßnahmen der Regierung zu unterstützen und drohten mit Generalstreik. So kam es im Januar 1951, nur ein halbes Jahr vor den Parlamentswahlen, zu einer Neubildung der Regierung, die nun auch die Sozialdemokraten beteiligte. Kekkonen wurde erneut Ministerpräsident und mit den Gewerkschaften handelte man ein breites wirtschaftliches Stabiliserungsprogramm aus, das gewissermaßen den Burgfrieden der gesellschaftlichen Interessenverbände mit der Regierung markierte und das nach den Wahlen außer von der SKDL von allen politischen Gruppierungen gebilligt wurde. Es sah allerdings auch Preisabsprachen vor und eine automatische Lohnerhöhung im Takt der Preisentwicklung. Vor Ende 1955 wurden die Löhne jedoch kein einziges Mal erhöht.

Kekkonen wurde im September 1951 zum dritten Mal Ministerpräsident. Zu diesem Zeitpunkt war der Koreakonflikt bereits in ein Stadium getreten, das die Furcht vor einer globalen Ausweitung des Krieges immer größer werden ließ. Die Volksrepublik China hatte in die Kämpfe eingegriffen und die UN-Truppen, die Südkorea beistanden, zurückgeworfen. Im Falle eines amerikanischen Angriffs gegen China hätte die Sowjetunion ihren Beistandspflichten nachkommen müssen – daraus ergab sich eine massive Bedrohung Westeuropas, auf die die Westmächte vermutlich mit einem Gegenschlag

von der Nordkalotte aus geantwortet und ihre bombenbestückten Flugzeuge direkt über Finnland geschickt hätten. Die Aussichten, in einem solchen Szenario neutral zu bleiben, waren für Finnland denkbar gering.
Schweden sondierte in langwierigen Verhandlungen Möglichkeiten der Zusammenarbeit mit Großbritannien, auch die Kampagne für ein skandinavisches Verteidigungsbündnis wurde intensiviert. Von dänischer Seite wurde der Gedanke eines permanenten Kooperationsorgans vorgetragen, kein Verteidigungsbündnis, sondern ein gut funktionierendes Kontaktforum skandinavischer Parlamentarier. Und tatsächlich beschlossen die Außenminister der skandinavischen Länder 1952, den Nordischen Rat zu bilden. Finnlands außenpolitische Festlegungen gegenüber der Sowjetunion untersagten jedoch eine Beteiligung. Im Übrigen bevorzugte man in Moskau eher die Integration der skandinavischen Länder in je unterschiedlichen Lagern, um auf diese Weise ganz Skandinavien zu neutralisieren. Jedenfalls wünschte man keine intensive skandinavische Zusammenarbeit, die Finnland einschloss, und schon gar nicht sollte es sich sicherheitspolitisch den Westmächten annähern.
Kekkonen unterstützte alle Maßnahmen, die geeignet waren, den Norden aus dem Konflikt der Großmächte herauszuhalten. In einer Rede, die er wegen einer Erkrankung nicht halten konnte, die aber im Januar 1952 gewissermaßen vom Krankenbett aus in der Tageszeitung *Maakansa* veröffentlicht wurde – man sprach bald darauf nur noch von der „Pyjamarede" – forderte Kekkonen die skandinavischen Nachbarländer auf, eine neutrale Zone zu bilden. In Schweden nahm man die Idee einer skandinavischen Neutralität nach schwedischem Modell durchaus positiv auf, während die dänische und norwegische Presse überwiegend ablehnende Meinungen wiedergab und mutmaßte, die Sowjetunion würde hinter dieser Initiative stehen. Kaum bemerkt wurde der unscheinbare Zusatz am Schluss der Rede, wonach Finnland nicht gewillt sei, sich in die Interessengegensätze der Großmächte hineinziehen zu lassen.
Kekkonen wollte gerade vor dem Hintergrund der zugespitzten weltpolitischen Lage eine selbständige und Ernst zu nehmende Außenpolitik demonstrieren, ohne Moskau herauszufordern. Das dem zugrunde liegende neue Selbstbewusstsein spiegelte sich im Schatten des Koreakrieges in einer Reihe weiterer Ereignisse, die das kollektive Gefühl vermitteln konnten, Finnland stünde am Beginn einer neuen Ära. Am 28. Januar 1951 starb Marschall Gustav Mannerheim in Lausanne. In Finnland löste die Nachricht von seinem Tod landesweite

Trauer aus, deren symbolträchtige Formen und Feierlichkeiten unzählige Finnen in vaterländischem Geist vereinte: Über 100 000 Menschen säumten die Straßen Helsinkis, als die sterblichen Überreste Mannerheims zum Friedhof nach Sandudd geleitet wurden. Posthum erschien noch im Jahre 1951 der erste Band seiner Erinnerungen (*Minnen*) und 1952 der zweite, verfasst im Wesentlichen von zwei hohen Militärs aus Mannerheims engstem Umfeld, deren Arbeit er noch eigenhändig redigieren konnte. Ohne dass darin offen Stellung bezogen würde zur aktuellen sicherheitspolitischen Lage, wird doch deutlich, welche Position Mannerheim dazu vertrat: Eine seiner Botschaften ist nämlich die, dass Finnlands Unglück im Zweiten Weltkrieg wohl hätte vermieden werden können, wenn bereits in den 30er-Jahren eine fassbare militärische Zusammenarbeit Schwedens mit den übrigen nordischen Ländern eingeleitet worden wäre. Eine nordische Neutralität – so gibt Mannerheim zu verstehen – wäre für Finnland eine gute, wenn nicht die beste, Alternative. Kekkonen konnte in seiner „Pyjamarede" an Mannerheims Vorstellungen – und damit an die Überzeugungen einer nationalen Integrationsfigur – anknüpfen, hat aber anders als dieser die Bestimmungen des Freundschaftspaktes mit der Sowjetunion nicht außer Acht gelassen.

In jedem Fall war 1952 die Idee von nordischer Gemeinschaft mit der Bildung des Nordischen Rates handgreiflicher geworden. Auch wenn Finnland sich zunächst nicht anschließen konnte, hat es sich in den Jahren 1952–1953 doch ein gutes Stück weiter nach Skandinavien und Westeuropa geöffnet und die eigene Profilierung selbstbewusst vorangetrieben. Weitere öffentlichkeitswirksame Bausteine in diesem Prozess waren der Staatsbesuch des schwedischen Königs Gustav VI. Adolf im Mai 1952 in Helsinki und im Juni das Flaggenfest der finnischen Armee mit einer großen Parade in der Hauptstadt. Und nur wenige Wochen später richtete sich die ungeteilte Aufmerksamkeit der Welt für eine kurze Zeit ganz auf Helsinki, denn dort wurden die Olympischen Sommerspiele ausgetragen. Erstmals nahm auch die Sowjetunion teil, und da man großen Wert auf das Gelingen dieses Debüts legte, erwiesen sich die sowjetischen Verantwortlichen in symbolischen und praktischen Fragen als flexibel. Das bedeutete auch, dass die finnische Diplomatie während des Ereignisses, als zahlreiche ausländische Gäste in Finnland weilten, größere Bewegungsfreiheit genoss: eine gute Gelegenheit auch für Kekkonen, sich ihnen und der Öffentlichkeit zu präsentieren, zumal er als ehemaliger Hochspringer der sportlichen Elite angehört hatte und eine Zeit lang Vorsitzender des nationalen Leichtathletikverbandes gewesen war.

Paavo Nurmi entzündet das Olympische Feuer, Helsinki 1952.

Die Symbolwirkung der Olympischen Spiele in Helsinki ist nicht zu unterschätzen. Finnland konnte zeigen, dass es seine Selbständigkeit diesseits des Eisernen Vorhangs bewahrt hatte. Die Weltpresse brachte ihren Lesern Finnland auf positive Weise näher, widmete sich nicht nur dem Sportereignis, sondern auch Land und Leuten. Doch Finnland besaß noch eine andere Botschafterin in der Welt: Mittsommer 1952 wurde die 18-jährige Armi Kuusela zur Miss Universum für das Jahr 1953 gewählt.

Chaotischer Auftakt: Die Präsidentschaftswahl 1956

Nach wie vor waren zentrale finanz- und wirtschaftspolitische Probleme ungelöst: Ein unausgeglichener Staatshaushalt, Inflation und Arbeitslosigkeit behinderten die Konsolidierung der Nachkriegswirtschaft, die durch die weltwirtschaftlichen Einflüsse vor dem Hintergrund des Koreakonflikts noch angespannter war. Der finnische Export war so beträchtlich gesunken, dass die Produktion der Holz verarbeitenden Industrie nahezu halbiert wurde und die Arbeitslosigkeit im Winter 1952 über die 100 000-Marke steigen konnte. Über die außen- und sicherheitspolitische Linie war man sich uneins, insbesondere nach Kekkonens „Pyjamarede", die – von der Presse zwar mit Wohlwollen aufgenommen – von seinen politischen Gegnern aber als Ergebnis eines unerwünschten Alleingangs begriffen wurde.
In der kurzen Zeit vom Regierungswechsel im September 1951 bis zur Präsidentschaftswahl 1956 hat es noch vier weitere Regierungsneubildungen gegeben, Resultate eines mehr oder minder offen ausgetragenen Machtkampfes, dessen Protagonisten schon bald um das Amt des Staatspräsidenten konkurrierten. Die Nachfolgefrage stellte

sich nämlich in besonders gravierender Weise, nachdem Paasikivi im Dezember 1952 eine Herzattacke erlitten und Kekkonen das Amt des Präsidenten für einen Monat kommissarisch übernommen hatte. Daran knüpfte sich eine Reihe von Spekulationen, die die Sozialdemokraten veranlasste, den Sturz der Regierung zu betreiben, an der sie selbst beteiligt waren, allein um Kekkonens Aussichten zu verringern. Selbst die bis dahin eigentlich gut funktionierende Zusammenarbeit von Sozialdemokraten und Agrarunion bei verschiedenen Industrialisierungsprojekten wurde in Frage gestellt, nachdem Kekkonen ein eigenes Kostensenkungs-Programm zur wirtschaftlichen Konsolidierung vorgelegt hatte, das aber den Empfehlungen des finnischen Wirtschaftsrates widersprach. Gemeinsam mit den Gewerkschaften kritisierte die sozialdemokratische Partei Kekkones Vorschläge als „Verelendungsprogramm" und signalisierte damit eine starre Verhandlungsposition.
Die Unnachgiebigkeit in der Sache und gegenüber Kekkonens Person hatte noch andere Hintergründe, die wiederum aufs Engste mit Entwicklungen in der Politik der Sowjetunion zusammenhingen. Nachdem Stalin am 5. März 1953 gestorben war, verschoben sich die innenpolitischen Positionen in Moskau. Eine gewisse Verbesserung des internationalen Klimas trat ein, als man beobachten konnte, dass die neue Führung in einigen Fragen von früheren, starren Standpunkten abwich. Erstmals räumte sie zum Beispiel ein, dass ein Nuklearkrieg die gesamte Menschheit vernichten würde. Ihre außenpolitische Linie entschärfte sich ein wenig, so dass auch die Hoffnung auf ein baldiges Ende des Koreakrieges wuchs. Kekkonens Nimbus, der Einzige zu sein, dem es gelang, die Beziehungen zur Sowjetunion für Finnland positiv und fruchtbar zu gestalten, drohte sich zu verflüchtigten. Hinzu kam, dass die Moskauer Direktiven nun auch engere Kontakte mit anderen finnischen Parteien, insbesondere den Sozialdemokraten, vorsahen, worunter Kekkonens Position ebenfalls litt. Sein im Rundfunk verbreiteter Nachruf auf Stalin, der den Hörern eine übertriebene Wertschätzung der Person und ihrer Politik zumutete und sich bewusst einer Rhetorik bediente, die schon ein Jahrhundert zuvor bemüht worden war, erwies sich im Nachhinein wohl eher als kontraproduktiv. Wie dem auch sei, die Gräben zwischen Kekkonen und der finnischen Sozialdemokratie vertieften sich und im Sommer 1953 kam es erneut zu einer Regierungskrise um die Frage, wie das Problem der negativen Handelsbilanz zu lösen sei. Präsident Paasikivi verwarf die sozialdemokratische Forderung nach Neuwahlen und ernannte eine von Kekkonen geführte Minderheitsregierung ohne

Beteiligung der SDP, die aber nur bis Ende desselben Jahres Bestand hatte, nachdem sie gravierende Kürzungen des Staatshaushaltes (den sog. Niukkas-Etat, fin. *niukka* = knapp) nicht hatte durchsetzen können. In der darauf gebildeten neuen Regierung waren die Sammlungspartei und die Nachfolgerin der Fortschrittspartei, die Finnische Volkspartei, neben der Schwedischen Volkspartei vertreten, aber von einer breiten bürgerlichen Koalition konnte gleichwohl nicht die Rede sein. Weder die Agrarunion noch die Sozialdemokraten waren beteiligt. Dieser neuen Regierung traute Kekkonen ebenso wie der sowjetische Gesandte in Helsinki nicht zu, die Ostbeziehungen zu meistern, und schon nach einem Monat wurden für März 1954 Neuwahlen ausgeschrieben.

Zu diesem Zeitpunkt machte sich bereits ein Aufschwung der Weltkonjunktur bemerkbar, der Finnlands Handelsbilanzdefizit spürbar schrumpfen ließ und die ursprünglich geplanten einschneidenden Sparmaßnahmen überflüssig machte. Die Reglementierung des Außenhandels konnte mehr und mehr gelockert werden, und die finnischen Verbraucher konnten endlich wieder so viel Kaffee trinken wie sie wollten. Denn die Rationierung dieses Genussmittels – das letzte, das von solcherart Einschränkung betroffen war –, wurde aufgehoben. Die Parlamentswahlen von März 1954 brachten der Agrarunion einen Zuwachs an Mandaten. In der Regierung unter Ministerpräsident Törngren von der Schwedischen Volkspartei erhielt sie sechs Kabinettsposten, genauso viele wie die SDP. Kekkonen wurde Außenminister und einer seiner heftigsten Kontrahenten, der Sozialdemokrat Väinö Leskinen, wurde Innenminister. Aber auch diese Regierung amtierte nur wenige Monate. Kekkonen selbst betrieb ihre Ablösung.

Die Sozialdemokraten verfolgten mit der Verbesserung ihrer eigenen Beziehungen zu Moskau eine neue Linie und rannten damit offene Türen ein. Der Kreml zeigte sich seit Stalins Tod kommunikativer und hatte jetzt häufiger politische Führer zu Gast. Auch Leskinen und etwas später sein Parteigenosse Fagerholm unternahmen 1954 ihre ersten offiziellen Reisen in die Sowjetunion. Kekkonen registrierte dies offenbar mit einer gewissen Unruhe, aber er blickte noch konzentrierter auf Törngren, dessen positiv-vaterländisches Image sein eigenes zu überflügeln schien, und den er in Fragen der Wirtschaftspolitik für zu kompromissbereit und schwerfällig hielt. Es gelang ihm, einen Handel mit den Sozialdemokraten zu schließen, deren Forderung nach einer Senkung der Lebenshaltungskosten mit Hilfe von Subventionen er unterstützte. Im Gegenzug sollte Kekkonen Ministerpräsident

werden. Tatsächlich wurde im Oktober 1954 die fünfte Kekkonen-Regierung gebildet. Trotz der Konkurrenz um die Staatspräsidentschaft – der Termin der Wahl rückte ja immer näher – funktionierte diese neuerliche Koalition zwischen Agrarunion und Sozialdemokraten weniger reibungsvoll, zumindest solange die wirtschaftliche Lage des Landes und die Staatsfinanzen einigermaßen stabil blieben. Sie scheiterte erst, als das Parlament das Sondergesetz, das die Regierung zur Regulierung der Preise und Löhne bevollmächtigte, nicht verlängerte. Das geschah Ende 1955, kurz vor der Präsidentschaftswahl. Die Regierung hatte damit keine Handhabe mehr gegenüber den wachsenden Forderungen der gewerkschaftlichen Interessenorganisationen, von denen der Verband der Landwirtschaftsproduzenten besonders aktiv hervortrat – sehr zum Leidwesen Kekkonens, der ja schließlich die Agrarunion, die Bauernpartei, vertrat.
Wenngleich Kekkonens wirtschaftliche Stabilisierungspolitik nicht den gewünschten Erfolg hatte, so fallen doch drei außenpolitisch bedeutsame Ereignisse in die Zeit unmittelbar vor der Präsidentschaftswahl, die den Wahlausgang zu seinen Gunsten beeinflusst haben: Die Rückgabe Porkkalas – feierlich beschlossen im September 1955 für den Preis einer 20-jährigen Verlängerung des FZB-Vertrages mit der Sowjetunion anstelle der ursprünglich vorgesehenen 5 oder 10 Jahre – und die schließlich im Dezember 1955 erreichte Mitgliedschaft in der UNO wurden in Kekkonens geschickt geführtem Präsidentschaftswahlkampf als seine Verdienste präsentiert. Ein dritter außenpolitischer Gewinn war die von der Sowjetunion erlangte Zustimmung zu Finnlands Mitgliedschaft im Nordischen Rat, die im Oktober 1955 vom finnischen Parlament beschlossen wurde. Auch daran war Kekkonen maßgeblich beteiligt. Seinem im Kampf um das Präsidentenamt aussichtsreichsten Kontrahenten Karl-August Fagerholm konnte er damit eine wichtige Trumpfkarte aus der Hand schlagen, denn Fagerholm war es, der das Thema im Spätherbst 1954 erneut in die öffentliche Diskussion eingebracht hatte.
Der Sozialdemokrat war schon im Sommer 1955 von seiner Partei als Präsidentschaftskandidat nominiert worden. Er hatte sich gegenüber Väinö Tanner durchsetzen können, dem „bösen Genius der finnischen Sozialdemokratie" (Singleton, S. 141), der in den Kriegsschuldverfahren 1946 zu fünfeinhalb Jahren Gefängnis verurteilt worden und jetzt in die Politik zurückgekehrt war. Tanner war von 1926–27 Ministerpräsident der ersten sozialdemokratischen Regierung Finnlands gewesen und hatte danach verschiedene Ministerposten innegehabt. Er war ein Verfechter der genossenschaftlichen Bewegung und schon

1917 Generalmanager der Helsinkier Elanto-Kooperative, später Präsident der International Cooperative Association (ICA) und ungemein populär. In Moskau hatte sein Name jedoch keinen guten Klang und man signalisierte nach Finnland, dass man ihn als Präsidenten für unmöglich hielt. Für Kekkonen überraschend brachte sich auch Paasikivi als möglicher Kompromisskandidat ins Spiel. In ihrer Wahlkampagne betonte die Agrarunion jedoch gerade die Gemeinsamkeit zwischen Kekkonen und Paasikivi, und immer öfter war jetzt von der Paasikivi-Kekkonen-Linie als Garant für den Frieden die Rede. So nahm die Öffentlichkeit im Grunde nicht wahr, dass beide gegeneinander antraten, sie übertrug vielmehr die mit Paasikivi verbundenen Tugenden der Kontinuität und Konsequenz auch auf Kekkonen. Die Wahlmänner entschieden sich am Ende nach mehreren Wahlgängen für ihn, und zwar mit der kleinsten der möglichen Mehrheiten, mit 151 von 300 Stimmen. Damit entschieden sie sich zugleich für eine wesentliche Konstante der finnischen Außenpolitik, die seit Paasikivi auf der Grundannahme beruhte, die Sowjetunion besäße legitime Sicherheitsinteressen gegenüber Finnland. Auf dieser Grundlage entwickelte sich unter Präsident Kekkonen Finnlands Neutralität, allerdings nicht ohne Rückschläge und Krisen, wie der so genannte „Nachtfrost“ 1958/59 und die „Notenkrise“ 1961 zeigen, als sich die Sowjetunion offen in die finnische Innenpolitik einmischte.

Politische Konstellationen bis zum Ende der Ära Kekkonen 1981

Die hektische Betriebsamkeit des Präsidentschaftswahlkampfes, die hinter den Kulissen wohl noch intensiver war, als die öffentlichen Debatten vermuten ließen, überdeckte einen tiefen Konflikt innerhalb der Sozialdemokratischen Partei, der sich nach Abschluss der Wahl zu einem offenen Machtkampf entwickelte. Der Riss war 1954/55 bereits deutlich zu Tage getreten, als sich der rechte Flügel der Partei unter Leskinen und Tanner für eine restriktive Finanzpolitik und gegen den Generalstreik als politische Waffe ausgesprochen hatte. Hinzu kam ein persönlicher Antagonismus zwischen Leskinen und dem Führer des gewerkschaftlichen Flügels der Partei, Emil Skog.
Nachdem im Herbst 1955 die staatliche Preis- und Lohnregulierung nicht mehr fortgesetzt werden durfte, war den Konflikten zwischen den Interessenorganisationen freier Raum geboten. Zugleich wurde die finnische Wirtschaft von einer starken Inflation getroffen. Man konnte in dieser Situation weder über die Preise noch über die

Lohnforderungen Einigkeit erringen. Einmal waren es die Landwirtschaftsproduzenten, die die Preisvorschläge der übrigen Arbeitsmarktparteien ablehnten, und einmal waren es die Arbeitgeber, die die Lohnforderungen des Gewerkschaftsverbandes nicht akzeptierten. Und da selbst die Sozialdemokraten untereinander keine gemeinsame Linie entwickelten, führte der Konflikt unmittelbar in einen Generalstreik, der 20 Tage dauerte und dessen destruktive Wirkung die finnische Wirtschaft zu spüren bekam. Vom 1. März 1956 an standen die Räder der Produktion in Finnland still, der Dienstleistungssektor wurde fast vollständig vom Streik erfasst und der öffentliche Verkehr kam zum Erliegen. Eine halbe Million Arbeiter beteiligte sich an diesem Arbeitskampf. Aber die Realeinkommen gingen weiter zurück, und im Jahr nach dem großen Streik wurde Finnland von der höchsten Arbeitslosigkeit seit den 30er-Jahren getroffen. Der Regierung unter Ministerpräsident Fagerholm gelang es nicht, die versprochenen Steuererleichterungen, eine gerechte Einkommensverteilung und sichere Beschäftigung zu realisieren. In der SDP verschärften sich unterdessen die Gegensätze zwischen den Fraktionen um Tanner/Leskinen und Skog, wobei es Tanner und seinem Kreis gelang, die Parteiführung zu übernehmen. Die Skog-Fraktion zwang daraufhin Fagerholms Regierung, ihren Rücktritt einzureichen. In der folgenden Parlamentswahl 1958 bildete Skogs Fraktion eine eigene Gruppierung, die immerhin 13 Mandate errang. Die Tanner-Majorität hatte Skogs Anhänger aus den Organisationen der Partei bereits verdrängt und gründete nun als Gegengewicht zu dem von den „Skogianern“ dominierten Gewerkschaftsverband einen eigenen gewerkschaftlichen Landesverband.
Das aber führte endgültig zur Spaltung der finnischen Sozialdemokratischen Partei. Die Anti-Tanner-Minderheit unter Emil Skog gründete nun ihre eigene Partei, den Sozialdemokratischen Bund der Kleinbauern und Arbeiter (TPSL). Die nicht-kommunistische Linke Finnlands war damit auf Jahre hinaus geschwächt. Dies bedeutete aber auch einen Riss in der finnischen Gewerkschaftsbewegung und trug letztlich dazu bei, dass innerhalb der folgenden zwei Jahre eine Regierungskrise die andere ablöste und insgesamt sieben verschiedene Kabinette amtierten.
Erst mit Väinö Tanners Rückzug aus der Politik schwächte sich unter dem neuen sozialdemokratischen Parteiführer Rafael Paasio die militante antikommunistische Haltung der SDP ab. Sie öffnete sich zugleich auch gegenüber der SKDL, deren nicht-kommunistischer Vorsitzender Ele Alenius zusammen mit zwei Kommunisten in der 1966

unter Paasio gebildeten Vier-Parteien-Regierungskoalition Ämter erhielten. Damit war auch der Weg für eine Wiedervereinigung der Gewerkschaftsbewegung geebnet, die ihre Interessen mit neuem Selbstbewusstsein vertrat. Der Grad der gewerkschaftlichen Organisierung war in Finnland inzwischen höher als in vielen westlichen Nationen. Regierung, Gewerkschaften, Arbeitnehmer und Arbeitgeber engagierten sich in jährlichen Verhandlungen, die das ganze Spektrum wirtschaftspolitischer Fragen einschlossen, seien es die Lohn- und Gehaltsentwicklung, die Sozialleistungen, die Steuerpolitik, die Lebenshaltungskosten oder die Bedingungen des Handels. Das Streikrecht war nach wie vor verankert, aber es war eingebunden in ein Netz allgemein akzeptierter Regeln, das eine Wiederholung der destruktiven Arbeitskämpfe der 50er-Jahre vermeiden sollte.

Während die Kluft zwischen links und rechts innerhalb der Arbeiterbewegung jetzt so gut wie überwunden war, brachen in der äußersten Linken neue Gegensätze auf. Anlass war das Vorgehen der Sowjetunion in der Tschechoslowakei 1968, das von einer prosowjetischen Gruppe um den SKDL-Abgeordneten und früheren Dockarbeiterführer Taisto Sinisalo begrüßt wurde. Sie kritisierte den Führer der Kommunistischen Partei Aaltonen sowie den Vorsitzenden der SKDL Alenius wegen ihrer angeblich antisowjetischen Haltung heftig. Sinisalo repräsentierte fortan die „hard-line"-Kommunisten, die sich bis in die 70er-Jahre hinein mit der eigenen kommunistischen Partei und den anderen Gruppierungen der Volksdemokraten stritten. Überhaupt waren sich die linken Sozialisten der SKDL ihrer Rolle innerhalb dieser Allianz nicht mehr so sicher, manche wechselten desillusioniert zu den Sozialdemokraten. Die Wählerschaft der SKDL wurde stetig kleiner, und die Kommunistische Partei spaltete sich endgültig 1986. Sinisalo gründete die Demokratische Alternative (Deva), die in den Wahlen 1987 immerhin vier Mandate gewinnen konnte.

Zu diesem Zeitpunkt gilt die Ära Kekkonen bereits als beendet, eines Präsidenten, der auch vor dem Hintergrund komplizierter innen- und außenpolitischer Verwicklungen die eigenen politischen Ziele und als Voraussetzung dafür den persönlichen Machterhalt nie aus den Augen verlor. Schon am Beginn seiner Präsidentschaft erwies sich die Innenpolitik Finnlands als zerrissen und es gelang nicht, tragfähige Mehrheitsregierungen zu bilden. Nach der Parlamentswahl 1958 schienen die Bedingungen für eine breite Regierungskoalition allerdings gegeben, und tatsächlich kam eine Regierungsallianz aus Tanners Sozialdemokraten, der Sammlungspartei, der beiden Volksparteien und der Agrarunion zustande, die zwei Drittel des Parlaments hinter sich hatte. Die sowjetische Presse und auch der sowjetische Botschafter in Helsinki hatten die vorausgehenden Sondierungen und Verhandlungen lebhaft kommentiert. Sie wünschten natürlich eine kommunistische Beteiligung, zumal die SKDL als Wahlsieger galt. Wenigstens erwartete man eine Koalition aus Parteien, die die nachkriegszeitliche finnische Ostpolitik unterstützten. Das schloss sowohl die Mitwirkung der von Tanner geführten Sozialdemokraten aus, als auch die Regierungsverantwortung der Sammlungspartei, die sich beide als konsequente Gegner des moskaufreundlichen Kekkonen erwiesen hatten.

Mit der Bildung einer Mehrheitsregierung wie sie demgegenüber die Parteienvertreter in Finnland aushandelten, wären gute Voraussetzungen für die Durchsetzung eines so dringend notwendigen wirtschaftlichen Stabilisierungsprogramms entstanden. Trotzdem verurteilte Kekkonen die Koalitionsbildung, die die Sowjetunion provozieren würde. Aber da die Parteien sich bereits geeinigt hatten, gab er Fagerholm widerwillig den Auftrag zur Regierungsbildung, während er gegenüber der sowjetischen Botschaft seine Distanz zu dieser Regierung geschickt durchblicken ließ. Moskau ergriff nun eine Reihe von Maßnahmen, um seine Missbilligung gegenüber der neuen finnischen Regierung auszudrücken: So wurde der sowjetische Botschafter in Helsinki abberufen, die Minister der neuen Regierung, insbesondere ihr Außenminister Virolainen in jeder Hinsicht ignoriert, und die sowjetische Presse eröffnete eine ungehemmte Kampagne gegen das Kabinett des Sozialdemokraten Fagerholm. Das Klima zwischen der finnischen Regierung und der Sowjetunion gefror zusehends, daher auch die Bezeichnung „Nachtfrost“ für diese Krise. Kekkonen duldete dies alles möglicherweise ganz bewusst, um Fagerholm auszumanövrieren, seinen potenziellen Gegner in der nächsten Präsidentschaftswahl. Das innenpolitische Machtspiel war aber nicht die einzige Dimension dieser bilateralen Spannung.

Die Beziehungen der Großmächte hatten sich seit der ergebnislosen Gipfelkonferenz der Vier Mächte in Genf 1955, auf der es vor allem um die Deutsche Frage ging, verschlechtert. Einige Monate zuvor war der Warschauer Pakt als Gegengewicht zur NATO gegründet worden und im Herbst 1956 hatte die sowjetische Niederschlagung des Aufstands in Ungarn die Weltöffentlichkeit erschüttert. Auf beiden Seiten des Eisernen Vorhangs waren Argwohn und Misstrauen weiter gewachsen und dem Kreml war daran gelegen, dass sich die außenpolitische Linie Finnlands nicht veränderte. Vor diesem Hintergrund war Moskaus Haltung gegenüber dem finnischen Interesse, an der wirtschaftlichen Integration Westeuropas teilzuhaben, eindeutig ablehnend. Die immer noch stark nach Westen orientierte finnische Exportindustrie hätte sich eine Mitgliedschaft in der auf der Grundlage der Römischen Verträge von 1957 gebildeten Europäischen Wirtschaftsgemeinschaft gewünscht, aber das hätte Finnland in den Augen der Sowjetführer zu weit ins westliche Lager gezogen und aller Wahrscheinlichkeit nach auch die militärische Zusammenarbeit in der NATO irgendwann zur Folge gehabt. Auf die neue finnische Regierung war unter diesen Umständen kein Verlass und man setzte alles daran, ihre vorzeitige Abdankung zu erwirken. Als verlautete, dass die Bundesrepublik Deutschland ihre militärische Zusammenarbeit mit Dänemark im Rahmen ihrer NATO-Mitgliedschaft intensivieren würde, betrachtete Chruschtschow dies als eine gegen Ostdeutschland gerichtete Initiative, die auch Folgen für das militärische Gleichgewicht in der Ostsee haben würde. KGB-Funktionäre in Helsinki haben daraufhin Kekkonen zu verstehen gegeben, die Sowjetunion könne militärische Konsultationen gemäß des FZB-Vertrages von 1948 vorschlagen. Vermutlich hätten sie zu einer Änderung des sicherheitsstrategischen status quo und weitergehenden militärischen Forderungen gegenüber Finnland geführt – ein zu großes Risiko. Diese Drohung veranlasste deshalb die Regierung, wegen der rapide verschlechterten Ostbeziehungen zurückzutreten. Ihre Amtszeit hatte gerade einmal von August bis Dezember 1958 gedauert.

Hatte Kekkonens Rolle in der „Lösung“ der „Nachtfrostkrise“ seine Integrität bereits erheblich strapaziert, so waren die Umstände der so genannten „Notenkrise“ 1961 der eigentliche Testfall politischer Seriosität, Aufrichtigkeit und Offenheit. Erstmals hatten die Sowjets nun auch formell mit der Aktivierung der Konsultationsprozeduren des Freundschafts- und Beistandspaktes gedroht. Hintergrund waren erneut die Zuspitzung der Spannungen zwischen der UdSSR und den Westmächten, aber genau wie 1958 auch innenpolitische Machtkämpfe in Finnland, denn die Präsidentschaftswahl stand unmittelbar bevor. Zahlreiche Aspekte dieser Episode sind ungeklärt, sicher aber ist, dass Kekkonen und die sowjetische Führung gemeinsam seine Wiederwahl sichern wollten. Schon 1959 hatte Kekkonen in Moskau Wahlkampfunterstützung in Form wirtschaftlicher Kooperation vorgeschlagen, wobei die Instandsetzung und Verpachtung des Saimaakanals das bedeutendste Projekt war. Nachdem aber die SDP den früheren Justizkanzler Olavi Honka zu ihrem Präsidentschaftskandidaten nominiert und sich ein breites Wahlbündnis, die Honka-Union, um ihn formiert hatte, schien das außenpolitische Druckmittel der

Präsident Kekkonen an seinem 60. Geburtstag (3. September 1960) mit Chruschtschow.

militärischen Konsultationen geeigneter, um den Präsidentschaftswahlkampf zu beeinflussen. Es würde Kekkonen die Auflösung des Parlaments ermöglichen und die Geschlossenheit der Honka-Union aufbrechen. Kekkonen würde als Krisenmanager die Situation klären und die Vorstellung eines verhandlungsfähigen Präsidenten geben. Seine Wiederwahl sollte der Preis sein für die Zurückziehung der Konsultationsdrohung. Als es dann tatsächlich zum Rückzug des Gegenkandidaten kam und die bürgerlichen Parteien sich hinter Kekkonen stellten, ließ sich die Krise während eines privaten Treffens des finnischen Präsidenten und Chruschtschows in Nowosibirsk im November 1961 leicht beilegen. Kekkonen konnte seine Machtstellung als Präsident ausbauen, ihr einen nahezu autokratischen Charakter verleihen und einmal mehr seine politische Führungskraft unter Beweis stellen.

Was in Kenntnis der Umstände innenpolitisch umstritten war und manchen Zeitgenossen suspekt, um nicht zu sagen unlauter erschien, gilt außenpolitisch als Sternstunde. Denn Finnland fiel als Resultat dieser Ereigniszusammenhänge die Initiative und damit die Verantwortung für die Aktivierung der im FZB-Vertrag vorgesehenen Bestimmungen zu. Die UdSSR nahm Abstand von Konsultationen, forderte aber von der finnischen Regierung das Versprechen ein, in

Fremdsichten – Das Schlagwort von der „Finnlandisierung"

Der Begriff „Finnlandisierung" tauchte erstmals 1961/62 in einer Artikelserie Richard Loewenthals auf, die Westberlins Situation und die militärische Präsenz der Siegermächte dort analysierte. Würden die Westmächte ihre Truppen abziehen, so käme dies einer ‚Finnlandisierung' gleich, denn die Sowjetunion würde eine dominante Stellung einnehmen, ohne überhaupt die westlichen Sektoren der Stadt besetzen zu müssen. Es wurde also der Vergleich mit Finnland ins Feld geführt, weil es, ohne von den Sowjets okkupiert worden zu sein, in einer starken Abhängigkeit stünde. Tatsächlich hatte zu diesem Zeitpunkt die so genannte ‚Notenkrise' in Finnland für Schlagzeilen gesorgt – den Kritikern ein weiteres Beispiel für Finnlands ungebührliche Rücksicht auf sowjetische Interessen. Auch der Kekkonenplan 1962 von einer atomwaffenfreien Zone in Nordeuropa galt in den Augen seiner Gegner als Missbrauch der finnischen Politik zur Lancierung sowjetischer Konzepte. Vor dem Hintergrund der Ostpolitik Willy Brandts gewann das Schlagwort erneut an Bedeutung. Jetzt war es Franz Josef Strauß, der Finnland als warnendes Beispiel anführte. Die Entspannungspolitik führe in eine wachsenden Abhängigkeit zur Sowjetunion, befand er. Im März 1972 wurde in verschiedenen großen europäischen Zeitungen eine Europa-Beilage publiziert, an der auch Strauß mit einem Artikel beteiligt war, in dem er dem vereinigten Europa ein ‚finnlandisiertes' Westeuropa gegenüberstellte. Strauß wie Loewenthal waren offenbar einem von dem ehemals deutschen Gesandten in Helsinki, von Blücher, tradierten Finnlandbild verpflichtet, das er in seinen Memoiren im Zusammenhang seiner Betrachtungen zum Fortsetzungskrieg entworfen hatte. Danach sei Finnland wie ein „Treibholz" ohne eigenes Verursachen in den Strudel des Krieges geraten, seine Geschicke von den Weltereignissen, historischen Faktoren und seiner Geographie bestimmt worden. Außenstehenden hat sich die Vorstellung vom willenlosen Werkzeug im Spiel der Großmächte eingeprägt und es ist ihnen danach schwer gefallen, den Pragmatismus in Finnlands aktiver Neutralitätspolitik zu verstehen. Vor allem ihr Eingehen auf sowjetische Empfindlichkeiten war Anlass für Missdeutungen. Die beharrlichen Versuche finnischer offizieller Repräsentanten, Wissenschaftler und Journalisten, das Schlagwort von der ‚Finnlandisierung' zu entkräften, hatten im Ausland lange Zeit nicht den gewünschten Erfolg. Es war in Finnland selbst sogar in Umlauf und von einzelnen Oppositionspolitikern und Journalisten mit einheimischer Kekkonen-Kritik verknüpft worden. Doch die Mehrheit des politischen Establishments in Finnland sah die Dinge anders: Die Abhängigkeiten, die man im Westen kritisierte, wögen leicht gegenüber der Tatsache, dass es Finnland gelungen war, die Rote Armee zu stoppen und einer Besetzung zu entgehen. Man fragte u. a., wie selbständig denn eigentlich Deutschland, Italien, Großbritannien und andere europäische Länder gegenüber den Vereinigten Staaten seien. Und man verwies auf den großen Nutzen des Sowjethandels für Finnland, der die Abhängigkeiten in politischen und militärischen Fragen eher schwäche als verstärke, zumal es keinerlei ideologische Affinitäten gegenüber der Sowjetunion gebe. Erst mit Ende der 80er-Jahre und im Verlauf der 90er konnte Finnland mehr Verständnis für die Positionen eines neutralen Landes wecken, und das Wort von der ‚Finnlandisierung' geriet allmählich in Vergessenheit.

Zukunft die Lageentwicklung in Nordeuropa genau zu beobachten und, falls es sich als notwendig erweisen würde, der Sowjetregierung ihre Ansicht über die erforderlichen Maßnahmen zu unterbreiten. Das konnten auch Maßnahmen sein, die zuvor von der Sowjetunion angeregt wurden, wie zum Beispiel die Idee einer kernwaffenfreien Zone in Nordeuropa, von Kekkonen 1962 erneut zur Diskussion gestellt, die trotz der Ablehnung durch die NATO-Staaten grundlegendes Programm finnischer Außenpolitik blieb. Ungeachtet des Vorwurfs, Finnland würde solcherart Vorschläge als „Wachhund“ Moskaus vortragen, wuchs es doch in eine Vermittlerposition zwischen Ost und West und erlangte das Vertrauen beider Seiten. Augenfälliger Beweis dafür war die Ausrichtung der Konferenz für Sicherheit und Zusammenarbeit in Europa (KSZE), die am 3. Juli 1973 in Helsinki mit Vertretern aus 35 Staaten eröffnet und nach Fortsetzung in Genf in der finnischen Hauptstadt mit der Verabschiedung der Schlussakte 1975 beendet wurde. Die KSZE-Staaten versicherten sich gegenseitig ihrer Achtung vor der territorialen Integrität und der politischen Unabhängigkeit. Sie vereinbarten, die Androhung oder Anwendung von Gewalt zu unterlassen und in diesem Sinne auch Grenzänderungen nur noch friedlich zu lösen. In innere Konflikte eines KSZE-Staates wollte man nicht eingreifen. Andere Schwerpunkte waren die Achtung der Menschenrechte und der Grundfreiheiten, das Bekenntnis zum angestrebten Ziel einer vollständigen allgemeinen Abrüstung der ganzen Welt unter strenger internationaler Kontrolle zur Erreichung des Weltfriedens sowie eine engere Zusammenarbeit der KSZE-Staaten in Wirtschaft, Technik, Wissenschaft, Umwelt und im humanitären Sektor – eine ungemein umfassende Agenda, die einen langjährigen Prozess mit zahlreichen Folgekonferenzen einleitete und wesentlich zum Zusammenbruch des Ostblocks beitragen sollte.

Das Jahr 1975 stellte den Höhepunkt in Urho Kekkonens politischer Karriere dar, dessen Amtszeit 1973 per Ermächtigungsgesetz – ohne Wahlen oder Gegenkandidaten – auf ungewöhnliche Weise verlängert worden war. Seiner Politik wird heute neben den bereits erwähnten Erfolgen zugeschrieben, dass sie Finnland einen vollwertigen Status in der UNO und im Nordischen Rat ermöglicht habe, ebenso wie die Assoziierung mit der EFTA und den gleichzeitigen privilegierten Zugang zu den russischen Märkten, beides substanzielle Voraussetzungen für den ökonomischen Aufbruch seit den 60er-Jahren. 1978 wurde Kekkonen ein letztes Mal zum finnischen Präsidenten gewählt, und 1981 schließlich endete seine politische Laufbahn, nicht nur, weil er alt und krank geworden war.

Eine jüngere Generation von Politikern strebte jetzt nach exponierten Führungspositionen, und dem Sozialdemokraten Mauno Koivisto gelang schließlich der Machtwechsel. Kekkonen hatte im Oktober 1981 aus gesundheitlichen Gründen seinen Rücktritt eingereicht und Koivisto wurde als amtierender Ministerpräsident automatisch in das Staatspräsidentenamt berufen. In der sich anschließenden kurzen Kampagne bis zum Sieg der Präsidentschaftswahl im Februar 1982 genoss er den Bonus des Amtsinhabers und verkörperte zugleich den mutigen, integren Realpolitiker. Die Probleme, die in den wenigen Jahrzehnten seit Kriegsende aus dem Verhältnis zur Sowjetunion erwachsen waren, hatten in Finnland dazu geführt, die Kontinuität der freundschaftlichen bilateralen Beziehungen durch die Kontinuität der politischen Persönlichkeiten zu gewährleisten. Kekkonen hatte insbesondere in den 70er-Jahren in innenpolitischen Auseinandersetzungen immer wieder darauf gesetzt und sich als Garant guter Beziehungen zur UdSSR profiliert. Jetzt war man eine kurze Zeit unsicher, ob die UdSSR einen Präsidenten akzeptieren würde, der nicht aus der Agrarunion/Zentrumspartei stammte. Aber auch Koivisto verstand es, die Hoffnung auf Kontinuität zu nähren. Gleich zu Beginn seiner Amtszeit machte er deutlich, dass er die Außenpolitik seines Vorgängers fortzusetzen gedenke. 1983 beantragte er vorzeitig die Verlängerung des FZB-Vertrages um 20 Jahre. Doch Präsidentschaftsstil und Status des Präsidentenamtes veränderten sich unter seiner Ägide: Er führte das Amt, das verfassungsmäßig dem des französischen oder amerikanischen Präsidenten ähnelte, in ein ausgewogenes Verhältnis zum Parlament zurück. Mit Koivisto begann eine neue Epoche finnischer Politik.

Der finnische Wohlfahrtsstaat etabliert sich

Bis zur Mitte der 50er-Jahre konnte Finnland sich einigermaßen von den wirtschaftlichen Kriegsfolgen erholen und schien jetzt vorbereitet auf einen tief greifenden wirtschaftlichen Strukturwandel, der für das Bestehen seiner Volkswirtschaft in der Nachkriegszeit unausweichlich war. Die Hauptprobleme, die gelöst werden mussten, kreisten zum einen um die Frage, wie sich die Kräfte des Arbeitsmarktes und die Beziehungen der sich hier gegenüberstehenden Interessengruppen künftig gestalten sollten und zum anderen um die Schwierigkeit, die Rolle der Landwirtschaft den sich verändernden ökonomischen Rahmenbedingungen anzupassen. Zunächst sah es so aus, als sei

auch Finnland von stagnierendem Wachstum und Inflation schwer getroffen, das, was auch als „Englische Krankheit“ bezeichnet und durch Streiks und defizitäre Handelsbilanzen und Staatshaushalte verschlimmert wurde. 1956, im Jahr des großen Streiks, sank das Wirtschaftswachstum auf 2 Prozent. Nicht nur die Arbeitskämpfe, auch der strenge Winter dieses Jahres und die Abschwächung der Weltkonjunktur waren dafür verantwortlich. Am Ende jenes Jahrzehnts aber war diese Krise überwunden. Jetzt begann ein Aufschwung der finnischen Wirtschaft, der das Pro-Kopf-Einkommen bis zur Mitte der 60er-Jahre erstmals auf den Stand Großbritanniens anhob (1913 hatte es nur rund 60 Prozent des durchschnittlichen Einkommens der Industrieländer betragen – der Abstand zum Inselkönigreich war seinerzeit sogar noch größer). Der Aufschwung war verbunden mit einem durchschnittlichen Wirtschaftswachstum, das zunächst bei 5 Prozent lag, von 1966–1968 aber noch einmal auf 2 Prozent zurückfiel. Denn Konjunkturschwankungen waren in Finnland schneller spürbar als in den westeuropäischen Ländern, nicht zuletzt, weil der Agrarsektor noch immer ein wichtiger Faktor in Finnlands Wirtschaft war – 1960 betrug der Anteil der Land- und Forstwirtschaft am finnischen Bruttoinlandsprodukt 20 Prozent –, der aber die Produktion nicht im gleichen Takt steigern konnte, wie es den industriellen Erwerbszweigen jetzt gelang.
Finnlands Bestreben, die Vorteile internationaler Arbeitsteilung zu nutzen, hat sich in seinen handelspolitischen Entscheidungen deutlich widergespiegelt: 1948 wurde es Mitglied der Internationalen Bank für Wiederaufbau und Entwicklung (IBRD) und des Internationalen Währungsfonds (IWF), kurz darauf auch GATT-Mitglied (General Agreement for Trade and Taxes). Es hat sich zwar nicht am Wiederaufbau Westeuropas im Rahmen des Europäischen Wirtschaftsrates (OEEC) beteiligt, trat aber 1969 dessen Nachfolgeorganisation, der OECD, bei. 1961 ist Finnland assoziiertes Mitglied der EFTA geworden. Das war ein ganz wichtiger Impuls für Finnlands Außenhandel, dessen wirtschaftliche Westorientierung sich nun erheblich steigerte.
Das rasche Wirtschaftswachstum – zwischen 1960 und 1980 hat sich Finnlands Bruttoinlandsprodukt mehr als verdoppelt – ging mit einem auffälligen Wandel der Produktionsstruktur einher, der wiederum gravierende Folgen für die sozialen Strukturen des Landes hatte. Vor dem Krieg und noch zu Beginn der 50er-Jahre arbeiteten in Finnland über 40 Prozent der Beschäftigten in der Land- und Forstwirtschaft. In den folgenden zwei Jahrzehnten ging dann der Anteil

der in der Landwirtschaft Beschäftigten schneller als in irgendeinem anderen Land Europas zurück.

Der Anteil der finnischen Industrie an der Gesamtwirtschaft war zwar niemals so hoch wie in den so genannten alten Industrieländern. Von den 50er-Jahren an bis in die frühen 70er nahm dieser Anteil aber stetig zu, um dann während der folgenden zehn Jahre konstant zu bleiben. In den 80er-Jahren kam es in Finnland zu einem Aufblühen des Dienstleistungssektors wie man es während der Zeit der Unabhängigkeit noch nie erlebt hatte. Im öffentlichen Dienst stieg die Zahl der Arbeitsplätze um ein Drittel, bei den privaten Dienstleistern um 10 Prozent, während sich die Beschäftigtenzahl in der Industrie um ein Fünftel, in der Primärproduktion sogar um rund 40 Prozent reduzierte.

Größe und Handlungsweise der Unternehmen richteten sich entsprechend den Veränderungen des wirtschaftlichen Umfeldes ein und beeinflussten mit ihren Entscheidungen wiederum das wirtschaftliche und gesellschaftliche Gefüge Finnlands. So war die ständige Umorganisation des privatwirtschaftlichen Sektors einer der Kernfaktoren des finnischen Wirtschaftswachstums. Die Etablierung neuer Firmen an den Märkten stellte auf lange Sicht betrachtet eine essentielle Voraussetzung für die Expansion der Wirtschaft dar. Allerdings arbeitete dieser Mechanismus auch in entgegengesetzter Richtung: Das Abtreten dauerhaft unrentabler Unternehmen von den Märkten war gleichermaßen Bedingung für eine stabile wirtschaftliche Entwicklung. Der Werdegang der großen finnischen Konzerne zeigt, wie sich die Unternehmertätigkeit den gesellschaftlichen und wirtschaftlichen Veränderungen angepasst hat und die Unternehmen andererseits die sie umgebende Gesellschaft mit geformt haben. Den erfolgreichsten unter ihnen ist dieser wechselseitige Anpassungsprozess seit Beginn der Industrialisierung immer wieder gelungen. So wurden viele der heutigen großen finnischen Industrieunternehmen bereits Ende des 19., Anfang des 20. Jahrhunderts gegründet und die 30 umsatzstärksten Industriefirmen haben ein Durchschnittsalter von über hundert Jahren. Die ältesten dieser Gesellschaften entstanden bereits im 17. und 18. Jahrhundert (die Fiskars Corporation, ein Unternehmen der Metall- und Maschinenbauindustrie, entstand 1649, und Hackman, heute führend im Design von Küchen und Küchenzubehör, wurde 1790 gegründet).

Das eigentliche Geheimnis des finnischen Erfolgs aber war die Fähigkeit, die Produktion auf Güter und Dienstleistungen von hoher Qualität zu spezialisieren, die den effektivsten Gebrauch der begrenzten

Ressourcen des Landes zuließen. Eisbrecher, Glaswaren, Keramik, pharmazeutische Produkte, Elektronik, hochwertige Textilien, Fertighäuser, Kreuzfahrtschiffe, Sportausrüstungen und eine Vielzahl weiterer Produkte, bei deren Herstellung Geschick, Design und Originalität weit mehr wogen als die Produktionskapazität – all dies waren Güter, für die sich die Welt auch in abgelegendste Wälder den Weg bahnen würde. Ein äußerst aktuelles Beispiel für die Bedeutung finnischer Hochleistungsprodukte insbesondere des Techniksektors bietet die Kone Gesellschaft. Ihre Wurzeln gehen auf das Jahr 1910 zurück, und nach dem Zweiten Weltkrieg hat das Unternehmen im Auftrag der finnischen Regierung Aufzüge, Kräne und elektrische Winden als Reparationsleistungen für die Sowjetunion produziert. Heute ist Kone eine weltumspannende Corporation, die unter anderem den höchsten Wolkenkratzer der Welt in Taiwan – wegen seiner 101 Stockwerke *Taipeh 101* genannt – mit Aufzügen ausrüstet, deren Technik nicht minder gigantisch ist.

Über den finnischen Schiffbau lässt sich wohl die größte Erfolgsgeschichte erzählen. Schon vor dem Krieg besaßen zum Beispiel finnische Eisbrecher einen außerordentlich guten Ruf. Schließlich war es für Finnlands Teilnahme am Welthandel lebenswichtig, die Häfen und Küstenlinien möglichst lange eisfrei zu halten. 1939 waren sieben solcher Schiffe im Finnischen und im Bottnischen Meerbusen im Dienst, zwei von ihnen wurden später als Reparationsleistung an die Sowjetunion übergeben. Die international renommierte Werft Wärtsilä mit ihrem Stammsitz in Helsinki – viele der großen Fährschiffe, die heute auf der Ostsee verkehren, wurden in ihren Docks gebaut – hatte 1954 die Konstruktion von Eisbrechern wieder aufgenommen und seither einen kontinuierlichen Bestand moderner Schiffe für den Einsatz in Finnland, aber auch in der Sowjetunion, in den USA, in Kanada, Argentinien und Chile produziert. Die finnischen Schiffbauingenieure besaßen hervorragende Kenntnisse über die besonderen Schwierigkeiten, die sich der Schifffahrt in den nördlichsten Breitengraden stellten und entwickelten daraus weitere Möglichkeiten der Spezialisierung, sei es im Bereich von „offshore"-Technik für Ölbohrungen in der Arktis oder in der Produktion untiefentauglicher Eisbrecher für den Einsatz in russischen Flüssen. Nicht nur Eisbrecher, auch Frachter, Containerschiffe und Luxus-Liner wurden und werden von Wärtsilä gebaut. 1984 lief das 45 000-Tonnen-Kreuzfahrtschiff Royal Princess im Auftrag der P&O-Reederei dort vom Stapel, heute kreuzt es im Pazifik und in der Karibik.

Der zum Schiffbau notwendige Stahl wurde von den staatlichen

Eisbrecher Sisu, 1976.

Rautaruukki Stahlwerken produziert. Die Gesellschaft wurde 1960 gegründet, als Standort wählte man Raahe am Bottnischen Meerbusen, südlich von Oulu. Das Rautaruukki-Werk baute dort während der 60er-Jahre seine Produktionsbasis auf und begann 1964 mit der Herstellung von Roheisen, drei Jahre später startete die Produktion von Stahlplatten. Es entwickelte sich zu einem der modernsten Stahlwerke in Europa, dessen Energiebedarf pro Tonne Stahl geringer und dessen Produktivität pro Arbeiter größer war als bei irgendeinem seiner Konkurrenten. Rautaruukki bezog die Rohstoffe für seine Produktion aus Kostamus in Russisch-Karelien, wobei ein gemeinsames finnisch-sowjetisches Projekt die enge Kooperation beim Aufbau einer effektiven Infrastruktur für den Transport des konzentrierten Erzes ermöglichte.

In kleineren Dimensionen entwickelte sich die Glas- und Keramikindustrie Finnlands, aber sie konnte auf eine lange Tradition hoch qualifizierten Kunsthandwerks bauen. Auf den Märkten für Luxuswaren in den USA und Westeuropa erlangten die Produkte der Iittala Werke in Hämeenlinna und der Arabia Werke in Helsinki schon bald nach dem Krieg Berühmtheit. Zu den Pionieren finnischer industriell gefertigter Glas- und Keramikkunst zählten Künstler wie Tapio Wirkkala (1915–1985), die – befreit von kommerziellen Zwängen – ihre

Arbeiten in künstlerischer Freiheit entwerfen konnten. Von ihrem internationalen Erfolg zeugen zahlreiche Preise, besonders herausragend sind die zwischen 1951 und 1963 während der Ausstellungen der Mailänder Triennale an finnische Künstler vergebenen Auszeichnungen. Diese Leistung konnte Finnland auch im Bereich hochwertiger Textilien, im Möbeldesign und in der Gold- und Silberschmiedekunst fortsetzen.

Von nicht zu unterschätzender Bedeutung war und ist auch heute für Finnlands Wirtschaft der Export von Projektmanagementleistungen. Finnisches Know-how, das heißt Baukonstruktionen für Hotels, Konferenzzentren oder Papierfabriken, Pläne für die Hydro-Elektrikindustrie oder den Eisenbahnbau wurden an die Sowjetunion, Afrika, Asien, die USA, Großbritannien oder Lateinamerika verkauft. 1982 erreichte dieser Export ein Volumen von 1 Milliarde Dollar (Singleton, S. 152). Um solcherart Dienstleistung sicherzustellen, entwickelten sich gleichzeitig das Bank- und Versicherungswesen sowie eine Reihe technischer Serviceleistungen. Eines der bekanntesten finnischen Unternehmen, das sich dem Export von Projektentwicklungen verschrieben hat, ist die Jaakko Pöyry Gruppe. Eine ihrer Firmen gilt gegenwärtig als der führende Berater der globalen Forst- und Holzindustrie.

Seit den 60er-Jahren verschob sich der Schwerpunkt der finnischen Wirtschaft somit immer deutlicher in Richtung Hochtechnologie, Qualitätsdesign und Dienstleistungen, während die Zahl der in der Landwirtschaft Beschäftigten wie bereits erwähnt stark abnahm und am Ende der 80er-Jahre bei knapp 7 Prozent lag. Dennoch bewegte sich die Produktion von Molkereierzeugnissen, von Eiern, Rind- und Schweinefleisch deutlich oberhalb des Niveaus für den eigenen Bedarf, bei Brot, Getreide und Gemüse konnten gut 70 Prozent des Eigenbedarfs produziert werden. Die tendenzielle Überproduktion im Agrarbereich stellte in Finnland ein Problem dar, insbesondere was seine Milchwirtschaft anging. Ein Ansatz zu seiner Lösung war die staatliche Förderung von Vorruhestandsregelungen für Landwirte, der zum Teil auch erfolgreich war.

Auch innerhalb der Forstwirtschaft veränderten sich die Strukturen. In den drei Jahrzehnten von 1960 bis 1990 ist eine Verlagerung von der Holzproduktion hin zur Herstellung von Papier und chemischen Beiprodukten erkennbar. Um fossile Brennstoffe zu sparen, hat die Verarbeitung von Abfallholz zum Einsatz in Kraftwerken deutlich zugenommen. Nach wie vor sind die Wälder Finnlands größte natürliche Ressource. Holz und Papier hatten 1986 einen Anteil von 37 Prozent

am finnischen Exportvolumen. Von den übrigen gut 63 Prozent waren allein 31 Prozent Güter der Metall- und Maschinenbauindustrie.
Finnlands Mangel an Brennstoffen machte es notwendig, große Mengen Öl und Gas zu importieren, vornehmlich aus der Sowjetunion. Dabei lag die Verantwortung für die Veredlung und Verteilung dieser Rohstoffe sowie die Herstellung petrochemischer Produkte bei der staatlichen Ölgesellschaft Neste. Der finnisch-sowjetische Clearinghandel setzte voraus, dass die Summen von Im- und Export annähernd ausgeglichen waren. Das bedeutete aber auch, dass Finnland gelegentlich mehr russische Brennstoffe importieren musste, als der einheimische Bedarf erforderte. Neste hat unter diesen Umständen die von ihr veredelten Produkte dann wieder re-exportiert oder den Exporthandel mit petrochemischen Erzeugnissen weiterentwickelt. Die Pipeline, die russisches Erdgas nach Finnland brachte, wurde in den 70er-Jahren fertig gestellt. 1977 ging das erste finnische Kernkraftwerk in Loviisa, östlich von Helsinki, ans Netz, ein zweiter Reaktor am selben Ort 1980. Beide Anlagen waren russischer Bauart, auch das nukleare Material stammte von dort und die verbrauchten Brennstäbe wurden zur weiteren Entsorgung dorthin zurücktransportiert. Zwei weitere Kernreaktoren wurden in der Nähe von Raumo errichtet, waren jedoch von anderer Bauart und bezogen ihre nuklearen Rohstoffe aus nicht-russischen Quellen. Die Katastrophe von Tschernobyl im April 1986 hat auch in Finnland die Diskussion darüber entfacht, ob es klug sei, die Kernenergie weiter auszubauen. Die offizielle Sichtweise damals war, dass Finnland in Anbetracht der Grenzen anderer Energieträger – sei es nun Wasserkraft, der Einsatz von Holz und Torf oder der Import von Öl – keine andere Wahl habe, als sein Nuklearprogramm weiterzuentwickeln. Der deutliche Wahlerfolg der Grünen nur ein Jahr später, als sie ihre Mandate im finnischen Parlament von zwei auf vier erhöhen konnten, zeigte jedoch, dass diese Ansicht nicht einhellig war.
Das kontinuierliche Wachstum der finnischen Wirtschaft seit den 50er-Jahren hat Finnland drei Jahrzehnte später zu einer der wohlhabendsten Gesellschaften der Welt aufsteigen lassen. Doch diese langjährige Phase der Expansion endete abrupt 1991, denn mit dem Zusammenbruch der Sowjetunion ging Finnland der für seine wirtschaftliche Blüte so wichtige russische Markt verloren.
Der Übergang von der Land- und Forstwirtschaft zu Industrie- und Dienstleistungsberufen hat in Finnland eine starke Migration ausgelöst, denn die arbeitsfähige Bevölkerung aus den Ortschaften im Norden und Osten des Landes, die dort keine Perspektiven mehr besaß,

strömte in die expandierenden städtischen Zentralorte – vor allem in das mittlere Nyland und die Region um Helsinki – und musste sich an neue Arbeitsbedingungen, Umgangsformen und Konsumgewohnheiten anpassen – an einen urbanen Lebensstil, der Ausdruck eines wachsenden Individualismus war und sich nicht nur in neuen Formen des Städtebaus, sondern auch in neuen sozialen Mustern des Alltagslebens manifestierte. Die Geburtenrate war seit dem Baby-Boom 1947 langsam aber stetig gesunken, erreichte 1973 mit 57 000 Neugeborenen ihren Tiefststand und war damit die geringste in Skandinavien. Danach stieg sie wieder leicht an und hielt sich während der 80er-Jahre auf einem stabilen Niveau. Der deutliche Rückgang zwischen 1967 und 1973 lässt sich als Reflex auf den schnellen Strukturwandel erklären, der ohne Frage auch den Rhythmus des Familienlebens und nicht zuletzt die Stellung der Frau in der finnischen Gesellschaft verändert hatte. Auch die Emigration nach Schweden trug das Ihrige dazu bei. Sie schnellte in diesen Jahren in die Höhe und erfasste gerade die jungen, fertilen Jahrgänge. Über eine halbe Million Finnen wurden zwischen 1945 und 1990 als Einwanderer in Schweden registriert, jeder Fünfte von ihnen schwedischsprachig. Allerdings kehrte bis 1993 gut die Hälfte wieder nach Finnland zurück. In Finnland selbst waren für viele die Zukunftsaussichten unsicher geworden, und manch einer setzte auf höhere Qualifizierung, insbesondere an den Hochschulen, die jetzt vor allem einen steigenden Anteil weiblicher Studierender verzeichneten. Immer mehr junge Frauen strebten die Integration in das Erwerbsleben an und verschoben die Familiengründung, wenn sie nicht sogar ganz darauf verzichteten. Die Familienplanung wurde zudem durch den allmählich selbstverständlichen Zugang zu Verhütungsmitteln erleichtert, der nicht nur Resultat wissenschaftlicher Innovation und verbesserter Produktionsmöglichkeiten auf diesem Gebiet, sondern auch Ausdruck der sexuellen und sozialen Emanzipation der Frauen war. Ein anderer für Industrieländer typischer Trend, der sich auch in Finnland bemerkbar machte, war die sinkende Sterblichkeit. Die Säuglingssterblichkeit war hier am Ende der 60er-Jahre genauso niedrig wie in Schweden und Norwegen, 1982 sogar die niedrigste auf der ganzen Welt. Die durchschnittliche Sterblichkeit von Männern blieb jedoch bis in die 90er-Jahre hinein höher als in den westeuropäischen Ländern, während die Lebenserwartung der Frauen am Ende der 80er-Jahre auf europäischem Niveau angelangt war. Die sinkende Geburtenrate, die noch schneller abnehmende Sterblichkeitsrate und die Emigration nach Schweden zusammengenommen ergaben immer noch ein Bevölkerungswachstum in Finnland: Betrug die Bevölkerungszahl 1961 noch 4 446 000, so stieg sie bis 1998 um mehr als eine halbe Million Menschen auf 5 150 000 (Finlands historia, Bd. 4, S. 387).

Sozial- und Bildungspolitik

Die 60er- und 70er-Jahre wurden immer wieder als eine Periode betrachtet, in der der finnische Wohlfahrtsstaat entstanden sei. Das ist sicher richtig, wenn man die soziale Gesetzgebung und die im Staatshaushalt festgeschriebene Einkommensumverteilung betrachtet, denn die sozialen Ausgaben des finnischen Staates haben sich zwischen 1950 und 1980 verneunfacht. Aber es gibt auch die Auffassung, dass staatliche Lenkung innerhalb des sozialen Sektors schon 1918 mit dem Kätnergesetz und 1922 mit der Lex Kallio erkennbar gewesen sei, als man soziale Gegensätze ganz bewusst durch umfassende Bodenreformen zu lösen versuchte. Ähnliches gilt für die Landbeschaffungsgesetze der 40er-Jahre und die darauf folgende Subventionierung des Agrarsektors. Zwar handelte es sich um wirtschaftliche Reformen, doch waren sie in der Praxis auch eine Form der Einkommensumverteilung innerhalb der Agrargesellschaft. In der modernisierten finnischen Gesellschaft bedurfte es neuer Wege zum Ausgleich ökonomischer Unterschiede. Hatte man früher durch Landverteilung an Kätner und Besitzlose Kompensation geschaffen, so gebrauchte man jetzt das Mittel der progressiven Einkommensbesteuerung und die Investition dieser Einnahmen in soziale Leistungen und Angebote, die den sozial Schwächsten zugedacht waren.

Am Ende des 19. Jahrhunderts war die Forderung nach umfassendem sozialen Schutz als Bestandteil einer sozialistischen Gesellschaftsordnung von der politischen Linken in Finnland erhoben worden, aber die bürgerlichen Parteien konnten sich erst seit dem Zweiten Weltkrieg an den Gedanken gewöhnen, dass ein wirksames soziales Netz auch für die kapitalistische Wirtschaftsordnung durchaus eine stabilisierende Funktion besaß. Die ersten konkreten Pläne zur Umsetzung einer weiter reichenden Wohlfahrtspolitik wurden vom so genannten großen Sozialversicherungs-Komitee 1945 vorgetragen. Nicht alle diese Pläne ließen sich unter den damals herrschenden wirtschaftlichen Bedingungen verwirklichen, erste Ansätze aber, wie zum Beispiel 1948 die Einführung des Kindergeldes, gelangen.

Zwischen 1950 und 1980 sind in Finnland drei klassische Bereiche der

Sozialpolitik systematisch ausgebaut worden: So wurde ein obligatorisches Sozialversicherungssystem durch eine Reihe von Reformen schrittweise eingeführt, das Angebot von Sozial- und Gesundheitsdiensten deutlich erhöht und das Bildungswesen umfassend umstrukturiert. Die Orientierung an schwedischen Modellen ist in vielen Punkten unverkennbar.

Basis des Rentensystems wurde eine nicht an das Einkommen gebundene staatliche Grundrente für alle, die durch einkommensgebundene betriebliche Versicherungssysteme ergänzt wurde. Der Ausbau großer in kommunaler Regie betriebener Krankenhauskomplexe begann in den 50er-Jahren, und seit 1964 gab es ein obligatorisches Krankenversicherungssystem, das die Gesundheitsversorgung aller garantierte. Mit dem Volksgesundheitsgesetz von 1972 wurden die Kommunen verpflichtet, Gesundheitszentralen zu errichten, unabhängig davon, ob es bereits private medizinische Einrichtungen vor Ort gab oder nicht. Familienpolitische Reformen wie die Einführung des Mutterschafts- bzw. Elterngeldes, die deutliche Vermehrung staatlich finanzierter Kinderbetreuungsplätze, aber auch die ökonomische Unterstützung der Kinderbetreuung zu Hause ergänzen das Bild. 1965 wurde die 40-Stunden-Woche eingeführt, auch die jährliche Arbeitszeit wurde in den 70er- und 80er-Jahren verkürzt. Seit 1979 sind Arbeitgeber verpflichtet, medizinische Vorsorge für ihre Angestellten und Arbeiter bereitzustellen. Von 1972 an verbesserte sich auch die Höhe des Arbeitslosengeldes merkbar, das seit 1985 dann abhängig vom Einkommen berechnet wurde.

Auf dem Feld der Bildungspolitik hat die Grundschulreform von 1968 die entscheidenden Weichen für die weitere Entwicklung des Schulwesens gestellt. Nach dem Vorbild Schwedens wurde jetzt eine neunjährige Grundschule für alle eingerichtet, eine Einheitsschule, die die sozialen und regionalen Ungleichheiten ausräumen und jedem Kind die Chance auf eine seinen Fähigkeiten und Neigungen entsprechende Bildung gewähren sollte. Erst danach sollte sich der Bildungsweg in einen berufsbildenden und einen wissenschaftlich-akademischen Zweig aufgliedern. Im Laufe der Jahre entwickelte sich eine für Finnland noch heute charakteristische Bildungsphilosophie, die auf der Förderung jedes einzelnen Schülers wenigstens bis zum Erreichen eines mittleren Leistungsstandes beruht. Die guten Leistungen im Lesen, in Mathematik und den Naturwissenschaften, wie sie die PISA-Studie für Finnland auswies, lassen sich Fachleuten zufolge nur so erklären, wobei neben diesem an allen Schulen etablierten besonderen Fördersystem auch die gute Ausstattung mit Schulpsychologen, Sonderpädagogen, Sprachtherapeuten, Ärzten und Schulassistenten angeführt wird.

Der Hochschulsektor ist in den 60er- und 70er-Jahren kräftig expandiert und in seiner Struktur zugleich dezentralisiert worden. Eine ganze Reihe von Universitätsneugründungen war zu verzeichnen, von denen sich besonders Oulu, Tampere und Jyväskylä ausgezeichnet haben. Hier, an den Hochschulen, erlebten die Finnen in den 60er-Jahren ebenso wie andere europäische Gesellschaften eine radikale Politisierung ihrer Studenten, der eine Reihe ideologischer Eruptionen des finnischen Kulturlebens bereits vorausgegangen war. All dies war so etwas wie die seismographische Reaktion auf den gesellschaftlichen Strukturwandel im Inneren und den globalen Widerspruch zwischen Ost und West. Die USA hatten im Vietnamkrieg ihre Glaubwürdigkeit als Beschützerin der Freiheit verloren, und die von Amerika sich ausbreitende Friedensbewegung mit ihren Protestveranstaltungen, ihren politischen Balladen und Kampfliedern erwärmte die junge Generation für die sozialistische Weltanschauung.

Die Studenten hatten in politische Bewegung umgewandelt, was als weltanschaulicher Disput und ästhetische Kontroverse wieder einmal in der Literatur begonnen hatte. Als 1960 der zweite Teil der großen Kätner- und Bauerntrilogie Väino Linnas *Täällä Pohjantähden alla* (Hier unter dem Polarstern) erschienen war, diskutierte man vor allem noch seine stilistischen Formen und Innovationen, aber es war bereits jetzt deutlich, wie sehr die breite Schilderung der Klassengegensätze, die Dramatik und Tragik des Bürgerkriegs und des Weißen Finnland die Kritiker bewegt und beeindruckt haben. Von da an warfen die Kulturredaktionen der Tagespresse immer häufiger Fragen auf, die eng mit tagespolitischen Entwicklungen und ihren ideologischen Hintergründen verknüpft waren. 1962 erschien der letzte Teil der Trilogie und im selben Jahr der letzte und dritte Band eines ebenso großen wie provozierenden historischen Romans von Paavo Rintala, *Mummoni ja Mannerheim* (Großmutter und Mannerheim). Ein fiktiver Mannerheim wird darin in einer Weise geschildert, die konservative Leser empören musste, sahen sie doch darin den Versuch, den heldenhaften General von seinem Sockel zu stoßen. Aber „wir leben in den Sechzigern“ hieß es dazu in der berühmt gewordenen Verteidigung Rintalas durch den Kulturjournalisten und Schriftsteller Arvo Salo, der daran erinnerte, dass der Roman eine moderne Fiktion sei. Die Literatur erlaubte sich Tabubrüche auch anderer Art, nicht zuletzt mit Übersetzungen als anrüchig und unsittlich geltender Werke, die wegen ihrer freizügigen Erotikschilderungen auf dem Index landeten, berühmtes-

tes Beispiel: Henry Millers autobiografischer Roman *Im Wendekreis des Krebses*, 1961 auf finnisch erschienen, übersetzt von dem nicht weniger schillernden Poeten und frechen Unruhestifter Pentti Saarikoski.
Im Sog einer als „Kulturradikalismus“ bezeichneten Strömung haben die jungen finnischen Intellektuellen die Klassengebundenheit der alten Gesellschaft aufbrechen und ihre Doppelmoral entlarven wollen. Es formierte sich auch eine Avantgarde in der Malerei, der Musik und auf dem Theater, die den Kulturkampf mit den konservativen Eliten provozierte. Für sie interessierten sich die aufgeschlossenen und hellhörigen Studenten besonders, sie lieferte ihnen das Material für ihr Aufbegehren gegen das Establishment.
Die jungen Intellektuellen und Künstler konnten indessen den Wandel ihrer Gesellschaft im Zeichen von Leistung und Individualismus, von Konsum und freier Entfaltung der Kräfte des Marktes ebenso wenig aufhalten, wie es den Avantgarden und Protestbewegungen anderer Länder in Europa gelang. Vor allem die Linken unter ihnen mussten erkennen, dass die ideologische Unterfütterung ihrer Ziele bröckelte. Auf dem Lande zum Beispiel hatte der wirtschaftliche und soziale Strukturwandel den marxistischen Überzeugungen allmählich den Boden entzogen, denn die Landflucht machte vor Regionen, die als kommunistische Bastionen galten, nicht Halt, und so wurden auch sie Anfang der 70er-Jahre geradezu entvölkert. Die Wirkungen des Wohlfahrtssystem verringerten das Gefühl von Unsicherheit und Unzufriedenheit und damit auch die Motivation, links zu wählen, und in den städtischen Gegenden wurde die traditionelle Subkultur der Arbeiterbewegung mit ihren eigenen Zeitungen und Vereinen mehr und mehr von den Wertvorstellungen der Mittelklasse verdrängt. Ideen wie der Klassenkampf oder die Diktatur des Proletariats verloren für viele ihre Bedeutung. Die finnische Gesellschaft unterschied sich am Ende der 80er-Jahre im Lebensstil, im Konsum- und Freizeitverhalten, in der Mode oder der Fernsehunterhaltung kaum noch von irgendeinem anderen westlichen Land.

Vom Wandel der politischen Kultur unter Koivisto

Wenn der Machtwechsel von 1982, als Mauno Henrik Koivisto Präsident geworden war, tatsächlich den Anbruch einer neuen Epoche bedeutete, dann weniger im Hinblick auf die grundsätzlichen Linien der Politik. Koivisto hatte Kontinuität versprochen, und dieses Ver-

sprechen verlor er nicht aus den Augen. Was aber hat sich in Finnland nach seinem Amtsantritt verändert?
Betrachtet man die Außenpolitik und die wirtschaftliche Entwicklung, entdeckt man kaum Veränderungen. Koivisto scheint es nicht darum gegangen zu sein, sich außenpolitisch besonders zu profilieren und eine „persönliche Diplomatie als Machtmittel zu seinen Gunsten" zu entwickeln, wie man dies Kekkonen immer wieder nachgesagt hat (Jussila, Hentilä, Nevakivi, S. 352). Der neue Präsident hatte bereits während des Präsidentschaftswahlkampfes versichert, an der Paasikivi-Kekkonen-Linie festhalten zu wollen. Das erwies sich als klug in einer Zeit, da der KSZE-Prozess nach hoffnungsvollem Beginn ins Stocken geraten war und da in der Sowjetunion ein Machtwechsel auf den anderen folgte und sie in eine ernste Krise zu führen drohte. Um die außenpolitische Linie seiner Vorgänger fortzusetzen, war es nötig, dass der Sozialdemokrat Koivisto seine früher eher kühlen Beziehungen zur Sowjetunion verbesserte. Er entschloss sich, seinen ersten Staatsbesuch als Präsident nach Moskau zu unternehmen, eine nicht zu unterschätzende symbolische Geste, denn es war Tradition, dass der erste Besuch dem schwedischen Nachbarn galt.
Der bereits schwer kranke Leonid Breschnew repräsentierte zu dieser Zeit die sowjetische Führung, die sich seit 1977 und auch in den Jahren nach Breschnews Tod – er starb im November 1982 – nicht gerade durch politische Führungskraft auszeichnete. Die Handlungsmuster des Kreml waren stattdessen von sturem militärischen Kalkül geprägt. 1977 hatte die Sowjetunion damit begonnen, ihre veralteten Atomsprengköpfe in Osteuropa durch die neu entwickelte Mittelstreckenrakete SS 20 zu ersetzen. Die europäischen NATO-Verbündeten sahen in diesen auf hochmobilen Abschussrampen montierten Raketen eine mindestens ebenso große Bedrohung wie in den strategischen Interkontinentalraketen und fassten am 12. Dezember 1979 den so genannten NATO-Doppelbeschluss. Dieser Beschluss sah die Stationierung von 572 ebenfalls mobilen amerikanischen Mittelstreckenraketen (Pershing II und bodengestützten Cruise Missiles) vor, um damit das bedrohte nukleare Gleichgewicht wiederherzustellen. Sollten Verhandlungen mit dem Endziel, nuklear bestückte Mittelstreckenwaffen völlig aus Europa zu verbannen, scheitern, würden die Mittelstreckenraketen vier Jahre später stationiert werden. Eben dies geschah mit der Folge einer bis dahin ungekannten Aufrüstungsanstrengung auf beiden Seiten. Gleichzeitig hatte die Sowjetunion große Schwierigkeiten, die Disziplin in ihrer eigenen Sicherheitssphäre aufrechtzuerhalten. Beispiele dafür waren 1979 die Einleitung der

Invasion Afghanistans und 1981 die Unterdrückung der in Polen stark gewordenen Solidarnosc-Bewegung.
Trotz dieser dramatischen außenpolitischen Entwicklung blieb Finnland seiner Linie treu und nahm keine Stellung zu den Schwierigkeiten und Fehlern, die man durchaus in der sowjetischen Politik erkannte. 1983 enthielt es sich der Stimme, als die UNO eine Resolution verabschiedete, die den sowjetischen Einmarsch in Afghanistan verurteilte. Die finnische Presse zumindest schien aber etwas abzurücken von der seit Paasikivis und Kekkonens Zeiten herrührenden Selbstzensur und übte Kritik am sowjetischen Vorgehen und am finnischen Abstimmungsverhalten.
Koivisto hielt zwar an dem die finnische Neutralitätspolitik kennzeichnenden Grundsatz fest, sich nicht in die Konflikte der Großmächte involvieren zu lassen, aber er wich von der bis dahin gültigen Maxime ab, alle außenpolitischen Entscheidungen Finnlands im Vorwege mit Moskau abzusprechen. Ein neuer politischer Stil zeichnete sich ab, der die vorsichtige Emanzipation der finnischen politischen Führung von Zwängen kennzeichnen sollte, die das Verhältnis zur Sowjetunion bis dahin bestimmt hatten. So hat Koivisto Finnlands Antrag auf eine Vollmitgliedschaft in der EFTA erst mit Gorbatschow diskutiert, als die entscheidenden Schritte dazu bereits eingeleitet worden waren. Finnlands Antrag wurde Anfang November 1985 vom EFTA-Rat angenommen, während Koivistos Gespräche mit der sowjetischen Führung dazu erst im September stattgefunden hatten.
Innenpolitisch war Koivistos Amtsführung von großer Zurückhaltung oder auch Selbstbeschränkung geprägt. Er strebte nach Mehrheitsregierungen auf breiter Basis, für deren Handlungsfähigkeit seiner Ansicht nach der Präsident zwar zu sorgen hätte, er betonte aber, dass es Sache der Regierung und des Parlaments sei, die Richtung der Politik im Innern zu bestimmen. Das Parlament sollte sogar in die Außenpolitik stärker einbezogen werden. Dazu reaktivierte Koivisto den parlamentarischen Außenpolitischen Ausschuss. Koivisto wies der parlamentarischen Demokratie – anders als Kekkonen – wieder fundamentale Bedeutung zu und setzte damit die Zeichen für eine Veränderung der politischen Kultur in Finnland. Er unterschied sich auch dadurch von Kekkonen, dass er der Regierungsbeteiligung der äußersten Linken als einem Mittel für die Stabilisierung der Ostbeziehungen keine Bedeutung mehr beimaß. Obwohl Koivisto mit Hilfe der Volksdemokratischen Liga zum Präsidenten gewählt worden war, waren ihre Vertreter in keiner Regierung nach 1982 mehr vertreten.

Ernsthafte Regierungskrisen hat es unter Koivisto längst nicht so häufig gegeben wie zu Kekkonens Zeiten. Das bedeutet nicht, dass keine Interessengegensätze und Machtkämpfe existiert hätten, aber die parlamentarische Kontrolle anstelle einer – wenn man so will – präsidialen wirkte ganz offenbar stabilisierend. Hinzu kam, dass die seit Mai 1983 amtierende vierte Regierung Kalevi Sorsas unter günstigen wirtschaftlichen Rahmenbedingungen arbeiten konnte und starken Rückhalt im Parlament besaß. Bis Anfang 1986 lassen sich weder spektakuläre Ereignisse noch Aufsehen erregende Debatten in der finnischen Innenpolitik ausmachen.

Im Frühjahr 1985 allerdings war bekannt geworden, dass die Familie Paasikivis beabsichtigte, die Tagebücher des Altpräsidenten herauszugeben, deren Veröffentlichung bereits zu Kekkonens Zeiten Ende der 50er-Jahre erwogen worden war. Doch dieser hatte seinerzeit die Witwe zum Aufschub bewegen können, denn er glaubte, der Inhalt dieser Aufzeichnungen könnte der finnischen Außenpolitik und seinem eigenen Ansehen schaden. Inzwischen hatte die Familie den Plan wieder aufgenommen, und der in Kekkonens Amtszeit einflussreiche KGB-Funktionär Viktor Vladimirov warnte Koivisto, dass die Tagebücher Dinge beinhalten würden, die nicht für die Öffentlichkeit bestimmt seien. Gemeint waren damit in erster Linie Paasikivis nüchterne Beurteilungen der sowjetischen Finnlandpolitik, die den offiziell beschworenen Geist der Freundschaft und des Vertrauens ins Zwielicht rücken würden. So unternahm auch Koivisto einige Versuche, die Herausgeber zu bewegen, ihre Absicht aufzugeben oder doch wenigstens die Publikationsrechte an die staatliche Druckereizentrale zu verkaufen. Doch diese eher vorsichtigen Zensurversuche misslangen und die Tagbuchaufzeichnungen Passikivis erschienen 1985 und 1986 in zwei Bänden. Koivisto hat sehr schnell akzeptiert, dass es keine rechtliche Handhabe für eine Verhinderung der Publikation gab und machte dies auch gegenüber Gorbatschow deutlich, der seinerseits offenbar ebenfalls keinen Anlass sah, zu reagieren.

In Finnland aber war das Erscheinen der Tagebuchaufzeichnungen geradezu ein kulturelles und politisches Ereignis und markierte den Beginn einer offeneren Diskussion über Finnlands Rolle im Europa des Kalten Krieges. Henrik Meinander umschreibt diese neue gesellschaftliche Erfahrung sogar mit dem Begriff ‚glasnost' , jener von Gorbatschow versprochenen und geforderten gesellschaftlichen Offenheit und politischen Aufrichtigkeit, die Finnland vielleicht früher als irgendein anderes Land, das im Schatten der Sowjetunion lag, erlebt habe (Finlands historia, Bd. 4, S. 488). Das veränderte Klima, in dem jetzt die politische Öffentlichkeit Finnlands Ereignisse der jüngeren Vergangenheit diskutierte, war sicher auch ein Resultat der sich wandelnden Konstellationen in Europa, die gleichzeitig mit dem Schwinden der sowjetischen Macht zu beobachten waren. Finnland bewegte sich nunmehr noch stärker auf eine Teilnahme an westlichen Institutionen zu, wie die Vollmitgliedschaft in der EFTA 1986 und der Beitritt zum Europarat 1989 zeigten. Und nur wenige Jahre später brach das Sowjetimperium auseinander. Das allerdings hat auch in Finnland niemand voraussehen können. Max Jakobson, bis 1972 ständiger finnischer Vertreter bei den Vereinten Nationen und danach Botschafter in Schweden, erklärt, warum dies so war: „Das finnische Volk ‚hatte es noch nie so gut gehabt' wie zur Zeit der sowjetischen Stagnation. Die Beziehungen zu Moskau waren stabil und vorhersehbar; der Handel blühte. In der Innenpolitik hatte sich ein breiter Konsens über die Trennungslinie zwischen Rechts und Links hinweg herausgebildet. Der militante Kommunismus war auf eine Randgruppe geschrumpft. Internationale Bankiers zeichneten die Kreditwürdigkeit des Landes mit einem dreifachen A aus. Die Finnen fühlten sich nicht mehr vom Osten bedroht und vom Westen im Stich gelassen, auf einem Drahtseil ohne Sicherheitsnetz wandernd (...) Natürlich weckte Mikhail Gorbatschows Perestroika in Finnland wie überall in der westlichen Welt große Hoffnungen, aber die Finnen neigten im Allgemeinen weniger zu dem Glauben, das sowjetische System lasse sich wirklich reformieren. Die Skeptiker hatten Recht, doch sie hatten Unrecht, was die Folgen von Gorbatschows Scheitern betraf" (Jakobson, 1999, S. 96/97).

Finnland im neuen Europa

Zwei herausragende Ereignisse haben am Ende des 20. Jahrhunderts die politische und wirtschaftliche Situation Finnlands tief greifend verändert: 1991 brach der sowjetische Staat zusammen und damit auch seine zentral gelenkte Staatswirtschaft und 1995 trat Finnland der Europäischen Union bei. Beide Ereignisse stehen in einem engen Zusammenhang und berühren Nordeuropa und den Ostseeraum ebenso wie das übrige Europa und das westliche Verteidigungsbündnis. Der von dem Zusammenbruch der Sowjetunion ausgehende komplexe Wirkungszusammenhang ist noch nicht abgeschlossen. Ganz Europa befindet sich seither in einem Veränderungsprozess, jener beispiellosen europäischen Integration, die mit der jüngst voll-

zogenen Erweiterung der EU am 1. Mai 2004 auf nunmehr 25 Staaten einen vorläufigen Höhepunkt erreicht hat.
Finnland fällt heute als EU-Land eine entscheidende Aufgabe zu, wenn es darum geht, Russland in den politischen und wirtschaftlichen Integrationsprozess einzubinden und seine Demokratisierung zu fördern. Wie ist es den Herausforderungen der 90er-Jahre begegnet und wie beeinflussten die neuen wirtschafts- und sicherheitspolitischen Konstellationen Finnlands politisches und gesellschaftliches Gefüge?

Finnische Außen- und Sicherheitspolitik

Trotz der grundsätzlichen Kontinuität in außen- und sicherheitspolitischen Fragen kam es seit Mitte der 70er-Jahre zu bedeutsamen Veränderungen im finnischen Verteidigungssystem, zunächst noch unabhängig von den fundamentalen Verschiebungen in der Mächtegeographie Europas.
Präsident Kekkonen war es im Laufe der 60er-Jahre gelungen, die Kontrolle der politischen Führung über die finnischen Streitkräfte auszuweiten. Ein neuer Verteidigungsrat aus Regierungsmitgliedern, dem Kommandeur der Streitkräfte und dem Generalstabschef, in dem die Militärs allerdings kein Stimmrecht besaßen, war 1958 eingerichtet worden. Er hatte sich jedoch nicht mit sicherheitspolitischen Fragen, sondern allein mit der Umstrukturierung des finnischen Verteidigungssystems zu befassen. Resultat war ein so genanntes territoriales System, das den sieben Militärbezirken des Landes das relativ selbständige Eingreifen gegen feindliche Kräfte ermöglichen sollte und minimale Verteidigungsfähigkeit bot. Kekkonen erinnerte immer wieder daran, dass andere militärische Pläne den Übereinkünften des FZB-Vertrages zuwiderliefen und dass Finnland im Falle eines feindlichen Angriffs allemal gezwungen wäre, seine Neutralität aufzugeben und Hilfe von der Sowjetunion zu ersuchen.
Finnlands Luftwaffe war unzureichend, zwar verstärkt mit sowjetischen MIG-21 Jagdfliegern und in den 70er-Jahren mit einer Flotte schwedischer Jagdflugzeuge (‚Draken'), doch solange der FZB-Vertrag gültig war, würde man in einer Krisensituation damit rechnen müssen, dass die Sowjetunion ihre strategische Luftabwehr auf Finnland ausweiten würde. Trotzdem war man überzeugt, dass die Bestimmungen des FZB-Vertrages nur in absoluten Ausnahmesituationen aktiviert würden und grundsätzlich geeignet seien, Finnland aus

bewaffneten Konflikten herauszuhalten. Zwischen 1976 und 1981 sind dann aber doch neue Schwerpunkte gesetzt worden. Zum einen wurde der Einkauf neuer Jagdflugzeuge zumindest prioritiert und zum anderen die Erhöhung der Verteidigungskapazität Lapplands empfohlen. Der verbesserte Schutz Lapplands sollte den militärischen Implikationen des FZB-Vertrages unter veränderten Bedingungen Rechnung tragen, ohne eine sowjetische Einmischung zu provozieren: Das nördliche Finnland war militärischen Bedrohungen nämlich stärker ausgesetzt, seit die neuen Waffentechnologien – man denke an die sowjetischen Atom-U-Boote oder die amerikanischen Lenkraketen – den Schwerpunkt möglicher militärischer Spannungen immer näher an die sowjetischen Marinestützpunkte auf der Kolahalbinsel verschoben hatten.

So wurde der finnische Verteidigungsetat allmählich, nach dem Amtsantritt Koivistos sogar auffällig erhöht: In den Jahren von 1982 bis 1986 wuchs das finnische Verteidigungsbudget real um 4% (Finlands historia, Bd. 4, S. 482). Das sowjetische Sicherheits- und Verteidigungssystem war zu diesem Zeitpunkt bereits löchrig geworden. Berichte über Missstände innerhalb der Roten Armee und Zweifel an der Perfektion sowjetischer Waffentechnologie gelangten immer öfter in die Öffentlichkeit. Nur wenige Wochen nach dem Irrflug einer sowjetischen Rakete nach Lappland 1985 erklärte sich der Kreml bereit, die Abrüstungsverhandlungen mit den USA wieder aufzunehmen und damit einzugestehen, dass die Vereinigten Staaten im waffentechnischen Bereich quasi konkurrenzlos waren. Dies war zugleich der Startschuss für die nunmehr einsetzende Abwicklung des mächtigen Sowjetimperiums. 1987 unterzeichneten die Supermächte einen Vertrag über die Abrüstung sämtlicher atomarer Mittelstreckenraketen in Europa (INF-Vertrag), 1988 zogen die Sowjets ihre Truppen aus Afghanistan ab und noch im selben Jahr erklärte Gorbatschow, dass die Rote Armee eine einseitige Abrüstung in Osteuropa beabsichtige, die nur wenig später in die Auflösung des sozialistischen Ostblocks mündete.

Eine wesentliche Veränderung bahnte sich zu dieser Zeit auch in den sowjetisch-finnischen Beziehungen an. Während seines Staatsbesuchs in Finnland im Oktober 1989 erklärte Gorbatschow in ungewohnt klarer und deutlicher Form, dass die UdSSR die „nordische Neutralität" Finnlands anerkenne. Inzwischen, seit Dezember 1988, arbeitete bereits eine hochrangige Kommission unter der Leitung des ehemaligen Botschafters Jakko Iloniemi an einem Gutachten über Finnlands neue sicherheitspolitische Lage und die Konsequenzen, die daraus für seine Verteidigungspolitik erwachsen würden. Man kam zu der Einschätzung, dass die Gefahr eines Konfliktes zwischen den Supermächten zweifellos geringer geworden sei, konstatierte aber gleichzeitig neue Gefährdungen durch regionale Machtkämpfe und aggressiven Nationalismus. Noch bevor der Schlussbericht im Herbst 1990 vorgelegt wurde, hatte Koivisto erklärt, dass Finnland sich nicht länger an die Inhalte des FZB-Vertrages und des Pariser Friedensvertrages gebunden sähe, die die Qualität und Quantität der finnischen Verteidigung beschränkt hatten. Neben den Erkenntnissen der verteidigungspolitischen Kommission war Deutschlands kurz bevorstehende Wiedervereinigung das zentrale Motiv für Koivistos Erklärung. Zusammen mit den anderen Veränderungen in Europa hatte sie Finnlands Verpflichtung, einen deutschen Angriff abwehren zu müssen – denn dies war ja das den militärischen Klauseln des FZB-Vertrages zugrunde liegende Szenario –, überflüssig gemacht. Finnlands Neutralität musste neu definiert werden, und man sprach jetzt stattdessen von „Allianzfreiheit".

Gut ein Jahr später, im Oktober 1991, begannen Verhandlungen über einen neuen Freundschaftsvertrag zwischen Finnland und der formell noch bestehenden UdSSR, deren Ergebnisse jedoch mit der Auflösung der Sowjetunion nur wenige Monate später gegenstandslos wurden. Stattdessen schlossen Finnland und Russland im Januar 1992 einen Nachbarschaftsvertrag, der weder militärische Zusammenarbeit noch militärische Konsultationen vorsah. Gleichzeitig wurde in einem Notenwechsel die formelle Auflösung des FZB-Vertrages von 1948 bestätigt.

Die Empfehlungen der Iloniemi-Kommission waren auf eine bedeutende materielle Aufrüstung der finnischen Verteidigung hinausgelaufen. Insbesondere das südliche Finnland – so glaubte man – bedurfte nach den brisanten Entwicklungen im Baltikum besseren Schutzes, und man forderte eine Aufrüstung der Panzer- und Jägerbrigaden und die völlige Erneuerung des Jagdfliegerbestandes. Obwohl Finnland nach dem Zusammenbruch der Sowjetunion in eine ökonomische Depression bisher ungekannten Ausmaßes geriet, wurden die verteidigungspolitischen Forderungen der Kommission weit gehend befolgt, Parlament und Öffentlichkeit verhielten sich ausgesprochen großzügig gegenüber den Ansprüchen des finnischen Verteidigungsapparates.

Die Stärkung der bislang beschränkten Verteidigungsfähigkeit, ihre Ungebundenheit und Unabhängigkeit, war also ein bestimmendes Moment in den sicherheitspolitischen Erwägungen Präsident Koivistos, der gleichzeitig äußerste Vorsicht in den Beziehungen zur Sowjetunion und später Russlands walten ließ. Beispielhaft dafür war die finnische Haltung gegenüber den Unabhängigkeitsbewegungen der baltischen Länder, eine Haltung, die insbesondere jene Kräfte in Finnland irritierte, die für das nationale Selbstbestimmungsrecht dieser Völker eintraten und bereits einen sehr intensiven Kontakt zu Estland pflegten. Dorthin schickte man Konsumgüter und gebrauchte Maschinen, auch wurde der Fährverkehr nach Tallinn verbessert, das man als Tor zum zukünftigen estnischen Markt betrachtete. Als die Esten deutlich signalisierten, dass sie sich nicht mit einer erweiterten Autonomie innerhalb der Sowjetunion zufrieden geben würden, legte Koivisto im Februar 1990 die Prioritäten der finnischen Haltung unmissverständlich dar: Danach stand der Schutz der guten Beziehungen zu Moskau und der dortigen politischen Führung an erster Stelle, an zweiter Position erst die estnische Forderung nach Unabhängigkeit und zuletzt das Ansehen Finnlands im Westen. Koivisto gestand der Sowjetunion legitime Sicherheitsinteressen im Baltikum zu und unterstützte folgerichtig nicht die vom dänischen Außenminister Uffe Elleman-Jensen initiierte nordische Deklaration für das Recht der Balten auf politische Selbständigkeit. Ebenso wenig entsprach Koivisto dem estnischem Wunsch, als Vermittler im sowjetisch-baltischen Konflikt zu agieren. Der finnische Präsident hielt an dieser Linie konsequent fest, auch als sich die Ereignisse in Wilna und Riga zuspitzten, nachdem Spezialkräfte des sowjetischen Innenministeriums dort gewaltsam die Kontrolle der jeweiligen TV-Sender übernommen hatten: Finnland müsse sich unter allen Umständen aus nationalen Erwägungen aus dem Konflikt heraushalten.

Doch die politischen Ereignisse dieser Monate besaßen ihre eigene Dynamik, der eigentliche Krisenherd befand sich in Moskau, wo es im August 1991 zu dem überraschenden Staatsstreich kam, der Gorbatschow entmachtete. Estland und Lettland erklärten ihre Unabhängigkeit und Russlands Regierung mit Jeltzin an der Spitze erkannte ihre Souveränität unmittelbar darauf an. Nachdem etliche westeuropäische Länder diesem Beispiel gefolgt waren, entschloss sich auch Finnland am 28. August 1991 zur diplomatischen Anerkennung Estlands und Lettlands. Insbesondere zu dem sprachverwandten Estland hat Finnland seither intensive bilaterale Beziehungen entwickelt und damit unterstrichen, dass es den baltischen Ländern in seiner Politik eine wichtige Bedeutung beimisst.

Die finnische Sicherheitspolitik stand vor neuen Problemen, nachdem der Vertrag über konventionelle Streitkräfte in Europa (KSE-Vertrag,

November 1990) und die Auflösung des Warschauer Paktes (März 1991) sowjetische Waffen und Truppen aus Mitteleuropa verbannt hatten, diese dann aber zum Teil in den damaligen Leningrader Militärdistrikt verlegt worden waren, der auch Karelien und die Kola-Halbinsel umfasste. Das bedeutete also eine Zunahme von Truppenkonzentrationen in unmittelbarer Nachbarschaft Finnlands. So war und ist das Verhältnis zwischen Russland und Finnland trotz des neuen Freundschaftsvertrages nicht frei von Ängsten. Die politische und soziale Situation im Nachfolgekonstrukt der UdSSR – der GUS – sowie die Lage in Russland selbst stellten eine potenzielle Bedrohung dar, ebenso die Anwesenheit ehedem sowjetischer Truppen in den baltischen Staaten. Seitdem diese ihre Unabhängigkeit wieder erlangt haben, verfügt Russland nur über einen schmalen Zugang zur Ostsee. Es ist nach wie vor ein Kernwaffen besitzender Staat, der sich in einem „gewaltigen Wandlungsprozess befindet, dessen innere Kohäsion, wirtschaftliche Kapazität, Handlungsmaximen und Absichten ungewiss und schwankend sind“, so der frühere finnische Botschafter in der Bundesrepublik, Antti Karppinen, 1996 (Karppinen, 1996).
Andererseits geht auch Konfliktpotenzial von Finnland aus, das wiederum in Russland für Beunruhigung sorgt: In den 90er-Jahren lebte die alte Debatte um die Rückgabe der verlorenen karelischen Gebiete mit der alten Hauptstadt Viipuri noch einmal auf. Entsprechende Forderungen wurden von vereinzelten Militärs erhoben, ebenso von einigen Politikern, die dazu den wenig ernst zu nehmenden Vorschlag unterbreiteten, man könne Russland als Tauschobjekt die Ålandinseln anbieten (Militz, S. 186). Die politische Führung Finnlands hat demgegenüber deutlich gemacht, dass es keinerlei Gebietsansprüche an Russland stelle. Die meisten Finnen wissen, dass Landgewinn heute keine Sicherheitsvorteile bringt und dass die Karelische Landenge inzwischen mit russischen Truppen belegt ist, die aus Mitteleuropa abgezogen wurden. Russland denkt nicht an Rückgabe, Forderungen dieser Art würden das nachbarschaftliche Verhältnis in jedem Fall gefährden. Finnland setzt stattdessen darauf, die bereits vorhandenen normalen, gutnachbarlichen Beziehungen zu Russland, seinen benachbarten Gebieten und Wirtschaftsregionen schrittweise zu verbessern und auszubauen.
Parallel dazu sind die Ansätze pro-westeuropäischer oder pro-atlantischer Orientierungen Finnlands seit dem Ende der Sowjetunion auch auf sicherheits- und militärpolitischem Gebiet vorangetrieben worden. Finnlands Ersuchen um die Mitgliedschaft in der Europäischen Gemeinschaft wurde im März 1992 gestellt. Der Vertrag von Maas-

tricht, der die europäische Integration noch weiter intensivierte, war zu diesem Zeitpunkt erst einen Monat alt und hatte die Weichen gestellt für jenes Gebilde, das sich seit November 1993 Europäische Union nennen sollte. Finnlands Anschluss an die EU erfolgte schließlich am 1. Januar 1995. Das Bekenntnis zum Maastricht-Vertrag beinhaltete unter anderem die Verpflichtung, an der verteidigungspolitischen Dimension der EU mitzuwirken. Wie von den anderen Mitgliedsländern erwartete man nun auch von Finnland eine Stellungnahme zur Frage der künftigen Beziehungen zwischen der EU und der Westeuropäischen Union (WEU), dem Verteidigungsbündnis der europäischen NATO-Länder, und darüber, wie eine gemeinsame Verteidigung entwickelt werden könne.

Finnlands Position in der EU wurde im politischen Diskurs schließlich verknüpft mit der Frage der NATO-Mitgliedschaft. Die Antwort darauf hat die finnische Regierung bewusst offen gehalten. Zunächst wurde Finnland Beobachter im Nordatlantischen Kooperationsrat und trat 1994 dem NATO-Programm „Partnerschaft für den Frieden" bei, das zum Beispiel auch den baltischen Ländern die Anlehnung an den Westen und die NATO ermöglichen sollte. Dieses Programm beinhaltete militärische Schulungen durch westliche Experten, die Beteiligung an NATO-Manövern wie auch an der Nordischen Brigade der NATO in Tuzla. Der Krieg im ehemaligen Jugoslawien hatte die Anstrengungen zur Krisenbewältigung in Europa verstärkt, und im Dezember 1995 billigte das finnische Parlament die Beteiligung Finnlands an friedenssichernden Operationen der NATO in Bosnien.

Ministerpräsident Paavo Lipponen veröffentlichte im selben Jahr in seiner ersten sicherheitspolitischen Erklärung die so genannte NATO-Option. Danach besäße Finnland ein funktionierendes Verteidigungssystem und müsse sich nicht bedroht fühlen – obwohl es keine internationalen Sicherheitsgarantien hätte. Doch im Falle einer gravierenden Veränderung der europäischen Sicherheitsmechanismen könnte eine Neubewertung aktuell werden. Dann könnte Finnland Mitglied der NATO werden, vorausgesetzt, das Bündnis baue seine Krisenbewältigungsfunktion aus und unterstelle sich deutlicher der EU-Führung (Finlands historia, Bd. 4, S. 546).

Auf die offizielle Anfrage der NATO 1996 an die Teilnahmeländer des „Partnerschaft für den Frieden"-Programms nach ihrem Interesse an einer NATO-Mitgliedschaft reagierte Finnland im Sinne der NATO-Option und erklärte, dass ein Beitritt gegenwärtig nicht aktuell sei. Nichtsdestoweniger intensivierte Finnland seine Zusammenarbeit mit dem nordatlantischen Bündnis, die auf waffentechnischem Gebiet

schon vier Jahre zuvor durch den Einkauf von 64 Jagdflugzeugen des Typs F/A18 Hornet beim amerikanischen Hersteller McDonell Douglas eindrucksvoll dokumentiert worden war. Im Juni 1996 erklärte sich Finnland bereit, an der Entwicklung einer neuen Kommandostruktur der NATO mitzuwirken, gleichzeitig beschlossen die NATO-Außenminister, gemeinsame Kriseneinsatzkräfte zu bilden. Nur zwei Wochen später stellte die finnische Armee Bereitschaftskräfte auf, die diesen NATO-Einheiten vollständig entsprachen.
Das finnische Strategiemodell im Blick auf die NATO bestand und besteht letztendlich in der allmählichen Synchronisierung seiner militärischen Strukturen mit denen des Atlantikpaktes, während es gleichzeitig seine Bündnisfreiheit praktiziert, die es als wichtigen Beitrag für die Stabilität Nordeuropas betrachtet. Sollte sich in der Zukunft der rechte politische Augenblick offenbaren, würde das NATO-Beitrittsersuchen gewissermaßen nur eine einfache noch ausstehende Formalität sein. Im März 1997 unterstrich die finnische Regierung dies in einer weiteren verteidigungs- und sicherheitspolitischen Erklärung, in der die Bündnisunabhängigkeit Finnlands keineswegs als Hindernis für eine Teilnahme an Operationen der NATO oder der WEU verstanden wird. Nur wenige Tage später wurde in Helsinki während eines Treffens zwischen den Präsidenten der USA und Russlands, Bill Clinton und Boris Jeltzin, über die NATO-Osterweiterung verhandelt, die Polen, Tschechien und Ungarn umfassen sollte. Staatspräsident Ahtisaari hatte die finnische Hauptstadt als Verhandlungsort vorgeschlagen, nicht zuletzt um in einer intensiven politischen Kampagne abseits der offiziellen Gespräche einer möglichen neuen Grenzziehung zwischen russischen und amerikanischen Interessen in Europa entgegenzuarbeiten, die Finnland und das Baltikum womöglich einer russischen Interessensphäre zuordnen könnte. Mit großer Erleichterung wurde die amerikanische Erklärung aufgenommen, dass man nicht an einer Aufteilung Europas in neue Einflusssphären interessiert sei und an der geplanten NATO-Erweiterung festhalten wolle. Polen, Tschechien und Ungarn wurden zwei Jahre später vollwertige Mitglieder des atlantischen Militärpaktes, während Finnland nicht von seiner bekannten Haltung abwich und gleichzeitig die operative Zusammenarbeit mit der NATO ausbaute. Im November 1997 wurde eine finnische NATO-Repräsentation in Brüssel eingerichtet, 1998 wurden finnische Offiziere auf Beobachtungsposten in das NATO-Kommandosystem entsandt und erneut eine internationale Bereitschaftseinheit aufgestellt, die bei Bedarf sofort dem NATO-Krisenstab unterstellt werden kann (Rapid Deployment Force).

Zu diesem Zeitpunkt gab es bereits die finnische Initiative für eine „Nördliche Dimension“ der EU-Politik, das heißt für eine umfassende politische Strategie der EU, die auf die politische, wirtschaftliche und kulturelle Kooperation in einer Region zielt, die über die nördlichen Grenzen der EU noch hinausreicht: Von Island im Westen bis nach Nord-West-Russland im Osten und von der Barentssee im Norden bis zur Südküste der Ostsee. Der finnische Vorschlag von 1997 enthielt eine Reihe vielfältiger Implikationen und ein Bündel unterschiedlichster Maßnahmen, die gemeinhin nicht der „traditional security policy“ zugerechnet werden und doch auch in den Zusammenhang der finnischen Außen- und Sicherheitspolitik gestellt werden können (Auffermann, 1999, S. 16). Finnlands bilaterale Beziehungen zu Russland, die über Jahrzehnte das zentrale Problem seiner Außenpolitik darstellten, lassen sich in der Strategie der „Nördlichen Dimension“ sozusagen vergemeinschaften, multilateralisieren, und die finnische Russlandpolitik kann in einen europäischen Rahmen gestellt werden. Indem in der Ostseeregion wirtschaftliche und politische Interdependenzen, also gegenseitige Abhängigkeiten geschaffen werden, erhöht sich Finnlands Sicherheit. Im Rahmen der Nördlichen Dimension soll Finnlands Teilnahme an der Gestaltung der EU-Politik und an der Entscheidungsfindung gestärkt werden. Die finnische Regierung setzt ganz auf die kooperative Seite einer Sicherheitspolitik, die in erster Linie auf die wirtschaftliche und politische Zusammenarbeit mit Russland zielt und der „hard security“-Linie innerhalb der EU letztendlich eine Absage erteilt. All dies waren Beweggründe für die finnische Initiative, die inzwischen durch Beschlüsse des Europäischen Rates den Rang eines EU-Konzeptes erhalten hat.

Finnland in der Europäischen Union (seit 1995)

Die relativ breite Zustimmung der Finnen auf das EG-Beitrittsgesuch ihrer Regierung 1992 hatte neben den tief greifenden sicherheitspolitischen Veränderungen in Nordosteuropa auch handfeste materielle Gründe. Wie viele Länder in Westeuropa war Finnland zu Beginn der 90er-Jahre von einer massiven wirtschaftlichen Krise betroffen, von steigender Arbeitslosigkeit, sinkender Nachfrage und ernsten Schwierigkeiten der Staatsfinanzen. Noch 1990 hatten die finnischen Medien gemeldet, Finnland sei reicher als Schweden. Allerdings hatte man nur die Höhe des Bruttoinlandsproduktes im Auge, nicht das Kapitalvermögen und noch weniger die Produktivität, die in Finnland tatsächlich gesunken war, was zu steigenden Arbeitslosenzahlen geführt hatte.

In der Tat war es Finnland zunächst gelungen, die schwache Konjunktur der 70er-Jahre besser zu bewältigen, als manch anderes OECD-Land, und unter Ministerpräsident Kalevi Sorsa hatte es einen breiten Konsens zwischen den Arbeitsmarktpartnern über wirtschaftliche Reformen gegeben. Diese in Korpilampi geschlossenen Übereinkünfte („Geist von Korpilampi") hatten geholfen, die Arbeitslosigkeit zu begrenzen und die Folgen der internationalen Ölkrise für Finnland zu minimieren. Überdies verfolgte die finnische Regierung keine absolute Anti-Inflationspolitik, sondern setzte das Mittel der Währungsaufwertung ein, während gleichzeitig der Export in die Sowjetunion wuchs, denn der Clearinghandel erforderte die Bezahlung sowjetischen Erdöls mit Waren. Diese steigenden Exporteinnahmen stimulierten wiederum die finnische Wirtschaft und trugen zu einem Wachstum bei, das Finnland in den 80er-Jahren die Bezeichnung als das „Japan Europas" eintrug (Finlands historia, Bd. 4, S. 508). Aber in eben diesem Vertrauen in den Sowjethandel lag ein entscheidendes Problem: Die finnische Wirtschaft wähnte sich in der Sicherheit, die Konjunkturschwankungen im Westhandel grundsätzlich mit dem Sowjethandel ausgleichen zu können und sah daher keine Notwendigkeit, die Produktion langfristig zu rationalisieren. Nach dem Zusammenbruch der Sowjetunion war die finnische Wirtschaft aber unerwartet gezwungen, zu gleichen Bedingungen mit Westeuropas Wirtschaft zu konkurrieren, und das war nur möglich, indem Arbeitskräfte entlassen und die Produktionskosten gesenkt wurden. Tatsächlich war die internationale Wettbewerbsfähikeit der finnischen Industrie schon zwischen 1987 und 1990 schwächer geworden infolge rasch steigender Produktionskosten. Die Papierindustrie war gleichzeitig von einer weltweiten Überproduktion und Kostenkrise betroffen. 1991 verzeichnete die finnische Zahlungsbilanz ein Rekorddefizit und die Inflation beschleunigte sich. Das wiederum führte zu Konkursen, Bankenkrisen und zunehmender Arbeitslosigkeit.

Der in den 80er-Jahren immer weiter ausgebaute finnische Wohlfahrtsstaat musste unter diesen Bedingungen zu einer Belastung für die Staatsfinanzen werden.

Eine noch intensivere Teilhabe Finnlands am europäischen Integrationsprozess sollte daher nicht nur seine sicherheitspolitische Lage stabilisieren, sondern Finnland auch in die europäische Wirtschafts-, Währungs- und Finanzpolitik einbinden und die Überwindung der wirtschaftlichen Krise ermöglichen. Der wirtschaftliche Großraum, den Finnland seit 1955 zusammen mit den vier anderen Staaten (Schweden, Norwegen, Dänemark, Island) des Nordischen Rates bildete – mit gemeinsamen Arbeitsmarkt und Sozialversicherung, mit Pass- und Residenzfreiheit sowie angeglichenen Sozial- und Arbeitsgesetzen, die mit historisch verankerten Rechtsnormen in Einklang gebracht worden waren –, konnte die schwierigen ökonomischen Probleme allein nicht auffangen. Davon schien schließlich auch die Mehrheit der finnischen Bevölkerung überzeugt: Im Oktober 1994 stimmten 57 Prozent der Finnen bei einer Wahlbeteiligung von 74 Prozent in einer beratenden Volksabstimmung für den EU-Beitritt, der einen Monat später mit großer Mehrheit vom finnischen Parlament beschlossen wurde (152 zu 45 von 200 Stimmen, Karppinen, S. 27). Weitere entscheidende Schritte in Richtung wirtschaftlich-sozialer Integration wurden im selben Jahr mit dem Vertrag über den Europäischen Wirtschaftsraum (EWR) zwischen den zwölf EU-Ländern und den fünf EFTA-Ländern eingeleitet, die bis zum formellen EU-Beitritt Finnlands ein Jahr später konsequent weitergeführt wurden.

Die EU-Mitgliedschaft bedeutet für Finnland eine Neuorientierung in verschiedenen traditionellen Politikfeldern und weit reichende Veränderungen der wirtschaftlichen und gesellschaftlichen Strukturen, die heute bei weitem noch nicht abgeschlossen sind. Nur einige grundlegende Tendenzen können daher hier skizziert werden. Nahe liegende und rasche Veränderungen betrafen zunächst die staatsbürokratischen Strukturen. Neben Parlament, Regierung und Staatspräsident, die die neue Ausrichtung auf die EU politisch verantworten, wurden spezifische Organe geschaffen, die in die einzelnen Ministerien übergreifen. Sie behandeln die Europapolitik konzentriert und meistern so den überaus großen Anfall an Informationen, Direktiven und Instruktionen aus Brüssel. Der so genannte Große Ausschuss des Parlaments ist zur wichtigsten EU-Zwischeninstanz aufgestiegen, die eng mit der Regierung zusammenarbeitet. Die Wahlen von 1995 brachten Finnland ein neues, breit verankertes Kabinett aus Sozialdemokraten, Sozialisten, Konservativen, Liberalen und Grünen unter Ministerpräsident Paavo Lipponen. Auch wenn die Beschlüsse zum EU-Beitritt von der vorherigen Regierung unter Esko Aho gefasst worden waren – die nachfolgende Regierung trug diese Beschlüsse mit und forcierte den Integrationsprozess, der mit der EU-Vollmitgliedschaft über den Rahmen der EFTA und den Europäischen Wirtschaftsraum hinausgehen sollte.

In den EU-Vorverhandlungen sind die geographischen und wirtschaftlichen Bedingungen Finnlands sorgfältig analysiert worden. Um die künftigen Perspektiven auszuloten, musste berücksichtigt werden, dass im Innern des Landes große Unterschiede bestehen, dass die Bevölkerung nach Norden und Nordosten hin immer spärlicher wird, dass es wenig Bodenschätze, aber viel Nadel- und leichten Laubwald gibt. Man hat Finnland mit einer Insel verglichen, denn etwa 80% seines Außenhandels werden über die Ostsee abgewickelt (Karppinen, S. 29). Lübeck, Kopenhagen, Stockholm, vor allem Tallinn, liegen in günstiger Entfernung, der Anteil der OECD-Länder am finnischen Export betrug 1994 78,3 Prozent, wovon fast die Hälfte auf die EU entfielen, Deutschland ist noch vor Schweden und Großbritannien der größte Handelspartner Finnlands. Die integrationsbedingten Veränderungen der Marktverhältnisse im Außenhandel, die neuen Nachbarschaften im Ostseeraum, insbesondere Finnlands enge Beziehungen zu Estland, aber ebenso die Verknüpfung mit der wirtschaftlichen Entwicklung in den nordwestlichen Regionen Russlands mit dem Zentrum St. Petersburg, gehörten zu den Positiva der Bilanz, die im Vorfeld des finnischen EU-Beitritts gezogen wurde, während die Staatsverschuldung und die Krise des Arbeitsmarktes auf der anderen Seite zu Buche schlugen. Hier hatte die finnische Politik seit dem Herbst 1993 allerdings bereits einige Erfolge zu verzeichnen – dank konsequenter Sparmaßnahmen und dem Kursanstieg der Finnmark, die ein geringes wirtschaftliches Wachstum bewirkt hatten. Für 1991 und 1992 waren eine neue Einkommenspolitik ohne Lohnerhöhungen vereinbart und eine Reihe von Erhöhungen bei den Sozialabgaben beschlossen worden, die von den Arbeitnehmern getragen wurden. Der Export stieg, und die Industrieproduktion begann sich zu erholen. Zwischen 1994 und 1998 lag das durchschnittliche Wachstum bereits bei 5 Prozent (Finlands historia, Bd. 4, S. 516).

Die Mitgliedschaft in der EU gewährte den finnischen Unternehmern die gleichen Rechte und den gleichen Schutz wie den übrigen Unternehmen der EU-Länder. Außerdem ergaben sich aus dem gemeinsamen EU-Raum heraus weltweit bessere Exportbedingungen und Vorteile im grenzüberschreitenden Binnenverkehr. Die Holz verarbeitende Industrie, die Metallindustrie und die Elektronik – Finnlands bedeutendste Exportbranchen – profitierten von einem günstigen Investitionsklima für EU- und internationale Anleger, das durch die Zugehörigkeit zu einem gut strukturierten Markt entstanden war.

Doch erst nach diesen guten Jahren konnte 1998 mit der realen Minderung der Staatsschulden begonnen werden, denn die Arbeitslosigkeit war nur langsam gesunken, verursacht durch die industriellen

Rationalisierungen, die während der Krisenjahre nötig geworden waren. Danach aber war der neue Arbeitskräftebedarf nicht in gleicher Weise wie die Produktion angestiegen, denn auch die Strukturen des Arbeitsmarktes waren in einem tief greifenden Wandel begriffen. Zwischen 1994 und 1997 waren 115 000 neue Arbeitsplätze geschaffen worden, doch ihnen standen 445 000 Stellen gegenüber, die in der Zeit von 1990 bis 1994 abgebaut worden waren (Finlands historia, Bd. 4, S. 516). Selbst in Branchen mit hoher Technologienentwicklung und großem Exportvolumen wie der Holzindustrie nahm die Zahl der Arbeitsplätze weiterhin ab. Mit zunehmender Modernisierung der Produktion wurden zahlreiche Berufskategorien – hauptsächlich arbeitsintensive Tätigkeiten mit geringer Qualifikation – ganz überflüssig, während gleichzeitig ein Mangel an qualifizierten Arbeitskräften entstand, vor allem in den schnell wachsenden Hochtechnologiezweigen wie der Elektronikindustrie. Dies waren charakteristische Merkmale jener strukturellen Arbeitslosigkeit, die die meisten westeuropäischen Industrieländer traf und die in Finnland nicht unter die 10-Prozent-Marke sinken wollte. Der öffentliche Dienstleistungssektor konnte ebenso wenig wie der private die frei werden Arbeitskräfte auffangen.

Von der Krise des Wohlfahrtsstaates ist in diesen Jahren oft gesprochen worden, und auch in Finnland forderten Arbeitgeber und die Verfechter eines neuen Wirtschaftsliberalismus mehr Akzeptanz für größere Unterschiede im Lebensstandard der Bevölkerung, um Konkurrenzfähigkeit, Beschäftigung und Staatsfinanzen zu sichern. Die Verfechter des Wohlfahrtsstaatsmodells aber fürchteten eine Rückkehr zur alten Klassengesellschaft ohne die Werte der Solidarität. Obwohl jetzt manche Errungenschaft des Sozialstaates auf den Prüfstand gestellt wurde, ist Finnland im Wesentlichen bei der mit der Etablierung des Wohlfahrtstaates charakteristischen Umverteilung der Einkommen geblieben, zumindest verzeichnete es in der zweiten Hälfte der 90er-Jahre die geringsten Einkommensunterschiede von allen OECD-Ländern (Finlands historia, Bd. 4, S. 517).

Die traditionelle Acht-Stunden-Tätigkeit aber wurde vor dem Hintergrund der Rationalisierung und Modernisierung der Industrie in zunehmendem Maße durch kurzfristige Projekteinsätze und variable Teilzeitlösungen abgelöst, die nicht nur größere Mobilität, sondern auch die Bereitschaft forderten, ständig hinzuzulernen, wie auch die Fähigkeit, allzeit auf Arbeitslosigkeit vorbereitet zu sein, denn immer mehr Berufskategorien wurden von ihr betroffen. Und immer mehr Menschen gewöhnten sich an ein unregelmäßiges Berufsleben, das sehr schnell deutliche Spuren im Lebensstil und den Wertvorstellungen der jüngeren Generation hinterlassen hat. Dabei haben globale Informationstechnologien wie das Internet und die umfassende „Vernetzung" des Alltagslebens und der sozialen Beziehungen in Finnland wohl eine noch größere Rolle gespielt, als dies in anderen europäischen Ländern der Fall war.

Die Wirkungen dieses Strukturwandels – zweifellos ein Anpassungsprozess im Kontext der westeuropäischen Integration – hinsichtlich der Produktivität und Effektivität der finnischen Gesellschaft werden im Großen und Ganzen aber positiv gesehen. Die Konkurrenzfähigkeit der Wirtschaft ist merklich gewachsen und die Infrastruktur Finnlands ist eine der modernsten Europas. Beispielhaft für den wachsenden Veredlungsgrad der Industrie ist die Tatsache, dass der Anteil der Metall- und Maschinenindustrie an den finnischen Exporteinnahmen in den Jahren von 1982 bis 1997 von 36 auf 51 Prozent gestiegen ist, während der Anteil der Rohwaren/Rohstoff produzierenden Holzindustrie von 38 auf 30 Prozent fiel. Hinter diesen Zahlen verbirgt sich die Bedeutung der Elektronikindustrie, die mit dem Mobiltelefongiganten Nokia an der Spitze ihren Anteil am Export des Metall-und Maschinensektors ständig erhöhte. Auf der anderen Seite hat sich die Struktur des Imports in den vergangenen 20 Jahren kaum verändert. Der größte Anteil an der Einfuhr besteht noch immer aus Rohwaren beziehungsweise Rohstoffen. Die EU- und EFTA-Länder gehören zu den wichtigsten Empfängern finnischer Exporte – ein Resultat der ökonomischen Westorientierung Finnlands, die ja bereits vor dem EU-Beitritt zu intensiven Handelsbeziehungen geführt hatte. Finnlands EU-Mitgliedschaft trug danach vielmehr zur Sicherung der finnischen Marktposition bei, als dass sie in diesem Raum neue Märkte erschlossen hätte.

Die Verschiebungen im Osteuropahandel sind dagegen auffälliger. Nur noch 16 Prozent der finnischen Exporte von ehemals 29 gehen dorthin (Finlands historia, Bd. 4, S. 519). Optimistisch blickt man heute aber auf den Handel mit Russland, dessen Volumen wieder zugenommen hat. Zu diesem Nachbarn führen sichere Verkehrswege und es existiert ein gut ausgebautes Kommunikationsnetz. Finnland verfügt außerdem über jahrzehntelange Erfahrung im Osthandel. Anders als früher sind es jetzt neben einigen großen aber überwiegend kleine und mittelständische Unternehmen, die den Osthandel Finnlands tragen, viele von ihnen sind im grenznahen Bereich in Russland selbst aktiv (Militz, S. 189). Billige Löhne und geringe Umweltschutzauflagen machen diese Region besonders interessant.

Von den baltischen Staaten ist vor allem Estland für Finnland von Bedeutung. Helsinki und Tallinn liegen nur 80 km voneinander entfernt. Die sprachliche Verwandtschaft beider Länder verbindet und erleichtert die Kommunikation. Finnland steht sowohl im Export wie auch im Import an erster Stelle im estnischen Außenhandel. Finnische Consulting-Firmen beraten estnische Unternehmen und haben damit zur Stabilität des estnischen Wirtschafts- und Finanzsystems beigetragen, die wiederum Voraussetzung für Estlands EU-Beitritt war. Tourismus und Fährverkehr zwischen Estland und Finnland bilden einen weiteren Schwerpunkt der wirtschaftlichen Beziehungen, allein 1996 wurden 4,7 Mio. Schiffspassagiere gezählt, im Jahr 2000 bereits 6,2 Mio. (Militz, S. 194). Es gibt sogar Pläne für den Bau eines Eisenbahntunnels zwischen Helsinki und Tallinn, der Finnland schneller und günstiger an Mitteleuropa anbinden würde und die Reisezeit zwischen der finnischen Hauptstadt und Berlin auf sechs Stunden verkürzen könnte. Allerdings träte diese Linie in Konkurrenz zur „Via Baltica“, einem Projekt des Ostseerates, das aber aus vielerlei Gründen bislang auf Hindernisse stößt und dessen wirtschaftliche Bedeutung umstritten ist.

In der finnischen Land- und Forstwirtschaft wird jedoch trotz des EU-Beitritts eine gewisse „Ineffizienz“ bestehen bleiben. Die geographische und naturräumliche Beschaffenheit Finnlands und die daraus erwachsenen Strukturen des Agrarsektors sind dafür verantwortlich. Würde man – aus Brüsseler Sicht unrentable – Einzelhöfe aufgeben, hätte das entweder zur Folge, dass große Flächen des Landes entvölkert oder aber die eigene, unabhängige Lebensmittelversorgung gefährdet würde. Dies wäre allein aus sicherheitspolitischen Gründen nicht sinnvoll. Nur 8 Prozent der Fläche Finnlands werden landwirtschaftlich genutzt, Wälder und Einöden dagegen umfassen 69 Prozent, Binnengewässer und Sümpfe weitere 10 Prozent. Der Wald – mit Ausnahme des staatlich verwalteten Waldes im hohen, unbewohnten Norden des Landes – gehört zu 80 Prozent den Bauern, und der Wert dieses Reichtums wird in erster Linie durch die Welthandelspreise für Papier und Zellstoff bestimmt. Etwa 1,8 Prozent des Waldbestandes werden jährlich industriell verwertet, das scheint wenig zu sein, „ineffizient“ bei einem Holzbestand von 356 m^2 pro Einwohner und einem Zuwachs an Holz von 14,7 m^3 pro Einwohner und Jahr (Karppinen, S. 29), doch ist die Pflege des Waldes ein wichtiger Wirtschaftsfaktor. Vielmehr ist der Übergang der landwirtschaftlichen Produktion zu neuen, hochwertigen Erzeugnissen eine der zentralen Herausforderungen finnischer Agrarpolitik.

Ebenso wichtig war die Angleichung der finnischen Finanz- und Währungspolitik an die Konvergenzforderungen der EU. Dies gelang. Finnland gehörte zu den EU-Mitgliedsstaaten, die 1998 die erforderlichen Stabilitätskriterien für die Einführung des Euro erfüllten. Es beteiligte sich demzufolge wie 12 andere Mitgliedsstaaten an der dritten Stufe der Wirtschafts- und Währungsunion (WWU) und führte 1999 den Euro als offizielle Währung und 2002 als Zahlungsmittel ein. Finnlands Zahlungsbilanz gegenüber der Europäischen Union ist nahezu ausgeglichen. Im Haushaltsjahr 2002 gehörte Finnland mit einer Summe von 5,7 Mio. Euro zu den Nettozahlern der EU. Transferzahlungen der EU erhielt Finnland hauptsächlich aus regionalen Strukturfonds zur Stärkung wirtschaftlich weniger entwickelter Regionen. Diese Gelder wurden beispielsweise für die Unterstützung der schwachen Landwirtschaft entlang der russischen Grenze eingesetzt, um die Selbstversorgung mit Agrarprodukten zu gewährleisten.

Abschließend noch ein Blick auf die Wandlungen des politischen Systems in Finnland, die durch den EU-Beitritt eingeleitet worden sind: Hervorzuheben ist zunächst das Zustandekommen und der Aufstieg der so genannten Regenbogenkoalition, die nach der Wahl 1995 die Zentrumspartei (Kesk), die frühere Agrarunion, in die Opposition drängte. Der Sozialdemokrat Lipponen führte die damalige neue Regierung an, der außerdem die Grünen (Vihr), die liberale Schwedische Volkspartei (RKP), die konservative nationale Sammlungspartei (Kok) und der Linksbund (Vas) angehörten und die 1999 erneut vom finnischen Volk bestätigt wurde. Sie bewerkstelligte die Vereinheitlichung der nationalen Gesetzgebung mit dem Kodex der EU, und dies geschah in raschem Tempo. Es zeigte sich aber, dass die finnische Verfassung gegenüber den Entscheidungsprozessen in der EU einige Probleme aufwarf. Zumindest stellte man die Frage, ob „Brüssel“ Beschlüsse fassen konnte, die mit den Interessen Finnlands unvereinbar waren, die also vom Parlament abgewiesen werden würden. Immerhin stand diesem allein die Beschlussfassung über außen- und sicherheitspolitische Fragen sowie über staatsrechtliche Fragen zu. Wie würde sich der Staatspräsident zu einer solchen EU-Entscheidung stellen? Sollte der Staatspräsident Finnland bei EU-Gipfeltreffen vertreten, auch wenn es um Themen ging, die in den Verantwortungsbereich von Ministerpräsident und Regierung fielen? Und man sah in der Direktwahl des Staatspräsidenten nunmehr die Gefahr, dass die Finnen einen Kandidaten wählen könnten, der nicht genügend Kompetenz für die Führung der Außenpolitik mitbrachte.

Tarja Halonen – Die erste finnische Staatspräsidentin

Tarja Halonen.

Von den 11 Staatsoberhäuptern der Republik Finnland ist Tarja Halonen (* 1943) die erste Frau, die dieses Amt inne hat. Ihre Amtszeit, die sechs Jahre dauert, begann am 1. März 2000. 21 Jahre lang war sie bis dahin schon als sozialdemokratische Abgeordnete Mitglied der *Eduskunta* gewesen, hatte von 1995–2000 sogar als erste Frau das Amt des Außenministers bekleidet. Damals konnte sie bereits auf vielfältige Erfahrungen zurückblicken: Sozial- und Gesundheitsministerin 1987–1990, Justizministerin 1990–1991 sowie Ministerin für Nordische Kooperation 1989–1991. Halonen hatte einen Großteil ihres Lebens im Helsinkier Arbeiterviertel Kallio verbracht, 1962 das Abitur bestanden und sechs Jahre später ihr Studium als Rechtsreferendarin abgeschlossen. Hier, im Zentrum des südlichen Finnland, besaß sie auch später starken Rückhalt, das zeigten die Präsidentschaftswahlen 2000 besonders deutlich, als Halonen in Helsinki zwei Drittel der Stimmen erhielt. Bevor sie in die Politik ging, war sie als Justiziarin bei der größten finnischen Gewerkschaft, der SAK, tätig. Schon damals stand Halonen im Ruf einer selbstbewussten, unkonventionellen Frau. Als allein stehende Mutter, die unverheiratet mit ihrem Lebenspartner zusammenlebte, die zudem aus der lutherischen Kirche ausgetreten war, verkörperte sie nicht gerade den Typus der leicht wählbaren Politikerin mit großem Identifikationspotenzial. Aber die Kandidatur für das Präsidentenamt hat ihre persönlichen, für richtig erachteten Überzeugungen offenbar nicht ins Wanken gebracht.

Tarja Halonen gilt als großzügig, humorvoll, zugleich als fordernd und akribisch – bei all dem vermittelt sie die ihr eigene Unkonventionalität, die den diplomatischen Sprachduktus mit blumenreichen Varianten auflockert und jedem steif-feierlichen Zeremoniell eher skeptisch gegenübersteht. Ihr erster Staatsbesuch führte sie nach Schweden, wo die Regenbogenpresse Halonens Mangel an Eleganz monierte und die Erscheinung der Präsidentin „mit Perlenkette und ausladender Handtasche" boshaft-süffisant mit der „Muminmama" verglich. Einer Frau wie Halonen, deren Profil und Renommee auf Fachkompetenz beruht, dürfte das egal gewesen sein. Finnlands Repräsentantin genießt vielleicht gerade wegen ihrer eher ungezwungenen Art hohes Vertrauen. So hat Tarja Halonen im September 2000 auf dem Millenniums-Gipfel der UNO unter 150 Staatsmännern und -frauen gemeinsam mit Namibias Präsident Sam Nujoma den Vorsitz geführt und sie gehörte von 2002 bis 2004 dem Führungsgremium der World Commission of the Social Dimension of Globalisation innerhalb der International Labour Organisation (ILO) an.

Es setzte sich die Überzeugung durch, dass die EU-Mitgliedschaft die Notwendigkeit eines starken Präsidentenamtes eigentlich erheblich gemindert und dass die ökonomische und politische Integration Finnlands Sicherheit in so entscheidendem Maße gestärkt habe, dass der Staatspräsident einer solchen Kompetenzausstattung nicht mehr bedürfe. Anfang 1999 beschloss das finnische Parlament daher ein neues Grundgesetz, das mit der Wahl des nächsten Präsidenten am 1. März 2000 in Kraft trat. Danach sollte der finnische Staatspräsident keinen entscheidenden Einfluss mehr auf die Regierungsbildung haben. Zwar ernennt er nach wie vor den Ministerpräsidenten, doch gehen dem Verhandlungen der Parlamentsfraktionen voraus, die auch über das Regierungsprogramm und die Regierungszusammensetzung beraten und den Ministerpräsidenten vorschlagen. Die außenpolitischen Befugnisse des Präsidenten sind formell nur gering beschnitten worden. Er leitet die Außenpolitik in Zusammenarbeit mit dem Kabinett, doch die größere Unabhängigkeit der Regierung vom Präsidenten macht diesen zum schwächeren Part.

Eine neue Verfassung konnte zwar die Anpassung des politischen Systems ermöglichen, doch bleiben damit die Fragen nach Veränderungen der politischen Kultur, nach den Wandlungen nationaler Identität und Loyalität noch unberührt, ganz zu schweigen von den Wirkungen, die die Liberalisierung und Internationalisierung des Wirtschafts- und Finanzsystems auf die sozialen und kulturellen Entwicklungen in Finnland ausüben. Nicht nur hier, in vielen EU-Ländern verbergen sich unter dem Schlagwort von der „nationalen Dekonstruktion“ auch Verunsicherung und Ängste.

Im zweiten Halbjahr 1999 hatte Finnland die EU-Ratspräsidentschaft inne – Finnland nutzte sie auch, um das kleine EU-Land im Nordosten Europas anderen EU-Mitgliedern besser bekannt zu machen. Man sah darin aber vor allem die symbolische Bekräftigung für das erfolgreiche Bestreben vieler Jahrzehnte, ein Teil der westlichen Welt zu werden. Heute ist Finnland sich ganz besonders seiner Vermittlerrolle zum Osten bewusst, die sich nicht auf das Ökonomische beschränkt, sondern auch die politischen und kulturellen Beziehungen einschließt.

ANHANG

Finnlands Staatspräsidenten

Kaarlo Juho Stålberg	1919–1925	Juhu Kusti Paasikivi	1946–1956
Lauri Kristian Relander	1925–1931	Urho K. Kekkonen	1956–1982
Pehr Evind Svinhufvud	1931–1937	Mauno Koivisto	1982–1994
Kyösti Kallio	1937–1940	Martti Ahtisaari	1994–2000
Risto Ryti	1940–1944	Tarja Halonen	2000–
Carl Gustav Mannerheim	1944–1946		

Zeittafel

um 3000 v. Chr.	Kammkeramiker siedeln im Osten und Südosten, gehören der Gruppe der nordöstlichen Jägerkulturen an, die sich von der Weichsel bis zum Eismeer und Sibirien erstreckt; es wird angenommen, dass eine Sprachform des uralischen Sprachstammes gesprochen wird
2500–2000 v. Chr.	Bootaxtkultur (Schnurkeramikkultur), aus den Zentren von Mitteleuropa eingewandert, vermischt sich mit der ansässigen Bevölkerung
1600–1200 v. Chr.	Kiukainen-Kultur mit Kontakten zum Westen und den osteuropäischen Festlandkulturen
1500–500 v. Chr.	Bronzezeitliche Überreste, Rohmaterial aus dem Westen, später aus dem Osten. Felsmalereien
50–200 n. Chr.	Nach alter Theorie Einwanderung finnischer Stämme
ab 400 n. Chr.	Völkerwanderung und Wikingerzüge
1155	„Erster Kreuzzug" Schwedens nach Südwestfinnland. Vordringen der römischen in den Bereich der byzantinischen Kirche
1229	Novgorod dringt bis zur Landschaft *Häme* (Tavastland) vor
1249	„Zweiter Kreuzzug". Birger Jarl erobert Tavastland für Schweden
um 1290	Errichtung der Burg Tavastehus / *Hämeenlinna*
1293	„Dritter Kreuzzug". Schweden fallen in Karelien ein, Gründung von Viborg / *Viipuri*
1323	Friede von Schlüsselburg / *Pähkinäsaari* / Nöteborg. Festlegung der Grenze zwischen Schweden und Russland. Das orthodoxe Ostkarelien bleibt bei Russland

1362	Finnische Abgesandte dürfen fortan an der schwedischen Königswahl teilnehmen
1473	Russischer Angriff gegen Ostfinnland
1475	Gründung von *Olavinlinna*/Olofsborg
1495	Erneut Krieg zwischen Russland und Schweden. Plünderungen und Verheerungen an der finnischen Ostgrenze
1495–1496	Russen dringen bis nach *Hämeenlinna*/Tavastehus vor
1497	Waffenstillstand bringt keine Grenzveränderungen
1523–1560	Während der Regierungszeit Gustav Vasas erfolgt eine fortschreitende Kolonisation im Norden und Nordosten
1527	Beginn der Reformation
1548	Mikael Agricola übersetzt das Neue Testament ins Finnische. Beginn der finnischen Schriftsprache
1550	Gründung von *Helsinki*/Helsingfors als Konkurrenz zu Reval
1555–1557	Krieg gegen Russland
1570–1595	Krieg gegen Russland
1595	Friede von *Täyssinä*/Teusina. Schwedens Grenzen werden bis ans Eismeer festgelegt
1596–1597	Kulmination von Bauernunruhen im so genannten „Keulenkrieg"
1609–1610	Schweden greift Russland an
1617	Friede von Stolbova. Schweden erhält Ingermanland und die Provinz *Käkisalmi*/Kexholm. Russland verliert den Zugang zur Ostsee
1640	Gründung der ersten finnischen Universität in *Turku*/Åbo
1656–1658	Russen fallen in Finnland ein
1686	Neues Kirchengesetz fordert, dass Priester in finnischsprachigen Gemeinden das Finnische beherrschen
1695	Schwere Missernte
1700–1721	Großer Nordischer Krieg. Russland fällt in schwedische Provinzen im Baltikum und Finnland ein
1713	*Helsinki*/Helsingfors brennt nieder. Beginn des „Großen Unfriedens", der Zeit der russischen Besetzung Finnlands
1721	Friede von *Uusikaupunki*/Nystad. Schweden verliert die östlichen Provinzen Finnlands
1734	Ein neues (schwedisches) Gesetzbuch wird eingeführt
1741–43	Schwedischer Versuch, die an Russland verlorenen finnischen Gebiete zurückzuerobern, endet mit einer Niederlage

1743	Friede von *Turku*/Åbo. Landverluste bis zum *Kymijoki*/Kymmene älv
1748	Baubeginn der Festung *Suomenlinna*/Sveaborg nach Plänen Augustin Ehrensvärds
1765	Der Bottnische Handelszwang, der das Handelsrecht der norrländischen und westfinnischen Städte mit Handelsorten südlich Stockholms und Turkus eingeschränkt hatte, wird aufgehoben
1770	Gründung der literarischen Gesellschaft „Aurora"
1775	Große Flurbereinigung. Ein Teil des Waldes wird den Bauern zugeteilt
1776	In Turku erscheint die erste Zeitung in finnischer Sprache
1788–1790	Schweden führt unter Gustav III. erfolglos Krieg gegen Russland
1808	Russischer Angriff gegen Schweden. Die schwedischen Streitkräfte räumen Finnland. Brand von Helsinki
1809	Friede von *Hamina*/Fredrikshamn. Schweden verliert Finnland an Russland. Finnland wird autonomes Großfürstentum. Die schwedische Verfassung bleibt gültig. Landtag zu *Porvoo*/Borgå
1801–1825	Zar Alexander I.
1811	Gründung des Wechsel-, Kredit- und Depositionskontors (wird Finnlands Nationalbank)
1812	Rückgabe der 1721 und 1743 verlorenen Ostprovinzen an Finnland. Helsinki wird Hauptstadt. Aufbau der klassizistischen Stadt aus Stein
1816	Finnland erhält eigenen Senat
1825–1855	Zar Nikolaus I.
1827	Brand Turkus. Die Universität wird ein Jahr darauf nach Helsinki verlegt
1831	Elias Lönnrot gründet die Finnische Literaturgesellschaft
1835	Elias Lönnrot gibt die erste Version des *Kalevala* heraus
1855–1881	Zar Alexander II.
1856	Eröffnung des Saimaa-Kanals
1862	Erste Eisenbahnverbindung (von Helsinki nach Hämeenlinna)
1865	Finnland erhält eine eigene Währung
1870	Finnland erhält ein eigenes Heer
1881–1894	Zar Alexander III.
1894–1917	Zar Nikolaus II.; Verschärfung der Russifizierungspolitik
1899	Nikolaus II. erlässt das „Februarmanifest"

1906	Einführung eines Einkammerparlaments. Frauen erhalten Wahlrecht
1917	Selbständigkeitserklärung Finnlands
1918	Bürgerkrieg zwischen nationalen Weißen und bolschewikischen Roten
1919	Inkrafttreten der Verfassung
1920	Friede von Dorpat/Tarttu
1939	Moskauer Vertrag. Finnland in der „Interessensphäre“ der Sowjetunion
1939–1940	„Winterkrieg“. Rote Armee greift Finnland an
1941–1944	„Fortsetzungskrieg“ an der Seite Hitler-Deutschlands. 19. 9. 44 Waffenstillstand
1944–1945	„Lapplandkrieg“. Vertreibung der deutschen Truppen aus Lappland
1947	Frieden von Paris zwischen Finnland und der Sowjetunion
1948	Vertrag über Freundschaft, Zusammenarbeit und Beistand zwischen Finnland und der Sowjetunion (FZB-Vertrag)
1955	Beitritt zum Nordischen Rat und zu den Vereinten Nationen
1961	Assoziierungsabkommen mit der EFTA
1969	Beitritt zur OECD
1973	Wirtschaftsverträge mit der EWG und dem RGW
1975	Unterzeichnung der KSZE-Schlussakte in Helsinki
1991	Auflösung des FZB-Vertrages von 1948
1992	Abschluss eines neuen Nachbarschaftsvertrages mit Russland
1995	Beitritt zur Europäischen Union
1999	Beitritt zur Europäischen Währungsunion

Literatur (Auswahl)

Aalto, Alvar, Synopsis. Malerei, Architektur, Skulptur, Basel und Stuttgart 1970.

Albrecht, Wolfgang/Kantola, Markku, Finnland, München 1992 (Beck'sche Reihe; 847: Aktuelle Länderkunden).

Anthoni, Eric, Finlands medeltida frälse och 1500-talsadel, Helsinki 1970.

Auffermann, Burkhard, Finnland. Neuorientierungen nach dem Kalten Krieg, in: Aus Politik und Zeitgeschichte, Beilage zur Wochenzeitung Das Parlament, B 43/1992, S. 36–47.

Auffermann, Burkhard, Für eine „Nördliche Dimension" der EU-Politik. Eine Initiative im Kontext finnischer Außen- und Sicherheitspolitik, Kiel 1999 (SCHIFF-texte Nr. 55).

Bibliophie und Buchgeschichte in Finnland. Anlässlich des 500. Jubiläums des Missale Aboense, hrsg. v. Esko Häkli und Friedhild Krause, Berlin 1988.

Bohn, Robert, Dänische Geschichte, München 2001.

Carl Ludwig Engel und das klassizistische Helsinki. Pläne und Zeichnungen, Ausstellung vom 18. Mai bis 15. August 1999 im Märkischen Museum (Kurzfassung des Katalogs zur Ausstellung 1990 in Helsinki), hrsg.v. Finnland-Institut in Deutschland, Berlin 1999.

Dietze, Joachim (Hg.), Die Erste Novgoroder Chronik nach ihrer ältesten Handschrift (Synodalhandschrift) 1016–1333/1352 in deutscher Übersetzung hrsg. u. m. einer Einl. versehen von Joachim Dietze, München 1971.

Drake, Knut, (Hg.), Castella maris baltici 1, Ekenäs 1993 (Archaeologia Medii Aevi Finlandiae I).

Duby, Georges, Krieger und Bauern. Die Entwicklung von Wirtschaft und Gesellschaft im frühen Mittelalter, Frankfurt a. M., 2. Aufl. 1981.

Engman, Max (Hg.), Finland. People, nation, state, London 1989.

Eskola, M. (Hg.), Hier ist Finnland, Keuruu 1995.

Ettmayer, Wendelin, Finnland. Ein Volk im Wandel, Berlin 1999.

Findeisen, Jörg-Peter, Schweden. Von den Anfängen bis zur Gegenwart, Regensburg 2. Aufl. 2003.

Findeisen, Jörg-Peter, Dänemark. Von den Anfängen bis zur Gegenwart, Regensburg 1999.

Finlands Historia Bd 1: Edgren, Torsten, Den förhistoriska tiden; Törnblom, Lena, Medeltiden, Esbo 1993.

Finlands Historia Bd 2: Fagerlund, Rainer, Den äldre Vasatiden 1523–1617; Villstrand, Nils Erik, Stormaktstiden 1617–1721; Jern, Kurt, Frihetstiden och Gustavianska tiden 1721–1809, Esbo 1996.

Finlands Historia Bd 3: Klinge, Matti, Kejsartiden, Esbo 1996.

Finlands Historia Bd 4: Meinander, Henrik, Självständighetstiden (mit einer Einleitung von Matti Klinge: Omvälvningens år), Esbo 1999.

Fredrikson, Erkki, Finland defined. A nation takes shape on the map, Jyväskylä 1993.

Fredrikson, Erkki, Finnland im Wirkungsbereich der Ostsee und Deutschlands, Jyväskylä 1997.
Gardberg, C. J., Über die älteste Geschichte der Stadt Åbo (Turku), in: Die Zeit der Stadtgründungen im Ostseeraum, hrsg. von Gotlands Fornsal, red. v. M. Stenberger, 1965 (Acta Visbyensia 1, Visby – symposiet för historiska vetenskaper 1963), S. 173–189.
Gelehrte Kontakte zwischen Finnland und Göttingen zur Zeit der Aufklärung. Ausstellung aus Anlass des 500-jährigen Jubiläums des finnischen Buches, Katalog zur Ausstellung, Gesamtredaktion Esko Häkli, Göttingen 1988.
Grünthal, R./Salminen, T., Geographical distribution of the Uralic languages, Helsinki 1993.
Haase, Clemens Peter; Hintergründe des Schismas in der finnischen Arbeiterbewegung und ihre Neuformierung 1917–1921, in: Finnland-Studien, hrsg. v. Edgar Hösch, Wiesbaden 1990, S. 259–284.
Harrison, Dick, Karl Knutsson. En biografi, Lund 2002.
Heath, William/Winther, Pernille, Sozialpolitik in Finnland. Ein Überblick, hrsg. v. Europäisches Parlament, Generaldirektion Wissenschaft, Luxemburg 1996.
Hösch, Edgar, u. a. (Hg.), Deutschland und Finnland im 20. Jahrhundert, Wiesbaden 1999.
Jakobson, Max, Finnland im neuen Europa, Berlin 1999.
Jakobson, Max, Finnland: Mythos und Wirklichkeit, Keuruu 1987.
Jakobson, Max, Finnlands Neutralitätspolitik zwischen Ost und West, Wien. Düsseldorf 1969.
Jungar, Sune, Finländare i Ryssland. Utflyttningen till Ryssland 1809–1917, Åbo 1971.
Jussila, Osmo/Hentilä, Seppo/Nevakivi, Jukka, Politische Geschichte Finnlands seit 1809. Vom Großfürstentum zur Europäischen Union, Berlin 1999.
Jutikkala, Eino, Geschichte Finnlands, Stuttgart 1964.
Karppinen, Antti, Finnland in der Europäischen Union, in: Aus Politik und Zeitgeschichte, Beilage zur Wochenzeitung Das Parlament, B 10/1996, S. 27–38.
Katajala, Kimmo, Bondeoroligheter i Finland, lokalsamhället och statens växande ekonomiska fordringar, in: Lokalsamfunn og øvrighet i Norden ca. 1550–1750, hrsg. v. Harald Winge, Oslo 1992, S. 169–188.
Kirby, David (Hg.): Finland and Russia 1808–1920. From Autonomy to Independence. A Selection of Documents, London 1975.
Kivikäs, Pekka, Vorhistorische Felsmalerei in Finnland, Jyväskylä 1997.
Klinge, Matti, Geschichte Finnlands im Überblick, Helsinki, 2. Aufl. 1987.
Klinge, Matti: Idyll och hot. Zacharias Topelius – hans politik och idéer, Stockholm 2000.
Konsten i Finland från medeltid till nutid, hrsg. v. Sixten Ringbom, Helsingfors 1978.

Krosby, H. Peter, Friede für Europas Norden. Die sowjetisch-finnischen Beziehungen von 1944 bis zur Gegenwart, Wien, Düsseldorf 1981.

Lassila, Pertti, Geschichte der finnischen Literatur, Tübingen, Basel 1996.

Lönnqvist, Bo, Rönkkö, Marja-Liisa, Helsingfors. Från kungagård till huvudstad, Helsingfors, 1988.

Marjomaa, Ulpu (Hg.), 100 faces from Finland. A biographical kaleidoscope, Helsinki 2000 (Finnish Literature Society).

Militz, Ekkehard, Finnland. Schnittstelle zwischen den Mächten am Rande Europas, Gotha 2002 (Perthes Länderprofile. Geografische Strukturen, Entwicklungen, Probleme).

Niitemaa, Vilho, Die frühen Städte Finnlands, in: Die Zeit der Stadtgründungen im Ostseeraum, a.a.O., S. 190–205.

Nordberg, Michael, I kung Magnus tid. Norden under Magnus Eriksson 1317–1374, Stockholm 1995.

Österberg, Eva, Agrar-ekonomisk utveckling, ägostrukturer och sociala oroligheter. De nordiska länderna c:a 1350–1600, in: Scandia 2, 1979, S. 171–204.

Palola, Ari-Pekka, Finnlands Stellung in der Kalmarer Union, in: „huru thet war talet j kalmarn". Union und Zusammenarbeit in der Nordischen Geschichte, hrsg. v. Detlef Kattinger, Dörte Putensen und Horst Wernicke, Hamburg 1997, S. 323–348.

Petrick, Fritz, Norwegen. Von den Anfängen bis zur Gegenwart, Regensburg 2002.

Pro Finlandia 2001. Festschrift für Manfred Menger, hrsg. v. der Deutsch-Finnischen Gesellschaft e.V., Redaktion Dörte Putensen und Fritz Petrick, Reinbek 2001.

Schweitzer, Robert, Autonomie und Autokratie. Die Stellung des Großfürstentums Finnland im Russischen Reich 1863–1899, Gießen 1978.

Sömme, Axel, Die Nordischen Länder. Dänemark, Finnland, Island, Norwegen, Schweden, Braunschweig, 2. Aufl. 1974.

Ylikangas, Heikki, Från ättemedlem till konungens undersate. Finska bönder i svenska riket, in: Tänka, tycka, tro. Svensk historia underifrån, hrsg. v. Gunnar Broberg, Ulla Wikander, Klas Åmark, Stockholm 1993, S. 31–54.

Ylikangas, Heikki, Der Weg nach Tampere. Die Niederlage der Roten im finnischen Bürgerkrieg 1918, Berlin 2002.

Internetadressen

http://virtual.finland.fi	Virtual Finland (Landeskunde, Geschichte, Wirtschaft, Politik, Kultur)
http://www.finland.de	Finnland-Service
http://www.finnfacts.com	Unabh. Medienservice Industrie und Wirtschaft
http://www.publiscan.fi	Fantastisches Finnland
http://www.kultuuri.net	Finnisches Kulturleben
http://www.kansallisbiografia.fi/english.html	Finnische Nationalbiographie
http://www.stat.fi	Finnland in Zahlen/Stat. Amt von Finnland
http://www.eduskunsta.fi	Das finnische Parlament
http://www.nba.fi	Nationalmuseum Finnland
http://www.finlit.fi	Finnische Literaturgesellschaft
http://www.finlandemb.de	Finnische Botschaft i. Deutschland
http://www.deutsch-finnische-gesellschaft/de	Deutsch-Finn.-Gesellschaft
http://www.finnland-institut.de	Finnland-Institut in Deutschland für Kultur, Wissenschaft und Wirtschaft
http://www.gsf.fi	Geological Survey of Finland
http://www.arkeo.net/de/deindex	Archäologie-Portal Finnland
http://www.tat.fi	Informationen zu Handel und Industrie (TAT-Gruppe, Helsinki)
http://www.finfood.fi	Landwirtschaft
http://www.finland-tourism.com	Tourismus allgemein

Orts- und Namenregister

Einige der Ortsbezeichnungen in Finnland sind offiziell zweisprachig. Die Kapitel, die sich mit der finnischen Geschichte unter schwedischer Herrschaft befassen, verwenden zumeist die schwedischen Namen, ansonsten erscheinen in der Regel die finnischen. Sie haben im Register Vorrang (z. B. *Naantali*/Nådendal oder Åbo siehe *Turku*).

Bildnachweis

The Finnish Labour Archives, Helsinki: 167, 196
Globus Infografik: vordere Umschlagklappe
Helsinki University Library: 65, 176
National Board of Antiquities, Finland: 50 (Foto: P. O. Welin), 85, 104, 150 (Foto: Harald Malmgren), 159, 206, 238 (Foto: Erik Blomberg)
National Museum of Finland: 24 (Foto: István Rácz)
picture alliance/dpa: 139 (Foto: Lehtikuva Björkman), 292 (Foto: Lehtikuva Oy Wennström)
Universitätsbibliothek Kiel: 13

Nach: Ekkehard Militz, Finnland, Gotha 2002: 31, 27
Nach: Axel Sömme, Die Nordischen Länder, Braunschweig 1974: 17
Nach: Jörgen Weibull, Schwedische Geschichte, Stockholm 1994: 127
Nach: Bo Lönnqvist/Marja-Liisa Rönkkö, Helsingfors, Helsinki 1988: hintere Umschlagklappe

Die Karte auf S. 45 erstellte Stefan Krabichler, Schernfeld.